21 世纪高等学校工程管理系列教材

建设工程招投标与合同管理

第 2 版

主　编　薛　立　金益民
副主编　陈　焕　刘　飞　闫晶晶
参　编　刘　宇　刘　阳　李倩倩
　　　　程晓凡　李超然　孟繁敏
主　审　齐宝库

机械工业出版社

本书根据《中华人民共和国民法典》《中华人民共和国招标投标法》《中华人民共和国招标投标法实施条例》《必须招标的工程项目规定》《建设项目工程总承包合同（示范文本）》（GF—2020—0216）《建设工程施工合同（示范文本）》（GF—2017—0201）以及《建设工程工程量清单计价规范》等法律、法规和规范，吸收了近年来建筑工程招标投标与合同管理方面研究和实践的新成果编写而成。本书共8章，主要内容包括招标投标管理概述，建设工程招标，建设工程投标，开标、评标、中标及签约谈判，建设工程合同管理，建设工程索赔管理，国际工程招标投标与合同条件，招标投标争议类型及解决方式。

本书可用于高等院校、在职成人教育工程管理、工程造价、建筑经济与管理、土木工程、建筑工程等专业的课程教学，也适用于在职职工的岗位培训，还可作为广大建筑工程管理人员自学的参考书。

图书在版编目（CIP）数据

建设工程招投标与合同管理／薛立，金益民主编 .—2版 .—北京：机械工业出版社，2022.8（2023.12重印）

21世纪高等学校工程管理系列教材

ISBN 978-7-111-71163-6

Ⅰ.①建… Ⅱ.①薛…②金… Ⅲ.①建筑工程-招标-高等学校-教材②建筑工程-投标-高等学校-教材③建筑工程-合同-管理-高等学校-教材 Ⅳ.①TU723

中国版本图书馆CIP数据核字（2022）第115093号

机械工业出版社（北京市百万庄大街22号　邮政编码100037）

策划编辑：林　辉　　　　责任编辑：林　辉
责任校对：李　杉　李　婷　封面设计：张　静
责任印制：单爱军

北京虎彩文化传播有限公司印刷

2023年12月第2版第2次印刷

184mm×260mm·19印张·468千字

标准书号：ISBN 978-7-111-71163-6

定价：59.00元

电话服务	网络服务
客服电话：010-88361066	机　工　官　网：www.cmpbook.com
010-88379833	机　工　官　博：weibo.com/cmp1952
010-68326294	金　书　网：www.golden-book.com
封底无防伪标均为盗版	机工教育服务网：www.cmpedu.com

第 2 版前言

习近平在中国共产党第十九次全国代表大会上的报告中指出，我国将积极促进"一带一路"国际合作，努力实现政策沟通、设施联通、贸易畅通、资金融通、民心相通，打造国际合作新平台，增添共同发展新动力。

工程招标投标作为国内外工程建设广泛采用的一种工程发包方和承包方之间互相选择的工程承包方式，与最终合同的签订和管理有着紧密联系。在工程招标投标过程中发包人和承包人的行为都应符合法律规定，遵照法律程序。

招标投标活动的成败会决定工程项目建设的好坏，签订的合同是整个工程项目实施的法律依据，是整个工程项目顺利进行的保障，所以重视招标投标的合同管理对推进企业发展具有重要意义。

2017年以来，国家有关部门先后颁布了新法并对一些法律法规进行了修订，如《中华人民共和国民法典》的出台，《中华人民共和国招标投标法》《中华人民共和国招标投标法实施条例》的重新修订，《建设工程施工合同（示范文本）》（GF—2017—0201）、《建设项目工程总承包合同（示范文本）》（GF—2020—0216）、《建设工程工程量清单计价规范》的颁布等。本书在第1版的基础上进行了部分内容的修改，增加了一些课程思政的内容，以使学生在思想政治方面也有所提高，更加适应我国建筑行业的发展需要。

时代在不断发展变化，本书力图在内容上站在时代的前沿。通过学习，学生能够依法进行招标、投标、签订合同、审查合同以及正确履行合同；能够编制招标投标文件及解决招标投标过程中遇到的实际问题。

沈阳建筑大学薛立对本书进行了总体构思并负责统编定稿。全书共8章，其中第1章由金益民、刘宇、陈焕、刘飞编写；第2、3、5章由薛立编写；第4章由金益民、陈焕、程晓凡编写；第6章由金益民、刘阳、闫晶晶编写；第7章由刘飞、李倩倩、李超然、孟繁敏编写；第8章由金益民、闫晶晶编写。全书由齐宝库主审。

由于建设工程招标投标与合同管理在我国还处于发展阶段，有关理论、方法和实践还需要在工程实践中不断丰富、完善和发展，加上编者学识水平有限，时间仓促，书中难免有疏漏和不足之处，恳请读者批评指正。

编　者

第1版前言

建设工程实行招标投标。这是我国工程建设管理体制改革的一项重要内容,是我国从计划经济向市场经济转变的必然结果,是维护市场公开、公平、公正,充分发挥市场正当竞争的需要,也是促进我国工程建设安全健康发展的需要。它是一项能够充分保证工程建设行为合理、合法,并有利于工程质量的提高以及投资效益的最大化,而且可以进一步深化企业改革,挖掘我国企业内部潜力,积极参与国际市场竞争的制度。建设工程项目招标投标制度的实行,对我国各项工程建设具有重要的意义。因此,必须做好工程招标投标工作,并解决好我国招标投标工作中存在的问题。

工程建设是一项综合性技术经济活动,涉及面广、工期长,加上新技术和新材料的不断出现,同时,工程的参加单位和协作单位多,一个工程项目,往往涉及业主、承包商、设计单位、监理单位、材料供应商等多家单位,如果其中某个环节出现问题,就会产生一系列的影响。因此,必须做好各方面的配合协作工作,而合同正是各参加者的连接纽带,通过签订合同,能够将参加工程建设的各方有机地结合起来,明确各方的责权利,规范各方的行为,以便保证工程顺利进行。

自1998年以来,《中华人民共和国合同法》《中华人民共和国建筑法》《中华人民共和国招标投标法》(2017年12月27日修订)、《中华人民共和国招标投标法实施条例》(2018年3月19日修订)、《评标委员会和评标方法暂行规定》《建设工程施工合同(示范文本)》(GF—2017—0201)以及《建设工程工程量清单计价规范》(GB 50500—2013)等法律法规的陆续颁布,使建筑业法律、法规不断完善,这些也是"建设工程招投标与合同管理"这门课程所涉及的内容。"建设工程招投标与合同管理"是高等院校工程管理及相关专业重要的应用型专业技术课程,具有较强的政策性和实操性,也是工程项目管理中的重要环节。通过这门课程的学习,学生将会具备将来工作中能够依法进行招标、投标、签订合同、审查合同以及正确履行合同的基本能力。

本书力图在内容上站在时代的前沿。通过学习本书,学生可以学会招标投标文件的编制及解决招标投标过程中遇到的实际问题的方法。

本书由沈阳建筑大学薛立进行总体构思并负责统编定稿。全书共8章。其中第1章由金益民、马世骁、刘宇编写;第2、3、5章由薛立编写;第4章由张进、马芷郁、董记鑫、赵中华编写,曾彦钦负责了审读及修改;第6章由金益民、赵兴军编写;第7章由李雪艳、刘育、李倩倩编写;第8章由金益民、刘阳、刘璐、闫晶晶编写。

本书在编写过程中,查阅、检索和参考了许多工程招标投标与合同管理方面的信息、资料、有关文章及书籍(详见参考文献),在此对相关作者深表感谢!

由于建设工程招标投标与合同管理在我国还处于探索阶段,有关理论、方法和实践还需要在工程实践中不断丰富、完善和发展,加上编者学识水平有限,时间仓促,书中难免有疏漏和不足之处,恳请读者批评指正。

编 者

目 录

第 2 版前言
第 1 版前言

第 1 章　招标投标管理概述 ·· 1
本章提要 ··· 1
引导案例 ··· 1
1.1　建设工程招标与投标概述 ··· 1
1.2　建设工程招标投标的分类及特点 ··· 7
1.3　我国建设工程招标投标的发展 ··· 13
本章小结 ··· 21
习题 ··· 21

第 2 章　建设工程招标 ··· 22
本章提要 ··· 22
引导案例 ··· 22
2.1　招标人 ··· 23
2.2　必须招标的项目范围及规模标准 ··· 29
2.3　招标准备阶段的主要工作 ··· 31
2.4　招标阶段的主要工作 ·· 34
2.5　招标文件的编制 ··· 46
2.6　招标文件编制实例 ··· 70
2.7　BIM 技术在招标过程中的应用 ·· 82
本章小结 ··· 86
习题 ··· 86

第 3 章　建设工程投标 ··· 88
本章提要 ··· 88
引导案例 ··· 88
3.1　建设工程投标概述 ··· 89
3.2　建设工程投标的程序 ·· 94
3.3　投标文件的编制与递交 ··· 98
3.4　施工组织设计 ··· 107
3.5　建设工程投标报价 ·· 109
3.6　投标报价技巧及决策 ·· 117

3.7　BIM 技术在投标过程中的应用 …………………………………………… 123
本章小结 …………………………………………………………………………… 127
习题 ………………………………………………………………………………… 127

第 4 章　开标、评标、中标及签约谈判 …………………………………………… 128
本章提要 …………………………………………………………………………… 128
引导案例 …………………………………………………………………………… 128
4.1　建设工程开标 ……………………………………………………………… 128
4.2　建设工程评标 ……………………………………………………………… 132
4.3　建设工程中标及签约谈判 ………………………………………………… 152
4.4　建设工程电子评标及电子招标投标的应用概述 ………………………… 156
本章小结 …………………………………………………………………………… 160
习题 ………………………………………………………………………………… 160

第 5 章　建设工程合同管理 ………………………………………………………… 163
本章提要 …………………………………………………………………………… 163
引导案例 …………………………………………………………………………… 163
5.1　民法典有关合同概述 ……………………………………………………… 164
5.2　建设工程合同概述 ………………………………………………………… 176
5.3　建设工程勘察、设计合同 ………………………………………………… 179
5.4　建设工程施工合同 ………………………………………………………… 192
5.5　建设工程总承包合同管理 ………………………………………………… 217
本章小结 …………………………………………………………………………… 240
习题 ………………………………………………………………………………… 240

第 6 章　建设工程索赔管理 ………………………………………………………… 241
本章提要 …………………………………………………………………………… 241
引导案例 …………………………………………………………………………… 241
6.1　建设工程索赔的基本理论 ………………………………………………… 241
6.2　索赔的计算 ………………………………………………………………… 252
6.3　索赔的处理与解决 ………………………………………………………… 257
6.4　索赔与反索赔 ……………………………………………………………… 260
本章小结 …………………………………………………………………………… 262
习题 ………………………………………………………………………………… 263

第 7 章　国际工程招标投标与合同条件 …………………………………………… 264
本章提要 …………………………………………………………………………… 264
引导案例 …………………………………………………………………………… 264
7.1　国际工程招标投标简介 …………………………………………………… 264
7.2　国际工程招标 ……………………………………………………………… 268

7.3 国际工程投标报价及应注意的问题 ……………………………………………… 271
7.4 国际工程（通用）合同条件 …………………………………………………… 275
7.5 FIDIC《土木工程施工合同条件》 …………………………………………… 276
本章小结 ………………………………………………………………………………… 280
习题 ……………………………………………………………………………………… 280

第8章 招标投标争议类型及解决方式 ……………………………………………… 281
本章提要 ………………………………………………………………………………… 281
引导案例 ………………………………………………………………………………… 281
8.1 建设工程招标投标常见争议类型 ……………………………………………… 282
8.2 招标投标民事争议的表达和解决 ……………………………………………… 284
8.3 招标投标行政争议的表达和解决 ……………………………………………… 287
8.4 招标人及其代理机构对招标投标民事争议的处理 …………………………… 287
8.5 招标投标的行政监督和行业自律 ……………………………………………… 289
本章小结 ………………………………………………………………………………… 294
习题 ……………………………………………………………………………………… 294

参考文献 ……………………………………………………………………………………… 295

第 1 章

招标投标管理概述

> **本章提要**
>
> 本章主要介绍建设工程招标投标的含义、意义、作用、基本原则，招标投标的分类、特点，介绍我国建设工程招标投标的发展历程、发展现状及未来的发展方向。

> **引 导 案 例**
>
> S公司在某市黄金地段获得一块土地，前期规划、设计工作已经完成，但是资金还没有落实。S公司采取邀请招标的方式进行该工程的施工招标。S公司分别向甲、乙、丙三家公司发出了投标邀请。开标后经评审，确定乙为中标单位。请问：
>
> （1）该工程是否可以采取邀请招标方式？
>
> （2）公开招标与邀请招标的区别有哪些？
>
> 【案例评析】
>
> （1）该工程不可以采取邀请招标方式。因为该项目的资金还没有到位，施工项目在招标条件上，比较强调建设资金的充分到位。
>
> （2）公开招标与邀请招标的区别：
>
> 1）招标信息的发布方式不同。公开招标是利用招标公告发布招标信息，而邀请招标是采用向三家以上具备实施能力的投标人发出投标邀请书，请他们参与投标竞争。
>
> 2）对投标人的资格审查时间不同。进行公开招标时，由于投标响应者较多，为了保证投标人具备相应的实施能力，以及缩短评标时间，通常设置资格预审程序。而邀请招标由于招标人对邀请对象的能力有所了解，不需要再进行资格预审，而进行资格后审就可以。
>
> 3）适用条件。公开招标方式广泛适用，邀请招标方式具有一定的限制性。
>
> 立德树人是我国教育的根本任务。学生应树立积极乐观和乐于奉献的人生态度，并具有强烈的爱国情怀和责任感。在经济全球化、多元化、网络化、信息化等浪潮的冲击下，企业和个人都应该不断地学习，尤其是建设工程领域的从业人员，掌握《中华人民共和国民法典》（后文简称《民法典》）及建筑工程领域的法律法规，培养责任感和历史使命感，坚定政治信念与理想，践行社会主义核心价值观，更好地完成所从事的工作。

1.1 建设工程招标与投标概述

1.1.1 招标投标的含义

招标投标是一种商品交易行为，它包括招标和投标两个方面的内容。它是在商品经济比较发达的阶段出现的，是商品经济发展的结果。商品生产的进一步发展，商品交换便出现了现货交易和期货交易两种方式。现货交易是买卖双方在商品市场上见面以后，通过讨价还价达成契约，进行银货授受行为，即进行交割，或在极短的期限内履行交割的一种买卖。交割完成后，交易即告结束。期货交易也称"定期交易"或"期货买卖"，是交易成立时，双方约定一定时期实行交割的一种买卖。这种方式适用于大宗商品、外汇、证券等交易。期货交易方式的出现，客观上要求交易成立之前的洽谈具有广泛性质，交易成立之后的契约具有约束性，这就促使了招标投标的产生。

招标投标是在市场经济条件下进行工程建设、货物买卖、财产出租、中介服务等经济活动的一种竞争形式和交易方式，是引入竞争机制订立合同（契约）的一种法律形式。它是指招标人对工程建设、货物买卖、劳务承担等交易业务，事先公布选择采购的条件和要求，招引他人承接，若干或众多投标人做出愿意参加业务承接竞争的意思表示，招标人按照规定的程序和办法择优选定中标人的活动。

建设工程招标是指招标人在发包建设项目之前，公开招标或邀请投标人，投标人根据招标人的意图和要求提出报价，招标人择日当场开标并从中择优选定中标人的一种经济活动。建设工程投标是工程招标的对称概念，是指具有合法资格和能力的投标人根据招标条件，经过初步研究和估算，在指定期限内填写标书，提出报价并等候开标，争取中标的经济活动。采用招标投标的交易方式必须具备两个基本条件：一是要有开展竞争的市场经济运行机制，二是必须存在招标投标项目的买方市场，能够形成多家竞争的局面。

从法律意义上讲，建设工程招标一般是建设单位（或业主）就拟建的工程发布通告，用法定方式吸引建设项目的承包单位参加竞争，进而通过法定程序从中选择条件优越者来完成工程建设任务的法律行为。建设工程投标一般是经过特定审查而获得投标资格的建设项目承包单位，按照招标文件的要求，在规定的时间内向招标单位填报投标书，并争取中标的法律行为。

1.1.2 招标投标的性质

我国 2021 年 1 月 1 日开始实施的《民法典》明确规定：招标公告是要约邀请。也就是说，招标实际上是邀请投标人对其提出要约（即报价），属于要约邀请。投标则是一种要约，它符合要约的所有条件，如具有缔结合同的主观目的，一旦中标，投标人将受投标书的约束，投标书的内容具有足以使合同成立的主要条件等。招标人向中标的投标人发出的中标通知书，则是招标人同意接受中标的投标人的投标条件，即同意接受该投标人的要约的意思表示，应属于承诺。

1.1.3 招标投标的意义

实行建设项目的招标投标是我国建筑市场趋向规范化、完善化的重要举措，对于择优选择承包单位、全面降低工程造价，进而使工程造价得到合理有效的控制，具有十分重要的意义，具体表现在以下几方面：

1. 形成了由市场定价的价格机制

实行建设项目的招标投标基本形成了由市场定价的价格机制，使工程价格更加趋于合理。其最明显的表现是若干投标人之间出现激烈竞争（相互竞标），这种市场竞争最直接、最集中的表现就是在价格上的竞争。通过竞争确定出工程价格，使其趋于合理或下降，这将有利于节约投资、提高投资效益。

2. 不断降低社会平均劳动消耗水平

实行建设项目的招标投标能够不断降低社会平均劳动消耗水平，使工程价格得到有效控制。在建筑市场中，不同投标者的个别劳动消耗水平是有差异的。通过推行招标投标，最终是那些个别劳动消耗水平最低或接近最低的投标者获胜，这样便实现了生产力资源较优配置，也对不同投标者实行了优胜劣汰。面对激烈竞争的压力，为了自身的生存与发展，每个投标者都必须切实在降低自己个别劳动消耗水平上下功夫，这样将逐步而全面地降低社会平均劳动消耗水平，使工程价格更为合理。

3. 工程价格更加符合价值基础

实行建设项目的招标投标便于供求双方更好地相互选择，使工程价格更加符合价值基础，进而更好地控制工程造价。由于供求双方各自出发点不同，存在利益矛盾，因而单纯采用"一对一"的选择方式，成功的可能性较小。而采用招标投标方式就为供求双方在较大范围内进行相互选择创造了条件，为需求者（如建设单位、业主）与供给者（如勘察设计单位、施工企业）在最佳点上的结合提供了可能。需求者对供给者选择（即建设单位、业主对勘察设计单位和施工单位的选择）的基本出发点是"择优选择"，即选择那些报价较低、工期较短、具有良好业绩和管理水平的供给者，这样即为合理控制工程造价奠定了基础。

4. 体现了公开、公平、公正的原则

实行建设项目的招标投标有利于规范价格行为，使公开、公平、公正的原则得以贯彻。我国招标投标活动有特定的机构进行管理，有严格的程序必须遵循，有高素质的专家支持系统、工程技术人员的群体评估与决策，能够避免盲目过度竞争和营私舞弊现象的发生，对建筑领域中的腐败现象也有强有力的遏制，使价格形成过程变得透明而较为规范。

5. 能够减少交易费用

实行建设项目的招标投标能够减少交易费用，节省人力、物力、财力，进而使工程造价有所降低。我国目前从招标、投标、开标、评标直至定标，均在统一的建筑市场中进行，并有较完善的法律、法规规定，已进入制度化操作。招标投标中，若干投标人在同一时间、地点报价竞争，在专家支持系统的评估下，以群体决策方式确定中标者，必然减少交易过程的费用，这本身就意味着招标人收益的增加，对工程造价必然产生积极的影响。

总之，招标投标作为市场交易方式的最优选择，为规范市场、建立统一的市场规则与秩序提供了范例，保证市场在价值规律作用下有效地调节供需关系，影响并指导产业结构、技术结构的调整，从而间接地影响宏观经济政策。通过价格机制，使市场核心功能发挥作用而达到合理的资源配置，进而调节社会资源的流向。

1.1.4　招标投标的地位和作用

现在招标投标作为一种采购方式和订立合同的特殊程序，在国内、国际贸易中得到了广泛应用，如建设项目的采购、政府采购、科技项目采购、物业管理采购、BOT项目采购等。从发展趋势看，招标采购的领域还在继续拓宽，规范化程度也正在进一步提高。

招标投标制度具有以下几点作用：

1) 确立了竞争的规范准则，有利于开展公平竞争。
2) 扩大了竞争范围，可以使招标人更充分地获得市场利益，社会获得更大的利益。

3) 有利于引进先进技术和管理经验，提高企业的有效竞争能力。

4) 提供正确的市场信息，有利于规范交易双方的市场行为。

《中华人民共和国招标投标法》（以下简称《招标投标法》）的出台，标志着招标投标将成为我国各部门获取合同的主要手段。对企业精英来说，掌握招标投标的专业知识和技巧是不可或缺的一项工作。

1.1.5 建设工程招标投标的基本原则

1. 合法原则

合法原则是指建设工程招标投标主体的一切活动，必须符合法律、法规、规章和有关政策的规定。合法原则包括以下几个方面：

（1）主体资格要合法　招标人必须具备一定的条件才能自行组织招标，否则只能委托具有相应资格的招标代理机构组织招标；投标人必须具有与其投标的工程相适应的资格等级，并经招标人资格审查，报建设工程招标投标管理机构进行资格复查。

（2）活动依据要合法　招标投标活动应按照相关的法律、法规、规章和政策性文件开展。

（3）活动程序要合法　建设工程招标投标的活动程序，必须严格按照有关法规的规定进行。当事人不能随意增加或减少招标投标过程中某些法定步骤或环节，更不能颠倒次序、超过时限、任意变通。

（4）管理和监督要合法　建设工程招标投标管理机构必须依法监管、依法办事，不能越权干预招（投）标人的正常行为或对招（投）标人的行为进行包办代替，也不能懈怠职责、玩忽职守。

2. 公开、公平、公正、诚实信用原则

（1）公开原则　公开原则是指建设工程招标投标活动应具有较高的透明度。它包括以下几个方面：

1) 信息公开。通过建立和完善建设工程项目报建登记制度，及时向社会发布建设工程的招标投标信息，让有资格的投标者都能享有同等的信息。

2) 条件公开。什么情况下可以组织招标，什么机构有资格组织招标，什么样的单位有资格参加投标等，必须向社会公开，便于社会监督。

3) 程序公开。在建设工程招标投标的全过程中，招标单位的主要招标活动程序、主要投标活动程序和招标投标管理机构的主要监管程序，必须公开。

4) 结果公开。哪些单位参加了投标，最后哪个单位中了标，应当予以公开。

（2）公平原则　公平原则是指所有投标人在建设工程招标投标活动中，享有均等的机会，具有同等的权利，履行相应的义务，任何一方都不应受歧视。

（3）公正原则　公正原则是指在建设工程招标投标活动中，按照同一标准实事求是地对待所有的投标人，不偏袒任何一方。

（4）诚实信用原则　诚实信用原则是指在建设工程招标投标活动中，招（投）标人应当以诚相待，讲求信义，实事求是，做到言行一致，遵守诺言，履行成约，不得见利忘义，投机取巧，弄虚作假，隐瞒欺诈，损害国家、集体和其他人的合法权益。诚实信用原则是市场经济的基本前提，是建设工程招标投标活动中的重要道德规范。

1.1.6 建设工程招标投标的程序

为了达到招标的目标，保证招标、投标程序安排是科学的、合理的、合法的，能够帮助招标人找出合适的合作伙伴，在现代工程中，已形成十分完备的招标投标程序和标准化的文件。例如：《招标投标法》于1999年8月30日第九届全国人民代表大会常务委员会第十一次会议通过，2017年12月27日第十二届全国人民代表大会常务委员会第三十一次会议重新修订；《中华人民共和国招标投标法实施条例》以下简称《招标投标法实施条例》，于2011年12月20日中华人民共和国国务院令第613号公布，2018年3月19日国务院令第698号《国务院关于修改部分行政法规的决定》修订；国家发改委、住房和城乡建设部以及许多地方的建设管理部门也都颁发了工程招标投标管理和合同管理法规，还颁布了招标文件以及各种合同文件示范文本。为合理地安排各项工作的时间，保证各方面有充裕的时间完成相关工作，招标投标工作在时间和空间上要遵循一定的顺序。工程招标投标流程如图1-1和图1-2所示。

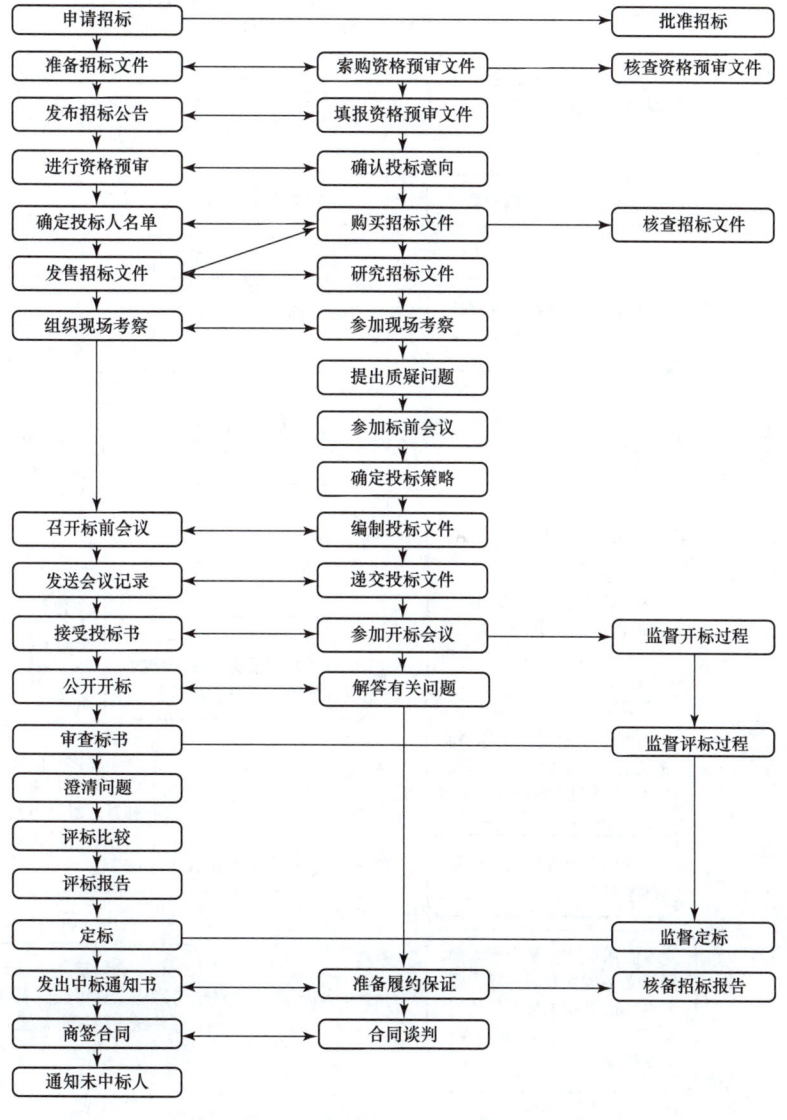

图 1-1　工程招标投标流程图（适用资格预审）

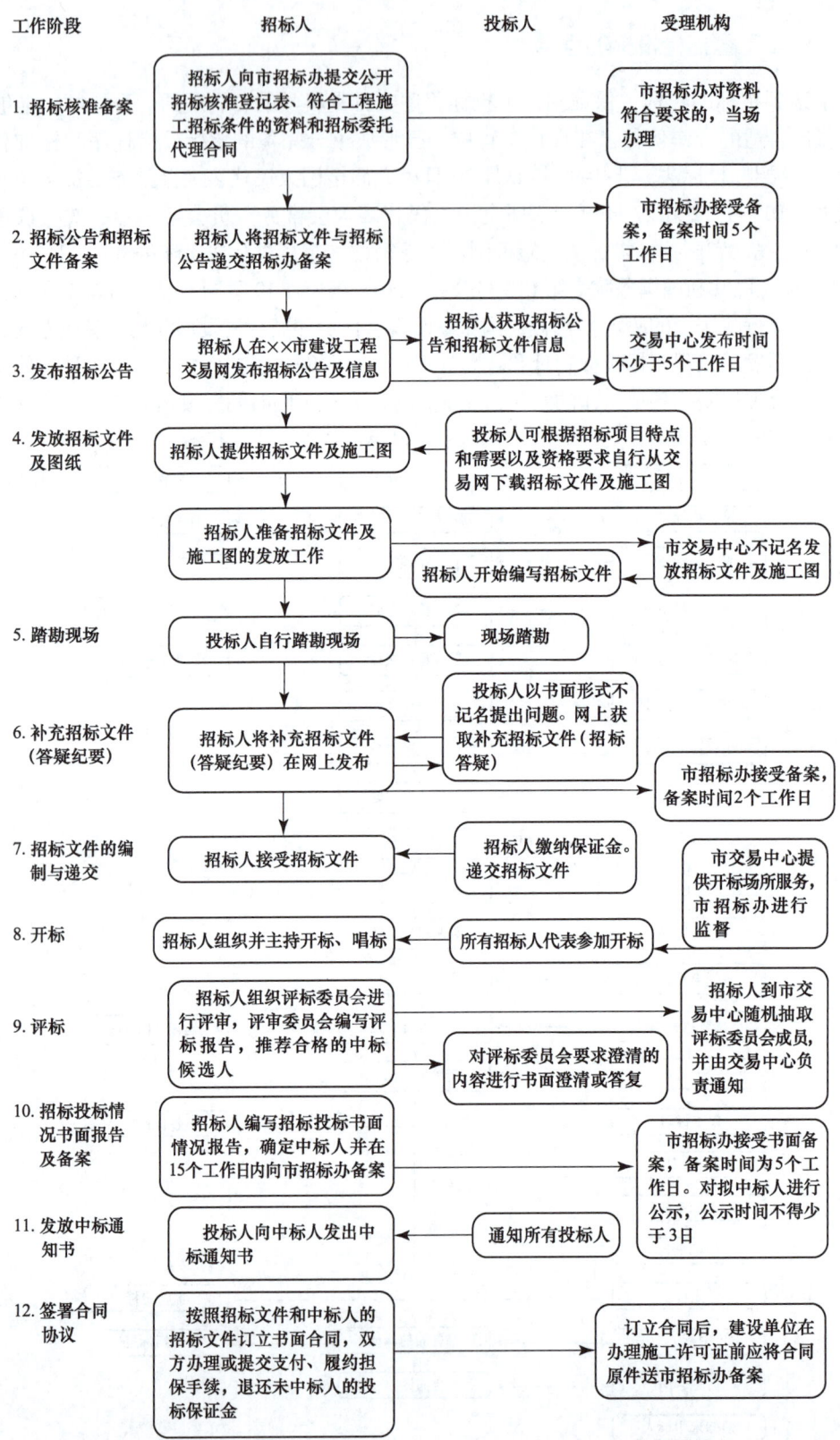

图 1-2 工程招标投标流程图（适用资格后审）

1.2 建设工程招标投标的分类及特点

1.2.1 建设工程招标投标的分类

建设工程招标投标按招标内容及范围进行的分类见表1-1。

表1-1 建设工程招标投标按招标内容及范围进行的分类

分类	内容
按建设工程程序分类	建设项目可行性研究招标投标
	工程勘察设计招标投标
	材料设备采购招标投标
	施工招标投标
按行业和专业分类	工程勘察设计招标投标
	设备安装招标投标
	土建施工招标投标
	建筑装饰装修施工招标投标
	工程咨询和建设监理招标投标
	货物采购招标投标
按建设项目的组成分类	建设项目招标投标
	单项工程招标投标
	单位工程招标投标
	分部分项工程招标投标
按工程发包承包的范围分类	工程总承包招标投标
	工程分承包招标投标
	工程专项承包招标投标
按工程是否有涉外因素分类	国内工程招标投标
	国际工程招标投标

建设工程招标投标还可按招标方式的不同进行分类。目前，国内外市场上使用的建设工程招标方式有很多，主要有以下几种。

1. 按竞争程度划分

招标投标的基本方式决定着招标投标的竞争程度，也是防止不正当交易的重要手段。我国《招标投标法》只确认了公开招标和邀请招标两种招标方式，但其他国家和有关国际组织的招标法律、法规仍存在议标的方式。

（1）公开招标　公开招标又称竞争性招标，是指由招标人在报刊、电子网络或其他媒体上刊登招标公告吸引众多潜在投标人参加投标竞争，招标人从中择优选择中标人的招标方式。这种招标方式的优点是：业主可以在较广的范围内选择承包单位，投标竞争激烈，择优率更高，有利于业主将工程项目的建设任务交予可靠的承包商实施，并获得竞争性的商业报价，同时也可以在较大程度上避免招标活动中的贿标行为。因此，政府采购通常采用这种方式。但其缺点是：准备招标、对投标申请单位进行资格预审和评标的工作量大，招标时间长、费用高。同时，参加竞争的投标者越多，每个参加者中标的机会越小，风险越大，损失的费用越多，而这种费用的损失必然反映在标价上，最终会由招标人承担。此外，公开招标存在完全以书面材料决定中标人的缺陷，有时书面材料并不能完全反映出投标人真实的水平和情况。

（2）邀请招标　邀请招标又称有限竞争性招标或选择性招标，是由招标人选择一定数目的承包商，向其发出投标邀请书，邀请他们参加投标竞争。邀请招标的优点主要表现在：

1）招标所需的时间较短，且招标费用较省。一般而言，由于邀请招标时，被邀请的投标人都是经招标人事先选定，具备对招标工程投标资格的承包企业，故无须再进行投标人资格预审。又由于被邀请的投标人数量有限，可相应减少评标阶段的工作量及费用开支，因此，邀请招标能以比公开招标用更短的时间、更少的费用结束招标投标过程。

2）投标人不易串通抬价。因为邀请招标不公开进行，参与投标的承包企业不清楚其他被邀请人，所以，在一定程度上能避免投标人之间进行接触，使其无法串通抬价。

然而，邀请招标形式与公开招标形式比较，也存在明显不足，主要是不利于招标人获得最优报价，取得最佳投资效益。这是由于邀请招标时，由业主选择投标人，业主很难对市场上所有承包商的情况了如指掌，不可避免地存在一定局限性，常会漏掉一些在技术上、报价上都更具竞争力的承包企业；加上邀请招标的投标人数量既定，竞争有限，可供业主比较、选择的范围相对狭小，也就不易使业主获得最合理的报价。

（3）公开招标与邀请招标的区别

1）招标信息的发布方式不同。公开招标是利用招标公告发布招标信息，而邀请招标是采用向三家以上具备实施能力的投标人发出投标邀请书，邀请他们参与投标竞争。

2）对投标人的资格审查时间不同。进行公开招标时，由于投标响应者较多，为了保证投标人具备相应的实施能力、缩短评标时间、突出投标的竞争性，通常设置资格预审程序。而邀请招标由于竞争范围较小且招标人对邀请对象的能力有所了解，不需要再进行资格预审，但评标阶段还要对各投标人资格和能力进行审查和比较，通常称为资格后审。

3）适用条件。公开招标方式广泛适用。在公开招标响应者较少，达不到预期目的的情况下，可以采用邀请招标方式委托建设任务。

（4）议标　议标也称非竞争性招标，是由业主邀请一家自己认为理想的承包者直接进行协商谈判，通常不进行资格预审，不需要开标。其特点是公开招标，但不公开"开标"。严格说来，这并不是一种招标方式，而是一种合同谈判。但是谈判的双方仍受到市场价格和国际惯例的制约。对于一些小型项目来说，采用议标方式目标明确、省时省力；对于服务招标而言，由于服务价格难以公开确定，服务质量也需要通过谈判解决，采用议标方式也不失为一种恰当的采购方式。但采用议标方式时，容易发生幕后交易。为了规范建筑市场的行为，议标方式仅适用于不宜公开招标或邀请招标的特殊工程或特殊条件下的工作内容，而且必须报请建设行政主管部门批准后才能采用。业主邀请议标的单位一般不应少于两家，只有在限定条件下才能只与一家议标单位签订合同。

议标常用于总价较低、工期较紧、专业性较强或由于保密不宜招标的项目。有时也用于专业设计、监理、咨询或专用设备的安装和维修等项目。通常适用的情况包括以下几种：

1）军事工程或保密工程。

2）专业性强，需要专门技术、经验或特殊施工设备的工程，以及涉及使用专利技术的工程，此时只能选择少数几家符合要求的承包商。

3）与已发包工程有联系的新增工程（承包商的劳动力、机械设备都在施工现场，既可以减少前期开工费用和缩短准备时间，又便于现场的协调管理工作）。

4）性质特殊、内容复杂，发包时工程量或若干技术细节尚难确定的紧急工程或灾后修复工程。

5）工程实施阶段采用新技术或新工艺，承包商从设计阶段就已经参与开发工作，实施阶段还需要其继续合作的工程。

2. 按招标方法和手段划分

为适应不同招标项目的特点需要，《招标投标法实施条例》规定了两阶段招标、电子招标等招标方法和招标手段，实践中还摸索出了框架协议招标等招标方法。

（1）两阶段招标　对于一些技术复杂或者无法精确拟定技术规格的项目招标，可以分为两个阶段进行。两阶段招标一般要求投标人先投技术标，技术标合格者，再投商务标。两阶段招标一般适用于技术复杂且要求较高的建设项目。在两阶段招标中，到第二阶段投标人投送了商务标后，投标才具有法律约束力。

在一般情况下，项目整体进行招标。对于大型的项目，整体招标符合条件的大型企业较少，采用整体招标将会降低标价的竞争性，因此，将项目划分成若干个标段进行招标。标段的划分不能太小，太小的标段对实力雄厚的潜在投标人没有吸引力。建设工程项目的施工招标，一般可以将一个项目分解为单位工程及特殊专业工程分别招标，但不允许将单位工程肢解为分部、分项工程进行招标。

在划分标段时主要考虑以下因素：

1）招标项目的专业性要求。相同、相近的项目可作为整体招标，否则应采取分别招标，如建设工程项目中的土建和设备安装应当分别招标。

2）招标项目的管理要求。项目各部分彼此联系性小，可以分别招标。反之，各部分互相影响大，可将项目整体发包。

3）对工程投资的影响。标段划分对工程投资的影响由多种因素造成。从资金占用角度考虑，项目作为一个整体招标，承包商资金占用额度大，反之亦然。从管理费的角度考虑，分段招标的管理费一般比整体直接发包的管理费高。

4）工程各项工作时间和空间的衔接。避免产生平面或者立面交接工作责任的不清，如果建设项目的各项工作的衔接、交叉和配合少，责任清楚，则可考虑分别发包。

（2）电子招标　电子招标（投标）是指招标投标主体按照国家有关法律法规的规定，以数据电文为主要载体，运用电子化手段完成的全部或部分招标投标活动。电子招标（投标）系统是指用于完成招标（投标）的信息系统，由公共服务平台和项目交易平台组成。公共服务平台由国家、省和设区市三级组成，由政府主导建设运营，供招标投标主体、社会公众和行政监督部门交互、共享和监督，包括项目招标公告、中标结果公示、企业与个人主体身份以及资格业绩、信誉、法律政策、市场统计分析等招标投标信息。项目交易平台由市场主体按照市场化、专业化的要求自主建设运营，供招标投标主体利用电子信息手段完成项目招标投标交易全过程，并与公共服务平台交互数据电文。

电子招标（投标）与纸质招标（投标）相比，具有"高效、低碳、节约、透明"的特点，特别有利于建立招标投标市场信息一体化共享体系，突破传统招标投标实施和管理封闭分割的缺陷，转变和完善招标投标行政监督方式，真正实现"公开、公平、公正"的价值目标，有效发挥社会监督和主体自律作用，建立健全招标投标信用体系，规范招标投标秩序，预防和惩治腐败交易行为。

（3）框架协议招标　框架协议招标主要适合于企业集团或政府采购招标人采用集中一次组织招标，为下属多个实施主体在一定时期内因零星、应急或重复需要分批次采购技术标准、规格和要求相同的货物或同一类型的服务。招标人通过招标，与中标人形成货物或服务统一采购框架协议，协议中一般只约定有效期内采购货物和服务的技术标准、规格和要求及其合同单价，不约定或大致约定采购标的数量和合同总价，各采购实施主体按照采购框架协议分别与一个或几个中标人分批次签订和履行采购合同协议。为了适应有效期内货物和服务产生的价格波动，框架协议中可以选择确定一个价格联动指数，适时调整框架协议确定的货物和服务合同单价，也可以采用定期更新补充框架协议中标人数量及其中标单价的动态调整办法。

1.2.2　建设工程招标投标的特点

建设工程招标投标的目的是在工程建设中引入竞争机制，择优选定勘察、设计、设备安装、施工、装饰装修、材料设备供应、监理和工程总承包单位，以保证缩短工期、提高工程质量和节约建设资金。建设工程招标投标具有竞争机制防止垄断；交易公开、公正、公平；科学合理的监管机制；科学合理的运作程序；优胜劣汰，杜绝不正之风等特点。但由于各类建设工程招标投标的内容不尽相同，因而它们有不同的招标投标意图和侧重点，在具体操作上也有细微的差别，呈现出不同的特点。

1. 工程勘察、设计阶段招标投标的特点

（1）工程勘察阶段招标投标的特点

1）有批准的项目建议书或者可行性研究报告，规划部门同意的用地范围许可文件和要求的地形图。

2）采用公开招标或邀请招标方式。

3）申请办理招标登记，招标人自己组织招标或委托招标代理机构代理招标，编制招标文件，对投标人进行资格审查，发放招标文件，组织勘察现场和进行答疑，投标人编制和递交投标书，开标、评标、定标、发出中标通知书，签订勘察合同。

4）在评标、定标上，着重考察勘察方案的优劣，同时也考察勘察进度的快慢，勘察收费的依据与取费的合理性、正确性，以及勘察资历和社会信誉等因素。

（2）工程设计阶段招标投标的特点

1）在招标的条件、程序、方式上与勘察招标相同。

2）在招标的范围和形式上，主要实行设计方案招标，可以是一次性总招标，也可以分单项、分专业招标。

3）在评标、定标上，强调把设计方案的优劣作为择优、确定中标的主要依据，同时也考虑设计经济效益的好坏、设计进度的快慢、设计费用报价的高低以及设计资历和社会信誉等因素。

4) 中标人应承担初步设计和施工图设计，经招标人同意也可以向其他具有相应资格的设计单位进行一次性委托分包。

2. 施工项目招标投标的特点

建设工程施工是指把设计图变成预期的建筑产品的活动。由于建筑产品具有体积庞大、复杂多样、整体难分、不易移动等特点，施工招标投标是目前我国建设工程招标投标中开展得比较早、比较多、比较好的一类，其程序和相关制度具有代表性、典型性，甚至可以说，建设工程其他类型的招标投标制度，都是承袭施工招标投标制度而来的。具体表现在以下几个方面：

1) 在招标条件上，比较强调建设资金的充分到位。

2) 在招标方式上，强调公开招标、邀请招标，议标方式受到严格限制甚至被禁止。

3) 在投标、评标和定标中，要综合考虑价格、工期、技术、质量、安全、信誉等因素，价格因素所占分量比较突出，可以说是关键一环，常常起决定性作用。

3. 工程建设监理招标投标的特点

工程建设监理是指具有相应资质的监理单位和监理工程师，受建设单位或个人的委托，独立对工程建设过程进行组织、协调、监督、控制和服务的专业化活动。

1) 在性质上属工程咨询招标投标的范畴。

2) 在招标的范围上，可以包括工程建设过程中的全部工作，如项目建设前期的可行性研究、项目评估等，项目实施阶段的勘察、设计、施工等。

3) 招标的范围，也可以只包括工程建设过程中的部分工作，通常主要是施工监理工作。

4) 在评标、定标上，综合考虑监理规划（或监理大纲）、人员素质、监理业绩、监理取费、检测手段等因素，但其中最主要的考虑因素是人员素质。

4. 材料设备采购招标投标的特点

建设工程材料设备是指用于建设工程的各种建筑材料和设备，其采购招标投标特点如下：

1) 在招标形式上，一般应优先考虑国内招标。

2) 在招标范围上，一般为大宗的而不是零星的建设工程材料设备采购，如锅炉、电梯、空调等的采购。

3) 在招标内容上，可以就整个工程建设项目所需的全部材料设备进行总招标，也可以就单项工程所需材料设备进行分项招标或者就单件（台）材料设备进行招标，还可以进行从项目的设计，材料设备生产、制造、供应和安装调试，到试用投产的工程技术材料设备的成套招标。

4) 在招标中，一般要求做标底，标底在评标、定标中具有重要意义。

5) 允许具有相应资质的投标人就部分或全部招标内容进行投标，也可以联合投标，但应在投标文件中明确一个总牵头单位承担全部责任。

5. 工程总承包招标投标的特点

（1）工程总承包招标投标的分类 工程总承包，简单地讲，是指对工程全过程的承包。按其具体范围，可以分为以下三种情况：一是对工程建设项目从可行性研究、勘察、设计、材料设备采购、施工、安装直到竣工验收、交付使用、质量保修等全过程实行总承包，由一个承包商对建设单位或个人负总责，建设单位或个人一般只负责提供项目投资、使用要求及竣工、交付使用期限。这也就是所谓交钥匙工程。二是对工程建设项目实施阶段从勘察、设计、材料设备采购、施工、安装直到竣工验收、交付使用等的全过程实行一次性总承包。三是对整个工程建设项目的某一阶段（如施工）或某几个阶段（如设计、施工、材料设备采购等）实行一次性总承包。

（2）工程总承包招标投标的主要特点

1）工程总承包招标投标是一种带有综合性的全过程的一次性招标投标。

2）投标人在中标后应当自行完成中标工程的主要部分（如主体结构等），对中标工程范围内的其他部分，经发包方同意，有权作为招标人组织分包招标投标或依法委托具有相应资质的招标代理机构组织分包招标投标，并与中标的分包招标人签订工程分包合同。

3）分承包招标投标的运作一般按照有关总承包招标投标的规定执行。

综上比较，不同性质的工程招标条件可有所侧重。

应用案例1-1

某大型工程建设项目，由于技术比较复杂，经国家有关部门批准后，开始对该项目筹集资金和进行施工图设计，该项目资金由自筹资金和银行贷款两部分组成，自筹资金已全部落实，银行贷款预计在2010年7月30日到位，2010年3月8日设计单位完成了初步设计图，12日进入施工图设计阶段，预计5月8日完成施工图设计。建设单位考虑到该项目要在年底竣工，遂决定于3月19日进行施工招标。施工招标采用邀请招标方式，并于3月20日向其合作过的施工单位中的两家发出了投标邀请书。

问题：

（1）该工程是否可以采用邀请招标方式？在何种情况下，经批准可以采取邀请招标方式进行招标？

（2）招标人在招标过程中的不妥之处有哪些？并说明理由。

答案要点：

（1）该工程可以采用邀请招标方式，因为其技术比较复杂。

有下列情形之一的，经批准可以进行邀请招标：

1）项目技术复杂或有特殊要求，只有少量几家潜在投标人可供选择的。

2）受自然地域环境限制的。

3）涉及国家安全、国家秘密或者抢险救灾，适宜招标但不宜公开招标的。

4）拟公开招标的费用与项目的价值相比，不值得的。

（2）不妥之处：

1）招标人于2010年3月19日进行施工招标。

理由：该项目建设资金没有全部落实，不具备施工招标所需的设计图。

2）招标人向两家施工单位发出了投标邀请书。

理由：《招标投标法》规定："投标人少于三个的，招标人应当依照本法重新招标。"所以，进行邀请招标时，必须向不少于三家的投标人发出投标邀请书。

1.3　我国建设工程招标投标的发展

1.3.1　招标投标制度的产生及发展历程

1. 招标投标制度的产生

招标投标制度真正形成于18世纪末和19世纪初的西方资本主义国家，随着政府采购制度的产生而产生。在市场经济后期，随着社会工业化的深入，政府采购逐渐出现，采购范围和数量也在不断加大。由于政府采购使用的是纳税人的钱，不是采购人自己掏腰包，因此经常出现浪费现象。更为严重的是，采购过程中的贪污腐败现象也时有发生。腐败现象的产生必然会引起政府的注意，并对其进行限制，从而产生了政府采购制度。

因为政府采购的规模往往比较大，需要比普通交易更为规范和严密的方式，同时需要给供应商提供平等的竞争机会，也需要对其进行监督，招标投标制度应运而生。招标人也只有在这些较大规模的投资项目或大宗货品交易中，才会感到采用招标投标方式能节省成本。因此，法治国家一般都要求通过招标投标的方式进行政府采购，在政府采购制度中也往往规定了招标投标的程序。

2. 招标投标制度在国外的发展

1782年，英国政府首先设立文具公用局，负责采购政府各部门所需的办公用品。该局在设立之初就规定了招标投标的程序，文具公用局后来发展为物资供应部，负责采购政府各部门的所需物资。1803年，英国政府公布法令，推行招标承包制。英国从设立文具公用局到公布招标投标法令，经历了21年。后来，其他国家纷纷效仿，并在政府机构和私人企业购买批量较大的货物以及兴办较大的工程项目时，常采用招标投标方法。

美国联邦政府民用部门的招标投标采购历史可以追溯到1792年，当时有关政府采购的第一部法律将为联邦政府采购供应品的责任赋予美国首任财政部长亚历山大·汉密尔顿。1861年，美国又出台了一项联邦法案，规定超过一定金额的联邦政府采购，都必须采取公开招标的方式，并要求每一项采购至少要有3个投标人。1868年，美国国会通过立法确立公开开标和公开授予合同的程序。

经过两个世纪的实践，作为一种交易方式，招标投标已经得到广泛应用，日趋成熟，影响力也在不断扩大。随着招标投标制度的逐步规范化和法制化，招标投标被大量应用在建筑工程中，逐步发展成为工程承包的一种最常用的方式。当工程项目主办国需要吸引外国承包者前来参加竞争时，国内招标投标就扩展为国际范围的招标投标。

为了适应不同类型、不同合同的国际工程招标投标活动的需求，国际上一些著名的行业学会，如国际咨询工程师联合会（FIDIC）、英国土木工程师学会（ICE）、美国建筑师学会（AIA）等都编制了多种版本的合同条件，如 FIDIC《土木工程施工合同条件》《ICE 合同条件》和《AIA 系列合同条件》等，这些合同条件被世界上许多国家和地区广泛应用。此外，联合国有关机构和一些国际组织对于应用招标投标方式进行采购也做出了明确规定，如联合国贸易法委员会的《关于货物、工程和服务采购示范法》、世界贸易组织（WTO）的《政府采购协议》、世界银行的《国际复兴开发银行贷款和国际开发协会信贷采购指南》等。

最近二三十年来，发展中国家也日益重视并采用招标投标方式进行工程、服务和货物的采购。许多国家相继制定和颁布了有关招标投标的法律、法规，如埃及的《公共招标法》、科威特的《公共招标法》等。

3. 招标投标制度在我国的发展

清朝末期，我国已经有了关于招标投标活动的文字记载。1902 年，张之洞创办湖北制革厂，当时共有 5 家营造商参加开价比价，结果实业家以 1270.1 两白银的开价中标，并签订了以质量保证、施工工期、付款办法为主要内容的承包合同。这是目前可查的我国最早的招标投标活动。民国时期，1918 年，汉口《新闻报》刊登了汉阳铁厂的两项扩建工程的招标公告。1929 年，武汉市采办委员会曾公布招标规则，规定公有建筑或一次采购物料在 3000 元以上者，均须通过招标决定承办厂商。这些都是我国招标投标活动的雏形，也是对招标投标制度的最初探索。

新中国建立后曾继续保留一段时间招标投标制度，以后就完全取消了。1980 年开始，上海市、广东省、福建省、吉林省等地又开始试行工程招标投标。1984 年国务院决定改革单纯用行政手段分配建设任务的老办法，实行招标投标制，并制定和颁布了相应法规，随后便在全国进一步推广。随着经济体制改革，招标投标已逐步成为我国工程、货物和服务采购的主要方式。

在 20 世纪 80 年代初，我国开始利用借贷外资修建工程，提供贷款方主要有世界银行、亚洲开发银行和一些外国政府。这些贷款项目大多要实行国际公开招标投标，采用国际通用合同条件。一些国外大承包商进入我国并通过投标承揽工程，我国首先在世界银行对华贷款项目云南鲁布革水电站引水系统工程进行了招标投标。当时的中国人对招标投标很陌生，进行招标纯粹是应付差事，是不得已而为之。我国当时已有建设大型水电项目的经验，再加上天时、地利、人和的优势，许多中国人原以为中国投标者中标是不会出什么问题的。可是由于中方企业缺乏投标经验，日本大成公司以仅相当于标底 57% 的低报价（8463 万元人民币）、施工方案合理以及确保工期等优势一举夺标。这使不少人大失所望，有少数人甚至以肥水不流外人田为由否定招标的好处。为了使人们正确认识招标这一新生事物，报纸上展开了一场对鲁布革水电站招标的辩论。不管辩论的结果如何，事实胜于雄辩。日本公司在该项目的管理上采用了先进而严格的科学方法，既保证了合同的执行进度，也保证了项目的质量，创造了国际一流的隧道掘进速度，使工程可以提前 100 多天竣工。受到此次国际招标投标的冲击后，我国从 1992 年通过试点后大力推行招标投标制度。

我国政府有关部委为了推行和规范招标投标活动，先后颁布多项相关法规。1999 年 8 月 30 日第九届全国人民代表大会常务委员会第十一次会议通过了《中华人民共和国招标投标法》（2000 年 1 月 1 日起施行）；并于 2017 年 12 月 27 日第十二届全国人民代表大会常务委员会第三十一次会议重新修订。2002 年 6 月 29 日第九届全国人民代表大会常务委员会第二十八次会议通过了《中华人民共和国政府采购法》（2003 年 1 月 1 日起施行）；中华人民共和国国务院令第 658 号《中华人民共和国政府采购法实施条例》，2014 年 12 月 31 日国务院第 75 次常务会议通过（2015 年 3 月 1 日起施行），确定招标投标方式为政府采购的主要方式。之后招标投标的系列地方法规和行政规章相继出台。2011 年 11 月 30 日国务院第 183 次常务会议通过《中华人民共和国招标投标法实施条例》（国务院令第 613 号），根据 2017 年 3 月 1 日国务院令第 676 号《国务院关于修改和废止部分行政法规的决定》修订；依据 2018 年 3 月 19 日《国务院关于修改和废止部分行政法规的决定》（国务院令第 698 号）修订；依据 2019 年 3 月 2 日《国务院关于修改部分行政法规的决定》（国务院令第 709 号）修订。至此，较为完善的招标投标法律法规体系已逐步建立，这标志着我国招标投标活动从此走上法制化的轨道，我国招标投标制度进入了全面实施的新阶段。

1.3.2 招标投标制度的现状

1. 招标投标法律与政策体系基本形成

招标投标法律法规与政策体系，是指全部现行的与招标投标活动有关的法律法规和政策组成的有机联系的整体。从法律规范的渊源和相关内容而言，招标投标法律法规与政策体系的构成可以分为：

（1）按照法律规范的渊源划分　招标投标法律体系由有关法律、法规、规章及规范性文件构成。

1）法律。由全国人民代表大会及其常务委员会制定，通常以国家主席令的形式向社会公布，具有国家强制力和普遍约束力，一般以法、决议、决定、条例、办法、规定等为名称。例如：《招标投标法》《中华人民共和国政府采购法》（以下简称《政府采购法》）等。

2）法规，包括行政法规和地方性法规。

① 行政法规，由国务院制定，通常由总理签署国务院令公布，一般以条例、规定、办法、实施细则等为名称。例如：《招标投标法实施条例》是与《招标投标法》配套的一部行政法规。

② 地方性法规，由省、自治区、直辖市及较大的市（省、自治区政府所在地的市，经济特区所在地的市，经国务院批准的较大的市）的人民代表大会及其常务委员会制定，通常以地方人民代表大会公告的方式公布，一般使用条例、实施办法等名称，如《北京市招标投标条例》。

3）规章，包括国务院部门规章和地方政府规章。

① 国务院部门规章，由国务院所属的部、委、局和具有行政管理职责的直属机构制定，通常以部委令的形式公布，一般以办法、规定等为名称。例如：《工程建设项目勘察设计招标投标办法》（国家发展改革委令第 2 号），国家发展改革委印发的《必须招标的基础设施和公用事业项目范围规定》（发改法规〔2018〕843 号），2018 年 6 月 1 日起施行的国家发展改革委令第 16 号《必须招标的工程项目规定》，2018 年 1 月 1 日起施行的《招标公告和公示信息发布管理办法》（国家发改委令第 10 号）等。

② 地方政府规章，由省、自治区、直辖市、省及自治区政府所在地的市、经国务院批准的较大的市的政府制定，通常以地方人民政府令的形式发布，一般以规定、办法等为名称。例如：《北京市工程建设项目招标范围和规模标准规定》（北京市人民政府令 2001 年第 89 号）。

4）规范性文件。各级政府及其所属部门和派出机关在其职权范围内，依据法律、法规和规章制定的具有普遍约束力的具体规定。例如：《国务院办公厅印发国务院有关部门实施招标投标活动行政监督的职责分工意见的通知》（国办发〔2000〕34 号），就是依据《招标投标法》第七条的授权做出的有关职责分工的专项规定；《国务院办公厅关于进一步规范招投标活动的若干意见》（国办发〔2004〕56 号）则是为贯彻实施《招标投标法》，针对招标投标领域存在的问题从七个方面做出的具体规定。

（2）按照法律规范内容的相关性划分　招标投标法律体系包括两个方面：一是招标投标专业法律规范，二是相关法律规范。

1）招标投标专业法律规范，即专门规范招标投标活动的法律、法规、规章及有关政策性文件。例如：《招标投标法》《招标投标法实施条例》、国家市场监督管理总局国家标准化管理委员会批准发布实施的《招标代理服务规范》（GB/T 38357—2019），国家发展改革委等有关部委关于招标投标的部门规章，以及各省、自治区、直辖市出台的关于招标投标的地方性法规和政府规章等。

2）相关法律规范。由于招标投标属于市场交易活动，因此必须遵守规范民事法律行为、签订合同、价格、履约担保等采购活动的《民法典》《中华人民共和国价格法》等。另外，有关工程建设项目方面的招标投标活动还应当遵守《中华人民共和国建筑法》《建设工程质量管理条例》《建设工程安全生产管理条例》《建筑工程施工许可管理办法》的相关规定等。

2. 建立了基本符合国情的监管体制

国务院办公厅印发《关于国务院有关部门实施招标投标活动行政监督的职责分工的意见》，确立了国家发展改革委总体指导协调、各行业和专业部门分工协作的行政监管体制。各地方也明确了招标投标行政监督职责分工。《政府采购法》也明确了政府采购招标投标的监督职能分工。为避免政出多门、加强协调、形成合力，国家发展改革委牵头建立由11个部委组成的部际协调机制，全国已有许多省市也建立了招标投标部门联席会议制度，并且，不少省市地方按照监督和管理分离的要求，积极改革和完善行政监督体制，努力创新监管方式，设立了统一综合的行政监督执法机构，同时发挥行业诚信自律和社会监督对于规范招标投标市场秩序的积极作用。各行政监督部门还通过监督检查、项目稽查、受理投诉举报等多种方式，不断加强对招标投标活动的监督管理，有效查处违法行为，确保各项招标投标制度落到实处。

3. 招标投标市场迅速发展

根据《招标投标法》的规定，大型基础设施、公用事业等关系社会公共利益、公众安全的项目，全部或部分使用国有资金投资及国家融资的项目，以及使用国际组织或外国政府贷款、援助资金的项目，包括项目勘察设计、施工、监理、重要设备材料，都必须进行招标。据不完全统计，建筑、交通、水利水电等行业依法必须招标项目的招标率均达到90%以上。不仅如此，一些部门、地方和项目业主，还主动将招标投标扩大到项目选址、项目融资、聘请工程咨询机构、选择代建单位等工程建设的方方面面，以及土地使用权、探矿权招标，药品集中采购招标，中小学教材出版发行招标等领域，大大扩展了招标投标范围，通过招标投标达成的交易金额不断增加。2013年度参加统计的全国工程招标代理机构共5731个，比上年增长3.78%。按照资格等级划分，甲级机构1480个，比上年增长10.78%；乙级机构2898个，比上年增长1.4%；暂定级机构1353个，比上年增长1.88%。按照企业登记注册类型划分，国有企业和国有独资公司共246个，股份有限公司和其他有限责任公司共3035个，私营企业2318个，港澳台投资企业8个，外商投资企业4个，其他企业120个。2013年年末工程招标代理机构从业人员合计485771人，比上年增长9.05%。其中，专业技术人员合计387215人，比上年增长10.29%。其中，高级职称人员66532人，中级职称180481人，初级职称90725人，其他人员 49477 人。专业技术人员占年末正式聘用人员总数的 88.98%。招标投标已经成为发展最为迅速的服务行业之一。

4. 采购质量和资金使用效率明显提高

随着招标投标制度的不断完善，以及行政监督力度的逐步加大，招标投标行为也日趋规范，过去长期影响招标投标市场健康发展的规避招标、泄露标底、政企不分、行业垄断、条子工程等违法违规现象在一定程度上得到了遏制。与此同时，项目业主不断改进和加强采购管理，大胆探索实行电子招标、无标底招标、集团集中招标等新的采购模式。招标行为的规范，以及采购模式的创新，大大提高了采购的质量和效率，不同程度地预防了权钱交易、行贿受贿等腐败行为的发生。据测算，通过招标节约的建设投资一般在 10%～15%，有的地方和行业甚至更高。

5. 企业竞争能力不断增强

《招标投标法》规定，招标投标活动不受地区和部门的限制。根据《招标投标法》及其实施条例规定，国家重点项目、地方重点项目和国有资金占控股或者主导地位的依法必须进行招标的项目，除经批准可以采用邀请招标方式外，都应当实行公开招标；采取邀请招标的，也应当向三个以上合格的法人或其他组织发出投标邀请书。这些规定和要求，一方面打破了长期以来形成的条块分割、地方封锁和部门垄断，为企业提供了平等竞争的环境和机遇；另一方面，也迫使企业从过去依靠行政分配任务的习惯中走出来，通过不断提高自身竞争能力以求得生存与发展。目前，市场开放已成为一切交易活动的基础，竞争意识逐步深入人心，通过招标不仅促进了生产要素的合理流动和有效配置，也培养了一大批具有国际竞争力的企业。

1.3.3 招标投标制度的发展方向

随着招标投标实践的不断发展，现行的招标投标制度规范已不能完全满足实际工作的需要，突出表现在行政监督管理体制还不健全，一些违法违规行为的法律责任不明确，围标、抬标以及虚假招标等违法行为认定标准不够明确，责任追究困难，违法成本过低，信用制度建设滞后，招标文件编制规则还不完全统一，电子招标还缺乏必要的制度保障。为了解决当前招标投标领域存在的突出问题，促进招标投标市场健康发展，必须切实转变政府职能，着力推动招标投标制度建设，重点完成以下几个方面的任务：

1. 改进招标投标行政监督体制

改进行政监督体制，实现招标投标行政监督与招标项目的实施管理相分离，招标投标行政监督部门不得同时负责直接管理或实施项目招标投标活动，鼓励地方政府先行探索组建统一的综合监督执法机构。各级政府项目管理部门或国有投资管理部门要与项目招标人形成明晰的责、权关系。同时要加强政府部门协作，调整和扩大招标投标协调机制成员单位范围，强化协调机制在维护招标投标统一执法的职责和作用。建立部门间受理和解决招标投标投诉举报的沟通联系制度、招标投标违法违规线索和案件调查处理的协作配合机制，以及部门联动执法模式，形成执法合力。

2. 建设招标投标标准体系

大力推广运用《中华人民共和国标准施工招标资格预审文件（2007 年版）》（以下简称《标准施工招标资格预审文件》）、《标准施工招标文件（2007 年版）》（以下简称《标准施工招标文件》)、《中华人民共和国简明标准施工招标文件（2012年版）》和《中华人民共和国标准设计施工总承包招标文件（2012年版）》，继续制定适用于不同性质项目、不同合同类型的标准招标文件和标准工作规程，建设形成完整的招标投标标准体系，作为法律法规体系的补充，共同规范招标投标行为。

3. 建立电子招标投标制度

在总结电子招标投标实践经验的基础上，制定《电子招标投标办法》和《电子招标投标系统技术规范》，统一电子招标投标交易规则和系统建设运营的技术标准，通过建立全国三级电子招标投标公共服务平台，构建全国统一的招标投标信息互联互通和共建共享体系，使电子招标投标成为节约资源，提高交易效率，促进信息公开，打破分割封闭，转变行政监督方式，加强市场主体诚信自律和社会监督等方面的重要技术支撑。

4. 建立健全招标投标信用体系

研究和建设招标投标信用信息征集、信用评价指标、信用考核奖惩等信用制度体系，利用电子招标投标公共服务平台逐步整合现有分散的信用信息，建立覆盖全社会的招标投标主体信用信息平台，制定客观、科学和全面的主体信用评价制度，贯彻落实和不断完善《招标投标违法行为记录公告暂行办法》，努力建立奖优罚劣的信用激励机制。

5. 进一步完善评标专家库制度

推广运用已经制定印发的《评标专家专业分类标准（试行）》，研究制定统一的评标专家库管理办法，改变评标专家资源零星分散、管理松散的现状，组建跨行业、跨地区国家和省综合性评标专家库，通过公共服务平台为各类招标人集中抽取选聘评标专家提供公共服务，逐步实现专家资源共享，提高专家素质，加强专家的考核管理，规范专家评标行为。

6. 健全完善招标采购代理行为

2019年12月31日，经国家市场监督管理总局国家标准化管理委员会批准，发布实施了《招标代理服务规范》（GB/T 38357—2019）。《招标代理服务规范》是我国招标投标行业的首个国家标准，对于促进招标代理服务专业化、精细化、系统化、规范化和标准化，引导招标代理服务行业优化升级和高质量发展将发挥重要作用。

7. 推广应用基于BIM技术的招标投标

我国BIM技术最早应用于建筑工程设计阶段和施工阶段，随着多年的发展，在其他工程阶段也有所应用。BIM技术在建筑工程设计阶段和施工阶段都已经有了一定程度的发展，如BIM三维设计建模、BIM碰撞模拟、BIM施工模拟、BIM进度计划等，与之相适应的硬件配备、软件适配、格式转化及人员配备也有了一定的基础。所以，BIM技术具备了应用于建筑工程招标投标阶段的实施条件。

目前，我国BIM技术在工程招标投标阶段的应用还处在探索起步阶段，全国各地在全面推行电子招标投标的同时，也在积极尝试在电子招标投标系统中应用BIM技术，也已经有个别地区开始了BIM招标投标的试点工作。

（1）BIM招标投标制度及管理办法　河北雄安新区管理委员会发布的《雄安新区工程建设项目招标投标管理办法（试行）》规定：在招标投标中推广BIM、CIM技术；招标文件应明确BIM、CIM等技术的应用要求；工程建设项目在各阶段均应按照约定应用BIM、CIM等技术；结合BIM、CIM等技术应用，逐步推行工程质量保险制度。海南省出台了一系列

BIM 招标投标相关办法和制度；2017 年 7 月，在全省通过征集、核验、审定，组织上岗综合培训和专业培训并组织考试，最终有 146 人成为合格的 BIM 评标专家；2017 年 12 月 27 日发布《海南省房屋建筑和市政工程工程量清单招标投标评标办法》（琼建招〔2017〕337 号），该办法结合海南省实际情况，明确规定了 BIM 施工组织设计的评审内容，阐明了 BIM 在招标过程中的关注要点。

（2）BIM 招标投标系统　深圳市是国内第一个电子招标投标试点城市，《关于深入开展 2016 年国家电子招标投标试点工作的通知》（发改办法规〔2016〕1392 号）中对深圳明确提出了"深化 BIM 等技术应用，推进电子招标投标与相关技术融合创新发展"的 BIM 应用试点要求。深圳市建设工程交易服务中心作为深圳电子招标投标试点城市实施单位，在电子招标投标系统交易平台获得全国首个三星证书后，又在全国率先将 BIM 技术应用在建设工程招标投标环节，开展基于 BIM 的电子招标投标系统建设及应用。2017 年 1 月 BIM 招标投标试点工作通过国家发展改革委验收，2017 年 12 月项目通过住建部验收，2018 年 4 月项目作为 BIM 招标投标试点推进。2018 年 5 月 16 日，全国首个应用 BIM 技术的电子招标投标项目"万宁市文化体育广场"项目，在海南省人民政府政务服务中心顺利完成开评标工作。2019 年 1 月 22 日上午，全国首个设计类 BIM 招标投标项目——前海乐居桂湾人才住房项目全过程设计国际招标项目，在深圳顺利完成开标工作。此举标志着深圳电子招标投标正式进入 BIM 时代，实现从二维电子化招标投标到三维可视化、智能化招标投标的变革。

BIM 技术在招标投标阶段的应用已经显示出优势。随着我国建筑市场的发展，建筑的相关标准和要求越来越高、结构越来越复杂、工程信息越来越庞大，BIM 技术在招标投标阶段的应用能够满足建筑市场的要求。目前，招标投标阶段的 BIM 应用还有许多内容需要完善，如在 BIM 招标投标流程、BIM 评标专家、评标系统及评标指标等都需要进一步的探究。

阅读材料

鲁布革水电站

本文通过对鲁布革水电站引水工程招标投标过程的简单介绍，以期让读者了解我国建设工程招标投标的发展历史，对建设工程招标投标的特点、建设工程招标投标的基本原则、建设工程招标投标的意义、招标投标常识性知识等相关内容进行学习。

鲁布革水电站装机容量 60 万 kW·h，位于云贵交界的黄泥河上。1981 年 6 月经国家批准，列为重点建设工程。1982 年 7 月，国家决定将鲁布革水电站的引水工程作为水利电力部第一个对外开放、利用世界银行贷款的工程，并按世界银行规定，实行中华人民共和国成立以来第一次国际公开（竞争性）招标。该工程由一条长 8.8km、内径 8m 的引水隧洞和调压井等组成。招标范围包括其引水隧洞、调压井和通往电站的压力钢管等。

鲁布革水电站引水工程招标程序及合同履行情况见表 1-2，各投标人的评标折算报价情况见表 1-3。

表 1-2　招标程序及合同履行情况

时　　间	工作内容	说　　明
1982 年 9 月	刊登招标通告及编制招标文件	
1982 年 9~12 月	第一阶段资格预审	从 13 个国家 32 家公司中选定 20 家合格公司,包括我国 3 家公司
1983 年 2~7 月	第二阶段资格预审	与世界银行磋商第一阶段预审结果,中外公司为组成联合投标公司进行谈判
1983 年 6 月 15 日	发售招标文件(标书)	15 家外商及 3 家国内公司购买了标书,8 家投了标
1983 年 11 月 8 日	开标	8 家公司投标,其中一家为废标
1983 年 11 月~1984 年 4 月	评标	确定大成、前田和英波吉洛三家公司为评标对象,最后确定日本大成公司中标,与之签订合同,合同价 8463 万元,比标底 12958 万元低 43%,合同工期 1597 天
1984 年 11 月	引水工程正式开工	
1988 年 8 月 13 日	正式竣工	工程师签署了工程竣工移交证书,工程初步结算价 9100 万元,仅为标底的 60.85%,比合同价增加了 7.53%,实际工期 1475 天,比合同工期提前 122 天

表 1-3　各投标人的评标折算报价情况

公　　司	折算报价/万元	公　　司	折算报价/万元
日本大成公司	8460	中国闽昆与挪威 FHS 联合公司	12210
日本前田公司	8800	南斯拉夫能源公司	13220
英波吉洛公司(意类联合)	9280	法国 SBTP 联合公司	17940
中国贵华与霍尔兹曼(前西德)联合公司	12000	前西德某公司	废标

通过对有关问题的分析澄清,经研究后招标单位认为英波吉洛公司标价在 3 家公司中最高,比大成公司高出 620 万元,所提供的附加贷款条件不符合招标要求,已失去竞争优势,先予以淘汰。对日本大成和前田两家公司比较后,经反复研究,为了尽快完成招标,以便于现场施工的正常进行,最后选定日本大成公司为中标单位。

1984 年 6 月 16 日定标后,经世界银行确认(因其为世界银行贷款项目),我方即向大成公司发出授标信;1984 年 7 月 14 日正式签订承包合同(包括技术合同、劳务合同、施工设备赠予合同),7 月 31 日向大成公司发出开工命令;11 月 24 日在电站现场举行开工典礼,破土动工。大成公司采用总承包制,管理及技术人员仅 30 人左右,由国内企业分包劳务,采用科学的项目管理方法,工程质量综合评价为优良。"鲁布革工程"受到我国政府的重视,号召建筑施工企业进行学习。

鲁布革水电站引水工程进行国际招标和实行国际合同管理,在当时具有很大的超前性。鲁布革工程管理局作为既是"代理业主"又是"监理工程师"机构设置,按合同进行项目管理的实践,使人耳目一新,所以,当时到鲁布革水电站引水工程考察被称为"不出国的出国考察"。这是在 20 世纪 80 年代初我国计划经济体制还没有根本改变,建筑市场还没形成，外部条件尚未充分具备的情况下进行的。而且只是在水电站引水工程进行国际招标，首部大坝枢纽和地下厂房以及机电安装仍由水电十四局负责施工，因此形成了一个工程两种管理体制并存的状况。这正好给了人们一个充分比较、研究、分析两种管理体制差异的极好机会。鲁布革水电站引水工程的国际招标实践和一个工程两种体制的鲜明对比，在中国工程界引起了强烈反响。到鲁布革水电站引水工程参观考察的人几乎遍及全国各省市，鲁布革水电站引水工程激发了人们对基本建设体制改革的强烈愿望。

分析与讨论：就鲁布革工程背景资料分析鲁布革水电站引水工程的管理经验及日本大成公司中标的原因。

1984 年的鲁布革水电站项目是我国第一个面向国际公开招标投标的工程，当时我国在大型项目的施工组织和管理方面均落后于日本。但通过 30 多年的励精图治，我国已经可以建设世界上最长的沉管隧道及全球跨海距离最长的桥隧组合公路——港珠澳大桥，这让世界见证了"中国实力"和"中国速度"。

本章小结

建设工程项目的招标投标，是业主通过公开竞争的方式选择承担企业的主要方式。实行建设项目的招标投标是我国建筑市场趋向规范化、完善化的重要举措，对于择优选择承包单位、全面降低工程造价，进而使工程造价得到合理有效的控制，具有十分重要的意义。通过本章的学习，使学生了解我国招投标的发展历程、熟悉招标投标的含义，掌握公开招标、邀请招标的优缺点及其流程非常重要。

习 题

1. 什么是建设工程的招标、投标？
2. 建设工程招标投标的基本原则是什么？
3. 公开招标和邀请招标的优缺点有哪些？
4. 施工项目招标投标的特点有哪些？

第 2 章

建设工程招标

本章提要

本章主要介绍建设工程招标的有关知识,包括招标人、必须招标的建设项目的规模、标准;我国建设工程招标准备阶段、招标阶段的主要工作以及招标文件的编制。

引导案例

某建设工程项目依法必须公开招标,项目初步设计及概算已经批准。资金来源尚未落实,设计图及技术资料已经能够满足招标需要。考虑到参加投标的施工企业来自各地,招标人委托造价咨询单位编制了两个标底,分别用于对本市和外省市投标人的评标。评标采用经评审的最低投标价法。

招标公告发布后,有10家施工企业做出响应。资格预审采用合格制。在资格预审阶段,招标人对施工企业组织机构和概况、近三年工程完成情况、目前正在履行的合同情况、资源方面等进行了审查,认定所有单位的资格均符合条件,通过了资格审查。考虑到通过审查的施工单位数量较多,招标工作难度较大,招标人邀请了其中5家参加投标。

某投标人收到招标文件后,分别于第5日和第10日对招标文件中的几处疑问以书面形式向招标人提出。招标人以超过了招标文件中约定的提出疑问的截止时间为由拒绝做出说明。

投标过程中,因了解到招标人对本市和外省市的投标人区别对待,3家购买招标文件的外省市企业退出了投标。招标人经研究,决定招标继续进行。某投标人在递交投标文件后,在招标文件规定的投标截止时间前,对投标文件进行了补充、修改并送达招标人。招标人拒绝受理该投标人对其投标文件的补充、修改。

请逐一指出本案招标过程中不妥之处,并说明应如何处理。

【案例评析】

该案例考核的要点主要是招标程序、招标公告、资格审查等。本案存在如下不妥之处:

(1)该工程项目尚不具备招标条件。《工程建设项目施工招标投标办法》(七部委30号令)第八条规定,依法必须招标的工程建设项目,应当具备下列条件才能进行施工招标。

① 招标人已经依法成立。

② 初步设计及概算应当履行审批手续的，已经批准。
③ 招标范围、招标方式和招标组织形式等应当履行核准手续的，已经核准。
④ 有相应资金或资金来源已经落实。
⑤ 有招标所需的设计图及技术资料。
本项目相关资金来源尚未落实，不满足上述规定的条件。

（2）招标人编制两个标底不妥，一个工程只能编制一个标底。

（3）招标人对上述提及的本地与外地企业采用不同的标底衡量的做法不妥，属于对投标人实施歧视待遇。

（4）招标人仅邀请了其中5家参加投标不妥。采用合格制方法组织资格预审的，招标人须邀请所有通过资格审查的申请人参加投标。

（5）招标人决定招标继续进行不妥。提交投标文件的投标人少于3个的，招标人应当依法重新招标。重新招标后投标人仍少于3个的，属于必须审批的工程建设项目，报经原审批部门批准后可以不再进行招标；其他工程建设项目，招标人可自行决定不再进行招标。

（6）招标人对投标人补充、修改投标文件拒绝受理不妥。投标人在招标文件要求提交投标文件的截止时间前，可以对投标文件进行补充、修改。该补充、修改的内容为投标文件的组成部分。

招标与投标不仅是一种市场行为，更是在法律法规规范下的法律行为。不论是招标人还是投标人，都应该了解相关法律、恪守职业道德、规范职业行为。

2.1 招标人

招标人是依法提出招标项目、进行招标的法人或者其他组织。

2.1.1 招标人的种类

招标人分为两类：一是法人；二是其他组织。《招标投标法》没有将自然人定义为招标人。

（1）法人　法人是指依法注册登记，具有独立的民事权利能力和民事行为能力，依法享有民事权利和承担民事义务的组织，包括企业法人和机关、事业单位及社会团体法人。法人必须具备以下条件：

1）依法成立。设立必须合法（设立目的和宗旨要符合国家和社会公共利益的要求，组织机构、设立方式、经营范围、经营方式等要符合法律的要求）；设立程序必须合法（经主管部门批准，工商行政管理部门核准登记）。

2）具有必要的财产（企业法人）或经费（机关、社会团体、事业单位法人）。这是作为法人的社会组织能够独立参加经济活动，享有民事权利和承担民事义务的物质基础，也是其承担民事责任的物质保障。

3）有自己的名称、组织机构和场所。法人的名称是其拥有独立于其人格的标志，也是其商誉的载体。组织机构应包括权力机关、执行机关和监察机关等，他们之间互相配合，使法人的意思能够产生并得到正确执行。法人的场所是从事生产经营或社会活动的固定地点，包括住所（主要为机构所在地）。

4）能够独立承担民事责任。在经济活动中发生纠纷或争议时，法人能以自己的名义起诉或应诉，并以自己的财产作为自己债务的担保手段。

（2）其他组织　其他组织是指合法成立、有一定组织机构和财产，但又不具备法人资格的组织。例如：合法人的分支机构；企业之间或企业、事业单位之间联营；不具备法人条件的组织；合伙组织；个体工商户等。

2.1.2　招标人应具备的条件及法律责任

1. 招标人应具备的条件

建设单位作为"招标人"办理招标应具备下列条件：
1）是法人或依法成立的其他组织。
2）有与招标工程相适应的经济、技术管理人员。
3）有组织编制招标文件的能力。
4）有审查投标人资质的能力。
5）有组织开标、评标、定标的能力。

招标人必须提出招标项目、进行招标。"提出招标项目"，即根据实际情况和《招标投标法》的有关规定，提出和确定拟招标的项目、办理有关审批手续、落实项目的资金来源等。"进行招标"，即提出扶植方案、撰写或决定招标方式、编制招标文件、发布招标公告、审查潜在投标人资格、主持开标、组建评标委员会、确定中标人、签订合同等。这些工作既可由招标人自行办理，也可委托招标代理机构代而行之。即使由招标机构办理，也是代表了招标人的意志，并在其授权范围内行事，仍被视为是招标人"进行招标"。同时，法人或者其他组织只有按照法定程序进行招标才能称为招标人。

2. 招标人的法律责任（详见《招标投标法》）

1）必须进行招标的项目而不招标的，将必须进行招标的项目化整为零或者以其他任何方式规避招标的，责令限期改正，可以处项目合同金额千分之五以上千分之十以下的罚款；对全部或者部分使用国有资金的项目，可以暂停项目执行或者暂停资金拨付；对单位直接负责的主管人员和其他直接责任人员依法给予处分。

2）招标人以不合理的条件限制或者排斥潜在投标人的，对潜在投标人实行歧视待遇的，强制要求投标人组成联合体共同投标的，或者限制投标人之间竞争的，责令改正，可以处一万元以上五万元以下的罚款。

3）依法必须进行招标的项目的招标人向他人透露已获取招标文件的潜在投标人的名称、数量或者可能影响公平竞争的有关招标投标的其他情况的，或者泄露标底的，给予警告，可以并处一万元以上十万元以下的罚款；对单位直接负责的主管人员和其他直接责任人员依法给予处分；构成犯罪的，依法追究刑事责任。所列行为影响中标结果的，中标无效。

4）依法必须进行招标的项目，招标人违反本法规定，与投标人就投标价格、投标方案等实质性内容进行谈判的，给予警告，对单位直接负责的主管人员和其他直接责任人员依法给予处分。所列行为影响中标结果的，中标无效。

5）招标人在评标委员会依法推荐的中标候选人以外确定中标人的，依法必须进行招标的项目在所有投标被评标委员会否决后自行确定中标人的，中标无效。责令改正，可以处中标项目金额千分之五以上千分之十以下的罚款；对单位直接负责的主管人员和其他直接责任人员依法给予处分。

6）招标人与中标人不按照招标文件和中标人的投标文件订立合同的，或者招标人、中标人订立背离合同实质性内容的协议的，责令改正；可以处中标项目金额千分之五以上千分之十以下的罚款。

2.1.3 招标人的权利及应承担的义务

1. 招标人的权利

1）招标人有权自行选择招标代理机构，委托其办理招标事宜。招标人具有编制招标文件和组织评标能力的，可以自行办理招标事宜。

2）招标人可以根据招标项目本身的要求，在招标公告或者投标邀请书中，要求潜在投标人提交有关资质证明文件和业绩情况，并对潜在投标人进行资格预审；国家对投标人资格条件有规定的，按照其规定。

3）在招标文件要求提交投标文件截止时间至少15日前，招标人可以以书面形式对已发出的招标文件进行必要的澄清或者修改。该澄清或者修改内容是招标文件的组成部分。

4）招标人有权拒收在招标文件要求提交的截止时间后送达的投标文件。

5）开标由招标人或其委托的代理机构主持。

6）招标人根据评标委员会提出的书面评估报告和推荐的中标候选人确定中标人。招标人也可以授权评标委员会直接确定中标人。

2. 招标人的义务

1）按照国家有关规定履行项目审批手续并获批准。

2）落实项目相应资金或资金来源，并在招标文件中载明。

3）在国家指定的报刊、信息网络或者其他媒介发布招标公告。

4）不得以不合理的条件限制、排斥、歧视潜在投标人。

5）不得向他人透露任何潜在投标人的名字、数量等从而影响竞争。

6）招标人对已发出的招标文件进行必要的澄清或者修改的，应当在招标文件要求提交投标文件截止时间至少15日前，以书面形式通知所有招标文件收受人。该澄清或者修改的内容为招标文件的组成部分。

7）招标人应当确定投标人编制投标文件所需要的合理时间。但是，依法必须进行招标的项目，自招标文件开始发出之日起至投标人提交投标文件截止之日止，最短不得少于20日。

8）招标人和中标人应当自中标通知书发出之日起30日内，按照招标文件和中标人的投标文件订立书面合同。招标人和中标人不得再行订立背离合同实质性内容的其他协议。

9）招标文件应当包括招标项目的技术要求、对投标人资格审查的标准、投标报价要求和评标标准等所有实质性要求和条件以及拟签订合同的主要条款。

10）国家对招标项目技术、标准有规定的，招标人应当按照其规定在招标文件中提出相应要求。

11）招标项目需要划分标段、确定工期的，招标人应当合理划分标段、确定工期，并在招标文件中载明。

12）招标文件不得要求或者标明特定的生产供应者以及含有倾向或者排斥潜在投标人的其他内容。

13）依法必须进行招标的项目，招标人应当自确定中标人之日起 15 日内，向有关行政监督部门提交招标投标情况的书面报告。

14）招标人应当按招标公告或者投标邀请书规定的时间、地点出售招标文件或资格预审文件。自招标文件或者资格预审文件出售之日起至停止出售之日止，最短不得少于 5 个工作日。

15）招标人不得直接指定分包人。

16）采取必要的措施，保证评标在严格保密的情况下进行。

17）招标人应当接受评标委员会推荐的中标候选人，不得在评标委员会推荐的中标候选人之外选择中标人。

2.1.4 招标代理机构

20 世纪 80 年代初，我国开始利用世界银行贷款进行建设。按照世界银行的要求，采购必须实行招标投标，由于当时许多项目单位对招标投标知之甚少，缺乏专门人才和技能，为满足项目单位的需要从事招标代理业务的机构应运而生。

随着招标投标事业的不断发展，我国相继出现了工程建设项目招标、进口机电设备招标、政府采购招标、中央投资项目招标等方面的专职招标机构。这些招标代理机构作为专职机构，拥有专业的人才和较丰富的招标经验，能为招标人提供招标采购代理服务，对促进我国招标投标事业的发展起到了积极的推动作用。

1. 招标代理机构的有关规定

（1）招标代理机构的概念　招标代理机构是指以自己的知识、智力为招标人提供服务的独立于任何行政机关的组织。招标代理机构不能是自然人，可以是有限责任公司、合伙等组织形式。住房和城乡建设部于 2018 年 2 月 12 日第 37 次部常务会议审议通过了关于废止《工程建设项目招标代理机构资格认定办法》的决定，全面取消了招标代理资格由政府建设主管部门审批的做法，目的是使招标代理机构通过市场竞争、行业自律作用来规范代理行为。

（2）招标代理机构的设置和制度建设　招标代理机构应建立组织机构和规章制度；配备招标、工程技术、工程管理、工程造价等专业技术人员，定期开展专业培训和职业技能培训；建立可追溯的招标代理服务质量管理体系；配备满足招标代理服务需求的场所和服务设施。

（3）招标代理机构从业原则和沟通机制　招标代理机构坚持依法执业、诚信履约、严格保密、利益回避和有序竞争的原则。招标代理机构应告知招标人在招标过程中存在的各类风险，与招标人就招标活动中形成的各类成果文件和发生的事项进行讨论和沟通，并将沟通过程中各方对关键问题的不同观点、交流意见、最终结果与理由记录备案。

（4）信息化要求　招标代理机构宜利用信息化手段提高服务质量和效率，建立并不断更新本企业的招标代理基础数据库，收集相关法律法规、技术标准、规范、标准文本、市场交易价格等资料信息，对已完成的招标项目和相关数据进行汇总、整理和分析。

(5) 档案管理 招标代理机构应制定档案管理制度,明确招标资料归档的范围、归档程序、保存方式、保存期限及期满处理要求。涉及国家秘密、企业商业和技术秘密的档案,应严格执行国家相关保密要求。保存期限届满已失效的档案,应按照档案管理制度规定的程序进行销毁。

2. 招标专业技术人员的要求

(1) 能力要求 招标专业技术人员应具备招标相关的技术、经济、管理和法律法规等专业知识,以及综合应用专业知识分析和解决招标实际问题、提供招标服务所需要达到的职业能力,接受相应的专业培训和职业技能培训。

(2) 行为要求 在提供招标代理服务过程中,招标专业技术人员应诚信守法、客观公正,恪守职业道德,对招标代理服务过程中获取的国家秘密、企业商业和技术秘密严格保密。

3. 服务承接

(1) 签订招标代理委托合同

1) 在签约服务前,招标代理机构应了解委托招标项目的相关信息,对招标代理服务可能面临的风险宜进行评估预测并采取防范措施。

2) 招标代理机构应与招标人依法签订招标代理委托合同。招标代理委托合同包括但不限于以下内容:

a. 招标人及代理机构名称和地址。

b. 委托招标项目概况。

c. 委托招标代理期限。

d. 委托招标代理服务内容和范围。

e. 双方权利与义务。

f. 招标代理机构委派的项目负责人。

g. 招标代理服务费金额或计费标准,支付时间、方式。

h. 招标代理委托合同生效、变更与终止。

i. 保密要求。

j. 违约责任。

k. 争议解决。

l. 其他事项。

(2) 组建招标代理项目组

1) 承接招标项目后,招标代理机构应依据项目特点和技术经济需求、招标人管理要求等,组建由专业技术人员组成的招标代理项目组,实施招标代理相关工作。

2) 在招标代理服务期限内,招标代理项目组中的关键成员应相对固定,由于特殊原因,招标代理机构需要更换招标代理项目组关键成员的,应使用具备相似资格能力和经验的人员代替。

(3) 收集分析基础信息

1) 招标代理机构应获取实施招标代理所需的基础资料和信息,包括招标项目前期批复资料、基础经济资料、资金落实情况、招标人实施招标的初步设想和要求、招标人联系机构等。

2）依据招标项目基础资料，招标代理机构应判断招标项目是否已经具备法律法规规定的必要招标条件，招标项目尚不具备招标条件的，招标代理机构应告知招标人说明原因和下一步工作建议，并保留相关记录。

4. 服务阶段与内容

招标代理服务包括常规服务和增值服务。

（1）常规服务阶段与服务内容　招标代理机构常规服务阶段与服务内容见表2-1。

表2-1　招标代理机构常规服务阶段与服务内容

序号	服务阶段	服务内容
1	招标准备	拟定招标方案
2	资格预审	编制资格预审文件
		发布资格预审公告
		发售资格预审文件
		资格预审文件澄清与修改
		接收资格预审申请文件
		组织资格审查
		通知资格预审结果
3	招标投标	编制招标文件
		发出投标邀请书或发布招标文件
		发售招标文件
		组织潜在投标人踏勘现场
		组织召开投标预备会
		招标文件澄清与修改
		收取投标保证金
		接收投标文件
4	开标、评标与定标	组织开标
		组织评标
		中标候选人公示
		协助定标
		发布并公告中标结果
5	合同签订及后续服务	协助签订合同
		退还投标保证金
		编制招标投标情况报告
		招标资料收集及移交
		协助处理异议
		协助处理投诉

实行公开招标（资格后审）以及邀请招标的项目、招标代理常规服务阶段与服务内容不包括资格预审阶段。

（2）增值服务及内容

1）编制工程量清单或最高投标限价。

2）组织或参与合同谈判，根据谈判结果编制或修改拟在合同文件中补充、细化的条款。

3）提供合同交底、合同条款应用解释等服务。

4）提供招标相关法律法规咨询服务。

5）开展或协助开展市场专题调研。

6）负责或协助进行合同履约管理、争议和纠纷处理。

7）代为支付货款、组织产品验收。

8）协助进行集中招标计划管理、供应商关系管理、集中招标电子交易平台业务运维，提供数据统计和采购策略分析支撑等全供应链管理服务。

提供增值服务的，由招标代理机构和招标人另行协商。

2.2 必须招标的项目范围及规模标准

必须招标项目，是指在法律规定的范围之内达到一定金额的项目，必须用招标方式进行采购。

2.2.1 建设项目招标的范围

1.《招标投标法》规定的招标范围

我国 2017 年 12 月 27 日第十二届全国人民代表大会常务委员会第三十一次会议修改的《招标投标法》中指出："凡在中华人民共和国境内进行下列工程建设项目，包括项目的勘察、设计、施工、监理及与工程建设有关的重要设备、材料等的采购，必须进行招标"，包括：

1）大型基础设施、公用事业等关系社会公共利益、公众安全的项目。

2）全部或者部分使用国有资金投资或者国家融资的项目。

3）使用国际组织或者外国政府贷款、援助资金的项目。

以上项目的具体范围和规模标准，由国务院发展计划部门会同国务院有关部门制订，报国务院批准。法律或者国务院对必须进行招标的其他项目的范围有规定的，依照其规定。

2. 必须招标的工程项目规定

为了确定必须进行招标的工程建设项目的具体范围，2018 年 3 月 30 日，国家发展改革委印发《必须招标的工程项目规定》（国家发展改革委令第 16 号，以下简称"16 号令"），6 月 1 日起实施。具体规定如下：

（1）全部或者部分使用国有资金投资或者国家融资的项目

1）使用预算资金 200 万元人民币以上，并且该资金占投资额 10% 以上的项目。

2）使用国有企业事业单位资金，并且该资金占控股或者主导地位的项目。

（2）使用国际组织或者外国政府贷款、援助资金的项目

1）使用世界银行、亚洲开发银行等国际组织贷款、援助资金的项目。

2）使用外国政府及其机构贷款、援助资金的项目。

（3）不属于本规定（1）、（2）规定情形的大型基础设施、公用事业等关系社会公共利益、公众安全的项目，必须招标的具体范围由国务院发展改革部门会同国务院有关部门按照确有必要、严格限定的原则制订，报国务院批准。

3. 必须招标的基础设施和公用事业项目范围规定

2018年6月6日，国家发展改革委又发布了关于印发《必须招标的基础设施和公用事业项目范围规定》的通知（发改法规规〔2018〕843号），2018年6月6日起实行。

通知中规定，不属于上述2中（1）和（2）中规定情形的大型基础设施、公用事业等关系社会公共利益、公众安全的项目，必须招标的具体范围包括：

1）煤炭、石油、天然气、电力、新能源等能源基础设施项目。

2）铁路、公路、管道、水运，以及公共航空和A1级通用机场等交通运输基础设施项目。

3）电信枢纽、通信信息网络等通信基础设施项目。

4）防洪、灌溉、排涝、引（供）水等水利基础设施项目。

5）城市轨道交通等城建项目。

2.2.2 建设项目必须进行招标的规模标准

必须招标的工程项目规定范围内的项目，其勘察、设计、施工、监理以及与工程建设有关的重要设备、材料等的采购达到下列标准之一的，必须招标：

1）施工单项合同估算价在400万元人民币以上。

2）重要设备、材料等货物的采购，单项合同估算价在200万元人民币以上。

3）勘察、设计、监理等服务的采购，单项合同估算价在100万元人民币以上。

同一项目中可以合并进行的勘察、设计、施工、监理以及与工程建设有关的重要设备、材料等的采购，合同估算价合计达到前款规定标准的，必须招标。

2.2.3 可以不进行招标的项目

如果建设项目不属于必须招标的项目则可以招标也可以不招标。但是，即使符合必须招标项目的条件但属于某些特殊情形的，也是可以不招标的。

1. 可以不进行招标的建设项目

根据《招标投标法》和《招标投标法实施条例》的规定，可以不进行招标的项目如下：

1）涉及国家安全、国家秘密、抢险救灾或者属于利用扶贫资金实行以工代赈、需要使用农民工等特殊情况，不适宜进行招标的项目，按照国家有关规定可以不进行招标。

2）需要采用不可替代的专利或者专有技术。

3）采购人依法能够自行建设、生产或者提供。

4）已通过招标方式选定的特许经营项目投资人依法能够自行建设、生产或者提供。

5）需要向原中标人采购工程、货物或者服务，否则将影响施工或者功能配套要求。

6）国家规定的其他特殊情形。

2. 可以不进行招标的工程施工项目

按《工程建设项目施工招标投标办法》（七部委30号令）第十二条规定，依法必须进行施工招标的工程建设项目有下列情形之一的，可以不进行施工招标：

1）涉及国家安全、国家秘密、抢险救灾或者属于利用扶贫资金实行以工代赈需要使用农民工等特殊情况，不适宜招标的。

2）施工主要技术采用不可替代的专利或者专有技术。

3）已通过招标方式选定的特许经营项目投资人依法能够自行建设。

4）采购人依法能够自行建设。

5）在建工程追加的附属小型工程或者主体加层工程，原中标人仍具备承包能力并且其他人承担将影响施工或者功能配套要求。

6）国家规定的其他情形。

凡按照规定应该招标的工程不进行招标，应该公开招标的工程不公开招标的，招标人所确定的承包单位一律无效。建设行政主管部门按照《建筑法》第八条的规定，不予颁发施工许可证；对于违反规定擅自施工的，依据《建筑法》第六十四条的规定，追究其法律责任。

2.3　招标准备阶段的主要工作

招标准备阶段的工作由招标人单独完成，投标人不参与。主要工作包括建设工程项目报建及审查，招标组织，选择招标方式、范围及分标方案，申请招标，编制招标有关文件，招标控制价或工程标底（如果有）的编制等方面。

2.3.1　建设工程项目报建及审查

1. 建设工程项目报建

建设工程项目报建是建设工程招标（投标）的重要条件之一，它是指工程项目建设单位或个人，在工程项目确立后的一定期限内向建设行政主管部门或者其授权机构申报工程项目，办理项目登记手续。凡未报建的工程建设项目，不得办理招标（投标）手续和发放施工许可证，施工单位不得承接该项目的施工任务。

1）报建范围：各类房屋建设、土木工程、设备安装、管道线路敷设、装饰装修等新建、扩建、改建、迁建、恢复建设的基本建设及技改等项目。属于依法必须招标范围的工程项目都必须报建。

2）报建内容：工程名称、建设地点、建设内容、投资规模、资金来源、当年投资额、工程规模、结构类型、发包方式、计划开工竣工日期、工程筹建情况等。

3）办理工程报建时应交验的文件资料：立项批准文件或年度投资计划、固定资产投资许可证、建设工程规划许可证、资金证明等。

2. 建设项目审查

按照《工程建设项目施工招标投标办法》（七部委30号令）的规定，依法必须招标的工程建设项目，应当具备下列条件才能进行施工招标：

1）招标人已经依法成立。

2）初步设计及概算应当履行审批手续的，已经批准。

3）有相应资金或者资金来源已经落实。

4）有招标所需的设计图及技术资料。

2.3.2 招标组织工作

建设项目的立项文件获得批准后，招标人需向建设行政主管部门履行建设项目报建手续。只有报建申请批准后，才可以开始项目的建设。应当招标的工程建设项目，办理报建登记手续后，凡已满足招标条件的，均可组织招标，办理招标事宜。招标人组织招标必须具有相应的组织招标的资质。

根据招标人是否具有招标资质，可以将组织招标分为招标人自己组织招标和招标人委托招标代理人代理招标两种情况。

（1）招标人自己组织招标　工程招标是一项经济性、技术性较强的专业民事活动。因此，自己组织招标的招标人必须具备一定的条件，设立专门的招标组织。经招标投标管理机构审查合格，确认招标人具有编制招标文件和组织评标的能力，能够自己组织招标后，发给招标组织资质证书。只有持有招标组织资质证书的招标人，才能自己组织招标、自行办理招标事宜。

（2）招标人委托招标代理人代理招标　招标人不具备自行招标条件的，必须委托具备相应资质的招标代理人代理组织招标、代为办理招标事宜。这是为保证工程招标的质量和效率，适应市场经济的快速发展而采取的管理措施，也是国际上的通行做法。招标人书面委托具有相应资质的招标代理人并与之签订招标代理合同（协议）后，就可开始组织招标、办理招标事宜。

招标人自己组织招标、自行办理招标事宜或者委托招标代理人代理组织招标、代为办理招标事宜，应当向有关行政监督部门备案。

2.3.3 选择招标方式、范围及分标方案

1. 选择招标方式、范围应考虑的问题

1）根据工程特点和招标人的管理能力确定招标范围。

2）依据工程建设总进度计划确定项目建设过程中的招标次数和每次招标的工作内容。如监理招标、设计招标、施工招标、设备供应招标等。

3）按照每次招标前准备工作的完成情况，选择合同的计价方式。例如：施工招标时已完成施工图设计的中小型工程，可采用总价合同；初步设计完成后的大型复杂工程，则应采用单价合同。

4）依据工程项目的特点、招标前准备工作的完成情况、合同类型等因素的影响程度，最终确定招标方式。

2. 选择分标方案

工程是可以进行分标的。因为一个建设项目投资额很大，所涉及的各个项目技术复杂，工程量也巨大，通常一个承包商难以完成。为了加快工程进度，发挥各承包商的优势，降低工程造价，对一个建设项目进行合理分标，是非常必要的。所以，编制招标文件前，应适当划分标段，选择分标方案。这是一项十分重要而又棘手的准备工作。确定好分标方案后，要根据分标的特点编制招标文件。

（1）划分原则 分标时必须坚持不肢解工程的原则，保持工程的整体性和专业性。分标时要防止和克服肢解工程的现象，关键是要弄清工程建设项目的一般划分和禁止肢解工程的最小单位。在我国，工程建设项目一般被划分为五个层次：建设项目、单项工程、单位工程、分部工程、分项工程。勘察设计招标发包的最小分标标的，为单项工程。施工招标发包的最小分标标的，为单位工程。对不能分标发包的工程而进行分标发包的，即构成肢解工程。

（2）标段划分主要考虑的因素

1）工程的特点。如工程建设场地面积大、工程量大、有特殊技术要求、管理不便的，可以考虑对工程进行分标。如工程建设场地比较集中、工程量不大、技术上不复杂、便于管理的，可以不进行分标。

2）对工程造价的影响。大型、复杂的工程项目，一般工期长、投资大、技术难题多，因而对承包商在能力、经验等方面的要求很高。对这类工程，如果不分标，可能会使有资格参加投标的承包商数量大为减少，竞争对手少必然会导致投标报价提高，招标人就不容易得到满意的报价。如果对这类工程进行分标，就会避免这种情况，对招标人、投标人都有利。

3）工程资金的安排情况。工程资金的安排对工程进度有重要的影响。有时，根据资金筹措、到位情况和工程建设的次序，在不同时间进行分段招标也十分必要，如当国际工程的外汇不足时，可以按国内承包商有资格投标的原则进行分标。

4）对工程管理上的要求。现场管理和工程各部分的衔接，也是分标时应考虑的一个因素。分标要有利于现场的管理，尽量避免各承包商之间在现场分配、生活营地、附属厂房、材料堆放场地、交通运输、弃渣场地等方面的相互干扰，在关键线路上的项目一定要注意相互衔接，防止因一个承包商在工期、质量上的问题而影响其他承包商的工作。

2.3.4 申请招标

招标人向建设行政主管部门办理申请招标手续。申请招标文件应说明：招标工作范围，招标方式，计划工期，对投标人的资质要求，招标项目的前期准备工作的完成情况，自行招标还是委托代理招标等内容。

2.3.5 编制招标有关文件

招标准备阶段应编制好招标过程中可能涉及的有关文件，保证招标活动的正常进行。这些文件大致包括：招标公告、资格审查文件、招标文件、合同协议书以及评标的方法。经招标投标管理机构对有关文件进行审查认定后，才可发布招标公告或发出投标邀请书。

2.3.6 工程标底（如果有）或最高投标限价的编制

标底是指由招标人自行编制或委托具有编制标底资格和能力的代理机构代理编制，并按规定经审定的招标工程的预期价格。其主要反映招标人对工程质量、工期、造价等的预期控制要求。招标人可以自行决定是否编制标底。一个招标项目只能有一个标底，标底必须保密。

在现行体制下的建设工程招标投标中要弱化标底的作用，《建设工程工程量清单计价规范》（GB 50500—2008）确定了招标控制价的新概念，并在《建设工程工程量清单计价规范》(GB 50500—2013)进行了修订。为完善工程造价市场化形成机制,进一步统一工程计价规则,住房和城乡建设部标准定额司组织相关单位对《建设工程工程量清单计价规范》(GB 50500—2013)进行了修订,于2021年11月17日发布了《建设工程工程量清单计价标准》(征求意见稿)。

最高投标限价,在实际工作中也称拦标价、预算控制价、最高报价值、最高限价等,是指招标人根据国家有关规定,以及拟定的招标文件和招标工程量清单,结合工程具体情况、市场价格编制的,限制投标人有效投标报价的最高价格。招标人设有最高投标限价的,应当在招标文件中明确最高投标限价或者最高投标限价的计算方法。招标人不得规定最低投标限价。

2.4 招标阶段的主要工作

若为公开招标时,从发布招标公告开始(若为邀请招标,则从发出投标邀请函开始),到投标截止日期为止的期间称为招标阶段。在此阶段,招标人应做好招标的组织工作,投标人则按招标有关文件的规定程序和具体要求进行投标报价竞争。招标人应当确定投标人编制投标文件所需的合理时间;但是,依法必须进行招标的项目,自招标文件开始发出之日起至投标人提交投标文件截止之日止,最短不得少于 20 日。

与邀请招标相比,公开招标程序仅在招标准备阶段多了发布招标公告、进行资格预审的内容。

2.4.1 发布招标公告或者发出投标邀请书

招标人采用公开招标方式的,应当发布招标公告。招标人采用邀请招标方式的,应当向潜在投标者发放投标邀请书。

1. 招标公告

招标公告是指招标人或招标人在进行科学研究、技术攻关、工程建设、合作经营或大宗商品交易时,公布标准和条件,提出价格和要求等项目内容,以期从中选择承包单位或承包人的一种文书。

建设项目招标公告按照《招标投标法》第十六条第 1 款规定:"招标人采用公开招标方式的,应当发布招标公告。依法必须进行招标的项目的招标公告,应当通过国家指定的报刊、信息网络或者其他媒介发布。"招标人以招标公告的方式邀请不特定的法人或者其他组织投标是公开招标一个最显著的特征。

招标公告内容应当真实、准确和完整。招标公告一经发出即构成招标活动的要约邀请,招标人不得随意更改。按照《招标投标法》第十六条第 2 款规定:"招标公告应当载明招标人的名称和地址、招标项目的性质、数量、实施地点和时间以及获取招标文件的办法等事项。"的基本内容要求,结合国务院有关部委规章中对招标公告内容的共性规定,招标公告基本内容包括:

1)招标条件,包括招标项目的名称、项目审批、核准或备案机关名称、资金来源、简要技术要求以及招标人的名称等。

2)招标项目的规模、招标范围、标段或标包的划分或数量。

3)招标项目的实施地点或交货、服务地点。

4)招标项目的实施时间,即工程施工工期或货物交货期或提供服务时间等。

5) 对投标人或供应商或服务商的资质等级与资格要求。
6) 获取招标文件的时间、地点、方式以及招标文件售价。
7) 递交投标文件的地点和投标截止日期。
8) 联系方式,包括招标人、招标或采购代理机构项目联系人的名称、地址、电话、传真、网址、开户银行及账号等联系方式。
9) 其他。

招标公告格式示例:

招标公告(未进行资格预审)

_____(项目名称)_____标段施工招标公告

1. 招标条件

本招标项目_____(项目名称)已由_____(项目审批、核准或备案机关名称)以_____(批文名称及编号)批准建设,项目业主为_____,建设资金来自_____(资金来源),项目出资比例为_____,招标人为_____。项目已具备招标条件,现对该项目的施工进行公开招标。

2. 项目概况与招标范围

_____(说明本次招标项目的建设地点、规模、计划工期、招标范围、标段划分等)。

3. 投标人资格要求

1) 本次招标要求投标人须具备_____资质,_____业绩,并在人员、设备、资金等方面具有相应的施工能力。

2) 本次招标_____(接受或不接受)联合体投标。联合体投标的,应满足下列要求:_____。

3) 各投标人均可就上述标段中的_____(具体数量)个标段投标。

4. 招标文件的获取

1) 凡有意参加投标者,请于____年____月____日至____年____月____日(法定公休日、法定节假日除外),每日上午____时至____时,下午____时至____时(北京时间,下同),在_____(详细地址)持单位介绍信购买招标文件。

2) 招标文件每套售价_____元,售后不退。图纸押金_____元,在退还图纸时退还(不计利息)。

3) 邮购招标文件的,需另加手续费(含邮费)_____元。招标人在收到单位介绍信和邮购款(含手续费)后____日内寄送。

5. 投标文件的递交

1) 投标文件递交的截止时间(投标截止时间,下同)为____年____月____日____时____分,地点为_____。

2) 逾期送达的或者未送达指定地点的投标文件,招标人不予受理。

6. 发布公告的媒介

本次招标公告同时在_____(发布公告的媒介名称)上发布。

> 7. 联系方式
>
> | 招 标 人：_____ | 招标代理机构：_____ |
> |---|---|
> | 地　　址：_____ | 地　　址：_____ |
> | 邮　　编：_____ | 邮　　编：_____ |
> | 联 系 人：_____ | 联 系 人：_____ |
> | 电　　话：_____ | 电　　话：_____ |
> | 传　　真：_____ | 传　　真：_____ |
> | 电子邮件：_____ | 电子邮件：_____ |
> | 网　　址：_____ | 网　　址：_____ |
> | 开户银行：_____ | 开户银行：_____ |
> | 账　　号：_____ | 账　　号：_____ |
>
> 　　　　　　　　　　　　　　　　　___年___月___日

2. 发布招标公告

招标人要在报纸、杂志、广播、电视等大众传媒或工程交易中心公告栏上发布招标公告，招请一切愿意参加工程投标的不特定的承包商申请投标资格审查或申请投标。

在国际上，对公开招标发布招标公告有两种做法：

一是实行资格预审（即在投标前进行资格审查）的，用资格预审通告代替招标公告，即只发布资格预审通告即可。通过发布资格预审通告，招请一切愿意参加工程投标的承包商申请投标资格审查。

二是实行资格后审（即在开标后进行资格审查）的，不发资格审查通告，而只发招标公告。通过发布招标公告，招请一切愿意参加工程投标的承包商申请投标。

我国各地的做法，习惯上都是在投标前对投标人进行资格审查。这应属于资格预审，但通常不一定按国际上的惯常做法进行，不太注意对资格预审通告和招标公告在使用上的区分，只要使用其一表达了意思即可。

3. 招标公告的发布媒体

按照《招标投标法》规定，依法必须招标项目的招标公告应当在国家指定的媒介发布。对不是必须招标的项目，招标人可以自由选择招标公告的发布媒介。目前，各级政府指定发布招标公告的媒介很多，主要有：

（1）经国务院授权由原国家计委指定招标公告的发布媒介　按照《招标公告发布暂行办法》规定，原国家计委经国务院授权，指定《中国日报》《中国经济导报》《中国建设报》以及"中国采购与招标网"（http：//www.chinabidding.com.cn）为发布依法必须招标项目的招标公告的媒介。其中，依法必须招标的国际招标项目的招标公告应在《中国日报》发布。招标人或招标代理机构在媒介发布招标公告时，应当注意：

1）招标公告的发布应当充分公开，任何单位和个人不得非法限制招标的发布地点和发布范围。

2）指定媒介发布依法招标项目的投标公告，不得收取费用，但发布国际招标公告的除外。

3）招标公告内容应当真实、准确和完整。

4) 对拟发布的招标公告文本应当由招标人或招标代理机构主要负责人签名并加盖公章。

5) 招标人或招标代理机构应至少在一家指定的媒介发布招标公告。指定报纸在发布招标公告的同时，应将公告如实抄送"中国采购与招标网"。

6) 在两个以上媒介发布同一招标项目的招标公告的内容应相同。

7) 指定报纸和网络应当在收到招标公告文本之日起7日内发布。

8) 对使用国际组织或者外国政府贷款、援助资金的招标项目，贷款方、资金提供方对招标公告的发布另有规定的，适用其规定。

(2) 其他有关部门指定的招标公告发布媒介

1) 建设部规定依法必须进行施工公开招标的工程项目，除了应当在国家或者地方指定的报刊、信息网络或者其他媒介上发布招标公告，并同时在"中国工程建设信息网"上发布招标公告。

2) 商务部规定招标人或招标机构除应在国家指定的媒介以及招标网上发布招标公告外，也可同时在其他媒介上刊登招标公告，并指定"中国国际招标网"（http://www.chinabidding.com）为机电产品国际招标业务提供服务的专门网络。

(3) 财政部指定全国政府采购信息的发布媒介　财政部依法指定全国政府采购信息的发布媒介是《中国财经报》《中国政府采购》杂志和"中国政府采购网"（http://www.ccgp.gov.cn）。

(4) 地方政府指定的招标公告发布媒介　按照《招标公告发布暂行办法》第二十条关于各地方人民政府依照审批权限审批的依法必须招标的民用建筑项目的招标公告，可在省、自治区、直辖市人民政府发展改革部门指定的媒介发布的规定，各省级政府发展改革部门一般都指定了招标公告的发布媒介。

4. 投标邀请书

招标人采用邀请招标方式的，应当向3个以上具备承担招标项目的能力、资信良好的特定的法人或者其他组织发出投标邀请书。投标邀请书的内容和招标公告的内容基本一致，只需增加要求潜在投标人"确认"是否收到了投标邀请书的内容。如《标准施工招标文件》中关于"投标邀请书"的条款，就专门要求潜在投标人在规定时间以前，用传真或快递方式向招标人"确认"是否收到了投标邀请书。投标人应按资格预审公告要求提交资格证明文件。招标采购单位应从资格评审合格的投标人中通过随机抽取方式选择3家以上的投标人，并向其发出投标邀请书。

公开招标的招标公告和邀请招标、议标的投标邀请书，在内容要求上不尽相同。实践中，议标的投标邀请书通常比邀请招标的投标邀请书要简化一些，而邀请招标的投标邀请书则和招标公告差不多。

投标邀请书格式示例：

――――――（项目名称）施工投标邀请书

招标项目编号：

――――――（被邀请单位名称）：

1. 招标条件

本招标项目――――――（项目名称）已由――――――（项目审批、核准或备案机关名称）以＿＿＿＿（批文名称及编号）批准建设，项目业主为＿＿＿＿，建设资金来自＿＿＿＿（资金来源），项目出资比例为＿＿＿＿，招标人为＿＿＿＿。项目已具备招标条件，现邀请你单位参加＿＿＿＿（项目名称）标段施工投标。

2. 项目概况与招标范围

1）＿＿＿＿（说明本次招标项目的招标内容、规模、结构类型、招标范围、标段划分及资金来源和落实情况等）。

2）工程建设地点为＿＿＿＿。

3）计划开工日期为＿＿＿＿年＿＿月＿＿日，计划竣工日期为＿＿＿＿年＿＿月＿＿日，工期＿＿日历天。

4）工程质量要求符合＿＿＿＿标准。

3. 投标人资格要求

1）投标人须是具备建设行政主管部门核发的＿＿＿＿（行业类别、资质类别、资质等级）及以上资质，及安全生产许可证（副本）原件及复印件，法人或其他组织营业执照（副本）原件及复印件，＿＿＿＿业绩。

2）投标人拟派出的项目经理或注册建造师须是具备建设行政主管部门核发的＿＿＿＿＿＿＿＿＿（行业类别、资质类别、资质等级）及以上资质。

3）拟派出的项目管理人员，应无在建工程，否则按废标处理；投标人的项目经理或注册建造师中标后需到本项目招投标监督主管部门办理备案手续。

4）本次招标＿＿＿＿（接受或不接受）联合体投标。联合体投标的，应满足下列要求：＿＿＿＿＿＿＿。

5）各投标人均可就上述标段中的＿＿＿＿（具体数量）个标段投标。

6）外省施工企业还需到分公司工商注册所在地的市（州）、县（市）建设行政主管部门办理《建筑业企业备案证明书》后方可参加投标。（注：一些省市有相应规定）。

7）拒绝列入政府不良行为记录期间的企业或个人投标。

4. 招标文件的获取

1）请于＿＿年＿＿月＿＿日至＿＿年＿＿月＿＿日（法定公休日、法定节假日除外），每日上午＿＿时至＿＿时，下午＿＿时至＿＿时（北京时间，下同），在＿＿＿＿（详细地址）持投标邀请书购买招标文件。

2）招标文件每套售价＿＿＿＿元，售后不退。图纸押金＿＿＿＿元，在退还图纸时退还（不计利息）。

3）邮购招标文件的，需另加手续费（含邮费）＿＿＿＿元。招标人在收到单位介绍信、投标邀请书和邮购款（含手续费）后＿＿＿＿日内寄送。

5. 投标文件的递交

1）投标文件递交的截止时间（投标截止时间，下同）为＿＿＿＿年＿＿月＿＿日＿＿时＿＿分，地点为＿＿＿＿。

2）逾期送达的或者未送达指定地点的投标文件，招标人不予受理。

3）投标人在提交投标文件时，应按照有关规定提供不少于人民币＿＿＿＿元的投标保证金或投标保函。

4）有效投标人不足五家时，招标人另行组织招标。

5）当投标人的有效投标报价超出招标人设定的拦标价时，该投标报价视为无效报价。

6. 确认

你单位收到本投标邀请书后，请于_____（具体时间）前以传真或快递方式予以确认。

7. 联系方式

招标人：_____

地址：_____ 邮编：_____

联系人：_____

电话：_____ 传真：_____

招标代理机构：_____

地址：_____ 邮编：_____

联系人：_____

电话：_____ 传真：_____

___年___月___日

2.4.2 资格审查

资格审查就是招标人审查投标人是否具备投标的资格。**资格审查分为资格预审和资格后审**。它们的审查内容所包括的条件相同，区别在于对应的招标方式有所不同。**公开招标多采用资格预审，邀请招标多采用资格后审**。实际工作中资格预审较为普遍。

1. 资格审查的主要内容

《工程建设项目施工招标投标办法》第二十条的规定，资格审查主要审查潜在投标人或者投标人是否符合下列条件：

1）具有独立订立合同的权利。

2）具有履行合同的能力，包括专业、技术资格和能力，资金、设备和其他物质设施状况，管理能力、经验、信誉和相应的从业人员。

3）没有处于被责令停业，投标资格被取消，财产被接管、冻结，破产状态。

4）在最近三年内没有骗取中标和严重违约及重大工程质量问题。

5）国家规定的其他资格条件。

资格审查时，招标人不得以不合理的条件限制、排斥潜在投标人或者投标人，不得对潜在投标人或者投标人实行歧视待遇。任何单位和个人不得以行政手段或者其他不合理方法限制投标人的数量。

2. 资格预审

资格预审，是指投标前对获取资格预审文件并提交资格预审申请文件的潜在投标人进行资格审查的一种方式。

（1）资格预审的作用

1）排除不合格的投标人。对于许多招标项目来说，投标人的基本条件对招标项目能否完成具有极其重要的意义。如工程建设，必须具有相应条件的承包人才能保证其按质按期完成。招标人可以在资格预审中设置基本的要求，将不具备基本要求的投标人排除在外。

2）降低招标人的招标成本，提高招标工作效率。如果招标人对所有有意参加投标的投标人都允许投标，则招标、评标的工作量势必会增大，招标的成本也会增大。经过资格预审程序，招标人对想参加投标的潜在投标人进行初审，对不可能中标和没有履约能力的投标人进行筛选，把有资格参加投标的投标人控制在一个合理的范围内，既有利于选择到合适的投标人，也节省了招标成本，可以提高正式开始招标的工作效率。

3）吸引实力雄厚的投标人。实力雄厚的潜在投标人有时不愿意参加竞争过于激烈的招标项目，因为编写投标文件费用较高，而一些基本条件较差的投标人往往会进行恶性竞争。资格预审可以确保只有基本条件较好的投标人参加投标，这对实力雄厚的潜在投标人具有较大的吸引力。

（2）资格预审程序

1）招标人（招标代理人）编制资格预审文件，发布资格预审公告。资格预审公告的内容一般和招标公告相似。发布资格预审公告通常有如下两种做法：一是在招标公告中写明将进行投标资格预审，并通告领取或购买投标资格预审文件的地点和时间；二是另行刊登资格预审公告，但一般不再公开发布招标公告，出售资格预审文件，对资格预审文件的澄清、修改。

2）潜在投标人编制并提交资格预审申请文件。

3）招标人（招标代理人）对资格预审申请文件进行评审并编写资格评审报告，招标人审核资格评审报告、确定资格预审合格申请人。

4）招标人（招标代理人）向通过资格预审的申请人发出投标邀请书（代资格预审合格通知书），并向未通过资格预审的申请人发出资格预审结果的书面通知。其中，编制资格预审文件和组织进行资格预审申请文件的评审，是完成资格预审程序中的两项重要内容。

（3）资格预审文件 资格预审文件是招标人公开告诉潜在投标人参加招标项目投标竞争应具备资格条件的重要文件。

工程施工招标项目资格预审文件内容，一般包括：资格预审公告，申请人须知，资格审查办法，资格预审申请文件格式，资格预审文件的澄清与修改，项目建设概况等。另外，《房屋建筑和市政基础设施工程施工招标投标管理办法》第十六条规定，资格预审文件一般应当包括资格预审申请书格式、申请人须知，以及需要投标申请人提供的企业资质、业绩、技术装备、财务状况和拟派出的项目经理与主要技术人员简历、业绩等证明材料。

（4）资格预审文件发售时间 资格预审文件自发出之日起至停止之日止，最短不得少于5个工作日。

（5）资格预审文件的澄清与修改 按照2019年3月2日第三次修订的《招标投标法实施条例》规定要求：

1）招标人可以对已发出的资格预审文件进行必要的澄清或者修改。澄清或者修改的内容可能影响资格预审申请文件编制的，招标人应当在提交资格预审申请文件截止时间至少3日前，或者投标截止时间至少15日前，以书面形式通知所有获取资格预审文件或者招标文件的潜在投标人；不足3日或者15日的，招标人应当顺延提交资格预审申请文件或者投标文件的截止时间。

2）潜在投标人或者其他利害关系人对资格预审文件有异议的，应当在提交资格预审申请文件截止时间2日前提出。招标人应当自收到异议之日起3日内做出答复，做出答复前，应当暂停招标投标活动。

（6）资格评审　对资格预审申请文件的评审，目前主要有《工程建设项目施工招标投标办法》《工程建设项目货物招标投标办法》《关于加强房屋建筑和市政基础设施工程项目施工招标投标行政监督工作的若干意见》等部门规章以及《标准施工招标资格预审文件》中的一些相关规定。

1）资格评审组织。对资格预审申请文件的评审，由招标人组建的资格审查委员会负责。
2）评审标准。按照资格预审文件规定的资格条件评审标准进行评审。
3）评审方法。评审方法采取合格制或有限数量制。采用合格制的资格预审方法的，凡符合资格预审文件中规定的初步审查标准和详细审查标准的申请人均为资格预审合格人。对采用有限数量制资格预审方法的，如果通过详细审查的申请人不少于3个且没有超过资格预审文件事先规定数量的，均为资格预审合格人，不再进行评分；如果通过详细审查的申请人数量超过资格预审文件事先规定数量的，应对通过详细审查的申请人进行评分，按照资格预审文件事先规定的数量，按得分排序、由高到低确定规定数量的资格预审合格人。

关于合格申请人数量选择问题，建设部在《关于加强房屋建筑和市政基础设施工程项目施工招标投标行政监督工作的若干意见》中规定："依法必须公开招标的工程项目的施工招标实行资格预审，并且采用经评审的最低投标价法评标的，招标人必须邀请所有合格申请人参加投标，不得对投标人的数量进行限制。依法必须公开招标的工程项目的施工招标实行资格预审，并且采用综合评估法评标的，当合格申请人数量过多时，一般采用随机抽签的方法，特殊情况也可以采用评分排名的方法选择规定数量的合格申请人参加投标。其中，工程投资额1000万元以上的工程项目，邀请的合格申请人应当不少于9个；工程投资额1000万元以下的工程项目，邀请的合格申请人应当不少于7个。"《房屋建筑和市政工程标准施工招标资格预审文件》制定的有限数量制评审方法，见表2-2。合格制评审方法仅去掉表中"通过资格预审的人数"和"评分标准"的相关内容。

表2-2　有限数量制评审方法

条款号		条款名称	编列内容
1		通过资格预审的人数	当通过详细审查的申请人多于＿＿家时，通过资格预审的申请人限定为＿＿家
2		审查因素	审查标准
2.1	初步审查标准	申请人名称	与营业执照、资质证书、安全生产许可证一致
		申请函签字盖章	有法定代表人或其委托代理人签字并加盖单位章
		申请文件格式	符合"资格预审申请文件格式"的要求
		联合体申请人（如有）	提交联合体协议书，并明确联合体牵头人
		…	…

(续)

条款号	条款名称			编列内容
2.2	详细审查标准	营业执照		具备有效的营业执照 是否需要核验原件：□是　□否
		安全生产许可证		具备有效的安全生产许可证 是否需要核验原件：□是　□否
		资质等级		符合第二章"申请人须知"第1.4.1项规定 是否需要核验原件：□是　□否
		财务状况		符合第二章"申请人须知"第1.4.1项规定 是否需要核验原件：□是　□否
		类似项目业绩		符合第二章"申请人须知"第1.4.1项规定 是否需要核验原件：□是　□否
		信誉		符合第二章"申请人须知"第1.4.1项规定 是否需要核验原件：□是　□否
		项目经理资格		符合第二章"申请人须知"第1.4.1项规定 是否需要核验原件：□是　□否
		其他要求	(1) 拟投标主要机械设备	符合第二章"申请人须知"第1.4.1项规定
			(2) 拟投入项目管理人员	
			… …	
		联合体申请人（如有）		符合第二章"申请人须知"第1.4.2项规定
		…		
2.3	评分标准	评分因素		评分标准
		财务状况		
		项目经理		
		类似项目业绩		
		认证体系		
		信誉		
		生产资源		
		…		
3	审查程序			详见第三章附件　A：资格审查详细程序

4) 资格评审工作程序与要求。参照《标准施工招标资格预审文件》资格预审的评审工作程序为：

① 初步审查。

② 详细审查。

③ 资格预审申请文件的澄清。

④ 综合评议，确定通过资格预审的合格申请人名单，或采用评分排序（只适用于有限数量制）确定通过资格预审的合格申请人名单，并编写资格预审审查报告递交招标人审定。

⑤ 招标人审核确定资格预审合格申请人。
⑥ 发出资格预审结果的书面通知。

应当注意的是，按照《房屋建筑和市政工程标准施工招标资格预审文件》的规定，对"通过资格预审申请人的数量不足 3 个的，招标人应重新组织资格预审或不再组织资格预审而直接招标"。

资格预审合格通知书格式示例：

资格预审合格通知书

CJDA2011-067 ××市××中路地段会所工程施工投标邀请书

××建筑公司（被邀请单位名称）

你单位已通过资格预审，现邀请你单位按招标文件规定的内容，参加××市××中路地段会所工程施工投标。

请你单位于____年____月____日至____年____月____日（法定公休日、法定节假日除外），每天上午____至____，下午____至____（北京时间，下同），在××市××路××号持本资格预审合格通知书购买招标文件。

招标文件每套售价为____元，售后不退。图纸押金____元，在退还图纸时退还（不计利息）。邮购招标文件的，需另加手续费（含邮费）____元。招标人在收到邮购款（含手续费）后____日内寄送。

递交投标文件的截止时间（北京时间，下同）为____年____月____日上午____时____分。逾期送达的或未送达指定地点的投标文件，招标人不予受理。

你单位收到本资格预审合格通知书后，请于××××××（具体时间）前以传真或快递方式予以确认。

招标人：××市城市建设发展总公司
地址：××市××路××号
邮编：
联系人：
联系电话：
传真：
电子邮件：
网址：
开户银行：
账号：

____年____月____日

(7) 联合体资格预审

1) 由两个或两个以上的企业组成的联合体，按下列要求提交投标资格预审申请书。

① 联合体的每一个成员须同单独申请资格预审一样提交符合要求的资格预审全套文件。

② 资格预审申请书中应保证资格预审合格后，投标申请人将按招标文件的要求提交投标文件，投标文件和中标后与招标人签订的合同，须有成员各方的法定代表人或其授权委托

代理人签字和加盖法人印章；除非在资格预审申请书中已附有相应的文件，在提交投标文件时应附联合体共同投标协议，该协议中应约定各成员在联合体中的共同责任和联合体各方各自的责任。

③ 资格预审申请书中均须包括一份联合体各方计划承担的份额和责任的说明；联合体各方须具备足够的经验和能力来承担各自的责任。

④ 资格预审申请书中应约定一方作为联合体的主办人，申请人与招标人之间的往来信函将通过主办人传递。

2) 联合体各方均应具备承担招标工程项目的相应资质条件。相同专业的施工企业组成的联合体，按照资质等级低的施工企业的业务范围承揽工程。如果达不到投标人须知对联合体的要求，其提交的资格预审申请书将被拒绝。

3) 联合体各方可以单独参加资格预审，也可以联合体的名义统一参加资格预审，但不允许任何一个联合体成员就招标工程独立投标，任何违反这一规定的投标书将被拒绝。

4) 如果施工企业能够独立通过资格预审，鼓励施工企业独立参加资格预审；由两个或两个以上的资格预审合格的企业组成的联合体，将被视为资格预审当然合格的投标申请人。

5) 资格预审合格后，联合体在组成等方面的任何变化，必须在投标截止时间前征得招标人的书面同意。

如果招标人认为联合体的任何变化出现下列情况之一，其变化将不被允许：

① 严重影响联合体的整体竞争实力的。

② 有未通过或未参与资格预审的新成员的。

③ 联合体的资格条件已达不到资格预审的合格标准的。

④ 招标人认为将影响招标工程项目利益的其他情况的。

3. 资格后审

资格后审，是指在开标后对投标人进行的资格审查。资格后审是作为招标评标的一个重要内容在组织评标时由评标委员会负责一并进行的，审查的内容与资格预审的内容是一致的。评标委员会是按照招标文件规定的评审标准和方法进行评审的。对资格后审不合格的投标人，评标委员会应当对其投标作废标处理，不再进行详细评审。

4. 资格预审和资格后审的利弊

(1) 资格预审的利弊　资格预审的好处：一是可以淘汰一批不符合资质要求的投标人，选择在技术、资金等方面优秀的投标人参加投标，避免因未经资格预审而可能造成的项目建设风险。二是可以先前掌握投标人的基本情况，在一定程度上减少恶意投标竞争，保证秩序竞争。三是可以减少开标后的评审时间。

资格预审的弊端：一是有可能借资格预审这一环节，将一些具有某项目投标资格的投标人排挤在外，把"公开招标"变成了"邀请招标"，其结果会变相地改变招标方式。二是由于项目业主、招投标监管部门、中介代理机构和潜在投标人都有机会接触报名信息，对潜在投标人名称、数量等相关信息的保密工作难度较大，在投标人不多的情况下，在资格预审后各投标人之间有可能相互串通，抬高价格。

(2) 资格后审的利弊　资格后审的好处：一是参加投标人相对较多，对业主来讲，选择的余地相对较大。二是从开标到确定中标人时间较短，潜在投标人的信息得到了有效保密，切断了信息传递，减少了围标、串标等现象的发生。三是从源头上进一步预防腐败现象的发生。

资格后审的弊端：一是在参加的投标人较多的情况下，增大了评标的时间和成本。二是在参加的投标人过少的情况下，因在开标前不知道投标人数，一旦出现流标，无形中增加招标成本，延长招标周期，导致招标效率下降。三是因在开标前不知道投标人的基本情况，若被没有相关项目实践经验的投标人中标，有可能给项目建设造成风险。

资格预审和资格后审，各有利弊，在实际操作中，也具有很强的互补性，很难说哪种方式好，哪种方式不好。在一般情况下，只要投标人满足招标文件中规定的资质、业绩、人员、财力和信誉等最低条件要求，在报价合理的前提下，应该多采用资格后审，让符合资格的投标人都有同等的机会去参加竞争。在特殊情况下，如建设规模大，技术含量高的项目，也可采用资格预审。为防止资格预审中可能出现的种种弊端，作为政府和招投标监管部门，要明确资格预审的基本条件，严格执行资格预审的审批程序，最大限度地减少人为因素的制约，真正体现招标投标的公开、公平、公正的原则。

2.4.3 发放招标文件

招标人根据招标项目的特点和需要编制招标文件。招标文件是投标人编制投标文件和报价的依据。因此，招标文件应当包括招标项目的技术要求、对投标人资格审查的标准（资格后审）、投标报价的要求和评标标准等所有实质性要求和条件，以及拟签订合同的主要条款。

招标项目如果需要划分标段、有工期要求时，也需在招标文件中载明。招标文件通常分为投标人须知、合同条件、技术规范、设计图和技术资料、工程量清单几大部分内容。

招标文件发出后，招标人不得擅自变更其内容。确需进行必要的澄清、修改或补充的，应当在招标文件要求提交投标文件截止时间至少 15 天前，书面通知所有获得招标文件的投标人，以便于他们修改投标书。该澄清、修改或补充的内容是招标文件的组成部分，对招标人和投标人都有约束力。

2.4.4 组织踏勘现场

招标文件发放后，招标人要在招标文件规定的时间内，组织投标人踏勘现场。招标人不得组织单个或者部分潜在投标人踏勘项目现场。踏勘现场的目的在于了解工程场地和周围环境情况，以获取投标人认为必要的信息。为便于投标人提出问题并得到解答，踏勘现场一般安排在投标预备会之前进行。投标人在踏勘现场中如有疑问或不清楚的问题，应在投标预备会前以书面形式向招标人提出，但应给招标人留有解答时间。

踏勘现场主要应了解以下内容：

1）施工现场是否达到招标文件规定的条件。
2）施工现场的地理位置、地形和地貌。
3）施工现场的地质、土质、地下水位、水文等情况。
4）施工现场气候条件，如气温、湿度、风力、年雨雪量等。
5）现场环境，如交通、饮水、污水排放、生活用电、通信等。
6）工程所在施工现场的位置与布置。
7）临时用地、临时设施搭建等。

2.4.5 投标预备会

投标预备会也称答疑会、标前会议，是指招标人为澄清或解答招标文件或现场踏勘中的问题，以便投标人更好地编制投标文件而组织召开的会议。

在招标管理机构的监督下，投标预备会由招标人组织并主持召开，参加会议的人员包括招标人、投标人、代理机构、招标文件的编制人员、招标投标管理机构的管理人员等。所有参加投标预备会的投标人应签到登记，以证明出席了投标预备会。招标人应在预备会上对招标文件和现场情况做介绍或解释，并解答投标人提出的疑问（包括书面提出的和口头提出的询问），还应对施工图进行交底和解释。

投标预备会结束后，由招标人整理会议记录和解答内容，报招标投标管理机构核准同意后，尽快以书面形式将问题及解答同时发送到所有获得招标文件的投标人。为了使投标人在编写投标文件时充分考虑招标人对招标文件的修改或补充内容，以及在投标预备会上澄清或者修改的内容，招标人应当在投标截止时间至少 15 日前，以书面形式通知所有获取招标文件的潜在投标人；不足 15 日的，招标人应当顺延提交投标文件的截止时间。

2.5 招标文件的编制

招标文件是招标人向潜在投标人发出的要约邀请文件，是告知投标人招标项目内容、范围、数量与招标要求、投标资格要求、招标投标程序规则、投标文件编制与递交要求、评标标准与方法、合同条款与技术标准等招标投标活动主体必须掌握的信息和遵守的依据，对招标投标各方均具有法律约束力。招标文件的有些内容只是为了说明招标投标的程序要求，将来并不构成合同文件，如投标人须知；有些内容，则构成合同文件，如合同条款、设计图、技术标准与要求等。招标人应在招标文件中约定构成合同组成部分的文件内容。

建设工程招标文件是由招标人或其委托的咨询公司编制并发布的进行工程招标的纲领性、实施性文件，是建设工程招标投标活动中最重要的法律文件。招标文件是评标委员会评审的依据，也是签订合同的基础，同时又是投标人编制投标文件的重要依据。该文件中提出的各项要求，各投标人及选中的中标人必须遵守，同样，招标文件对招标人自身也具有法律约束力。

2.5.1 招标文件的意义

建设工程招标文件具有十分重要的意义，具体主要体现在以下三个方面：

（1）建设工程招标文件是投标的主要依据和信息源　招标文件是提供给投标人的投标依据，是投标人获取招标人意图和工程招标各方面信息的主要途径。投标人只有认真研读招标文件，领会其精神实质，掌握其各项具体要求和界限，才能保证投标文件对招标文件的实质性响应，顺利通过对投标文件的符合性鉴定。

（2）建设工程招标文件是合同签订的基础　招标文件是一种要约邀请，其目的在于引出潜在投标人的要约（即投标文件），并据以对要约进行比较、评价（即评标），做出承诺（即定标）。因而，招标文件是工程招标中要约和承诺的基础。在招标投标过程中，无论是招标人还是投标人，都可能对招标文件提出各种各样的修改和补充的意见或建议，但不管怎样修改和补充，其基本的内容和要求通常是不会变的，也是不能变的，所以，招标文件的绝大部分内容，事实上都将会变成合同的内容。招标文件是招标人与中标人签订合同的基础。

(3) 建设工程招标文件是政府监督的对象　招标文件既是招标投标管理机构的审查对象，同时也是招标投标管理机构对招标投标活动进行监管的一个重要依据。换句话说，政府招标投标管理机构对招标投标活动的监督，在很大程度上就是监督招标投标活动是否符合业经审定的招标文件的规定。

2.5.2　招标文件的编制依据

1)　严格遵守《招标投标法》《民法典》《保险法》《环境保护法》《建筑法》《建设工程质量管理条例》《建设工程安全生产管理条例》等与工程建设有关的现行法律法规，不得做任何突破或超越。

2)　各行业标准。不同的行业遵循不同的行业标准。

3)　《标准施工招标资格预审文件》（包括资格预审公告、申请人须知、资格审查办法、资格预审申请文件格式和项目建设概况，共五章）。

4)　《标准施工招标文件》（包括招标公告（或投标邀请书）、投标人须知、评标办法、合同条款及格式、工程量清单、图纸、技术标准和要求、投标文件格式，共八章）。

2.5.3　编制建设工程招标文件应当遵循的规则

编制建设工程招标文件应当遵循以下规则：

(1) 遵守法律、法规、规章和有关方针、政策的规定，符合有关贷款组织的合法要求　保证招标文件的合法性，是编制和审定招标文件必须遵循的一个根本原则。不合法的招标文件是无效的，不受法律保护。

(2) 真实可靠、完整统一、具体明确、诚实信用　招标文件反映的情况和要求，必须真实可靠，讲求信用，不能欺骗或误导投标人。招标人或招标代理人对招标文件的真实性负责。招标文件的内容应当全面系统、完整统一，各部分之间必须力求一致，避免相互矛盾或冲突。招标文件确定的目标和提出的要求，必须具体明确，不能发生歧义，模棱两可。

(3) 适当分标　工程分标是指就工程建设项目全过程（总承包）中的勘察、设计、施工等阶段招标，分别编制招标文件，或者就工程建设项目全过程招标或勘察、设计、施工等阶段招标中的单位工程、特殊专业工程，分别编制招标文件。工程分标必须保证工程的完整性、专业性，正确选择分标方案，编制分标工程招标文件，不允许任意肢解工程，一般不能对单位工程再分部、分项招标，编制分部、分项招标文件。属于对单位工程分部、分项单独编制的招标文件，建设工程招标投标管理机构不予审定认可。

(4) 兼顾招标人和投标人双方利益　招标文件的规定要公平合理，不能不恰当地将招标人的风险转移给投标人。

2.5.4　招标文件范本及其使用

1. 招标文件范本

为规范招标文件的内容和格式，节约招标文件编写的时间，提高招标文件的质量，国家有关部门多年来编制了各种招标文件范本，如财政部《世界银行贷款项目招标文件范本》、原建设部《建设工程施工招标文件范本》、原交通部《公路工程国际招标文件范本》《公路工程国内招标文件范本》、原国家电力公司《电力工程招标程序及招标文件范本》等。

2007年12月，国家发改委、财政部、建设部等九部委（56号令）颁布了《标准施工招标文件》和《标准施工招标资格预审文件》范本，它自2008年5月1日起在依法必须招标的工程建设项目中实行，主要适用于一定规模以上，且设计和施工不是由同一承包商承担的工程施工招标。它规范了招标公告和投标邀请书的格式、统一信息内容和发布媒体，使招标信息更加透明和公开；在编制该项目招标文件中提供了资格审查文件编制的固定格式，从而尽可能减少投标人因资格审查文件编制的错误和提供资料的不准确而造成资格审查不合格情况的出现；范本妥善处理了与行业招标文件范本的通用性关系，如招标公告的内容、投标人须知、评标办法、通用合同条款等，同时兼顾了不同行业、不同项目在技术上、合同专用条款上的差异。

依据56号令第三条规定，国务院有关行业主管部门可根据《标准施工招标文件》并结合本行业施工招标特点和管理需要，编制行业标准施工招标文件。交通运输部《公路工程标准施工招标文件》（2009年版）、水利部《水利水电工程标准施工招标文件》（2009年版）和住房和城乡建设部《房屋建筑和市政工程标准施工招标文件》（2010年版）（简称《行业标准施工招标文件》）是《标准施工招标文件》的配套文件，分别适用于各等级公路、桥梁、隧道、水利水电、房屋建筑和市政工程的建设工程施工招标。这些系列行业标准施工招标文件重点对"专用合同条款""工程量清单""图纸""技术标准和要求"做出具体规定。

依法必须招标的工程建设项目，工期不超过12个月，技术相对简单，且设计和施工不是由同一承包商承担的小型项目，其施工招标文件应当依据《中华人民共和国简明标准施工招标文件》（2012年版）进行编制；设计施工一体化的总承包项目，其招标文件应依据《中华人民共和国标准设计施工总承包招标文件》（2012年版）进行编制。

2. 招标文件范本的使用

这些"范本"在推进我国招标投标工作中起了重要作用。但需强调的是这些示范文本主要是"示范性"的规范招标人行为，而非必须"强制性"使用。在使用"范本"编制具体项目的招标文件时，范本体例结构不能变，不允许修改的地方不得修改，允许细化和补充的内容不得与范本原文相抵触。其中，通用文件和标准条款不需做任何改动，如"投标人须知"（投标人须知前附表和其他附表除外）、"评标办法"（评标办法前附表除外）、"通用合同条款"应当不加修改地加以引用。只需根据招标项目的具体情况，对投标人须知资料表（或前附表）、专用条款、协议条款以及技术规范、工程量清单、投标文件附表等部分中的具体内容重新进行编写，加上招标图纸即构成一套完整的招标文件。

2.5.5 招标文件的组成

招标文件涉及商务和技术两大方面。项目性质不同、招标范围不同，招标文件的内容和格式也有所区别。

一般情况下，各类工程施工招标文件的内容大致相同，但组卷方式可能有所区别。此处以《标准施工招标文件》为范本介绍工程施工招标文件的内容和编写要求。

《标准施工招标文件》共包含封面格式和四卷八章的内容,第一卷包括第一章至第五章,涉及招标公告(投标邀请书)、投标人须知、评标办法、合同条款及格式、工程量清单等内容。其中,第一章和第三章并列给出了不同情况,由招标人根据招标项目特点和需要分别选择;第二卷由第六章图纸组成;第三卷由第七章技术标准和要求组成;第四卷由第八章投标文件格式组成。

1. 封面格式

《标准施工招标文件》封面格式包括下列内容:项目名称、标段名称(如有)、标识出"招标文件"这四个字、招标人名称和单位印章、时间。

2. 招标公告与投标邀请书

招标公告与投标邀请书是《标准施工招标文件》的第一章。对于未进行资格预审项目的公开招标项目,招标文件应包括招标公告;对于邀请招标项目,招标文件应包括投标邀请书;对于已经进行资格预审的项目,招标文件也应包括投标邀请书(代资格预审通过通知书)。

(1)招标公告(未进行资格预审) 招标公告包括项目名称、招标条件、项目概况与招标范围、投标人资格要求、招标文件的获取、投标文件的递交、发布公告的媒介和联系方式等内容,详见本书2.4.1相关内容。

(2)投标邀请书(适用于邀请招标) 适用于邀请招标的投标邀请书一般包括项目名称、被邀请人名称、招标条件、项目概况与招标范围、投标人资格要求、招标文件的获取、投标文件的递交、确认和联系方式等内容,其中大部分内容与招标公告基本相同,唯一区别是:投标邀请书无须说明发布公告的媒介,但对投标人增加了在收到投标邀请书后的约定时间内,以传真或快递方式予以确认是否参加投标的要求。

(3)投标邀请书(代资格预审通过通知书) 适用于代资格预审通过通知书的投标邀请书一般包括项目名称、被邀请人名称、购买招标文件的时间、售价、投标截止时间、收到邀请书的确认时间和联系方式等。与适用于邀请招标的投标邀请书相比,由于已经经过了资格预审阶段。所以,在代资格预审通过通知书的投标邀请书内容里,不包括招标条件、项目概况与招标范围和投标人资格要求等内容。

此外,应注意,招标人应当在资格预审公告、招标公告或者投标邀请书中载明是否接受联合体投标。

3. 投标人须知

投标人须知是招标文件中很重要的一部分内容,是投标人的投标指南,投标人在投标时必须仔细阅读和理解,按投标人须知中的要求进行投标。投标人须知是招标投标活动应遵循的程序规则和对编制、递交投标文件等投标活动的要求,通常不是合同文件的组成部分。因此,投标人须知中对合同执行有实质性影响的内容,如招标范围、工期、质量、报价等要求,应在构成合同文件组成部分的合同条款、技术标准与要求、工程量清单等文件中载明,但各部分文件中载明的内容应当一致。

投标人须知包括投标人须知前附表、正文和附表格式等内容。

(1)投标人须知前附表 投标人须知前附表是将投标人须知中重要条款规定的内容用一个表格的形式列出来,以使投标人在整个投标过程中必须严格遵守和深入考虑。其主要作用有两个方面，一是将投标人须知中的关键内容和数据摘要列表，起到强调和提醒作用，为投标人迅速掌握投标人须知内容提供方便，但必须与招标文件相关章节内容衔接一致；二是对投标人须知正文中交由前附表明确的内容给予具体约定。当正文中的内容与前附表规定的内容不一致时，以前附表的规定为准。

（2）投标人须知正文　投标人须知正文的内容包括：总则、招标文件、投标文件、投标、开标、评标、合同授予、重新招标和不再招标、纪律和监督九项内容。

1) 总则。投标人须知正文中的"总则"由下列内容组成：

① 项目概况。应说明项目已具备招标条件、项目招标人、招标代理机构、项目名称、建设地点等。

② 资金来源和落实情况。应说明项目的资金来源、出资比例、资金落实情况等。这是投标人借以了解招标项目合法性及其资信等情况的重要信息。招标人资金落实到位，既是招标必备的条件，也是调动投标人积极性的一个重要因素，同时，有利于投标人对合同履行风险进行判断。

③ 招标范围、计划工期和质量要求。招标范围、计划工期和质量要求的内容是投标人需要响应的实质性内容，也是合同的主要内容。

招标范围应采用工程专业术语填写，明确工程承包的内容和范围，并与"工程量清单"的内容一致，以避免造成投标人报价口径不统一，影响评标和合同履行，以及工程项目的实施。

计划工期由招标人根据项目建设计划分析确定。计划工期对投标人的进度计划、资源计划、成本计划等都有重要的影响。同时，计划开工日期和计划竣工日期，便于投标人对这段时期内的自然、气候、社会等方面的形势做出尽可能充分的判断和预测，采取有效措施应对自己所应承担的风险。因此，招标人在投标人须知中要求的计划开工日期，应尽可能地科学、客观、合理可行。

质量要求，是招标人根据招标项目的特点和需要做出明确的要求。招标人在提出质量要求时，应采用国家、行业颁布的建设工程施工质量验收标准和规范编写，并注意不要提出各种质量评奖的强制要求，也要避免使用含糊不清的词语引起双方的歧义。

④ 投标人资格要求，即投标资质与合格条件的要求。这是指对投标人参加投标进而中标的资格要求，主要说明为签订和履行合同的目的，投标人单独或联合投标时至少必须满足的资质条件及其他要求。对于已采用资格预审的，投标人应是已经通过资格预审并收到招标人发出投标邀请书的单位；对于未采用资格预审的，应按照本书第3章的内容详细规定投标人资格要求。

一般来说，投标人参加投标的资质条件在投标人须知前附表中已注明。投标人参加投标进而中标必须具备投标人须知前附表中所要求的资质等级。由同一专业的单位组成的联合体，按照资质等级较低的单位确定资质等级。投标人必须具有独立法人资格（或为依法设立的其他组织）和相应的资质，非本国注册的投标人应按本国有关主管部门的规定取得相应的资质。为获得能被授予合同的机会，投标人应提供令招标人满意的资格文件，以证明其符合投标合格条件和具有履行合同的能力。

⑤ 保密。要求参加招标投标活动的各方不应泄露招标文件和投标文件中的商业和技术秘密。

⑥ 语言文字。可要求除专用术语外，均使用中文。

⑦ 计量单位。所有计量均采用中华人民共和国法定计量单位。

⑧ 踏勘现场。招标项目现场的环境条件会对投标人的报价及其技术管理方案产生影响。通过招标人向投标人介绍工程场地和相关环境的有关情况，以及投标人踏勘项目现场，可以直接了解施工现场的地形、地貌、周边环境等自然条件，取得编制投标文件和签署合同所需要的第二手资料，有利于投标人有针对性地编制施工组织设计、核算投标报价等投标文件内容。但投标人踏勘项目现场做出的推论概应自行负责。需要注意的是，招标人在组织现场踏勘时，应当采取相应的措施，避免泄露潜在投标人的名称和数量等信息，影响招标投标的公平竞争。

⑨ 投标预备会。是否召开投标预备会，以及何时召开由招标人根据项目具体需要和招标进程安排确定。

⑩ 分包。由招标人根据项目具体特点来判断是否允许分包。如果允许分包，可进一步明确允许分包的内容和要求，以及分包项目金额（或比例）和分包人的资格条件等方面的限制。投标人根据自身的实际情况，对招标文件中可以分包的内容做出是否分包的决定。这样有利于投标人在编制施工组织设计时，合理安排现场施工作业，在互不干扰又衔接有序的情况下进行施工。

⑪ 偏离。偏离也称为偏差，是指投标不满足招标文件要求的情形。招标人根据项目具体特点规定允许投标偏离的项目、技术参数或条款以及允许偏离的范围和幅度。

2）招标文件。招标文件是对招标投标活动具有法律约束力的最主要文件。投标人须知应该阐明招标文件的组成、招标文件的澄清和修改。投标人须知中没有载明具体内容的，不构成招标文件的组成部分，对招标人和投标人没有约束力。

在这一部分，要特别提醒投标人仔细阅读、正确理解。投标人对招标文件所做出的任何推论、解释和结论，招标人概不负责。投标人因对招标文件的任何推论、误解及招标人对有关问题的口头解释所造成的后果，均由投标人自负。如果投标人的投标文件不能符合招标文件的要求，责任由投标人承担。

① 招标文件的组成内容包括：招标公告（或投标邀请书），投标人须知，评标办法，合同条件及格式，工程量清单，图纸，技术标准和要求，投标文件格式，投标人须知前附表规定的其他材料。

招标人可根据项目具体特点确定投标人须知前附表中需要补充的其他材料，如地质勘察报告。

② 招标文件的澄清和修改。当投标人对招标文件有疑问时，可以要求招标人对招标文件予以澄清；招标人可以主动对已发出的招标文件进行必要的澄清和修改。对招标文件所做的澄清和修改构成招标文件的组成部分。

在投标截止日前，招标人可以自己主动对招标文件进行修改，或为解答投标人要求澄清的问题而对招标文件进行修改。修改意见经招标投标管理机构核准，由招标人以文字、电传、传真或电报等书面形式发给所有获得招标文件的投标人。对招标文件的修改，也是招标文件的组成部分，对投标人起约束作用。投标人收到修改意见后应立即以书面形式（回执）通知招标人，确认已收到修改意见。

招标文件澄清或修改的内容可能影响投标文件编制的，招标人应当在招标文件要求提交投标文件的截止时间至少 15 日前，以书面形式通知所有获取招标文件的潜在投标人；不足 15 日的，招标人应当按影响的时间顺延提交投标文件的截止时间。澄清或修改的内容不影响投标文件编制的，不受此时间的限制。

《招标投标法实施条例》第二十二条的规定，潜在投标人或者其他利害关系人对招标文件有异议的，应当在投标截止时间 10 日前提出。招标人应当自收到异议之日起 3 日内分两种情况做出答复：一是对异议的答复没有构成对已发出的招标文件澄清或修改，与其他投标人投标无关的，招标人只需对提出异议的人进行答复；二是对异议的答复构成对已发出的招标文件澄清或修改的，招标人对提出异议的人进行答复的同时，还应将澄清或修改的内容以书面形式通知所有收受招标文件的潜在投标人，澄清或修改可能影响投标文件编制的。应按对投标文件编制影响的时间相应顺延投标截止时间。未做澄清答复者，应当暂定招标投标的下一步程序。

3）投标文件。投标文件是投标人响应和依据招标文件向招标人发出的要约文件。招标人在投标人须知中对投标文件的组成、投标报价、投标有效期、投标保证金、资格审查资料、备选方案和投标文件的编制和递交提出明确要求。

① 投标文件的组成内容有：投标函及投标函附录，法定代表人身份证明，法定代表人的授权委托书，联合体协议书（如果有），投标保证金，报价工程量清单，施工组织设计，项目管理机构，拟分包项目情况表，资格审查资料，其他资料。其中，施工组织设计一般归类为技术文件，其余归类为商务文件。

② 投标有效期。投标有效期是投标文件保持有效的期限，是招标人完成招标工作并对投标人发出要约做出承诺的期限，也是投标人对自己发出的投标文件承担法律责任的期限。投标有效期从提交投标文件的截止之日起算，并应满足完成开标、评标、定标以及签订合同等工作所需要的时间。因此，招标人应根据招标项目的性质、规模和复杂性，以及由此决定评标、定标所需时间等确定投标有效期的长短。投标有效期时间过短，可能会因投标有效期内不能完成招标、定标，而给招标人带来风险。投标有效期过长，投标人所面临的经营风险过大，为了转移风险，投标人可能会提高投标价格，导致工程造价提高。一般在投标人须知前附表中规定投标有效期的时间。例如，投标有效期的时间为 28 天，则投标文件在投标截止日期后的 28 天内有效。招标项目的评标和定标活动应当在投标有效期结束日 30 个工作日前完成，如不能完成，则招标人应当通知所有投标人延长投标有效期。

投标有效期一方面约束投标人在投标有效期内不能随意更改和撤销投标的作用；另一方面也促使招标人按时完成评标、定标和签约工作，以避免因投标有效期内没有完成签约而投标人又拒绝延长投标有效期而造成招标失败的风险。关于投标有效期通常需要在招标文件中做出如下规定：

A. 投标人在投标有效期内，不得要求撤销或修改其投标文件。

B. 投标有效期延长。必要时，招标人可以书面通知投标人延长投标有效期。此时，投标人可以有两种选择：同意延长，并相应延长投标保证金有效期，但不得要求或被允许修改或撤销其投标文件；拒绝延长，投标文件在原投标有效期届满后失效，但有权收回其投标保证金。

③ 投标保证金。投标保证金是在招标投标活动中，投标人按照招标文件规定的形式和金额向招标人递交的，约束投标人履行其投标义务，保证招标人权利实现的担保。交纳投标

保证金的主要目的是对投标人的投标行为产生约束作用，保证招标投标行为的规范。根据《民法典》，投标人向招标人递交投标文件，意味着向招标人发出了要约。在投标有效期内，投标人不得要求撤销或者修改投标文件；而一旦招标人做出承诺，向中标人发出中标通知书，对招标人和中标人均具有法律约束力。中标人拒绝签订合同或修改中标实质条件的放弃中标，可能承担投标保证金不予退还的法律后果。这实际上是对投标人违背诚实信用原则的一种惩罚。所以，投标保证金能够对投标人的投标行为产生约束作用，这是投标保证金最基本的功能。招标文件中一般应对投标保证金做出下列规定：

A. 投标保证金的形式、数额、有效期。投标保证金形式一般有：银行电汇、银行汇票、银行保函、备用信用证、支票、第三方担保或招标文件中规定的其他形式。为避免争议，招标人在编制招标文件时应明示可选择使用的投标保证金形式。除招标文件载明的投标保证金形式外，不接受其他形式的投标保证金。

a. 银行电汇。投标人应在投标文件中附上电汇凭证复印件，作为评标时对投标保证金评审的依据。

b. 银行汇票。汇款人将款项存入出票银行，由出票银行签发的票据，在银行见票时按照汇票金额无条件支付给持票人或收款人。投标人应根据招标文件要求提交银行汇票原件，并在投标文件中附上银行汇票复印件，作为评标时对投标保证金评审的依据。招标人可要求投标人在投标截止时间前的一定时间内，将银行汇票交付给招标人，以保证在投标截止时间前投标保证金能够到达招标人的银行账户。

c. 银行保函。开具保函的银行性质及级别应满足招标文件的规定，并采用招标文件提供的保函格式。投标人应根据招标文件要求提交银行保函原件，并在投标文件中附上复印件。投标文件中保函的格式必须与招标文件提供的格式一致，否则将以不响应招标文件要求为由将其作为无效投标文件处理。

d. 备用信用证。由投标人向银行申请，由银行出具的不可撤销信用证。备用信用证的作用和银行保函类似。

e. 支票。由出票人签发的，委托办理支票业务的存款银行或者其他金融机构在见票时无条件从其账户支付确定的金额给收款人或持票人的票据。投标人应确保招标人在招标文件规定的截止时间之前能够将投标保证金划拨到招标人指定账户，否则，视为投标保证金无效。投标人应在投标文件中附上支票复印件，作为评标时对投标保证金评审的依据。

投标保证金的金额应当符合有关规定。投标保证金金额通常有相对比例金额和固定金额两种方式，并尽可能采用固定金额的方式。为防止招标人设置过高的投标保证金，《招标投标法实施条例》第二十六条规定，招标人在招标文件中要求投标人提交投标保证金的，投标保证金金额不得超过招标项目估算价的2%。依法必须进行招标的项目的境内投标人以银行电汇、汇票等现金或者转账支票提交的投标保证金应当从其基本账户转出。

B. 联合体投标人递交投标保证金。如果接受联合体投标的，应当以联合体各方或者联合体中牵头人的名义提交投标保证金，对联合体各成员具有约束力。

C. 不按要求提交投标保证金的后果。招标文件规定提交投标保证金的，不按规定要求提交投标保证金的，其投标文件无效。

D. 投标保证金的退还条件和退还时间。投标保证金的退还需要考虑合同协议书是否签订和履约保证金是否提交。招标人最迟应当在书面合同签订后 5 日内向中标人和未中标的投标人退还投标保证金及银行同期存款利息。因此，招标人在编制招标文件时，应注意明确投标保证金的退还时间，并在投标人须知前附表明确规定银行同期存款利息的利率和时间的计算，以及如何退还投标保证金。

E. 投标保证金不予退还的情形。投标截止后投标人撤销投标文件的，招标人可以在招标文件中约定不退还投标保证金。中标人无正当理由不与招标人订立合同，在签订合同时向招标人提出附加条件，或者不按照招标文件要求提交履约保证金的，取消其中标资格，投标保证金不予退还。

④资格审查资料。资格审查资料可根据是否已经组织资格预审提出相应的要求。招标项目已经组织资格预审的资格审查资料分为两种情况：

A. 当评标办法不涉及投标人资格条件评价时，投标人资格预审阶段的资格审查资料没有变化的，可不再重复提交；当投标人在资格预审阶段的资格资料有变化的，按新情况更新或补充。

B. 当评标办法对投标人资格条件进行综合评价的，按招标文件要求提交资格审查资料。

招标项目未组织资格预审或约定要求递交资格审查资料的，一般包括如下内容：

a. 投标人基本情况。

b. 近年财务状况。

c. 近年完成的类似项目情况。

d. 正在施工和新承接的项目情况。

e. 信誉资料，如近年发生的诉讼及仲裁情况。

f. 允许联合体投标的联合体资料。

⑤ 备选方案。招标文件应明确是否允许提交备选方案。如果招标文件允许提交备选方案，投标人除编制提交满足招标文件要求的投标方案外，可另行编制提交备选方案。通过备选方案，可以充分调动投标人的竞争潜力，使项目的实施方案更具科学性、合理性和可操作性。被选用的备选方案一般能够既使招标人得益，也能够使投标人得益。但只有排名第一的中标候选人的备选投标方案才能予以评审，并考虑是否接受。

⑥ 投标文件的编制。对投标文件的编制可进行如下要求：

A. 语言要求。投标文件所使用的语言应按照招标文件的规定。

B. 格式要求。投标文件应按照招标文件规定的格式编写。

C. 实质性响应。投标文件应当对招标文件规定的每一项实质性要求和条件做出响应，不能有偏离。例如：投标文件应当对招标文件列明的有关工期、投标有效期、质量要求、主要技术标准和要求、招标范围、招标函和报价清单的格式内容等实质性内容做出响应。

D. 打印要求。例如：要求使用不褪色的材料书写或打印。

E. 错误修改要求。例如：要求改动之处应加盖单位章或由投标人的法定代表人或其授权的代理人签字确认。

F. 签署要求。通常要求投标文件由投标人的法定代表人或其委托代理人签字或加盖单位公章。委托代理人签字的，投标文件应附法定代表人签署的授权委托书。《招标投标法实施条例》第五十一条规定，投标文件未经投标单位盖章和单位负责人签字的，评标委员会应当否决其投标。实践中，如果招标人要求投标文件由投标人的法定代表人或其委托代理人签字且加盖单位公章的，应当在投标人须知中明确规定。

G. 份数要求。规定投标文件份数时，应在满足评标、存档等要求的情况下，尽量减少投标文件的份数，以减轻投标人负担，节约资源。例如，规定正本一份，副本一份。

H. 装订要求。招标文件通常规定，投标文件不得采用活页的方式装订，否则，招标人不承担由此引发的投标文件部分内容被替换或遗失等责任。

4）投标。投标规定包括投标文件的密封和标记、投标文件的递交时间和地点、投标文件的修改和撤回等。招标人应尽可能简化对投标文件包装、密封和标记的要求，以免造成不必要的废标。如招标文件的正本和副本是否分开包装、密封是否存在细微偏差等，并不影响招标投标的实质竞争，不应构成废标的条件。但对于严重不按照招标文件要求密封的投标文件，招标人应拒绝接收。

投标人应在投标人须知前附表规定的截止日期前递交投标文件。招标人因补充通知修改招标文件而酌情延长投标截止日期的，招标人和投标人在投标截止日期方面的全部权利、责任和义务，将适用延长后新的投标截止日期。到投标截止日期止，招标人收到的投标文件少于3个的，招标人应依法重新组织招标。招标人在规定的投标截止日期后收到的投标文件，将被拒绝并返回投标人。

5）开标。开标规定包括开标时间、地点和开标程序等。所谓开标，是投标人递交投标文件后，招标人依据招标文件规定的时间和地点，开启投标人递交的投标文件，公开宣布投标人的名称、投标价格及投标文件中的其他主要内容。开标应当在招标文件确定的提交投标文件截止时间的同一时间公开进行，即提交投标文件截止之时，也就是开标之时。招标文件中应明确开标的程序及要求。

6）评标。评标规定包括评标委员会、评标原则和评标方法等。所谓评标，是依据招标文件的规定和要求，对投标文件所进行的审查、评审和比较。招标文件中应明确评标的工作程序、评标的要求及其他要求。

① 评标内容的保密。公开开标后，直到宣布授予中标人合同为止，凡属于审查、澄清、评价和比较投标的有关资料，和有关授予合同的信息，以及评标组织成员的名单都不应向投标人或与该过程无关的其他人泄露。招标人应采取必要的措施，保证评标在严格保密的情况下进行。在投标文件的审查、澄清、评价和比较及授予合同的过程中，投标人对招标人和评标组织其他成员施加影响的任何行为，都将导致取消投标资格。

② 投标文件的澄清。为了有助于投标文件的审查、评价和比较，评标组织在保密其成员名单的情况下，可以个别要求投标人澄清其投标文件。有关澄清的要求与答复，应以书面形式进行，但不允许更改投标报价或投标的其他实质性内容。但是按照投标人须知规定校核时发现的算术错误不在此列。

③ 投标文件的符合性鉴定。在详细评标之前，评标组织将首先审定每份投标文件是否在实质上响应了招标文件的要求。

④ 错误的修正。评标组织将对确定为实质上响应招标文件要求的投标文件进行校核，看其是否有计算上或累计上的算术错误。

修正错误的原则如下：

A. 如果用数字表示的数额与用文字表示的数额不一致，以文字数额为准。

B. 当单价与工程量的乘积与合价之间不一致时，通常以标出的单价为准，除非评标组织认为有明显的小数点错位，此时应以标出的合价为准，并修改单价。

按上述修改错误的方法，调整投标书中的投标报价。经投标人确认同意后，调整后的报价对投标人起约束作用。如果投标人不接受修正后的投标报价其投标将被拒绝，其投标保证金也将不予退还。

7）合同授予。合同授予包括定标方式、中标通知、履约担保和签订合同。

① 定标方式。定标方式通常有两种：招标人授权评标委员会直接确定中标人；评标委员会推荐1~3名中标候选人，由招标人依法确定中标人。

② 中标通知。确定出中标人后，在投标有效期截止前，招标人将在招标投标管理机构认同下，以书面形式通知中标的投标人其投标被接受。在中标通知书中给出招标人对中标人按合同实施、完成和维护工程的中标标价（合同条件中称为"合同价格"），以及工期、质量和有关合同签订的日期、地点。中标通知书将成为合同的组成部分。在中标人按投标人须知的规定提供了履约担保后，招标人将及时将未中标的结果通知其他投标人。

③ 履约担保。签订合同前，中标人应按照招标文件规定的担保形式、金额和履约担保格式向招标人提交履约保证金。履约保证金主要担保中标人按照合同约定正常履约，在中标人未能圆满实施合同时，招标人有权得到资金赔偿。招标人应在招标文件中对履约保证金做出如下规定：

A. 履约保证金的金额。一般约定为签约合同价的5%~10%，并且不得超过中标合同金额的10%。

B. 履约保证金的形式。一般有银行保函、非银行保函、保兑支票、银行汇票等。

C. 履约保证金格式。通常招标人会规定履约担保格式。为了方便投标人，招标人也可以在招标文件履约担保格式中说明投标人可以提供招标人可接受的其他履约担保格式。

D. 未提交履约担保的后果。如果中标人不能按要求提交履约担保，视为放弃中标，投标保证金不予退还，给招标人造成的损失超过投标保证金数额的，中标人还应当对超过部分予以赔偿。

④ 签订合同。投标人须知中应就签订合同做出如下规定：

A. 签订时限。招标人和中标人应当自中标通知书发出之日起30日内，按照中标通知书、招标文件和中标人的投标文件订立书面合同。

B. 未签订合同的后果。中标人无正当理由拒签合同的，招标人取消其中标资格，其投标保证金不予退还；给招标人造成的损失超过投标保证金数额的，中标人还应当对超过部分予以赔偿。发出中标通知书后，招标人无正当理由拒签合同的，招标人向中标人退还投标保证金；给中标人造成损失的，还应当赔偿损失。

8）重新招标和不再招标。

① 重新招标。根据《评标委员会和评标方法暂行规定》第二十七条，有下列情形之一的，招标人应当查明原因，采取相应纠正措施后，依法重新招标：投标人少于3个或评标委员会否决所有投标。评标委员会否决所有投标包括两种情况：所有投标均被否决；有效投标不足3个，且评标委员会经过评审后认为投标明显缺乏竞争，从而否决全部投标。

② 不再招标。依法重新招标后投标人仍少于3个或者所有投标被否决的，属于必须审批或核准的工程建设项目，经原项目审批或核准部门核准后不再进行招标。

9）纪律和监督。纪律和监督可分别包括对招标人、投标人、评标委员会、与评标活动有关的工作人员的纪律要求以及投诉监督。

(3) 附表格式　附表格式包括了招标活动中需要使用的表格文件格式，通常有：开标记录表、问题澄清通知、问题的澄清、中标通知书、中标结果通知书、确认通知等。

4. 评标办法

招标文件中"评标办法"主要包括选择评标方法、确定评审因素和标准以及确定评标程序三方面主要内容。

(1) 选择评标方法　评标方法一般包括经评审的最低投标价法、综合评估法和法律、行政法规允许的其他评标方法。

(2) 确定评审因素和标准　招标文件应针对初步评审和详细评审分别制定相应的评审因素和标准。

(3) 确定评标程序　评标工作一般包括初步评审、详细评审、投标文件的澄清、说明及评标结果等具体程序。

1) 初步评审。按照初步评审因素和标准评审投标文件、认定投标有效性和投标报价算术错误修正。

2) 详细评审。按照详细评审因素和标准分析评定投标文件。

3) 投标文件的澄清、说明。初步评审和详细评审阶段，评标委员会可以书面形式要求投标人对投标文件中不明确的内容进行书面澄清和说明，或者对细微偏差进行补正。

4) 评标结果。经评审的最低投标价法，评标委员会按照经评审的评标价格由低到高的顺序推荐中标候选人；对于综合评估法，评标委员会按照得分由高到低的顺序推荐中标候选人。评标委员会按照招标人授权，可以直接确定中标人。评标委员会完成评标后，应当向招标人提交书面评标报告。

5. 合同条款及格式

招标文件中应明确招标人与中标人之间签订的主要合同条款及采用的合同文本格式。《民法典》第七百九十五条规定：施工合同的内容一般包括工程范围、建设工期、中间交工工程的开工和竣工时间、工程质量、工程造价、技术资料交付时间、材料和设备供应责任、拨款和结算、竣工验收、质量保修范围和质量保证期、相互协作等条款。

建设部1996年颁布的《建设工程施工招标文件范本》中，对招标文件的合同条件采用1991年由国家工商行政管理局和建设部颁发的《建设工程施工合同》（GF—91—0201）。在总结实施经验的基础上，对《建设工程施工合同》进行进一步的修改形成了《建设工程施工合同（示范文本)》（GF—1999—0201）。

《标准施工招标文件》中的合同系借鉴工程合同管理经验，以FIDIC合同条件为主，参照英国ICE和世界银行推荐的合同文本等，依据国内相关法律法规进行编写的，可以适用于单价合同、总价合同或两种合同并存的合同形式。《标准施工招标文件》中合同条件由"通用合同条款""专用合同条款""合同附件格式"三部分组成。其中，"通用合同条款"包括了一般约定，发包人义务，有关监理单位的约定，有关承包人义务的约定，材料和工程设备，施工设备和临时设施，交通运输，测量放线，施工安全、治安保卫和环境保护，进度计划，开工和竣工，暂停施工，工程质量，试验和检验，变更与变更的估价原则，价格调整原则，计量与支付，竣工验收，缺陷责任与保修责任，保险，不可抗力，违约，索赔，争议的解决等共24条。"合同附件格式"包括了"合同协议书格式""履约担保格式"和"预付款担保格式"三种。

《行业标准施工招标文件》的"通用合同条款"与《标准施工招标文件》中的"通用合同条款"内容一致，附件除包含了"合同协议书格式""履约担保格式"和"预付款担保格式"外，还有"支付担保格式""承包人提供的材料和工程设备一览表""发包人提供的材料和工程设备一览表""质量保修书格式""廉政责任书格式"等共8个附件。

2013年4月3日，住房和城乡建设部、国家工商行政管理总局联合印发了《建设工程施工合同（示范文本）》（GF—2013—0201）（以下简称《2013年版施工合同》），1999年版本同时废止。与1999年版的施工合同相比，《2013年版施工合同》增加了双向担保、合理调价、缺陷责任期、工程系列保险、索赔期限、双倍赔偿、争议评审等8项新的制度，使合同结构体系更加完善。《2013年版施工合同》很好地将《标准施工招标文件》《建设工程工程量清单计价规范》（GB 50500—2013）关于合同的部分进行衔接，主要包括："合同协议书""通用合同条款""专用合同条款"三部分，并附有"承包人承揽工程项目一览表""发包人供应材料设备一览表""工程质量保修书""主要建设工程文件目录""承包人用于本工程施工的机械设备表""承包人主要管理人员表""履约担保格式""预付款担保格式""支付担保格式""暂估价一览表"等11个附件。

2017年9月22日，住房和城乡建设部、国家工商行政管理总局联合发布《住房城乡建设部、工商总局关于印发建设工程施工合同（示范文本）的通知》。2017版《建设工程施工合同（示范文本）》（GF—2017—0201）（简称"2017版合同文本"）与2013年《建设工程施工合同（示范文本）》（GF—2013—0201）（简称"2013版合同文本"）相比，两版示范文本一共存在九处差异，分别是通用条款七处，专用条款一处和附件3工程质量保修书一处。2017版示范文本没有新增或删减条款。

为指导建设项目工程总承包合同当事人的签约行为，维护合同当事人的合法权益，依据《民法典》《建筑法》《招标投标法》以及相关法律、法规，住房和城乡建设部、市场监管总局对《建设项目工程总承包合同示范文本（试行）》（GF—2011—0216）进行了修订，2020年制定了《建设项目工程总承包合同（示范文本）》（GF—2020—0216）。

合同条款是招标文件的重要内容。施工招标文件中载明的合同主要条件是双方签合同的依据，一般不允许更改。

合同附件格式一：合同协议书

合同协议书

发包人（全称）：_____

承包人（全称）：_____

根据《中华人民共和国合同法》《中华人民共和国建筑法》及有关法律规定，遵循平等、自愿、公平和诚实信用的原则，双方就_____工程施工及有关事项协商一致，共同达成如下协议：

一、工程概况

1. 工程名称：_____。

2. 工程地点：_____。

3. 工程立项批准文号：＿＿＿＿＿＿＿＿＿＿＿＿＿＿＿＿＿。
4. 资金来源：＿＿＿＿＿＿＿＿＿＿＿＿＿＿＿＿＿＿＿。
5. 工程内容：＿＿＿＿＿＿＿＿＿＿＿＿＿＿＿＿＿＿＿。
群体工程应附《承包人承揽工程项目一览表》（附件 1）。
6. 工程承包范围：
＿＿＿＿＿＿＿＿＿＿＿＿＿＿＿＿＿＿＿＿＿＿＿＿＿＿＿＿＿＿＿＿＿＿＿
＿＿＿＿＿＿＿＿＿＿＿＿＿＿＿＿＿＿＿＿＿＿＿＿＿＿＿＿＿＿＿＿＿＿＿。

二、合同工期
计划开工日期：＿＿＿＿＿年＿＿月＿＿日。
计划竣工日期：＿＿＿＿＿年＿＿月＿＿日。
工期总日历天数：＿＿＿＿＿天。工期总日历天数与根据前述计划开竣工日期计算的工期天数不一致的，以工期总日历天数为准。

三、质量标准
工程质量符合＿＿＿＿＿＿＿＿＿＿＿＿＿＿＿＿＿＿＿标准。

四、签约合同价与合同价格形式
1. 签约合同价为：
人民币（大写）＿＿＿＿＿＿＿＿（¥＿＿＿＿＿元）；
其中：
(1) 安全文明施工费：
人民币（大写）＿＿＿＿＿＿＿＿（¥＿＿＿＿＿元）；
(2) 材料和工程设备暂估价金额：
人民币（大写）＿＿＿＿＿＿＿＿（¥＿＿＿＿＿元）；
(3) 专业工程暂估价金额：
人民币（大写）＿＿＿＿＿＿＿＿（¥＿＿＿＿＿元）；
(4) 暂列金额：
人民币（大写）＿＿＿＿＿＿＿＿（¥＿＿＿＿＿元）。
2. 合同价格形式：＿＿＿＿＿＿＿＿＿＿＿＿＿＿＿＿＿＿＿＿＿＿＿＿。

五、项目经理
承包人项目经理：＿＿＿＿＿＿＿＿＿＿＿＿＿＿＿＿＿＿＿＿＿＿＿＿＿。

六、合同文件构成
本协议书与下列文件一起构成合同文件：
(1) 中标通知书（如果有）；
(2) 投标函及其附录（如果有）；
(3) 专用合同条款及其附件；
(4) 通用合同条款；
(5) 技术标准和要求；
(6) 图纸；
(7) 已标价工程量清单或预算书；
(8) 其他合同文件。

在合同订立及履行过程中形成的与合同有关的文件均构成合同文件组成部分。

上述各项合同文件包括合同当事人就该项合同文件所做出的补充和修改，属于同一类内容的文件，应以最新签署的为准。专用合同条款及其附件须经合同当事人签字或盖章。

七、承诺

1. 发包人承诺按照法律规定履行项目审批手续、筹集工程建设资金并按照合同约定的期限和方式支付合同价款。

2. 承包人承诺按照法律规定及合同约定组织完成工程施工，确保工程质量和安全，不进行转包及违法分包，并在缺陷责任期及保修期内承担相应的工程维修责任。

3. 发包人和承包人通过招投标形式签订合同的，双方理解并承诺不再就同一工程另行签订与合同实质性内容相背离的协议。

八、词语含义

本协议书中词语含义与通用合同条款中赋予的含义相同。

九、签订时间

本合同于_____年___月___日签订。

十、签订地点

本合同在_____签订。

十一、补充协议

合同未尽事宜，合同当事人另行签订补充协议，补充协议是合同的组成部分。

十二、合同生效

本合同自_____生效。

十三、合同份数

本合同一式_____份，均具有同等法律效力，发包人执_____份，承包人执_____份。

发包人： （公章）　　　　　　　　承包人： （公章）

法定代表人或其委托代理人：　　　法定代表人或其委托代理人：
(签字)　　　　　　　　　　　　　(签字)

组织机构代码：_____　　　　组织机构代码：_____
地　　址：_____　　　　地　　址：_____
邮政编码：_____　　　　邮政编码：_____
法定代表人：_____　　　　法定代表人：_____
委托代理人：_____　　　　委托代理人：_____
电　　话：_____　　　　电　　话：_____
传　　真：_____　　　　传　　真：_____
电子信箱：_____　　　　电子信箱：_____
开户银行：_____　　　　开户银行：_____
账　　号：_____　　　　账　　号：_____

合同附件格式二：履约担保

履 约 担 保

_____（发包人名称）：

　　鉴于_____（发包人名称，以下简称"发包人"）与_____（承包人名称，以下称"承包人"）于_____年____月____日就（工程名称）施工及有关事项协商一致共同签订《建设工程施工合同》。我方愿意无条件地、不可撤销地就承包人履行与你方签订的合同，向你方提供连带责任担保。

　　1. 担保金额人民币（大写）_____元（￥_____）。

　　2. 担保有效期自你方与承包人签订的合同生效之日起至你方签发或应签发工程接收证书之日止。

　　3. 在本担保有效期内，因承包人违反合同约定的义务给你方造成经济损失时，我方在收到你方以书面形式提出的在担保金额内的赔偿要求后，在7天内无条件支付。

　　4. 你方和承包人按合同约定变更合同时，我方承担本担保规定的义务不变。

　　5. 因本保函发生的纠纷，可由双方协商解决，协商不成的，任何一方均可提请仲裁委员会仲裁。

　　6. 本保函自我方法定代表人（或其授权代理人）签字并加盖公章之日起生效。

　　担 保 人：_____（盖单位章）
　　法定代表人或其委托代理人：_____（签字）
　　地　　　址：_____
　　邮政编码：_____
　　电　　　话：_____
　　传　　　真：_____

　　　　　　　　　　　　　　　　　　_____年____月____日

合同附件格式三：预付款担保

预付款担保

_____（发包人名称）：

　　根据_____（承包人名称）（以下称"承包人"）与_____（发包人名称）（以下简称"发包人"）于_____年____月____日签订的_____（工程名称）《建筑工程施工合同》，承包人按约定的金额向你方提交一份预付款担保，即有权得到你方支付相等金额的预付款。我方愿意就你方提供给承包人的预付款为承包人提供连带责任担保。

　　1. 担保金额人民币（大写）_____元（￥_____）。

　　2. 担保有效期自预付款支付给承包人起生效，至你方签发的进度款支付证书说明已完全扣清止。

　　3. 在本保函有效期内，因承包人违反合同约定的义务而要求收回预付款时，我方在收到你方的书面通知后,在 7 天内无条件支付。但本保函的担保金额,在任何时候不应超过预付款金额减去你方按合同约定在向承包人签发的进度款支付证书中扣除的金额。

4. 你方和承包人按合同约定变更合同时,我方承担本保函规定的义务不变。

5. 因本保函发生的纠纷,可由双方协商解决,协商不成的,任何一方均可提请_____仲裁委员会仲裁。

6. 本保函自我方法定代表人(或其授权代理人)签字并加盖公章之日起生效。

担保人:_____(盖单位章)

法定代表人或其委托代理人:_____(签字)

地　　　址:_____

邮政编码:_____

电　　　话:_____

传　　　真:_____

_____年___月___日

6. 工程量清单

为完善工程造价市场化形成机制,进一步统一工程计价规则,住房和城乡建设部标准定额司于 2021 年 11 月 17 日发布了《建设工程工程量清单计价规范》(GB 50500—2013)进行了修订,形成《建设工程工程量清单计价标准》(征求意见稿)。此部分内容按照新修订的《建设工程工程量清单计价标准》(征求意见稿)编写。

(1)《建设工程工程量清单计价标准》(征求意见稿)简介　本标准的主要技术内容是:1. 总则;2. 术语;3. 基本规定;4. 工程量清单编制;5. 最高投标限价编制;6. 投标报价编制;7. 合同价款约定;8. 工程计量;9. 合同价格调整;10. 合同价款期中支付;11. 结算与支付;12. 合同价款争议的解决;13. 工程计价资料与档案;14. 工程计价表格说明。《建设工程工程量清单计价标准》(征求意见稿)与《建设工程工程量清单计价标准》(GB 50500—2013)相比,修订的主要内容是:

1)删除了"工程造价鉴定""合同解除的价款结算与支付"两章。

2)增加了"施工过程结算""工程量清单缺陷"等术语。

3)调整了最高投标限价、投标报价的编制依据。

4)修改了综合单价构成、计量计价风险、单价合同与总价合同的计价规则以及合同价格的调整、支付、结算等内容。

《建设工程工程量清单计价标准》(征求意见稿)中明确规定:工程量清单、最高投标限价、投标报价、工程计量、合同价格调整、合同价款结算与支付等工程造价成果文件,应由一级注册造价工程师审核签字并加盖执业专用章。

(2)工程量清单的概念　《建设工程工程量清单计价标准》(征求意见稿)中明确规定:工程量清单是建设工程文件中载明项目名称、项目特征、工程数量的明细清单。工程量清单可以以分部分项工程项目清单或实物量清单为主要表现形式。本标准的工程量清单以分部分项工程项目清单为主要表现形式,分部分项工程项目清单项目以外的可在措施项目清单和其他项目清单中列项。工程量清单应结合工程项目实际情况按现行国家或行业工程量计算标准确定。

(3) 计价方式　建设工程施工发承包应采用工程量清单计价。实行工程量清单计价的工程可采用总价合同、单价合同或成本加酬金合同。工程量清单计价可采用单价计价和总价计价两种方式进行计价。

1) 综合单价。综合考虑技术标准、施工条件、气候等影响因素以及一定范围与幅度内的风险，按完工交付要求完成单位数量相应工程量清单项目所需的费用，包括人工费、材料费、施工机具使用费和企业管理费、利润。

2) 列入综合单价的费用。下列因素产生的费用均列入相应工程量清单的综合单价中：

① 满足国家现行产品标准、设计规范、施工验收规范、质量评定标准、安全操作规程等要求施工的费用。

② 完成一个符合完工交付要求的工程量清单必需的施工任务及其辅助工作产生的必要费用。

③ 受施工条件、一般气温气候等影响因素发生的费用。

④ 一定范围与幅度内的风险费用。

(4) 计价风险　《建设工程工程量清单计价标准》（征求意见稿）中明确规定：建设工程施工发承包计价应在招标文件、合同中明确计量计价中的风险内容及其范围，不得采用无限风险、所有风险或类似语句约定计量计价中的风险内容及范围。

1) 由发包人承担的计价风险。下列事项引起的计量计价风险由发包人承担，发包人应及时调整相应的合同价格和工期：

① 法律法规与政策发生变化。

② 发包人提供的工程项目原始数据和基准资料错误。

③ 发包人提出的工程变更。

④ 超过发承包双方约定范围和波动幅度的市场物价变动和汇率波动。

⑤ 因发包人未履行公平、诚信义务而产生的费用。

⑥ 其他应当由发包人承担责任的事项。

2) 由承包人承担的计价风险。下列事项引起的计量计价风险由承包人承担，合同价格和工期不予调整：

① 承包人为达到完工交付要求所必需的施工内容发生的必要费用。

② 承包人因自身原因导致实施方案变化引起费用调整。

③ 由于承包人使用机械设备、施工技术以及组织管理水平等自身原因造成施工费用增加。

④ 发承包双方约定范围和波动幅度内的市场物价变动和汇率波动。

⑤ 因承包人未履行公平、诚信义务而导致增加的费用。

⑥ 其他应当由承包人承担责任的事项。

工程价款未按约定的时间或支付比例支付，造成合同价格调整的，应由责任方承担。由于市场物价波动影响合同价格的，应由发承包双方按照合同约定合理分摊。

(5) 招标工程量清单的编制

1) 工程量清单成果文件。工程量清单成果文件应包括封面、签署页、清单编制说明、项目编码、项目名称、项目特征、计量单位、工程数量和工程量计算规则等。

2) 分部分项工程项目清单。分部工程是单位工程的组成部分，是按结构部位、路段长度及施工特点或施工任务将单位工程划分的若干个项目单元；分项工程是分部工程的组成部分，是按不同施工方法、材料、工序及路段长度等将分部工程划分的若干个项目单元。分部分项工程项目清单应按相关工程现行国家工程量计算标准规定的项目编码、项目名称、项目特征、计量单位和工程量计算规则进行编制和复核。

3）材料暂估价。暂估价是指发包人在招标工程量清单中提供的，用于支付在施工过程中必然发生，但在工程施工合同签订时暂不能确定价格的材料单价和专业工程金额，包括材料暂估价和专业工程暂估价。材料暂估价应单独列出暂估价材料的明细表及其暂估单价。

4）措施项目清单。措施项目是指为完成工程项目施工，发生于施工准备和施工过程中的技术、生活、安全、文明施工等方面的项目。措施项目清单应结合拟建工程的实际情况和完工交付要求，依据合理的施工方案及技术、生活、安全、文明施工等非实体方面的要求进行编制和复核。其中：

① 以单价计价的措施项目清单，应列出项目编码、项目名称、项目特征、计量单位、工程数量和工程量计算规则等。

② 以总价计价的措施项目清单，应明确其包含的内容、要求及计算方式等。

③ 安全文明施工措施项目清单应根据各省市行业主管部门的管理要求和拟建工程的实际情况单独列项，其包含的单价计价的措施项目清单和总价计价的措施项目清单按上述规定列项编制。

5）其他项目清单应按照下列内容列项：

① 暂列金额应根据工程特点按招标文件的要求列项并估算。

② 专业工程暂估价应分不同专业估算，列出明细表及其包含内容等。

③ 计日工应列出项目名称、计量单位和暂估数量。

④ 总承包服务费应列出服务项目及其内容、要求、计算方式等。

6）其他项目，应根据招标文件要求结合工程实际情况补充列项。

7）增值税应根据政府有关主管部门的规定列项。

（6）最高投标限价编制　最高投标限价是招标人根据国家有关规定，以及拟定的招标文件和招标工程量清单，结合工程具体情况、市场价格编制的，限制投标人有效投标报价的最高价格。设有最高投标限价的建设工程招标，招标人应编制最高投标限价，并在发布招标文件时公布最高投标限价及其编制依据与方法。最高投标限价应由具有编制能力的招标人或受其委托的工程造价咨询人编制和复核。工程造价咨询人接受招标人委托编制或复核最高投标限价，不得再就同一工程接受投标人委托编制投标报价。

1）编制与复核依据。最高投标限价可依据以下内容编制与复核：

①《建设工程工程量清单计价标准》（征求意见稿）。

② 招标文件（包括招标工程量清单）。

③ 国家或省级、行业建设主管部门的有关规定。

④ 建设工程设计文件及相关资料。

⑤ 与建设项目相关的标准、规范、技术资料。

⑥ 工程特点及编制人拟定的施工方案。

⑦ 工程计价信息。

⑧ 其他的相关资料。

2）最高投标限价的综合单价。最高投标限价的综合单价同上文"6. 工程量清单"中的

"(3)计价方式",在编制说明中明确其计算方法。

3)分部分项工程的综合单价应根据拟定的招标文件和招标工程量清单中的特征描述及有关要求确定。

4)甲供材料按招标文件载明的要求计入分部分项工程费用,并在税前扣除。

5)材料暂估价应按招标工程量清单载明的单价计入综合单价,并在材料暂估单价及调整表单独列出。

6)措施项目费根据拟定的招标文件、工程特点及合理的施工方案,以单价计价或总价计价的方法确定其费用,其中安全文明施工措施项目应按国家或省级、行业建设主管部门的规定确定费用。

7)其他项目。其他项目应按下列规定计价:

① 暂列金额按招标工程量清单中列出的金额填写。

② 专业工程暂估价按招标工程量清单中列出的金额填写。

③ 计日工按招标工程量清单中列出的项目确定。

④ 总承包服务费根据招标工程量清单列出的内容和要求计算。

8)增值税应按政府有关主管部门的规定计算费用。

(7)部分附录附表

1)编(审)说明,见表2-3。

表2-3 编(审)说明

工程名称:

一、工程概况
二、工程招标和专业工程发包范围
三、工程量清单编制依据
四、工程量清单编制原则
五、质量、材料、施工等的特殊要求
六、其他说明

2)工程项目清单汇总表,见表2-4。

表2-4 工程项目清单汇总表

工程名称:　　　　　　标段:　　　　　　　　　　　　　　第 页 共 页

序号	项目内容	金额:(元)	其中:材料暂估价
1	分部分项工程费汇总		
1.1	单项工程		
1.1.1	单位工程		
1.1.2	单位工程		
1.2	单项工程		
1.2.1	单位工程		

(续)

序号	项目内容	金额：(元)	其中：材料暂估价
1.2.2	单位工程		
	……		
2	措施项目		
2.1	安全文明施工费		
2.2	其他措施项目		
3	其他项目		
3.1	其中：计日工		
3.2	其中：专业工程暂估价		
3.3	其中：总承包服务费		
3.4	其中：暂列金额		
3.5	其中：合同中约定的其他项目		
4	甲供材料扣除		
5	增值税		
合　计			

3) 分部分项工程项目清单，见表 2-5。

表 2-5　分部分项工程项目清单

工程名称：　　　　　　　　标段：　　　　　　　　　　　　　　　第　页　共　页

序号	项目编码	项目名称	项目特征描述	计量单位	工程量	金额（元）		其中：暂估价	
						综合单价	综合合价	暂估单价	暂估合价
合　计									

4) 措施项目清单，见表 2-6。

表 2-6　措施项目清单

工程名称：　　　　　　　　标段：　　　　　　　　　　　　　　　第　页　共　页

序号	项目编码	项目名称	项目特征描述	计量单位	工程量	计算基数	费率（%）	金额（元）		备注
								综合单价	综合合价	
1		安全文明施工费								
1.1		安全文明施工费（单价计价的措施）								

(续)

序号	项目编码	项目名称	项目特征描述	计量单位	工程量	计算基数	费率(%)	金额（元）		备注
								综合单价	综合合价	
1.1.1		施工围墙								
1.1.2		……								
1.2		安全文明施工费（总价计价的措施）								
2		其他单价计价的措施								
2.1		……								
3		其他总价计价的措施								
3.1		……								
		合　　计								

5) 其他项目清单，见表2-7。

表2-7　其他项目清单

工程名称：　　　　　　　　标段：　　　　　　　　第　页　共　页

序号	项目编码	项目名称	项目特征描述	计量单位	工程量	计算基数	费率(%)	金额（元）		备注
								综合单价	综合合价	
1		计日工								
		……								
2		专业工程暂估价								
		……								
3		总承包服务费								
		……								
4		暂列金额								
		……								
5		合同中约定的其他项目								
		合　　计								

7. 图纸

图纸是合同文件的重要组成部分，是编制工程量清单以及投标报价的主要依据，也是进行施工及验收的依据。通常招标时的图纸可能并不包括工程所需的全部图纸，在投标人中标后还会补充提交新的图纸以及对招标时图纸的修改。因此，在招标文件中，除了附上招标图纸外，还应该列明图纸目录。图纸目录一般包括：序号、图名、图号、版本、出图日期等。图纸目录以及相对应的图纸将是施工和合同管理以及解决争议的重要依据。

8. 技术标准和要求

技术标准和要求也是构成合同文件的组成部分。技术标准的内容主要包括各项工艺指标、施工要求、材料检验标准，以及各分部、分项工程施工成型后的检验手段和验收标准等。有些项目根据所属行业的习惯，也将工程子目的计量支付内容写进技术标准和要求中。项目的专业特点和所引用的行业标准的不同，决定了不同项目的技术标准和要求存在区别，同样的一项技术指标，可引用的行业标准和国家标准可能不止一个，招标文件编制者应结合本项目的实际情况加以引用，有些大型项目如果没有现成的标准可以引用，还有必要将其作为专门的科研项目来研究。

9. 投标文件格式

投标文件格式的主要作用是为投标人编制投标文件提供固定的格式和编排顺序，以规范投标文件的编制，同时便于评标委员会评标。

本卷主要提供一些投标文件的统一格式，包括投标函部分（履约保证部分）、商务标部分、技术标部分。

（1）投标函部分　投标函部分格式包括法定代表人资格证明书、投标文件签署授权委托书及其他须提供的证明。

（2）商务标部分　商务标部分格式是指招标人要求投标人在投标报价时采用的报价计算格式，其内容包括投标书、投标报价表、投标报价说明、报价计算过程等。

（3）技术标部分　技术标部分是指招标人要求投标人通过填写这些格式内容，反映出投标人在技术管理上的能力，以便作为评标的重要依据。技术标部分的内容包括项目管理机构的配备情况、施工组织设计（施工招标）、监理大纲（监理招标）等。

2.5.6　编写招标文件的注意事项

招标文件除了常规内容外，招标人在编制招标文件时，应重点注意需要分析、发包形式，保函或保证金的应用，选择报价形式，招标方需要对工程量承担的责任，材料设备的供应采购，对质量、工期的要求和奖罚等方面的问题。

1. 需求分析

1）对要招标的工程项目的特点进行分析，包括建筑物的规模、结构、施工难度、地理位置、周边环境等都需要分析，这是做好招标文件的第一步。

2）对业主自身对工程项目的需求进行分析，主要分析时间要求、功能要求、质量要求等。

3）业主自身的能力分析，如分析自己是否具有建设项目的管理能力等。

2. 发包形式

从发包承包的范围、承包人所处的地位和合同计价方式等不同的角度，可以对工程招标发包承包方式进行不同分类。在编制招标文件前，招标人必须综合考虑招标项目的性质、类型和发包策略，招标发包的范围，招标工作的条件、具体环境和准备程度，项目的设计深度、计价方式和管理模式，以及便利发包人、承包人等因素，适当地选择拟在招标文件中采用的招标发包承包方式。

3. 保函或保证金的应用

保函或保证金是为了保证投标人能够认真投标和忠实履行合同而设置的保证措施，招标人应该很好地加以利用。比较常见的有投标保函（或保证金）、履约保函（或保证金）、质量担保函（或保证金）、材料设备供应保函（或保证金）等。当然，根据有关规定，投标方也有权利要求招标方提供相应的工程款支付担保。但是，招标方也要注意，大量的或者高额的保函或保证金的使用将会提高投标方的投标门槛，对投标方造成很大的资金压力，从而限制了许多中小承包商的投标，也就有可能抬高中标的价格。因此，招标方应根据工程项目的性质确定如何设置合理的各种保函或保证金。

4. 选择报价形式

在我国现阶段常采用工程量清单报价和施工图预算报价两种报价形式。

（1）工程量清单报价　由招标方提供工程的全部工程量清单，由投标人根据自身实力、市场条件和竞争对手的情况等因素，确定各个工程项目的清单报价，并计算措施项目费用及其他项目费用，最终形成投标报价。

目前，我国在全国范围内实行《建设工程工程量清单计价规范》，国有投资都采用这种形式，而更多的涉外投资则采用国际通用的 FIDIC 合同条款。采用工程量清单报价的最大好处就是，通过清单报价方式所创造出来的市场化竞争环境便于招标人在评标时分析比较各投标报价之间的差异，可以为业主节约投资成本，也可以节约招标时间，同时也节约了投标人的投标成本。对于那些项目投资巨大、建设周期长、管理难度大、施工图设计深度不够而业主又希望能够尽早开工的项目特别适用。

要注意，采用这种报价方式也一定要向投标人提供施工图，这样投标人才能够编制出有针对性的施工组织设计和技术方案，同时避免出现因对工程量清单某些项目理解上的歧义，而造成清单项目报价偏低或偏高，或对工程项目的技术难度估计不足的情况。

采用工程量清单报价形式的关键在于提高了对招标人的造价能力的要求。因为在清单环境下，招标人也要承担风险，工程量清单本身如果出现问题，将给招标人带来不利的影响。所以，如果招标人本身不具备相应的造价能力，必须要雇用有经验的中介咨询机构来帮助招标人制定清单。

（2）施工图预算报价　招标人提供发包工程的设计文件和施工图资料，并在招标文件中给出明确的施工范围和报价口径，由投标人自行计算全部工程项目的工程量、确定单价、综合考虑各种可能出现的情况、计算出全部费用、形成投标报价。

5. 招标方需要对工程量承担的责任

在工程量清单环境下招标，招投标人分别承担工程中的风险。招标人承担工程量的风险，投标人承担价格的风险。在招标人计算工程量清单时，如果没有在招标文件中注明处理方式，则所有的后果由招标人承担。

因此，招标人在编制招标文件的时候，一定要注意对工程量错误的处理方式的说明，规定投标人应审核工程量，在何种情况可以在单项报价中综合考虑，在何种情况下应该向招标人提出修改。

6. 材料设备的供应采购

一般来讲，在业主擅长的专业范围内的材料设备，或者为了保证某些材料设备的质量或使用效果，业主可以提供部分材料设备。其他材料设备均应由承包商自行采购供应。因为在大多数情况下，业主不可能得到比承包商更低的价格，还不如把这部分利润留给承包商。这样既可以减少采购、卸货、交接、仓储等麻烦，还可以防止材料的超预算浪费问题，避免出现想节约反而浪费的情况发生。业主可以通过在合同中设置约束性条款，如材料设备的采购需经业主认可质量和价格，要有合格证、质保书等，以此来对承包商使用的材料和设备进行控制。

7. 对质量、工期的要求和奖罚

业主应根据项目的使用要求合理确定施工质量等级和施工工期，以免增加造价，造成浪费。业主要在合同中根据确定的质量等级和工期要求，设置相应的惩罚（或奖励）条款，用以约束承包商。

8. 其他问题

为了控制造价，减少在施工过程中及竣工结算时发生额外的费用和索赔，招标人要在招标文件中明确要求投标人应通过设计文件、施工图、现场踏勘及对周围环境的自行调查等资料，充分了解可能发生的情况和一切费用，包括市政、市容、环保、交通、治安、绿化、消防、土方外运，以及水文、地质、气候、地下障碍物清除等各种影响因素和费用，各分项单列报价，并汇入总报价。

对于有关工程质量、工期、费用结算方法等主要的合同条款一定要列在招标文件中，中标后再谈容易引起争议和反复。

另外，招标人在招标文件中确定的投标有效期要留有一定的余量，以免因为意外事件延期而给招标工作造成被动。

2.6 招标文件编制实例

本招标文件是以某校学生公寓 2 号楼施工项目招标为背景，以工程量清单模式为计价方法，以《招标投标法》为依据，设计编制而成。

第一部分　投标人须知
第二部分　评标办法
第三部分　合同条款及格式
第四部分　工程量清单
第五部分　图纸
第六部分　技术标准和要求
第七部分　投标文件格式
以上部分的主要内容如下：
第一部分　投标人须知

投标须知前附表

序号	内容	说明与要求
1	工程名称	某校学生公寓 2 号楼施工项目
2	建设规模	建筑面积 5526.14m^2，砖混结构
3	招标范围	土建、装饰
4	工期要求	365（日历天），自 2014 年 7 月 1 日至 2015 年 7 月 1 日
5	资金来源	自筹资金
6	合同方式	固定单价合同
7	质量标准	一次性验收合格率 100%，若达不到自报工程质量等级标准，则按不低于合同总造价的 2% 计算违约金

(续)

序号	内容	说明与要求
8	投标人资质等级要求	房屋建筑施工总承包二级（含）以上资质
9	踏勘现场	时间：2014年5月15日10时00分
10	工程计价方式	工程量清单
11	投标有效期	为30天（日历天），从投标截止之日算起
12	投标答疑会	时间：2014年5月15日12时00分 地址：踏勘现场会议室 电话：×××××××× 联系人：马先生
13	投标保证金	伍万元人民币
14	投标文件份数	正本一份，副本两份
15	投标文件递交地点	某校建设办公室
16	投标截止日期	2014年6月15日9时00分
17	开标时间及地点	时间：2014年6月15日9时00分 地点：建设办公室
18	评标方法及标准	综合评议法
19	履约担保金额	贰拾万元人民币

Ⅰ．总则

1. 项目概况

（1）根据《中华人民共和国招标投标法》等有关法律、法规和规章的规定，本招标项目已具备招标条件，现对本标段施工进行招标。

（2）本招标项目招标人：某校项目建设办。

（3）本招标项目名称：见投标人须知前附表。

（4）本标段建设地点：沈阳市某区某公路。

2. 资金来源

本招标项目的资金来源：公司自筹资金。

3. 招标范围、计划工期和质量要求

（1）本次招标范围：见投标人须知前附表。

（2）本标段的计划工期：见投标人须知前附表。

（3）本标段的质量要求：见投标人须知前附表。

4. 费用承担

投标人准备和参加投标活动发生的费用自理。

5. 保密

参与招标投标活动的各方应对招标文件和投标文件中的商业和技术等秘密保密，违者应对由此造成的后果承担法律责任。

6. 语言文字

除专用术语外，与招标投标有关的语言均使用中文。必要时专用术语应附有中文注释。

7. 计量单位

所有计量均采用中华人民共和国法定计量单位。

8. 踏勘现场

（1）投标人须知前附表规定组织踏勘现场的，招标人按投标人须知前附表规定的时间、地点组织投标人踏勘项目现场。

（2）投标人踏勘现场发生的费用自理。

（3）除招标人的原因外，投标人自行负责在踏勘现场中所发生的人员伤亡和财产损失。

（4）招标人在踏勘现场中介绍的工程场地和相关的周边环境情况，供投标人在编制投标文件时参考，招标人不对投标人据此做出的判断和决策负责。

9. 投标预备会

（1）投标人须知前附表规定召开投标预备会的，招标人按投标人须知前附表规定的时间和地点召开投标预备会，澄清投标人提出的问题。

（2）投标人应在投标人须知前附表规定的时间前，以书面形式将提出的问题送达招标人，以便招标人在会议期间澄清。

（3）投标预备会后，招标人在投标人须知前附表规定的时间内，将对投标人所提问题的澄清，以书面方式通知所有购买招标文件的投标人。该澄清内容为招标文件的组成部分。

Ⅱ. 招标文件

10. 招标文件的组成

（1）本招标文件包括：

① 招标公告（或投标邀请书）；

② 投标人须知；

③ 评标办法；

④ 合同条款及格式；

⑤ 工程量清单；

⑥ 图纸；

⑦ 技术标准和要求；

⑧ 投标文件格式；

⑨ 投标人须知前附表规定的其他材料。

（2）根据相关规定对招标文件所做的合理澄清、修改，构成招标文件的组成部分。

11. 招标文件的澄清

（1）投标人应仔细阅读和检查招标文件的全部内容。如发现缺页或附件不全，应及时向招标人提出，以便补齐。如有疑问，应在投标人须知前附表规定的时间前以书面形式（包括信函、电报、传真等可以有形地表现所载内容的形式下同），要求招标人对招标文件予以澄清。

（2）招标文件的澄清将在投标人须知前附表规定的投标截止时间15天前以书面形式发给所有购买招标文件的投标人，但不指明澄清问题的来源。如果澄清发出的时间距投标截止时间不足15天，相应延长投标截止时间。

（3）投标人在收到澄清后，应在投标人须知前附表规定的时间内以书面形式通知招标人,确认已收到该澄清。

12. 招标文件的修改

(1) 在投标截止时间15天前,招标人可以书面形式修改招标文件,并通知所有已购买招标文件的投标人。如果修改招标文件的时间距投标截止时间不足15天,相应延长投标截止时间。

(2) 投标人收到修改内容后,应在投标人须知前附表规定的时间内以书面形式通知招标人,确认已收到该修改。

Ⅲ. 投标文件

13. 投标文件的组成

(1) 投标文件应包括下列内容:

① 投标函及投标函附录;
② 法定代表人身份证明或附有法定代表人身份证明的授权委托书;
③ 投标保证金;
④ 已标价工程量清单;
⑤ 施工组织设计;
⑥ 项目管理机构;
⑦ 资格审查资料。

(2) 投标人须知前附表规定不接受联合体投标的,或投标人没有组成联合体的,投标文件不包括联合体协议书。

14. 投标报价

(1) 投标人应按"工程量清单"的要求填写相应表格。

(2) 投标人在投标截止时间前修改投标函中的投标总报价,应同时修改"工程量清单"中的相应报价。此修改须符合投标文件的修改与撤回的有关要求。

15. 投标有效期

(1) 在投标人须知前附表规定的投标有效期内,投标人不得要求撤销或修改其投标文件。

(2) 出现特殊情况需要延长投标有效期的,招标人以书面形式通知所有投标人延长投标有效期。投标人同意延长的,应相应延长其投标保证金的有效期,但不得要求或被允许修改或撤销其投标文件;投标人拒绝延长的,其投标失效,但投标人有权收回其投标保证金。

16. 投标保证金

(1) 投标人在递交投标文件的同时,应按投标人须知前附表规定的金额、担保形式和"投标文件格式"规定的投标保证金格式递交投标保证金,并作为其投标文件的组成部分。联合体投标的,其投标保证金由牵头人递交,并应符合投标人须知前附表的规定。

(2) 投标人不按要求提交投标保证金的,其投标文件作废标处理。

(3) 招标人与中标人签订合同后5个工作日内,向未中标的投标人和中标人退还投标保证金。

(4) 有下列情形之一的,投标保证金将不予退还:

① 投标人在规定的投标有效期内撤销或修改其投标文件;
② 中标人在收到中标通知书后,无正当理由拒签合同协议书或未按招标文件规定提交

履约担保。

17. 备选投标方案

除投标人须知前附表另有规定外，投标人不得递交备选投标方案。允许投标人递交备选投标方案的，只有中标人所递交的备选投标方案方可予以考虑。评标委员会认为中标人的备选投标方案优于其按照招标文件要求编制的投标方案的，招标人可以接受该备选投标方案。

18. 投标文件的编制

（1）投标文件应按"投标文件格式"进行编写，如有必要，可以增加附页，作为投标文件的组成部分。其中，投标函附录在满足招标文件实质性要求的基础上，可以提出比招标文件要求更有利于招标人的承诺。

（2）投标文件应当对招标文件有关工期、投标有效期、质量要求、技术标准和要求、招标范围等实质性内容做出响应。

（3）投标文件应用不褪色的材料书写或打印，并由投标人的法定代表人或其委托代理人签字或盖单位章。委托代理人签字的，投标文件应附法定代表人签署的授权委托书。投标文件应尽量避免涂改、行间插字或删除。如果出现上述情况，改动之处应加盖单位章或由投标人的法定代表人或其授权的代理人签字确认。签字或盖章的具体要求见投标人须知前附表。

（4）投标文件正本一份，副本份数见投标人须知前附表。正本和副本的封面上应清楚地标记"正本"或"副本"的字样。当副本和正本不一致时，以正本为准。

（5）投标文件的正本与副本应分别装订成册，并编制目录，具体装订要求见投标人须知前附表规定。

Ⅳ. 投标

19. 投标文件的密封和标记

（1）投标文件的正本与副本应分开包装，加贴封条，并在封套的封口处加盖投标人单位章。

（2）投标文件的封套上应清楚地标记"正本"或"副本"字样，封套上应写明的其他内容见投标人须知前附表。

（3）未按要求密封和加写标记的投标文件，招标人不予受理。

20. 投标文件的递交

（1）投标人应在投标截止时间前递交投标文件。

（2）投标人递交投标文件的地点：见投标人须知前附表。

（3）除投标人须知前附表另有规定外，投标人所递交的投标文件不予退还。

（4）招标人收到投标文件后，向投标人出具签收凭证。

（5）逾期送达的或者未送达指定地点的投标文件，招标人不予受理。

21. 投标文件的修改与撤回

（1）在规定的投标截止时间前，投标人可以修改或撤回已递交的投标文件，但应以书面形式通知招标人。

（2）投标人修改或撤回已递交投标文件的书面通知应按照相关要求签字或盖章。招标人收到书面通知后，向投标人出具签收凭证。

（3）修改的内容为投标文件的组成部分。修改的投标文件应按照相关规定进行编制、密封、标记和递交，并标明"修改"字样。

Ⅴ．开标

22．开标时间和地点

招标人在规定的投标截止时间（开标时间）和投标人须知前附表规定的地点公开开标，并邀请所有投标人的法定代表人或其委托代理人准时参加。

23．开标程序

主持人按下列程序进行开标：

① 宣布开标纪律；

② 公布在投标截止时间前递交投标文件的投标人名称，并点名确认投标人是否派人到场；

③ 宣布开标人、唱标人、记录人、监标人等有关人员姓名；

④ 按照投标人须知前附表规定检查投标文件的密封情况；

⑤ 按照投标人须知前附表的规定确定并宣布投标文件开标顺序；

⑥ 设有标底的，公布标底；

⑦ 按照宣布的开标顺序当众开标，公布投标人名称、标段名称、投标保证金的递交情况、投标报价、质量目标、工期及其他内容，并记录在案；

⑧ 投标人代表、招标人代表、监标人、记录人等有关人员在开标记录上签字确认；

⑨ 开标结束。

Ⅵ．评标

24．评标委员会

（1）评标由招标人依法组建的评标委员会负责。评标委员会由招标人或其委托的招标代理机构熟悉相关业务的代表，以及有关技术、经济等方面的专家组成。评标委员会成员人数以及技术、经济等方面专家的确定方式见投标人须知前附表。

（2）评标委员会成员有下列情形之一的，应当回避：

① 招标人或投标人的主要负责人的近亲属；

② 项目主管部门或者行政监督部门的人员；

③ 与投标人有经济利益关系，可能影响对投标公正评审的；

④ 曾因在招标、评标以及其他与招标投标有关活动中从事违法行为而受过行政处罚或刑事处罚的。

25．评标原则

评标活动遵循公平、公正、科学和择优的原则。

26．评标

评标委员会按照第三章"评标办法"规定的方法、评审因素、标准和程序对投标文件进行评审。第三章"评标办法"没有规定的方法、评审因素和标准，不作为评标依据。

Ⅶ．合同授予

27．定标方式

除投标人须知前附表规定评标委员会直接确定中标人外，招标人依据评标委员会推荐的中标候选人确定中标人，评标委员会推荐中标候选人的人数至少为1人。

28．中标通知

在规定的投标有效期内，招标人以书面形式向中标人发出中标通知书，同时将中标结果通知未中标的投标人。

29. 履约担保

（1）在签订合同前，中标人应按投标人须知前附表规定的金额、担保形式和招标文件第四章"合同条款及格式"规定的履约担保格式向招标人提交履约担保。联合体中标的，其履约担保由牵头人递交，并应符合投标人须知前附表规定的金额、担保形式和招标文件第四章"合同条款及格式"规定的履约担保格式要求。

（2）中标人不能按要求提交履约担保的，视为放弃中标，其投标保证金不予退还，给招标人造成的损失超过投标保证金数额的，中标人还应当对超过部分予以赔偿。

30. 签订合同

（1）招标人和中标人应当自中标通知书发出之日起30天内，根据招标文件和中标人的投标文件订立书面合同。中标人无正当理由拒签合同的，招标人取消其中标资格，其投标保证金不予退还；给招标人造成的损失超过投标保证金数额的，中标人还应当对超过部分予以赔偿。

（2）发出中标通知书后，招标人无正当理由拒签合同的，招标人向中标人退还投标保证金；给中标人造成损失的，还应当赔偿损失。

Ⅷ．纪律和监督

31. 对招标人的纪律要求

招标人不得泄露招标投标活动中应当保密的情况和资料，不得与投标人串通损害国家利益、社会公共利益或者他人合法权益。

32. 对投标人的纪律要求

投标人不得相互串通投标或者与招标人串通投标，不得向招标人或者评标委员会成员行贿谋取中标，不得以他人名义投标或者以其他方式弄虚作假骗取中标；投标人不得以任何方式干扰、影响评标工作。

33. 对评标委员会成员的纪律要求

评标委员会成员不得收受他人的财物或者其他好处，不得向他人透漏对投标文件的评审和比较、中标候选人的推荐情况以及评标有关的其他情况。在评标活动中，评标委员会成员不得擅离职守，影响评标程序正常进行，不得使用第三章"评标办法"没有规定的评审因素和标准进行评标。

34. 对与评标活动有关的工作人员的纪律要求

与评标活动有关的工作人员不得收受他人的财物或者其他好处，不得向他人透漏对投标文件的评审和比较、中标候选人的推荐情况以及评标有关的其他情况。在评标活动中，与评标活动有关的工作人员不得擅离职守，影响评标程序正常进行。

35. 投诉

投标人和其他利害关系人认为本次招标活动违反法律、法规和规章规定的，有权向有关行政监督部门投诉。

第二部分　评标办法（略）

第三部分　合同条款及格式（略）

第四部分　工程量清单

工程名称：某校学生公寓 2 施工项目

序号	项目编码	项目名称	项目特征	计量单位	工程数量
A.1 土（石）方工程					
1	010102004001	人工清底，修整边坡	1. 土壤类别：二类土 2. 运距：1km	m²	154.89
2	010103001007	挖基础土方	1. 土壤类别：二类土 2. 基础类型：独立基础 3. 挖土深度：2m	m³	718.3015
3	010106001007	土（石）方回填	1. 碎石土回填 2. 密实度要求：≥97% 3. 夯填 4. 运距：1km	m³	490.9783
A.2 砌筑工程					
4	010301001001	砖基础	1. 墙体类型：外墙 2. 墙体厚度：370mm 3. 砌块品种、规格、强度等级：轻集料混凝土空心砌块 4. 砂浆强度等级、配合比：混合砂浆 M5.0	m³	74.31
清单以下部分因篇幅所限省略					

第五部分　图纸（略）

第六部分　技术标准和要求（略）

第七部分　投标文件格式

法定代表人资格证明书

单位名称：＿＿＿＿＿＿＿＿＿＿＿＿＿＿＿＿＿＿＿＿＿＿＿＿＿＿

单位性质：＿＿＿＿＿＿＿＿＿＿＿＿＿＿＿＿＿＿＿＿＿＿＿＿＿＿

地　　址：＿＿＿＿＿＿＿＿＿＿＿＿＿＿＿＿＿＿＿＿＿＿＿＿＿＿

成立时间：＿＿＿＿＿＿年＿＿＿＿＿＿月＿＿＿＿＿＿日

经营期限：＿＿＿＿＿＿＿＿＿＿＿＿＿＿＿＿＿＿＿＿＿＿

姓　　名：＿＿＿＿＿性别：＿＿＿＿＿年龄：＿＿＿＿＿职务：＿＿＿＿＿

系＿＿＿＿＿＿（投标人单位名称）的法定代表人。为施工、竣工和保修＿＿＿＿＿＿的工程，签署上述工程的投标文件、进行合同谈判、签署合同和处理与之有关的一切事务责任。

特此证明。

投标人：＿＿＿＿＿＿＿＿（盖公章）

日期：　　年　月　日

授权委托书

本授权委托书声明：我＿＿＿＿＿＿（姓名）系＿＿＿＿＿＿（投标人名称）的法定

代表人，现授权委托＿＿＿＿＿（单位名称）的＿＿＿＿＿（姓名）为我公司签署本工程以递交的投标文件的法定代表人授权委托代理人，代理人全权代表我所签署的本工程的以递交的投标文件内容我均承认。

代理人无转委托权，特此委托。

代理人：＿＿＿＿（签字）　性别：＿＿＿＿　年龄：＿＿＿＿

身份证号码：＿＿＿＿＿＿＿＿＿＿　职务：＿＿＿＿＿＿

投标人：＿＿＿＿＿＿＿＿＿＿＿＿＿＿（盖章）

法定代表人：＿＿＿＿＿＿＿＿＿＿＿＿＿（签字或盖章）

授权委托日期：＿＿＿＿年＿＿＿＿月＿＿＿＿日

投　标　书

致：＿＿＿＿＿＿＿＿＿＿＿＿＿（招标人名称）

① 根据已收到的贵方招标编号为＿＿＿＿＿（项目编号）的＿＿＿＿＿（招标工程项目名称）工程招标文件，遵照《中华人民共和国招标投标法》及有关规定，我单位经踏勘项目现场和研究上述招标文件的投标人须知、合同条款、技术规范、图纸和其他有关文件后，我方愿以人民币（大写）＿＿＿＿元（RMB：¥＿＿＿＿元）的投标总价承包该工程，并按上述图纸、技术规范、合同条款等条件要求施工、竣工并修补其任何缺陷（保修）。

② 一旦我方中标，我方保证在合同专用条款中规定的开工日期开始施工，并在合同专用条款中规定的预计竣工日期完成和交付全部工程，即在＿＿＿＿年＿＿＿月＿＿＿日开工，＿＿＿＿年＿＿＿月＿＿＿日竣工，共计＿＿＿＿天（日历天）内竣工并移交全部工程。

③ 如果我方中标，我方承诺工程质量达到＿＿＿＿＿标准。

④ 如果我方中标，我方将按照规定提交上述总价10%的履约金。

⑤ 如果我方中标，我方将按照投标文件中所指定的项目经理及项目经理班子进行工程建设，若我方中途更换项目经理，我方愿意接受任何处罚。

⑥ 我方同意所提交的投标文件在招标文件的"投标人须知"中第17条规定的投标有效期内有效，在此期间内我方的投标有可能中标，我方将受此约束。如果在投标有效期内撤回其投标，我方的投标保证金全部被没收。

⑦ 除非另外达成协议并生效，贵方的中标通知书和本投标文件将成为约束双方的合同文件的组成部分。

⑧ 我方理解贵方将不受必须接受你们所收到的最低标价或其他任何投标书的约束。

⑨ 我方的金额为人民币（大写）＿＿＿＿（RMB：¥＿＿＿＿元）的投标保证金已在投递标书时递交。

投标人：（盖章）

投标人地址：

法定代表人或其委托代理人：（签字或盖章）

邮政编码：　　　　　　　　电话：　　　　　　传　真：

开户银行名称：　　　　　　开户银行账号：

开户银行地址：　　　　　　开户银行电话：

日　　期：＿＿＿＿年＿＿＿＿月＿＿＿＿日

投标报价、工期、质量一览表

投标单位（盖章）： 单位：元

报价 工程名称	投标总价	其中		承诺工期	承诺工程质量
		土建	装饰		
				年 月 日— 年 月 日共计_____天	

法定代表人或授权委托人签字：

　　　　　　　　　　　　　　　　　　　　　　年　　月　　日

工程量清单报价表

投 标 人：_____（单位签字盖章）

法定代表人：_____（签字盖章）

造价工程师
及注册证号：_____（签字盖执业专用章）

编制时间：_____

投 标 总 价

建设单位：_____

工程名称：_____

投标总价(小写)：_____

　　　　　(大写)：_____

投 标 人：_____（单位签字盖章）

法定代表人：_____（单位签字盖章）

编制时间：_____

单项工程费汇总表

工程名称：　　　　　　　　　　　　　　　　　　　　第 页 共 页

序　号	单项工程名称	金额/元
	合　计	

单位工程费汇总表

工程名称：　　　　　　　　　　　　　　　　　　　　　　　第　页　共　页

序　号	单项工程名称	金额/元
1	分部分项工程量清单计价合计	
2	措施项目清单计价合计	
3	规费	
4	税金	
	合　　计	

分部分项工程量清单计价表

工程名称：　　　　　　　　　　　　　　　　　　　　　　　第　页　共　页

序　号	项目编码	项目名称	计量单位	工程数量	金额/元	
					综合单价	合　价
		本页小计				
		合　　计				

措施项目清单计价表

工程名称：　　　　　　　　　　　　　　　　　　　　　　　第　页　共　页

序　号	单项工程名称	金额/元
	合　　计	

主要材料价格表

工程名称：

序　号	材料名称、规格、型号	单　位	单价/元

投标人资格文件（略）

投标企业概况

企业名称						
法定代表人			技术负责人			
企业资质等级			企业资质批准部门			
企业资质证书编号			外来企业驻辽注册施工许可证号			
营业执照注册号			任务限量额/万元			
企业性质			已承揽任务/万元			
联系电话			邮政编码			
企业地址						
企业职工总数/人	有职称的管理人员 人			工 人		
	高级职称	中级职称	初级职称	4~8 级	1~3 级	无级

	岗位职务	姓名	职称	专业	级别、证号
拟派工程管理人员	项目经理				
	项目副经理				
	项目工程师				
	质量管理				
	安全管理				
	材料管理				
	计划管理				
	预算员				

施工组织设计（略）

拟投入的主要施工机械设备表

序 号	机械或设备名称	型号规格	数 量	国别产地	制造年份	额定功率/kW	生产能力	备 注

劳动力计划表

(单位：人)

工种级别	按工程施工阶段投入劳动力情况					

注：投标人应按所列格式提交包括分包人在内的估计的劳动力计划表。
　　本计划表是以每班八小时工作制为基础的。

项目管理班子配备情况表

投标工程名称：

姓 名	年 龄	职 务	性 别	职业资格				拟在本工程担任的工作
				名称	专业	证号	注册单位	

本工程一旦我单位中标，将实行项目经理负责制，并配备上述项目管理班子。上述填报内容真实，若不真实，愿按有关规定接收处理。项目管理班子机构设置，职责分工等情况另附资料说明。

项目经理简历表

姓 名		性 别		年 龄	
职 务		职 称		项目经理专业	
参加工作时间			从事项目经理年限		
项目经理资格证书编号					
在建和已完成工程项目情况					
建设单位	项目名称	建设规模	结构类型	施工日期	工程质量

项目技术负责人简历表

姓 名		性 别		年 龄	
职 务		职 称		项目经理专业	
参加工作时间			从事项目经理年限		
在建和已完成工程项目情况					
建设单位	项目名称	建设规模	结构类型	施工日期	工程质量

2.7 BIM 技术在招标过程中的应用

2.7.1 招标图纸的优化

招标文件中提供的建筑设计成果是整个招标投标过程的重要基础。传统的二维设计成果和文字说明，可能会导致设计人、业主、招标代理机构等因理解差异而产生不确定的歧义。设计单位采用 BIM 技术，搭建包含建筑外观、周边环境、结构、机电管综等详细信息的 BIM 模型，可以直观地展现符合业主设想方案的建筑设计成果。图 2-1 所示为某大厦项目的 BIM 效果图。图 2-2 所示为某别墅项目的 BIM 结构展示图。

 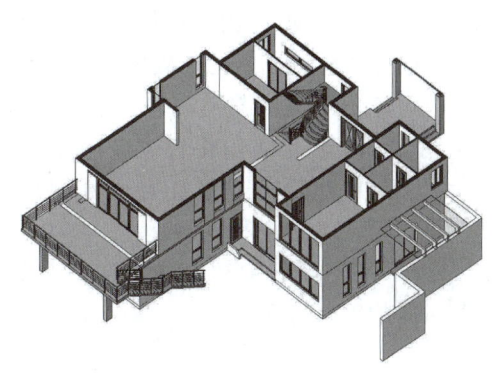

图 2-1　某大厦项目的 BIM 效果图　　图 2-2　某别墅项目的 BIM 结构展示图

在建设项目的设计过程中，机电设备安装的管道错综复杂、纵横交错，各专业分割设计，会出现很多交叉碰撞的现象。这些交叉碰撞最终导致建设项目产生大量不必要的变更、索赔等，既可能造成建设单位的费用损失又可能导致工期延误。应用 BIM 技术建立所有专业的 BIM 模型之后，通过碰撞试验，检测出全部碰撞点的具体位置，在招标开标前，对设计成果进行重新管道布置和修改，可以极大地提高招标工作的准确性。图 2-3 所示为某项目优化前后的管道布置方案。

a)　　　　　　　　　　　　　　　b)

图 2-3　某项目优化前后的管道布置方案
a) 某项目优化前的管道布置方案　b) 某项目优化后的管道布置方案

在招标时，通过招标文件的形式发布 BIM 模型，可以结合项目情况和招标具体要求，直观地展现招标工程项目的所有信息，可以提供给投标人精准的建设项目信息，可以帮助投标人快速地判断是否参与投标活动，以减少投标人不必要的费用和时间投入。

2.7.2　工程量清单的编制

在招标过程中，工程量清单编制的精准度是影响整个招标投标过程是否高效、顺利的关键，是招标文件最重要的组成部分。目前，我国的招标文件中提供的工程量清单都存在很多技术问题，如丢项漏项、工程量偏差巨大、清单的项目特征描述模糊不清等。随着 BIM 技术的快速发展，工程量清单编制人员既可以利用软件进行自动核算工程量，又可以按照编制人员的具体要求和项目的具体情况，对工程量进行自定义分类汇总。

设计单位创建的建筑工程 BIM 模型，可以直接供招标人使用。招标人可以首先通过插件将 BIM 模型导入到各专业的 BIM 算量软件中，然后进行自动计算。由于 BIM 模型在设计阶段已经通过了碰撞优化，模型的准确率与实际情况高度一致，所以计算出来的工程量的准确率极高，同时也避免了发生漏项现象，降低了后期施工出现的设计变更、签证索赔等纠纷。例如：利用 Revit 建立的 BIM 模型，首先通过广联达的 GFC 插件导出中间转换模型 GFC 文件；然后，将中间转换模型 GFC 文件导入 GCL 算量软件，并在软件中进行模型检查、调整模型与算量软件的匹配度；最后，自动计算出准确的工程量。BIM 模型的参数比较多，可以根据实际情况进行选择性设置。通过对 BIM 模型构建的参数设置，可以按实际设置的参数提取对应的项目特征描述。

2.7.3 招标控制价的编制

招标控制价是招标人根据国家以及当地有关规定的计价依据和计价办法、招标文件、市场行情，并按工程项目设计施工图等具体条件调整编制的，对招标工程项目限定的最高工程造价，也称为最高投标限价。

1. 招标控制价的有关规定

1）国有资金投资的建设工程招标，招标人必须编制招标控制价。

2）招标人必须编制招标控制价，作为投标人的最高投标限价，及招标人能够接受的最高交易价格。

3）国有资金投资的工程项目原则上不能超过批准的投资概算，招标控制价超过批准的概算时，招标人应将其报原概算审批部门审核。

4）招标控制价是招标人在工程招标时能接受投标人报价的最高限价，投标人的投标报价不能高于招标控制价，否则，其投标将被拒绝。

5）招标控制价应由具有编制能力的招标人或受其委托具有相应资质的工程造价咨询人编制，工程造价咨询人不得同时接受招标人和投标人对同一工程的招标控制价和投标报价的编制。

6）招标控制价应在招标文件中公布，不应上调或下浮。

2. 招标控制价的编制基础及内容

招标控制价的编制，必须在用 BIM 编制工程量清单的基础上进行。招标控制价的编制内容包括：

1）分部分项工程费。为使招标控制价与投标报价所包含的内容一致，综合单价中应包括招标文件中招标人要求投标人承担的风险内容及其范围（幅度）产生的风险费用，可以风险费率的形式进行计算。招标文件提供了暂估单价的材料，应按暂估单价计入综合单价。

2）措施项目费。应依据招标文件中提供的措施项目清单和拟建工程项目的施工组织设计进行确定。可以计算工程量的措施项目，应按分部分项工程量清单的方式采用综合单价计价；其余的措施项目可以"项"为单位的方式计价，应包括除规费、税金外的全部费用。

3）其他项目费。

① 暂列金额：应按招标工程量清单中列出的金额填写。

② 暂估价：暂估价中的材料、工程设备单价、控制价应按招标工程量清单列出的单价

计入综合单价。

4）规费和税金：必须按国家或省级、行业建设主管部门规定的标准计算，不得作为竞争性费用。

不同工程项目、不同施工单位会有不同的施工组织方法，所发生的措施费也会有所不同。因此，对于竞争性的措施费用的编制，应该首先编制施工组织设计或施工方案，然后依据经过专家论证后的施工方案，合理地确定措施项目与费用。

2.7.4 BIM 应用于招标的优势及挑战

1. BIM 应用于招标的优势

传统的工程量计算需要造价人员首先获得设计图，然后应用造价软件根据设计图翻模，最终计算工程量。这在时间上较为滞后，同时存在大量的建模工作，并且造价人员对图纸的理解容易出现一定的偏差。基于 BIM 的招标工作，造价人员可以直接在设计 BIM 模型的基础上进行一定的微调，可以直接提取工程量。这节约了大量的建模时间，并且更加符合设计意图、更为精确。基于 BIM 的招标工作，可以在三维场景下直观地对项目进行方案展示和论证，可以让评标专家的评审深度和质量得到进一步提升，使得招标方能够选用最适用的投标方案。而且，在 BIM 标书编制过程中，基于模型、进度、成本的数据关联，能够设置各项埋点数据，以此作为 BIM 标书清标检查要点，可以极大地遏制围标串标行为，提升对招标投标行为的监管力度。

2. BIM 应用于招标的挑战

1）BIM 招标质量不易把控。当下 BIM 软件种类繁多，有建模、性能化分析、可视化模拟、造价管理、施工管理及运营平台等各种软件，但各软件之间的兼容性不理想，构件及数据的丢失是十分常见的现象。现在市场占有率最高的建模软件 Revit，对计算机的硬件要求非常高，并且随着模型精度加深，信息量加大，模体量不断增加，对计算机相关配置要求也越来越高。各 BIM 咨询单位在制定应用实施流程、模型标准、交付标准等服务制度方面皆有很大不同，这也导致 BIM 咨询单位技术和服务水平良莠不齐。

2）招标结果不容易把握和控制。由于 BIM 实施的成果交付依旧没统一的技术规范和验收标准，BIM 招标结果不容易把握和控制。

2.7.5 投标文件关于 BIM 技术的要求

随着 BIM 技术的快速发展，BIM 技术的优势越来越被建设方重视，在我国的招标过程中，投标文件关于 BIM 技术应用的要求越来越多，比重也越来越大。招标文件中，对投标文件关于 BIM 技术应用方面的要求有以下几个方面：

1）施工 BIM 应用策划方面：承诺达到的项目应用预期目标和效益；BIM 应用线路清晰能贯穿始终；应用流程合理，各应用之间软件交互畅通。

2）施工信息模型方面：施工信息模型的模型精细度达到招标文件要求的措施和方法有效可行；模型信息共享可在各专业和各相关方之间交换和应用；施工信息模型正确性、协调性和一致性的检查方法先进、快捷。

3）施工工艺模拟 BIM 应用方面：施工组织模型的信息添加方法合理、简洁；施工组织模拟的成果和软件达到招标文件要求；施工工艺模拟模型的信息添加方法合理、简洁；施工工艺模拟交付的成果和软件要求达到招标文件的要求，并承诺提供可视化资料。

4）进度模拟 BIM 应用方面：进度管理模型的信息添加方法合理、简洁；进度管理 BIM 应用交付成果和软件要求达到招标文件要求。

5）预算与成本管理 BIM 应用方面：施工图预算模型信息添加方法合理、简洁，模型准确率控制在预算要求范围；施工图预算 BIM 应用交付成果和软件达到招标文件要求；成本管理模型信息添加方法合理、简洁，模型准确率控制在成本要求范围内；成本管理 BIM 应用交付成果和软件要求达到招标文件要求。

6）质量与安全管理 BIM 应用方面：质量管理模型信息添加方法合理、简洁；质量管理 BIM 应用交付成果和软件要求达到招标文件要求；安全管理模型信息添加方法合理、简洁；职业健康安全管理 BIM 应用交付成果和软件要求达到招标文件要求。

7）竣工验收与 BIM 交付方面：竣工验收模型信息添加方法合理、简洁；竣工验收模型的交付成果和软件要求达到招标文件要求。

本章小结

在建设项目的招标过程中，招标人及其代理公司必须符合相应的资质要求，按照招标程序及有关法律法规的要求做好招标前及招标过程中的各项工作。工程量清单的编制、清单模式下的标底及招标控制价的编制，在我国建设工程的招标投标体制下，还会发挥其不可忽视的作用。因此，要求学生通过学习，学会应用，并掌握招标文件的编制。

习 题

1. 招标人的分类、权利和义务有哪些？
2. 什么样的项目必须招标？
3. 哪些项目可以不用招标？
4. 建设项目必须进行招标的规模标准是什么？
5. 招标公告的内容包括哪些？
6. 什么是投标邀请书？
7. 资格审查的内容是什么？
8. 资格预审的作用是什么？
9. 什么是联合体投标？
10. 资格预审和资格后审的利弊有哪些？
11. 招标文件的内容有哪几部分？
12. 招标文件的编制依据有哪些？
13. 招标文件的意义是什么？
14. 某高速公路工程是某省利用地方财政拨款重点建设项目的骨干工程，总投资额 17000 万元。建设单位决定对该项目采取公开招标的方式，并由建设单位自行组织招标。2007 年 6 月中旬，由工程建设单位在当地媒体刊登招标广告，招标公告明确了本次招标对象为本省内有相应资质的施工企业。由工程建设单位组建的资格评审小组对申请投标的 20 家施工企业进行了资格审查，10 家企业通过了资格审查，获得投标资格。

2007年6月20日,建设单位向上述10家企业发售了招标文件,招标文件确定了各招标单位的投标截止日是2007年6月30日。建设单位曾于6月22日向政府有关部门发出参加招标活动的邀请。

该项目于7月1日13时公开开标。评标委员是由该建设单位直接确定的,共由7人组成,其中招标人4人,本系统技术专家一名、经济专家一名、外系统技术专家一名。当日下午至次日上午,评标委员会对10家投标企业递交的标书进行了审查,并向建设单位按顺序推荐了中标候选人。该建设单位提出应让名单之外的某部水电某局中标,原因是该局提出的优惠条件较好(实际上是垫资施工)。

问题:该项目招标存在哪些问题?

15. 某地政府投资工程采用委托招标方式组织施工招标。依据相关规定,资格预审文件采用《中华人民共和国标准资格预审文件》(2007版)编制。招标人共收到了16份资格预审申请文件,其中2份资格申请文件系在资格预审申请截止时间后2分钟收到。招标人按照以下程序组织了资格审查:

(1)组建资格审查委员会,由审查委员对资格预审申请文件进行评审和比较。审查委员会由5人组成,其中招标人代表1人,招标代理机构代表1人,政府相关部门组建的专家库中抽取技术、经济专家3人。

(2)对资格预审申请文件外封装进行检查,发现2份申请文件的封装、1份申请文件封套盖章不符合资格预审文件的要求,这3份资格预审申请文件为无效申请文件。审查委员会认为只要在资格审查会议开始前送达的申请文件均为有效。2份在资格预审申请截止时间后送达的申请文件,由于其外封装和标记符合资格预审文件要求,为有效资格预审申请文件。

(3)对资格预审申请文件进行初步审查。发现有1家申请人使用的施工资质为其子公司资质,还有1家申请人为联合体申请人,其中1个成员又单独提交了1份资格预审申请文件。审查委员会认为这3家申请人不符合相关规定,不能通过初步审查。

(4)对通过初步审查的资格预审申请文件进行详细审查。审查委员会依照资格预审文件中确定的初步审查事项,发现有1家申请人的营业执照副本(复印件)已经超出了有效期,于是要求这家申请人提交营业执照的原件进行核查。在规定的时间内,该申请人将其重新申办的营业执照原件交给了审查委员会核查,确认合格。

(5)审查委员会经过上述审查程序,确认了通过以上第(2)(3)两步的10份资格预审申请文件通过了审查,并向招标人提交了资格预审书面审查报告,确定了通过资格审查的申请人名单。

问题:

(1)招标人组织的上述资格审查程序是否正确?为什么?如果不正确,给出一个正确的资格审查程序。

(2)审查过程中,审查委员会的做法是否正确?为什么?

(3)如果资格预审文件中规定确定7名资格审查合格的申请人参加投标,招标人是否可以在上述通过资格预审的10人中直接确定,或者采用抽签方式确定7人参加投标?为什么?正确的做法应该是怎样的?

第 3 章

建设工程投标

本章提要

本章主要介绍了建设工程投标的有关知识,包括投标人的条件、投标的程序、投标文件的编制与递交等,并介绍了投标文件中施工组织设计、投标报价及报价技巧等内容。

某工程施工项目招标,某投标人投标时,在投标截止时间前递交了投标文件,但投标保证金递交时间晚于投标截止时间2分钟,招标人均进行了受理,同意其投标文件参与开标。其他投标人对此提出异议,认为招标人同意该投标文件参加开标会议违背相关规定。

问题:招标人应怎样处理该份投标文件?投标保证金晚于投标截止时间2分钟送达,招标人是否可以接受?理由是什么?该投标人的投标文件是否有效,是否为废标?

【案例评析】

(1)《招标投标法》(2017年重新修改的)第三十六条规定,"开标时,由投标人或者其推选的代表检查投标文件的密封情况,也可以由招标人委托的公证机构检查并公证;经确认无误后,由工作人员当众拆封,宣读投标人名称、投标价格和投标文件的其他主要内容。招标人在招标文件要求提交投标文件的截止时间前收到的所有投标文件,开标时都应当当众予以拆封、宣读。"本案中,该投标人的投标文件已经在投标截止时间前送达,招标人也进行了受理,故应在开标会议当众进行拆封、宣读。但由于投标保证金晚于投标截止时间2分钟送达,招标人对其投标保证金不能受理,否则招标人就等于在投标截止时间后接收投标文件,违反《工程建设项目施工招标投标办法》(30号令)第五十条中关于逾期送达的或者未送达指定地点的投标文件,招标人不予受理的规定。

(2)无效投标文件一般指招标人不予受理的投标文件。招标人受理后经评标委员会初步评审不合格的投标文件称为废标。所以,本案中该投标人的投标文件为有效,但由于其投标保证金晚于投标截止时间2分钟送达,按照《工程建设项目施工招标投标办法》(30号令)第三十七条规定,属于投标人未按招标文件要求提交投标保证金,评标委员会应当经过初步评审,对该投标文件按废标处理。

施工企业的投标过程是一个团结协作的过程,不仅要注重标书的编制,还要注重团队协作和集体荣誉感,不要因为个人的原因,影响集体。招标人也应该遵守法律法规。

3.1 建设工程投标概述

3.1.1 投标的基本知识

1. 投标的基本概念

建设工程投标是投标人针对招标人的要约邀请,以明确的价格、期限、质量等具体条件,向招标人发出要约,通过竞争获得经营业务的活动。建设工程招标与投标,是承发包双方合同管理的第一环节。投标人在响应招标文件的前提下,对项目提出报价、填制投标函,在规定的期限内报送招标人,参与该项工程竞争及争取中标。此处的"投标人"仍是指法人,根据法律规定参与各种建设工程的咨询、设计、监理、施工及建设工程所需设备和物资采购的竞争。

建设工程投标,是各投标人实力的较量。在激烈的投标竞争形成的巨大压力下,各投标人必须致力于自身的综合实力的提高。企业实力包括:技术实力、经济实力、管理实力和信誉实力。

2. 建设工程的投标人

建设工程的投标人是建设工程招标投标活动中的另一方当事人,它是指响应招标,并按照招标文件的要求参与工程任务竞争的法人或者其他组织。投标人必须具备以下基本条件:

1) 必须有与招标文件要求相适应的人力、物力和财力。
2) 必须有符合招标文件要求的资质等级和相应的工作经验与业绩证明。
3) 符合法律、法规、规章和政策规定的其他条件。

建设工程投标人的范围主要包括:勘察设计单位、施工企业、建筑装饰企业、工程材料设备供应(采购)单位、工程总承包单位以及咨询、监理单位等。

3.1.2 投标人应具备的条件及权利义务

1. 投标人应具备的条件

为保证建设工程的顺利完成,《招标投标法》规定:"国家有关规定对投标人资格条件或者招标文件对投标人资格条件有规定的,投标人应当具备规定的资格条件。"

投标人在向招标人提出投标申请时,应附带有关投标资格的资料,以供招标单位审查。这些资料应表明自己的合法地位、资质等级、技术与装备水平、资金与财务状况、近期经营状况及以前所完成的与招标工程项目有关的业绩等。

2. 投标人的权利

投标人在建设工程招标投标活动中,享有下列权利:

1) 有权平等地获得利用招标信息。招标信息是投标决策的基础和前提。投标人掌握的招标信息是否真实、准确、及时、完整,对投标工作具有非常重要的作用。保证投标人平等地获取招标信息,是招标单位和政府主管部门的义务。

2) 有权按照招标文件的要求自主投标或组成联合体投标。为了更好地把握投标竞争机会,提高中标率,投标人可以根据招标文件的要求和自身的实力,自主决定是独自参加投标还是与其他投标人组成一个联合体,以一个投标人的身份共同投标。

3) 有权委托代理机构进行投标。专门从事建设工程中介服务活动(包括投标代理业务）的机构，通常具有社会活动广、技术力量强、工程信息灵等优势。投标人委托它们代替自己进行投标活动，常常会取得意想不到的效果，获得更多的中标机会。

4）有权要求招标人或招标代理人对招标文件中的有关问题进行答疑。对招标文件中不清楚的问题，投标人有权要求予以澄清，以利于准确领会、把握招标意图。对招标文件进行解释、答疑，既是招标单位的权利，也是招标单位的义务。

5）根据自己的经营情况和掌握的市场信息，有权确定自己的投标报价。投标人的投标报价，由投标人依法自主确定，任何单位和个人不得非法干预。投标人根据自身经营状况、利润方针和市场行情，科学合理地确定投标报价，是整个投标活动中最关键的环节。

6）根据自己的经营情况有权参与投标竞争或放弃参与竞争。任何单位或个人不能强制、胁迫投标人参加投标，更不能强迫或变相强迫投标人"陪标"，也不能阻止投标人中途放弃投标。

7）有权要求优质优价。优质优价，有利于真正信誉好、实力强的投标人多中标、中好标。

8）有权控告、检举招标过程中的违法、违规行为。投标人和其他利害关系人认为招标投标活动不合法的，有权向招标人提出异议或者依法向有关行政监督部门投诉。

3. 建设工程投标人的义务

建设工程投标人在建设工程招标投标活动中，负有下列义务：

1）遵守法律、法规、规章和方针、政策。建设工程投标人的投标活动必须依法进行，违法或违规、违章的行为，不仅不受法律监管，而且还要承担相应的责任。

2）接受招标投标管理机构的监督管理。为了保证建设工程招标投标活动公开、公正、平等竞争，建设工程招标投标活动必须在招标投标管理机构的监督管理下进行。接受招标投标管理机构的监督管理，是建设工程投标人必须履行的义务。

3）保证所提供的投标文件的真实性，提供投标保证金或其他形式的担保。

4）按招标人或招标代理机构的要求对投标文件的有关问题进行答疑。对投标文件中不清楚的问题，招标人或招标代理机构有权要求投标人予以澄清。投标人对投标文件进行解释和答疑，也是进一步推销自己、维护自身投标权益的一个重要方面。

5）中标后与招标人签订合同并履行合同，非经招标人同意不得转包合同，非经招标人同意不得分包合同。

6）履行依法约定的其他各项义务。在建设工程招标投标过程中，投标人与招标人、招标代理机构等可以在合法的前提下，经过互相协商，约定一定的义务。

3.1.3 联合体投标

1. 联合体投标的有关规定

联合体投标指的是某承包单位为了承揽不适于自己单独承包的工程项目而与其他单位联合，以一个投标人的身份去投标的行为。《招标投标法》第三十一条规定："两个以上法人或者其他组织可以组成一个联合体，以一个投标人的身份共同投标。"大型建设工程项目，往往不是一个投标人所能完成的，所以，法律允许几个投标人组成一个联合体，共同参与投标，并对联合体投标的相关问题做出了明确规定。

（1）联合体的法律地位　联合体是由多个法人或经济组织组成，但在投标时是作为一个独立的投标人出现的，具有独立的民事权利能力和民事行为能力。

（2）联合体的资格

1）联合体各方均应具有承担招标项目必备的条件，如相应的人力、物力、资金等。

2）国家或招标文件对投标人资格条件有特殊要求的，联合体各个成员都应当具备规定的相应资格条件。

3）同一专业的单位组成的联合体，应当按照资质等级较低的单位确定联合体的资质等级。如在三个投标人组成的联合体中，有两个是甲级资质等级，有一个是乙级，则这个联合体只能定为乙级。本条之所以这样规定，是促使资质优等的投标人组成联合体，防止供货商或承包商来完成，保证招标质量。

（3）联合体各方的责任　联合体各方应签订共同投标协议，明确约定各方在拟承包的工程中所承担的义务和责任。

（4）投标人的意思自治　投标时，投标人是否与他人组成联合体，与谁组成联合体，都由投标人自行决定，任何人均不得干涉。《招标投标法》规定："招标人不得强制投标人组成联合体共同投标，不得限制投标人之间的竞争。"

2. 联合体的优势

目前，市场经济全球化程度越来越高，政府采购规模越来越大，特别是政府采购工程建设项目规模越来越大，对专业技术水平的要求也越来越高。数家企业组成联合体，以联合体的名义参与政府采购招标，成为填补企业资源和技术缺口，提高企业竞争力以及分散和降低企业经营风险，适应当前市场环境的一种良好方式。联合体中标，按照联合体的内部分工，各自按资质类别等级的许可范围承担工作，能够提高中标人的履约能力，防止中标人因履约能力差而转包项目，损害招标人的利益。

3. 联合体应注意的几个问题

1）联合体对外以一个投标人的身份共同投标，联合体中标的，联合体各方应当共同与招标人签订合同，就中标项目向招标人承担连带责任。

2）组成联合体投标是联合体各方的自愿行为。

3）联合体各方签订共同投标协议后，不得再以自己的名义单独投标，也不得组成新的联合体或参加其他联合体在同一项目中投标。

4. 联合体的变更

《招标投标法实施条例》第三十七条规定：资格预审后联合体增减、更换成员的，其投标无效。

由于联合体属于临时性的松散组合，在投标过程中可能发生联合体成员变更的情形。通常情况下，联合体成员的变更必须在投标截止时间之前得到招标人的同意，如联合体成员的变更发生在通过资格预审之后，其变更后联合体的资质需要进行重新审查。

3.1.4　投标要求

1. 投标文件内容要求

《招标投标法》第二十七条规定："投标文件应当对招标文件提出的实质性要求和条件做出响应。"实质性要求和条件，是指招标项目的价格、项目进度计划、技术规范、合同的主要条款等。投标文件必须对其做出响应，不得遗漏、回避，更不能对招标文件进行修改或提出任何附带条件。对于建设工程施工招标，投标文件还应包括拟派出的项目负责人与主要技术人员的简历、业绩和拟用于完成工程项目的机械设备等内容。投标人拟在中标后将中标项目的部分非主体、非关键性工作进行分包的应在投标文件中载明。

《招标投标法》第二十九条规定："投标人在招标文件要求提交投标文件的截止时间前，可以补充、修改或撤回已提交的投标文件，并书面通知招标人。补充、修改的内容为投标文件的组成部分。"

2. 投标时间的要求

《招标投标法》第二十八条规定："投标人应当在招标文件要求提交投标文件的截止时间前，将投标文件送达投标地点。""在招标文件要求提交投标文件的截止时间后送达的投标文件，招标人应当拒收。"因此，以邮寄方式送交投标文件的，投标人应留出足够的邮寄时间，以保证投标文件在截止时间前送达，另外，如发生地点方面的错送、误送，其后果皆由投标人自行承担。投标人对投标文件的补充、修改、撤回通知，也必须在所规定的投标文件的截止时间前，送达规定地点。

3. 投标行为的要求

对于投标中各方的行为，《招标投标法》也有明确的规范要求。

（1）保密要求　由于投标是一次性的竞争行为，为保证其公正性，就必须对当事人各方提出严格的保密要求：投标文件及其修改、补充的内容都必须以密封的形式送达，招标单位签收后必须原样保存，不得开启。对于标底和潜在投标人的名称、数量以及可能影响公平竞争的其他有关招标投标的情况，招标单位都必须保密，不得向他人透露。

（2）合理报价　《招标投标法》第三十三条规定："投标人不得以低于成本的报价竞标。"投标人以低于成本的价格报价，是一种不正当的竞争行为，其一旦中标，必然会采取偷工减料、以次充好等非法手段来避免亏损，以求得生存。所以，这种行为必须予以禁止。但投标人从长远利益出发，放弃近期利益，不要利润，仅以成本价投标，这是合法的竞争手段，法律是予以保护的。这里所说的成本，是以社会平均成本和企业个别成本来计算的，并要综合考虑各种价格差别因素。

（3）诚实信用　从诚实信用的原则出发，《招标投标法》规定："投标人不得相互串通投标报价，不得排挤其他投标人的公平竞争，损害招标人或其他投标人的合法权益。投标人不得与招标人串通投标，损害国家利益、社会公共利益或者他人的合法利益。禁止投标人以向招标人或者评标委员会成员行贿的手段谋取中标。"同时，"不得以他人名义投标或者以其他方式弄虚作假、骗取中标。"

《工程建设项目施工招标投标办法》（七部委30号令）还对投标人相互串通投标及投标人与招标人串通投标的具体表现行为做出了规定，第四十六条指出：投标人之间相互约定抬高或压低投标报价；投标人之间相互约定，在招标项目中分别以高、中、低价位报价；投标人之间先进行内部竞价，内定中标人，然后再参加投标；以及投标人之间其他串通投标报价行为，皆属投标人串通投标行为。第四十七条指出：而招标人在开标前开启投标文件并将有关信息泄露给其他投标人，或者授意投标人撤换、修改投标文件；招标人向投标人泄露标底、评标委员会成员等信息；明示或暗示投标人压低或抬高报价；招标人明示或暗示投标人为特定投标人提供方便；招标人与投标人为谋求特定中标人中标而采取的其他串通行为，皆为投标人与招标人串通投标行为。

4. 投标人数量的要求

《招标投标法》第二十八条规定："投标人少于三个的，招标人应当依照本法重新招标。"当投标人少于三个时，就会缺乏有效竞争，投标人可能会提高承包条件，损害招标人利益，从而与招标目的相违背，所以必须重新组织招标，这也是国际上的通行做法。在国外，这种情况称为"流标"。

3.1.5 建设工程投标人的投标资质

建设工程投标人的投标资质（又称投标资格）是指建设工程投标人参加投标所必须具备的条件和素质，包括资历、业绩、人员素质、管理水平、资金数量、技术力量、技术装备、社会信誉等几个方面的因素。对建设工程投标人的投标资质进行管理，主要是政府主管机构对建设工程投标人的投标资质，提出认定和划分标准，确定具体等级，发放相应证书，并对证书的使用进行监督检查。

1. 工程勘察设计单位的投标资质

《工程勘察和工程设计单位资格管理办法》指出："工程勘察资格分为工程地质勘察、岩土工程、水文地质勘察和工程测量等四个专业。"《工程设计资质分级标准》指出：工程设计行业分为煤炭、电力、石油天然气、核工业、机械、商物粮、公路、水运、冶金、军工、化工石化医药、轻纺、铁道、海洋、水利、农林、建筑、市政公用、电子通信广电、民航、建材21个专业。工程勘察、工程设计资格各分为甲、乙、丙、丁四级。各等级的标准，由国务院各有关行业主管部门综合考虑勘察设计单位的资历、技术力量、技术水平、技术装备水平、管理水平以及社会信誉等因素具体制定，经住房和城乡建设部统一平衡后发布。

2. 施工企业的投标资质

施工企业是指从事土木建筑工程，线路、管道及设备安装工程，装修装饰工程等新建、扩建、改建活动的企业。

住房和城乡建设部印发的《建筑业企业资质标准》规定，建筑业企业资质分为施工总承包、专业承包和施工劳务三个序列。其中施工总承包序列设有12个类别，一般分为4个等级（特级、一级、二级、三级）；专业承包序列设有36个类别，一般分为3个等级（一级、二级、三级）；施工劳务序列不分类别和等级。

施工企业参加建设工程施工招标投标活动，必须持有相应的建筑业企业资质证书，并在其资质证书许可的范围内进行。

3. 工程监理企业的投标资质

工程监理企业资质是企业技术能力、管理水平、业务经验、经营规模、社会信誉等综合性实力指标。对工程监理企业进行资质管理的制度是我国政府实行市场准入控制的有效手段。工程监理企业应当按照所拥有的注册资本、专业技术人员数量和工程监理业绩等资质条件申请资质，经审查合格并取得相应等级的资质证书后，才能在其资质等级许可的范围内从事工程监理活动。工程监理企业的注册资本不仅是企业从事经营活动的基本条件，也是企业清偿债务的保证。工程监理企业所拥有的专业技术人员数量主要体现在注册监理工程师的数量，这反映企业从事监理工作的工程范围和业务能力。工程监理业绩则反映工程监理企业开展监理业务的经历和成效。

《工程监理企业资质管理规定》指出：工程监理企业资质分为综合资质、专业资质和事务所资质。综合资质、事务所资质不分级别。专业资质分甲级、乙级；其中，房屋建筑、水利水电、公路和市政公用专业资质可设丙级。按照工程性质和技术特点专业资质包括房屋建筑工程、冶炼工程、矿山工程、化工石油工程、水利水电工程、电力工程、农林工程、铁路工程、公路工程、港口与航道工程、航天航空工程、通信工程、市政公用工程、机电安装工程14个专业工程类别，每个专业工程类别按照工程规模或技术复杂程度又分为三个等级。

4. 建设工程材料设备供应单位的投标资质

建设工程材料设备供应单位，包括具有法人资格的建设工程材料设备生产和制造厂家、材料设备公司、设备成套承包公司等。目前，我国对建设工程材料设备供应单位实行资质管理的，主要是混凝土预制构件生产企业、商品混凝土生产企业和机电设备成套供应单位。

混凝土预制构件生产企业的资质等级分为一、二、三、四级。一级企业可生产各类混凝土预制构件。二级企业除不准生产预应力吊车梁、桥梁、屋面梁、屋架和预应力混凝土管以外，可生产其他各类混凝土预制构件。三级企业可生产跨度在4.5m以内的预应力钢丝圆孔板和楼梯、阳台等小型建筑工程配套构件和市政工程、桥梁工程挡土墙板及直径在1m以内的混凝土管。四级企业可生产市政、路桥等工程的方砖、道牙、隔离墩、地面砖、花饰等装饰构件和过梁、沟盖板。

5. 工程总承包单位的投标资质

工程总承包（又称工程总包）是指招标单位将一个建设项目的勘察、设计、施工、设备采购等全过程或者其中某一阶段或多个阶段的全部工作，发包给一个总承包商，由该总承包商统一组织实施和协调，对招标单位负全责。工程总承包是相对于工程分承包（又称分包）而言的，工程分承包是指总承包商将承包工程中的部分工程发包给具有相应资质的分承包商，分承包商不与招标单位发生直接经济关系，而在总承包商统筹协调下完成分包工程任务，对总承包商负责。工程总承包单位，按其总承包业务范围，可以分项目全过程总承包单位、勘察总承包单位、设计总承包单位、施工总承包单位、材料设备采购总承包单位等。目前，我国对工程总承包单位实行资质管理的，主要是勘察设计总承包单位、施工总承包单位等。

3.2　建设工程投标的程序

建设工程招标投标活动中投标人最重要的活动就是建设工程投标。从建设工程投标人的角度看，建设工程投标的一般程序主要包括以下几个环节：

1）向招标人申报资格审查，提供有关文件资料。
2）购买招标文件和有关资料，缴纳投标保证金。
3）组织投标班子，委托投标代理人。
4）参加现场踏勘和投标预备会。
5）编制、递送投标书。
6）参加开标会议，接受评标组织就投标文件中不清楚的问题进行的询问，进行澄清会谈。

7）接受中标通知书，签订合同，提供履约担保，分送合同副本。

建设工程投标工作程序如图 3-1 所示。

3.2.1 获取工程招标信息，进行投标决策

获取工程招标信息和进行投标决策是投标前期进行的主要工作。

1. 获取工程招标信息

目前投标人获取工程招标信息的渠道很多。通过大众媒体发布的招标公告获取招标信息是当前最主要的渠道，如各省市的建设工程信息网、政府采购网、招标投标监管网等国家指定的信息网络、报纸等媒介发布的招标公告。对这些信息，投标人应当仔细分析其合法性和真实性。

2. 进行投标决策

承包商的投标决策，是在确定其所获取的招标信息真实、可靠后，针对所获项目信息与自身实力、当前任务量等本企业情况，做出是否投标的决策，就是解决投标过程中的对策问题。决策贯穿竞争的全过程，对于招标投标过程的各个主要环节，都必须及时做出正确的决策，才能取得竞争的全胜，达到中标的目的。投标决策分为前期阶段和后期阶段，主要包括以下三

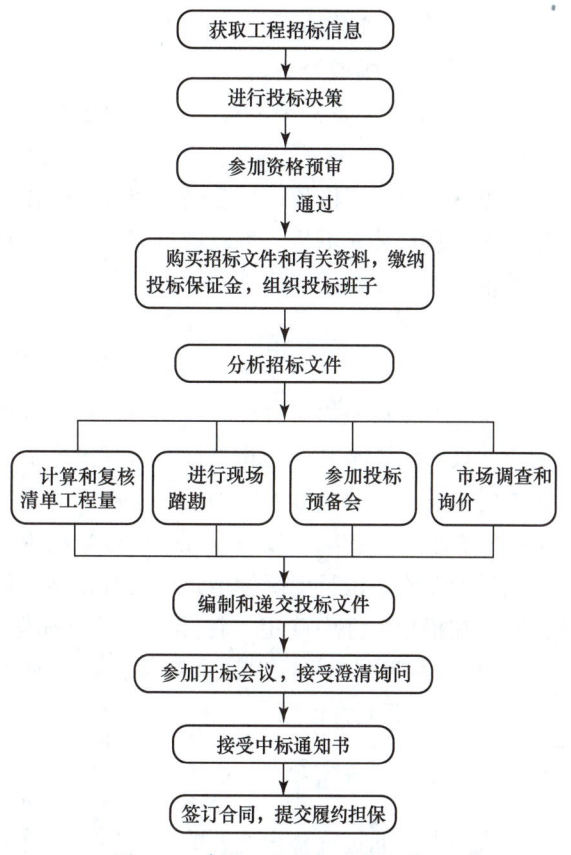

图 3-1　建设工程投标工作程序

个方面的内容：针对项目招标是投标还是不投标；倘若投标，是投什么性质的标；投标中如何采用正确的策略和技巧，达到中标的目的。

3.2.2 参加资格预审

投标人在获悉招标公告或投标邀请后，应当按照招标公告或投标邀请书中所提出的资格审查要求，向招标人申报资格审查。资格审查包括资格预审和资格后审。资格预审是投标人投标过程中的第一关。

资格预审是指在招标过程中对潜在投标人比较多的招标项目，招标人组织审查委员会对资格预审申请人的投标资格进行预先审查，确定有资格参与投标的投标人名单。我国建设工程招标中，在允许投标人参加投标前一般都要进行资格预审。资格预审文件应包括的主要内容有：

1）投标人组织与机构。

2）近三年完成工程的情况。

3）目前正在履行的合同情况。

4）财务状况。

5）拟投入的主要人员情况。

6）施工机械设备情况。

7）三年来涉及的诉讼案件情况。

8）各种奖励或处罚资料。

9）与本合同资格预审有关的其他资料。如是联合体投标应填报联合体每一成员的以上资料。

投标人申报资格预审，应当按招标人的要求，积极准备和提供有关资料，并做好信息跟踪工作，及时补充不足，争取通过资格预审，获得投标资格。经招标人审查合格的投标申请人具备了参加投标的资格。

3.2.3 购买招标文件和有关资料，缴纳投标保证金

投标人经资格预审合格后，便可向招标人申购招标文件和有关资料，同时要缴纳投标保证金。投标保证金是为防止投标人对其投标活动不负责任而设定的一种担保形式，是招标文件中要求投标人向招标人缴纳的一定数额的金钱。缴纳办法应在招标文件中说明，并按招标文件的要求进行缴纳。投标保证金可以采用现金，也可以采用支票、银行汇票，还可以是银行出具的保函。银行保函的格式应符合招标文件提出的格式要求，其额度根据工程投资大小由业主在招标文件中确定。在国际上，投标保证金的数额较高，一般设定为占投资总额的1%~5%。而我国的投标保证金数额，则普遍较低，不超过招标项目估算价的2%，且最高不得超过80万元人民币。

3.2.4 组织投标班子

投标人在通过资格审查、购买了招标文件和有关资料之后，就要按招标文件确定的投标准备时间着手开展各项投标准备工作。投标准备时间是指从开始发放招标文件之日起至投标截止时间为止的期限，它由招标人根据工程项目的具体情况确定，一般在28天之内。

投标班子一般应包括下列三类人员：

1）经营管理类人员。这类人员一般是从事工程承包经营管理的行家，熟悉工程投标活动的筹划和安排，具有相当的决策水平。

2）专业技术类人员。这类人员是从事各类专业工程技术的人员，如建筑师、监理工程师、结构工程师、造价工程师等。

3）商务金融类人员。这类人员是从事有关金融、贸易、财税、保险、会计、采购、合同、索赔等项工作的人员，还可以委托投标代理人。

投标班子的主要职责是：

1）分析招标信息，办理、通过招标文件所要求的资格审查。

2）参加招标人组织的有关活动。

3）提供当地物资、劳动力、市场行情及商业活动经验，提供当地有关政策法规咨询服务，做好投标书的编制工作。

4）研究投标技巧，递交投标文件，争取在竞标中取胜。

5）在中标时，办理各种证件申领手续，做好有关承包工程的准备工作。

3.2.5 分析招标文件

购买到招标文件之后,投标人应认真阅读招标文件中的所有条款。注意明确招标文件中对投标报价、质量、工期等的要求以及投标过程中的各项时间安排。同时要对招标文件中的合同各项条款、无效标书的条件等重点内容进行认真分析,理解招标文件中隐含的含义。对可能发生的不清楚或者发生疑义的地方,应向招标人以书面形式提出。

3.2.6 进行现场踏勘,参加投标预备会

投标人拿到招标文件后,应进行全面细致的调查研究。若有疑问或不清楚的问题需要招标人予以澄清和解答的,应在收到招标文件后的 7 日内以书面形式向招标人提出。投标人在进行现场踏勘之前,应先仔细研究招标文件有关概念含义和各项要求,特别是招标文件中的工作范围、专用条款以及设计图和说明等,然后有针对性地拟订出踏勘提纲,确定重点和要澄清、解答的问题,做到心中有数。投标人参加现场踏勘的费用,由投标人自己承担。招标人一般在招标文件发出后,就着手考虑安排投标人进行现场踏勘等准备工作,并在现场踏勘中对投标人给予必要的协助。

投标人进行现场踏勘的内容,主要包括以下几个方面:

1) 工程的范围、性质以及与其他工程之间的关系。
2) 投标人参与投标的那一部分工程与其他承包商或分包商之间的关系。
3) 现场地貌、地质、水文、气候、交通、电力、水源、有无障碍物等。
4) 进出现场的方式,现场附近有无食宿条件、料场开采条件、其他加工条件、设备维修条件等。
5) 现场附近治安情况。

投标预备会又称答疑会、标前会议,一般在现场踏勘之后的 1~2 天内举行。答疑会的目的是解答投标人对招标文件和在现场中所提出的各种问题,并对图纸进行交底和解释。

3.2.7 计算和复核清单工程量

在现阶段我国进行施工投标时,工程量有两种情况。一种情况是招标文件编制时,招标人给出具体的工程量清单,供投标人报价使用。在此种情况下,投标人在进行投标时,应该根据施工图等资料对给定清单工程量进行复核,为投标人进行报价提供依据。在清单工程量复核过程中,如果发现某些工程量有遗漏或者出入较大,应当向招标人提出,要求招标人及时补充或更正。另一种情况是招标人不给出具体的工程量清单,只提供相应的施工图。这时投标人进行报价应当根据招标人给定的施工图,严格按照工程量计算规则自行计算工程量,注意计算过程中不能漏项、少算或多算。

3.2.8 市场调查和询价

投标报价是编制投标文件时一个很重要的环节。为了使所确定的报价准确,投标人在进行投标时应认真调查了解工程所在地的人工工资标准、材料价格、来源、运输方式,机械设备租赁价格等市场信息,为准确进行报价提供依据。

3.2.9 编制和递交投标文件

以上各项工作完成之后,投标人可以着手编制投标文件。投标人编制投标文件时,应当严格按照招标文件的格式、顺序和内容的要求进行。其中,施工方案部分是投标文件里极其重要的内容。投标文件编写完成后,投标人应当按照招标文件所规定的时间、地点提交投标文件。

3.2.10 参加开标会议,接受澄清询问

投标人在编制、递交了投标文件后,要积极准备出席开标会议。按照国际惯例,投标人不参加开标会议的,视为弃权,其投标文件将不予启封,不予唱标,不允许参加评标。投标人参加开标会议,要注意其投标文件是否被正确启封、宣读,对于被错误地认定为无效的投标文件或唱标出现的错误,应当场提出异议。在评标期间,评标组织要求澄清投标文件中不清楚问题的,投标人应积极予以说明、解释、澄清。澄清一般可以采用向投标人发出书面询问,由投标人书面做出说明或澄清的方式,也可以采用召开澄清会的方式。澄清会是评标组织为有助于对投标文件的审查、评价和比较,而个别地要求投标人澄清其投标文件(包括单价分析表)而召开的会议。在澄清会上,评标组织有权对投标文件中不清楚的问题,向投标人提出询问。有关澄清的要求和答复,最后均应以书面形式进行。所说明、澄清和确认的问题,经招标人和投标人双方签字后,作为投标书的组成部分。在澄清会谈中,投标人不得更改标价、工期等实质性内容,开标后和定标前提出的任何修改声明或附加优惠条件,一律不得作为评标的依据。但评标组织按照投标人须知规定,对确定为实质上响应招标文件要求的投标文件进行校核时发现的计算错误除外。

3.2.11 接受中标通知书,签订合同,提供履约担保

经评标,投标人被确定为中标人后,应接受招标人发出的中标通知书。未中标的投标人有权要求招标人退还其投标保证金。中标人收到中标通知书后,应在规定的时间和地点与招标人签订合同。在合同正式签订之前,应先将合同草案报招标投标管理机构审查。经审查后,中标人与招标人在规定的期限内签订合同。结构不太复杂的中小型工程一般应在 7 天以内,结构复杂的大型工程一般应在 14 天以内,按照约定的具体时间和地点,根据《民法典》等有关规定,依据招标文件、投标文件的要求和中标的条件签订合同。同时,按照招标文件的要求,提交履约保证金或履约保函,招标人同时退还中标人的投标保证金。中标人如拒绝在规定的时间内提交履约担保和签订合同,招标人报请招标投标管理机构批准同意后取消其中标资格,按规定不退还其投标保证金,并考虑在其余投标人中重新确定中标人,与之签订合同,或重新招标。中标人与招标人正式签订合同后,应按要求将合同副本分送有关主管部门备案。

3.3 投标文件的编制与递交

建设工程投标文件是招标人判断投标人是否参加投标的依据,也是评标委员会评审和比较的对象,中标的投标文件和招标文件一起成为招标人和中标人订立合同的法定根据。因此,投标人必须高度重视建设工程投标文件的编制和提交工作。

建设工程投标文件,是工程投标人单方面阐述自己相应招标文件要求,旨在向招标人提出愿

意订立合同的意思表示,是投标人确定、修改和解释有关投标事项的各种书面表达形式的统称。

3.3.1 投标文件的编制依据

1) 国家(工程所在地区)有关法律、法规、制度及规定。
2) 全套施工图及现场地质、水文、地上情况的有关资料。
3) 招标文件及主要内容:
① 包括招标补充、修改、答疑等技术文件。
② 执行的定额标准及取费标准。
③ 所在地区人工、建材、施工机械的政策调整文件。
④ 质量标准。质量必须达到国家标准,对于质量要求高于国家标准的应计补偿费用。
⑤ 工期。如果工期比定额工期短很多,则应计算赶工期措施费。
⑥ 发包人的招标倾向、会议记录。
4) 施工规划(施工组织设计)。
5) 施工风险。
6) 市场建材、劳动力等价格信息。
7) 企业定额。
8) 计划利润。
9) 竞争态势预测。

3.3.2 投标文件的组成

1. 投标文件必须符合的条件

建设工程投标人应按照招标文件的要求编制投标文件。从合同订立过程分析,招标文件属于要约邀请,投标文件属于要约,其目的在于向招标人提出订立合同的意愿。投标文件作为一种要约,必须符合下列条件:

1) 投标人在投标文件中必须明确向招标人表示愿以招标文件的内容订立合同的意思。
2) 必须对招标文件提出的实质性要求和条件做出响应(包括技术要求、投标报价要求、评标标准等),不得以低于成本的报价竞标。
3) 必须由有资格的投标人编制。
4) 必须按照规定的时间、地点递交给招标人,否则该投标文件将被招标人拒绝。

2. 投标文件的内容

投标文件是由一系列有关投标方面的书面资料组成的。一般来说,投标文件由以下内容组成(以施工项目投标为例):

1) 投标函及投标函附录。
2) 法定代表人身份证明或附有法定代表人身份证明的授权委托书。
3) 联合协议书。
4) 投标保证金。
5) 已标价的工程量清单与报价表。
6) 施工组织设计。
7) 项目管理机构。

8）拟分包计划表。

9）资格审查表（资格预审的不采用）。

10）对招标文件中的合同协议条款内容的确认和响应。

11）招标文件规定提交的其他资料。

3. 投标文件表格格式

投标人必须使用招标文件提供的投标文件表格格式，但表格可以按同样格式扩展。下面参考几个主要格式。

（1）投标函、投标函附录（表3-1）及价格指数权重表（表3-2）

投 标 函

_____（招标单位名称）：

1. 我方已仔细研究了_____（项目名称）_____标段施工招标文件的全部内容，愿意以人民币（大写）_____元（￥____）的投标总报价，工期_____日历天，按合同约定实施和完成承包工程，修补工程中的任何缺陷，工程质量达到_____。

2. 我方承诺在投标有效期内不修改、撤销投标文件。

3. 随同本投标函提交投标保证金一份，金额为人民币（大写）_____元（￥_____）。

4. 如我方中标：

（1）我方承诺在收到中标通知书后，在中标通知书规定的期限内与你方签订合同。

（2）随同本投标函递交的投标函附录属于合同文件的组成部分。

（3）我方承诺按照招标文件规定向你方递交履约担保。

（4）我方承诺在合同约定的期限内完成并移交全部合同工程。

5. 我方在此声明，所递交的投标文件及有关资料内容完整、真实和准确，且不存在第二章"投标人须知"第1.4.3项规定的任何一种情形。

6. _____（其他补充说明）。

投标人：_____（盖单位章）
法定代表人或其委托代理人：_____（签字）
电话：_____
传真：_____
投标人地址：_____
邮政编码：_____
日期：____年____月____日

表3-1 投标函附录

工程名称：_____（项目名称） _____标段

序 号	项目内容	合同条款号	约定内容	备 注
	项目经理	1.1.2.4	姓名：_____	
	工期	1.1.4.3	_____日历天	
	缺陷责任期	1.1.4.5		
	承包人履约担保书金额	4.2		

(续)

序　号	项目内容	合同条款号	约定内容	备　注
	分包	4.3.4	见分包项目情况表	
	逾期竣工违约金额	11.5	_____元/天	
	逾期竣工违约金最高限额	11.5	_____	
	质量标准	13.1		
	价格调整的差额计算	16.1.1	见价格指数权重表	
	预付款金额	17.2.1		
	预付款保函金额	17.2.2		
	质量保证金扣留百分比	17.4.1		
	质量保证金额度	17.4.1		
…	…	…	…	

表 3-2 价格指数权重表

名　称		基本价格指数		权　重			价格指数来源
		代　号	指　数　值	代　号	允许范围	投标人建议值	
定值部分				A			
变值部分	人工费	F_{01}		B_1	__至__		
	钢材	F_{02}		B_2	__至__		
	水泥	F_{03}		B_3	__至__		
	…	…		…	…		
合　计						1.00	

（2）法定代表人身份证明或附有法定代表人身份证明的授权委托书

法定代表人身份证明

投标人名称：_____
单位性质：_____
地　址：_____
成立时间：_____年_____月_____日
经营期限：_____
姓名：_____ 性别：_____ 年龄：_____ 职务：_____
系_____
（投标人名称）的法定代表人。
　　　　　特此证明

　　　　　　　　　　　　　投标人：_____（单位盖章）
　　　　　　　　　　　　　_____年____月____日

授权委托书

　　本人_____（姓名）系_____（投标人名称）的法定代表人，现委托_____（姓名），身份证号：_____为我公司代理人，代理人根据授权，以本公司的名义签署、澄清、说明、补正、递交、撤回、修改（招标项目名称）_____标段施工投标文件、签订合同和处理有关事宜，其法律后果由我方承担。

  委托期限：_____
  代理人无转委托权。
  附：法定代表人身份证明

投标人：_____（盖单位章）
法定代表人：_____（签字）
身份证号：_____
委托代理人：_____（签字）
身份证号：_____
_____年_____月_____日

（3）联合协议书

联合协议书

  _____（所有成员单位名称）自愿组成_____（联合体名称）联合体，共同参加_____（项目名称）_____标段施工授标。现就联合体投标事宜订立如下协议。

  1. _____（某成员单位名称）为_____（联合体名称）牵头人。

  2. 联合体牵头人合法代表联合体各成员受责本招标项目投标文件编制和合同谈判活动，并代表联合体提交和接收相关的资料、信息及指示，并处理与之有关的一切事务，负责合同实施阶段的主办、组织和协调工作。

  3. 联合体将严格按照招标文件的各项要求，递交投标文件，履行合同，并对外承担连带责任。

  4. 联合体各成员单位内部的职责分工如下_____。

  5. 本协议书自签署之日起生效，合同履行完毕后自动失效。

  6. 本协议书一式_____份，联合体成员和招标人各执一份。

  注：本协议书由委托代理人签字的，应附法定代表人签字得授权委托书。

牵头人名称：_____（盖单位章）
法定代表人或其委托代理人：_____（签字）
成员二名称：_____（盖单位章）
法定代表人或其委托代理人：_____（签字）
……
_____年_____月_____日

（4）投标保证金

投标保证金

  _____（招标人名称）：

  鉴于_____（投标人名称）（以下称"投标人"）于____年___月___日参

加（项目名称）_____标段施工的投标，____（担保人名称，以下简称"我方"）无条件地、不可撤销地保证：投标人在规定的投标文件有效期内撤销或修改其投标文件的，或者投标人在收到中标通知书后无正当理由拒签合同或拒交规定履约担保的，我方承担保证责任。收到你方书面通知后，在 7 日内无条件向你方支付人民币（大写）_____元。

本保函在投标有效期内保持有效。要求我方承担保证责任的通知应在投标有效期内送达我方。

担保人名称：_____（盖单位章）
法定代表人或其委托代理人：_____（签字）
电话：_____
传真：_____
投标人地址：_____
邮政编码：_____
日期：_____年_____月_____日

（5）已标价的工程量清单与报价表　当招标文件要求投标书需附报价计算书时，应附上。表格的样式应按照招标文件的格式要求填报。

（6）施工组织设计　施工组织设计的内容要按照招标文件的要求编制。表格的样式应按照招标文件的格式要求填报。

（7）项目管理机构组成表（表 3-3）

表 3-3　项目管理机构组成表

职务	姓名	职称	执业或职称证明					备注
			证书名称	级别	证号	专业	养老保险	

(8) 拟分包项目计划表（表 3-4）

表 3-4　拟分包项目计划表

分包人名称		地址	
法定代表人		电话	
营业执照		资质等级	
拟分包的工程项目	主　要　内　容	预计造价/万元	已做过的类似工程

（9）资格审查表（资格预审的不采用）　资格审查主要是指对投标人的企业概况、在建工程情况、竣工工程情况等的审查。表格的样式应按照招标文件的格式要求填报。

（10）对招标文件中的合同协议条款内容的确认和响应　该部分往往并入投标书或投标书附录。

（11）招标文件规定提交的其他资料　常见的有企业资信证明材料、企业业绩证明材料、项目经理简历及证明材料、项目部管理人员表及证明材料等。

表格的样式应按照招标文件的格式要求填报。

3.3.3　编制投标文件的一般步骤

1）编制投标文件的准备工作。

① 组织投标班子，确定投标文件编制的人员。

② 熟悉招标文件，仔细阅读投标人须知、投标书附件等内容。对招标文件、图纸、资料等有不清楚、不理解的地方及时用书面形式向招标人询问、澄清。

③ 参加招标人组织的施工现场踏勘和答疑会。

④ 收集现行定额标准、取费标准及各类标准图集，并掌握政策性调价文件。

⑤ 调查当地材料供应和价格情况。

2）实质性响应条款的编制，包括对合同主要条款的响应、对提供资质证明的响应、对所采用技术规范的响应等。

3）结合图纸和现场踏勘情况，复核、计算工程量。

4）根据招标文件及工程技术规范要求，结合项目施工现场条件编制施工组织设计和投标报价书。

5）仔细核对、装订成册，并按招标文件的要求进行密封和标记。

3.3.4　投标文件的编写技巧

由于投标文件既要体现投标人本身的技术能力，又要说明投标人对该项目的技术方案和执行计划，这就使得标书内容十分繁杂。内容杂乱、层次不清的标书会使招标人对投标人的影响大打折扣，导致投标失败。因此，掌握标书编写的技巧是必要的。

1. 投标文件编写中存在的问题

投标工作的独特性主要体现在每本标书的内容构成上，通常在标书编写中存在以下几方面的问题：

1）通篇是平淡乏味的技术描述。

2）对任何项目或招标人都反复使用投标人的一些标准文本，没有针对招标人的问题，没有充分满足招标人的需要。

3）过分拘泥于招标人的招标要求。

4）缺乏具体的执行方案，没有实质性的内容，仅有一些投标人的夸大性词语。

5）过分强调一些责任条款。

2. 标书编写技巧

投标文件不是一份技术报告，而是投标人向招标人推销自己的一份文件。其目的是让业主来认可你，选择你。因此，承约企业的投标文件应突出以下几点：

1）表明已完全理解招标人的要求，并能够按照招标文件的要求执行项目。

2）告诉招标人过去解决与此类似问题的经验。

3）表明能为业主提供更大的价值或能够更好地解决问题。

4）告诉招标人具体解决问题的方案和资源。

5）针对目标项目，体现企业的优势。

6）力求简明扼要。

7）切勿脱离实际。

3.3.5 投标文件的编制要求

1. 一般要求

1）投标文件中的每一项空白都须填写。如有空缺，则认为投标人放弃对该项的意见。如果因此被认为对招标文件有实质性响应，则会导致废标；如果是报价中的某一项或几项重要数据未填写，一般认为，此项费用已包含在其他项单价和合价中，从而此项费用将得不到支付，投标人不得以此为由提出修改投标、调整报价或提出补偿等要求。

2）填报文件应当反复校对，保证分项、汇总、大写数字计算均无错误。

3）递交的全部文件每页均须签字，如填写中有错误而不得不改，应在修改处签字。

4）最好是用打字方式填写投标文件，或者用钢笔或碳素笔用正楷字填写。

5）不得改变标书的格式，如原有格式不能表达投标意图，可另附补充说明。

6）投标文件应当保持整洁、纸张统一、字迹清楚、装订美观大方，使评标专家从侧面认可投标企业的实力。

7）投标人在投标文件中应明确标明"投标文件正本"和"投标文件副本"及其份数。当投标文件的正本与副本不一致时，以正本为准。投标文件应加盖投标单位法人公章和法定代表人或其委托代理人的印鉴。

8）应当按规定对投标文件进行分装和密封，按规定的日期和时间检查投标文件后一次递交。

2. 技术标编制的要求

由于技术标要求能让评标委员会的专家在较短的时间内，发现标书的价值和独到之处，从而给予较高的评价，因此技术标编制应注意以下问题：

（1）针对性　实践中，许多标书为了"上规模"，将技术标做得很厚，而其内容多为对规范标准的成篇引用或对其他项目标书的成篇抄袭，因而使标书毫无针对性，该有的内容没有，无须有的内容却充斥标书。这样的标书常常引起评标专家的反感，因而导致技术标严重失分。

(2) 全面性　评标办法中对技术标的评分标准一般都分为许多项目，并分别被赋予一定的评分分值。技术标内容不能发生缺项，否则缺项部分被评为零分会大大降低中标概率。另外，对一般项目而言，评标专家往往没有时间对技术标进行深入的分析。因此，只要有关内容齐全，且无明显的低级错误或理论错误，技术标不会多扣分。

(3) 先进性　没有技术亮点，没有特别吸引招标人的技术方案，是不可能获得高分的。因此，标书编制时，投标人应仔细分析招标人的关注点，在这些点上采用先进的技术、设备、材料或工艺，使标书对招标人和评标专家产生更强的吸引力。

(4) 可行性　为了凸显技术标的先进性，切勿盲目提出不切实际的施工方案、设备计划。这都会给日后的具体实施带来困难，甚至导致建设单位或监理工程师提出违约指控。

(5) 经济性　施工方案的经济性，直接关系到承包商的效益。另外，经济合理的施工方案，能降低投标报价，使报价更有竞争力。

3.3.6　编制投标文件应注意的问题

1）投标文件应按招标文件规定的格式编写，如有必要，可增加附页，作为投标文件组成部分。

2）投标文件应对招标文件有关工期、投标有效期、质量要求、技术标准和要求、招标范围等实质性内容做出全面具体的响应。

3）投标文件正本应用不褪色墨水书写或打印。

4）投标文件签署。投标函及投标函附录、已标价工程量清单（或投标报价表、投标报价文件）、调价函及调价后报价明细目录等内容，应由投标人的法定代表人或其委托代理人逐页签署姓名（该页正文内容已由投标人的法定代表人或其委托代理人签署姓名的可不签署），并逐页加盖投标人单位印章或按招标文件签署规定执行。以联合体形式参与投标的，投标文件由联合体牵头人的法定代表人或其委托代理人按上述规定签署并加盖联合体牵头人单位的印章。

5）投标文件装订。投标文件正本与副本应分别装订成册，并编制目录，封面上应标记"正本"或"副本"。正本和副本的份数应符合招标文件的规定。投标文件正本与副本都不得采用活页夹，并要求逐页标注连续页码，招标人对由于投标文件装订松散而造成的丢失或其他后果不承担任何责任。

3.3.7　投标文件的递交

递送投标文件，也称递标，是指投标人在招标文件要求提交投标文件的截止时间前，将所有准备好的投标文件密封后送达投标地点。

1. 投标文件的密封与标记

1）投标人应将投标文件的正本和副本分别密封在内层包封内，再密封在一个外层包封内，并在内包封上注明"投标文件正本"或"投标文件副本"；在内层包封和外层包封口，加封条密封，并在齐缝处加盖法人印章。

2）外层和内层包封上都应写明招标人和地址，合同名称、投标编号并注明开标时间以前不得开封。在内层包封上还应写明投标人的邮政编码、地址和名称，以便投标出现逾期送达时能原封退回。

3) 对于银行出具的投标保函,要按招标文件中所附的格式由公司业务银行开出,银行保函可用单独的信封密封,在投标致函内也可以附一份复印件,并在复印件上注明"原件密封在专用信封内,与本投标文件一并递交"。

2. 投标文件递交

投标人应在招标文件中规定的投标截止日期之前递交投标文件。因补充通知、修改招标文件而酌情延长投标截止日期的,招标和投标人截止日期方面的全部权利、责任和义务,将适用延长后新的投标截止日期。在递交投标文件后到投标截止时间之前,投标人可以对所提交的投标文件进行修改或撤回,但所递交的修改或撤回通知必须按招标文件的规定进行编制、密封和标记。递交投标文件不宜过早,以防市场和竞争对手产生变化。

3.4 施工组织设计

对于建设工程的施工项目来说,投标文件中的一个重要组成部分就是施工组织设计。

3.4.1 施工组织设计的概念

施工组织设计是指导拟建工程施工全过程各项活动的技术、经济和组织的综合性文件。它分为招投标阶段编制的施工组织设计和接到施工任务后编制的施工组织设计。前者的深度和范围都比不上后者,是初步的施工组织设计。中标后再编制详细而全面的施工组织设计。招投标阶段编制的施工组织设计一般包括进度计划和施工方案等,有学者认为它仅能是施工规划,其深度和广度都比不上接到施工任务后编制的施工组织设计。

招标人将根据施工组织设计的内容评价投标人是否采取了充分和合理的措施,保证按期完成工程施工任务。另外,编制一个进度安排合理、施工方案选择恰当的施工组织设计,可以大大降低标价,提高竞争力。

3.4.2 施工组织设计编制原则和编制依据

1. 编制原则

1) 认真贯彻国家对工程建设的各项方针和政策,严格执行建设程序。
2) 科学地编制进度计划,严格遵守招标文件中要求的工程竣工及交付使用期限。
3) 遵循建筑施工工艺和技术规律,合理安排工程施工程序和施工顺序。
4) 在选择施工方案时,要积极采用新材料、新设备、新工艺和新技术,努力为新结构的推行创造条件;要注意结合工程特点和现场条件,使技术的先进适用性和经济合理性相结合;要符合施工验收规范、操作规程的要求和遵守有关防火、保安及环卫等规定,确保工程质量和施工安全。
5) 对于那些必须进入冬、雨期施工的工程项目,应落实季节性施工措施,保证全年的施工生产的连续性和均衡性。
6) 尽量利用正式工程、已有设施,减少各种临时设施;尽量利用当地资源,合理安排运输、装卸与储存作业,减少物资运输量,避免二次搬运;精心进行场地规划布置,节约施工用地,不占或少占农田。
7) 必须注意根据构件的种类、运输和安装条件以及加工生产的水平等因素,通过技术经济比较，恰当地选择预制方案或现场浇筑方案。确定预制方案时，应贯彻工厂预制与现场预制相结合的方针，取得最佳的经济效果。

8）充分利用现有机械设备，扩大机械化施工范围，提高机械化程度。

9）要贯彻"百年大计、质量第一"和"预防为主"的方针，制订质量保证的措施，预防和控制影响工程质量的各种因素。

10）要贯彻安全生产的方针，制订安全保证措施。

2. 编制依据

施工组织设计应以工程对象的类型和性质、建设地区的自然条件和技术经济条件及企业收集的其他资料等作为编制依据。编制依据主要应包括：

1）工程施工招标文件、复核了的工程量清单及开工、竣工的日期要求。
2）施工组织总设计对所投标工程的有关规定和安排。
3）施工图及设计单位对施工的要求。
4）建设单位可能提供的条件和水、电等的供应情况。
5）各种资源的配备情况如机械设备来源、劳动力来源等。
6）施工现场的自然条件、现场施工条件和技术经济条件资料。
7）有关现行规范、规程等资料。

3.4.3 施工组织设计的编制程序及主要内容

1. 编制程序

施工组织设计是施工企业控制和指导施工的文件，必须结合工程实体，内容要科学合理。在编制前应会同各有关部门及人员，共同讨论和研究施工的主要技术措施和组织措施。施工组织设计的编制程序如图3-2所示。

2. 施工组织设计的主要内容

投标文件中施工组织设计一般应包括：综合说明；施工方案及技术措施；施工现场平面布置图（投标人应递交一份施工总平面图，绘出现场临时设施布置图表并附文字说明，说明临时设施、加工车间、现场办公、设备及仓储、供电、供水、卫生、生活、道路、消防等设置的情况和布置）；质量保证体系及措施；施工进度计划和保证措施（包括网络进度计划、保障进度计划），施工机械设备的选用；劳动力及材料供应计划；安全生产和文明施工措施；环境保护、成本控制措施等主要内容。另外还可根据招标项目情况列出承包人自行施工范围内拟分包的非主体和非关键性工作

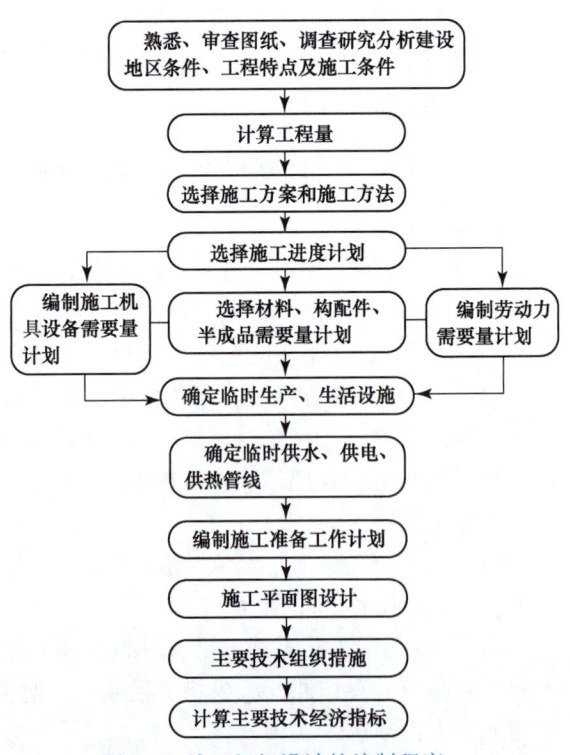

图 3-2 施工组织设计的编制程序

的材料计划和劳动力计划；成品保护和工程保修工作的管理措施和承诺；任何可能的紧急情况的处理措施、预案以及抵御风险的措施，对总包管理的认识以及对专业分包工程的配合、协调、管理、服务方案；与发包人、监理人及设计人的配合；采用新技术、新工艺、专利技术等内容。具体所写内容要看招标文件的具体要求。

3.4.4 技术标中的施工组织设计要点

在投标阶段编制的进度计划不是施工阶段的工程施工计划，可以粗略一些。一般用横道图表示即可，除招标文件专门规定必须用网络图以外，不一定采用网络计划。在编制进度计划时要考虑和满足以下要求：

1）总工期符合招标文件的要求；如果合同要求分期和分批竣工交付使用，则应标明分期和分批交付使用的时间和数量。

2）表示各项主要工程的开始和结束时间。例如，房屋建筑中的土方工程、基础工程、混凝土结构工程、屋面工程、装修工程、水电安装工程等的开始和结束时间。

3）体现主要工序相互衔接的合理安排。

4）有利于基本上均衡地安排劳动力，尽可能避免现场劳动力数量急剧起落，这样可以提高工效和节省临时设施。

5）有利于充分有效地利用施工机械设备，减少机械设备占用周期。

6）便于编制资金流动计划，有利于降低流动资金占用量，节省资金利息。

施工方案的制订要从工期要求、技术可行性、保证质量、降低成本等方面综合考虑，选择和确定各项工程的主要施工方法和适用及经济的施工方案。

3.5 建设工程投标报价

工程报价是投标的关键性工作，也是整个投标工作的核心。它不仅是能否中标的关键，而且对中标后的盈利水平起着很大的决定性作用。投标价应由投标人或受其委托的具有相应资质的工程造价咨询人编制。

3.5.1 投标报价的费用构成

根据《建筑安装工程费用项目组成》（建标〔2013〕44号文件），建筑安装工程费用项目有按费用构成要素和按工程造价形成两种方式划分。

1. 按费用构成要素划分建筑安装工程费

建筑安装工程费用项目按费用构成要素组成划分为人工费、材料（包含工程设备，下同）费、施工机具使用费、企业管理费、利润、规费和税金。其中人工费、材料费、施工机具使用费、企业管理费和利润包含在分部分项工程费、措施项目费、其他项目费中(图3-3)。

（1）人工费 人工费是指按工资总额构成规定，支付给从事建筑安装工程施工的生产工人和附属生产单位工人的各项费用。内容包括：

1）计时工资或计件工资。该项费用是指按计时工资标准和工作时间或对已做工作按计件单价支付给个人的劳动报酬。

2）奖金。该项费用是指对超额劳动和增收节支支付给个人的劳动报酬，如节约奖、劳

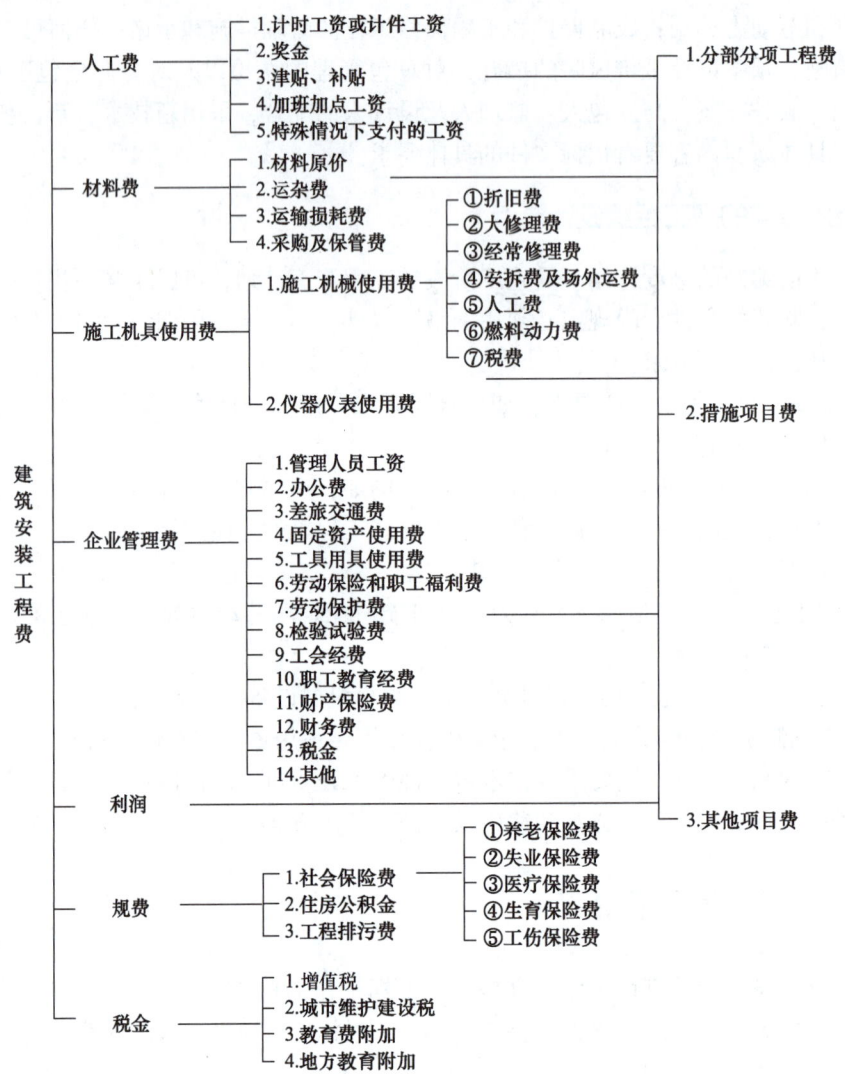

图 3-3 按费用构成要素划分建筑安装工程费

动竞赛奖等。

3) 津贴、补贴。该项费用是指为了补偿职工特殊或额外的劳动消耗和因其他特殊原因支付给个人的津贴，以及为了保证职工工资水平不受物价影响支付给个人的物价补贴。如流动施工津贴、特殊地区施工津贴、高温（寒）作业临时津贴、高空津贴等。

4) 加班加点工资。该项费用是指按规定支付的在法定节假日工作的加班工资和在法定日工作时间外延时工作的加点工资。

5) 特殊情况下支付的工资。该项费用是指根据国家法律、法规和政策规定，因病、工伤、产假、计划生育假、婚丧假、事假、探亲假、定期休假、停工学习、执行国家或社会义务等原因按计时工资标准或计时工资标准的一定比例支付的工资。

(2) 材料费 材料费是指施工过程中耗费的原材料、辅助材料、构配件、零件、半成品或成品、工程设备的费用。内容包括：

1) 材料原价。该项费用是指材料、工程设备的出厂价格或商家供应价格。

2) 运杂费。该项费用是指材料、工程设备自来源地运至工地仓库或指定堆放地点所发生的全部费用。

3) 运输损耗费。该项费用是指材料在运输装卸过程中不可避免的损耗。

4) 采购及保管费。采购及保管费是指为组织采购、供应和保管材料、工程设备的过程中所需要的各项费用。该项费用包括采购费、仓储费、工地保管费、仓储损耗。

工程设备是指构成或计划构成永久工程一部分的机电设备、金属结构设备、仪器装置及其他类似的设备和装置。

(3) 施工机具使用费　施工机具使用费是指施工作业所发生的施工机械、仪器仪表使用费或其租赁费。

1) 施工机械使用费。施工机械使用费以施工机械台班耗用量乘以施工机械台班单价表示，施工机械台班单价应由下列七项费用组成：

① 折旧费。该项费用是指施工机械在规定的使用年限内，陆续收回其原值的费用。

② 大修理费。该项费用是指施工机械按规定的大修理间隔台班进行必要的大修理，以恢复其正常功能所需的费用。

③ 经常修理费。该项费用是指施工机械除大修理以外的各级保养和临时故障排除所需的费用，包括为保障机械正常运转所需替换设备与随机配备工具附具的摊销和维护费用，机械运转中日常保养所需润滑与擦拭的材料费用及机械停滞期间的维护和保养费用等。

④ 安拆费及场外运费。安拆费是指施工机械（大型机械除外）在现场进行安装与拆卸所需的人工、材料、机械和试运转费用以及机械辅助设施的折旧、搭设、拆除等费用；场外运费指施工机械整体或分体自停放地点运至施工现场或由一施工地点运至另一施工地点的运输、装卸、辅助材料及架线等费用。

⑤ 人工费。该项费用是指机上司机（司炉）和其他操作人员的人工费。

⑥ 燃料动力费。该项费用是指施工机械在运转作业中所消耗的各种燃料及水、电等。

⑦ 税费。该项费用是指施工机械按照国家规定应缴纳的车船使用税、保险费及年检费等。

2) 仪器仪表使用费。仪器仪表使用费是指工程施工所需使用的仪器仪表的摊销及维修费用。

(4) 企业管理费　企业管理费是指建筑安装企业组织施工生产和经营管理所需的费用。内容包括：

1) 管理人员工资。该项费用是指按规定支付给管理人员的计时工资、奖金、津贴补贴、加班加点工资及特殊情况下支付的工资等。

2) 办公费。该项费用是指企业管理办公用的文具、纸张、账表、印刷、邮电、书报、办公软件、现场监控、会议、水电、烧水和集体取暖降温（包括现场临时宿舍取暖降温）等费用。

3) 差旅交通费。该项费用是指职工因公出差、调动工作的差旅费、住勤补助费，市内交通费和误餐补助费，职工探亲路费，劳动力招募费，职工退休、退职一次性路费，工伤人员就医路费，工地转移费以及管理部门使用的交通工具的油料、燃料等费用。

4) 固定资产使用费。该项费用是指管理和试验部门及附属生产单位使用的属于固定资产的房屋、设备、仪器等的折旧、大修、维修或租赁费。

5)工具用具使用费。该项费用是指企业施工生产和管理使用的不属于固定资产的工具、器具、家具、交通工具和检验、试验、测绘、消防用具等的购置、维修和摊销费。

6)劳动保险和职工福利费。该项费用是指由企业支付的职工退职金、按规定支付给离休干部的经费、集体福利费、夏季防暑降温、冬季取暖补贴、上下班交通补贴等。

7)劳动保护费。该项费用是企业按规定发放的劳动保护用品的支出。如工作服、手套、防暑降温饮料以及在有碍身体健康的环境中施工的保健费用等。

8)检验试验费。该项费用是指施工企业按照有关标准规定,对建筑以及材料、构件和建筑安装物进行一般鉴定、检查所发生的费用,包括自设实验室进行试验所耗用的材料等费用。不包括新结构、新材料的试验费,对构件做破坏性试验及其他特殊要求检验试验的费用和建设单位委托检测机构进行检测的费用,对此类检测发生的费用,由建设单位在工程建设其他费用中列支。但对施工企业提供的具有合格证明的材料进行检测不合格的,该检测费用由施工企业支付。

9)工会经费。该项费用是指企业按《中华人民共和国工会法》规定的全部职工工资总额比例计提的工会经费。

10)职工教育经费。该项费用是指按职工工资总额的规定比例计提,企业为职工进行专业技术和职业技能培训,专业技术人员继续教育、职工职业技能鉴定、职业资格认定以及根据需要对职工进行各类文化教育所发生的费用。

11)财产保险费。该项费用是指施工管理用财产、车辆等的保险费用。

12)财务费。该项费用是指企业为施工生产筹集资金或提供预付款担保、履约担保、职工工资支付担保等所发生的各种费用。

13)税金。该项费用是指企业按规定缴纳的房产税、车船使用税、土地使用税、印花税等。

14)其他。该项费用包括技术转让费、技术开发费、投标费、业务招待费、绿化费、广告费、公证费、法律顾问费、审计费、咨询费、保险费等。

(5)利润 该项费用是指施工企业完成所承包工程获得的盈利。

(6)规费 该项费用是指按国家法律、法规规定,由省级政府和省级有关权力部门规定必须缴纳或计取的费用。包括:

1)社会保险费:

① 养老保险费。该项费用是指企业按照规定标准为职工缴纳的基本养老保险费。

② 失业保险费。该项费用是指企业按照规定标准为职工缴纳的失业保险费。

③ 医疗保险费。该项费用是指企业按照规定标准为职工缴纳的基本医疗保险费。

④ 生育保险费。该项费用是指企业按照规定标准为职工缴纳的生育保险费。

⑤ 工伤保险费。该项费用是指企业按照规定标准为职工缴纳的工伤保险费。

2)住房公积金。该项费用是指企业按规定标准为职工缴纳的住房公积金。

3)工程排污费。该项费用是指按规定缴纳的施工现场工程排污费。

其他应列而未列入的规费,按实际发生计取。

(7)税金 税金是指国家税法规定的应计入建筑安装工程造价内的增值税、城市维护建设税、教育费附加以及地方教育附加。

2. 按造价形成划分建筑安装工程费

建筑安装工程费按照工程造价形成由分部分项工程费、措施项目费、其他项目费、规费、税金组成，分部分项工程费、措施项目费、其他项目费包含人工费、材料费、施工机具使用费、企业管理费和利润（图3-4）。

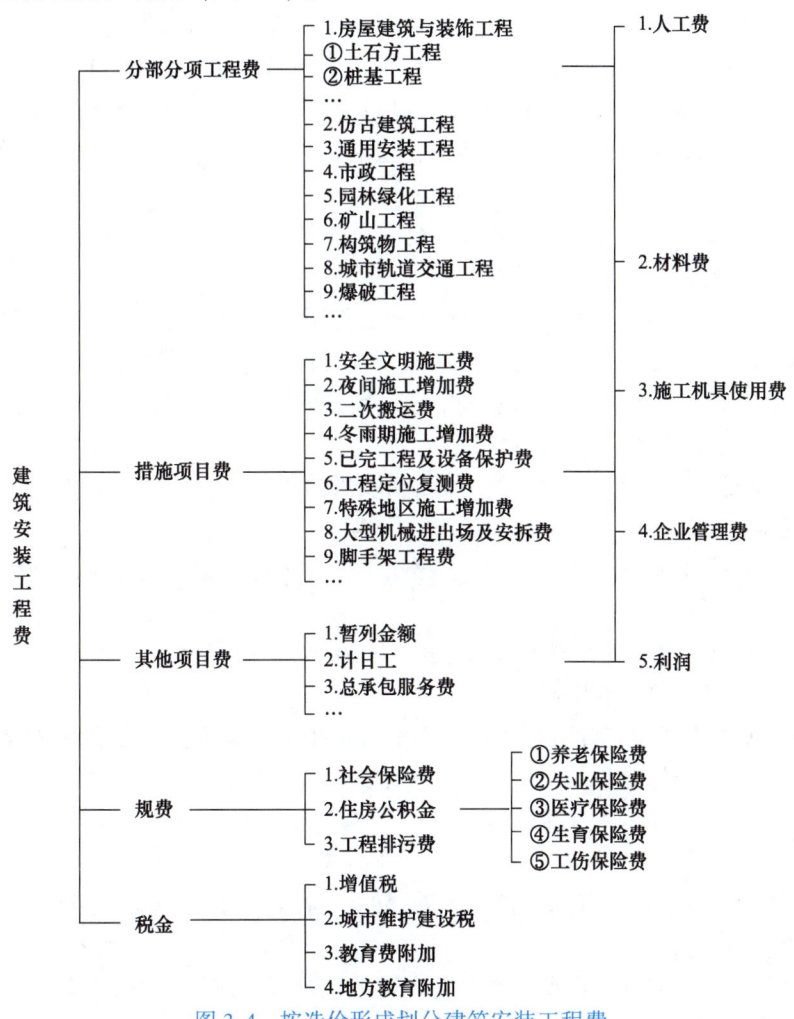

图3-4 按造价形成划分建筑安装工程费

（1）分部分项工程费 分部分项工程费是指各专业工程的分部分项工程应予列支的各项费用。

1）专业工程。专业工程是指按现行国家计量规范划分的房屋建筑与装饰工程、仿古建筑工程、通用安装工程、市政工程、园林绿化工程、矿山工程、构筑物工程、城市轨道交通工程、爆破工程等各类工程。

2）分部分项工程。分部分项工程是指按现行国家计量规范对各专业工程划分的项目。如房屋建筑与装饰工程划分的土石方工程、地基处理与桩基工程、砌筑工程、钢筋及钢筋混凝土工程等。

各类专业工程的分部分项工程划分见现行国家或行业计量规范。

（2）措施项目费　措施项目费是指为完成建设工程施工，发生于该工程施工前和施工过程中的技术、生活、安全、环境保护等方面的费用。内容包括：

1）安全文明施工费。

①环境保护费。该项费用是指施工现场为达到环保部门要求所需要的各项费用。

②文明施工费。该项费用是指施工现场文明施工所需要的各项费用。

③安全施工费。该项费用是指施工现场安全施工所需要的各项费用。

④临时设施费。该项费用是指施工企业为进行建设工程施工所必须搭设的生活和生产用的临时建筑物、构筑物和其他临时设施费用，包括临时设施的搭设、维修、拆除、清理费或摊销费等。

2）夜间施工增加费。该项费用是指因夜间施工所发生的夜班补助费、夜间施工降效、夜间施工照明设备摊销及照明用电等费用。

3）二次搬运费。该项费用是指因施工场地条件限制而发生的材料、构配件、半成品等一次运输不能到达堆放地点，必须进行二次或多次搬运所发生的费用。

4）冬雨期施工增加费。该项费用是指在冬季或雨期施工需增加的临时设施、防滑、排除雨雪，人工及施工机械效率降低等费用。

5）已完工程及设备保护费。该项费用是指竣工验收前，对已完工程及设备采取的必要保护措施所发生的费用。

6）工程定位复测费。该项费用是指工程施工过程中进行全部施工测量放线和复测工作的费用。

7）特殊地区施工增加费。该项费用是指工程在沙漠或其边缘地区、高海拔、高寒、原始森林等特殊地区施工增加的费用。

8）大型机械进出场及安拆费。该项费用是指机械整体或分体自停放场地运至施工现场或由一个施工地点运至另一个施工地点，所发生的机械进出场运输及转移费用及机械在施工现场进行安装、拆卸所需的人工费、材料费、机械费、试运转费和安装所需的辅助设施的费用。

9）脚手架工程费。该项费用是指施工需要的各种脚手架搭、拆、运输费用以及脚手架购置费的摊销（或租赁）费用。

措施项目及其包含的内容详见各类专业工程的现行国家或行业计量规范。

（3）其他项目费

1）暂列金额。该项费用是指建设单位在工程量清单中暂定并包括在工程合同价款中的一笔款项。用于施工合同签订时尚未确定或者不可预见的所需材料、工程设备、服务的采购，施工中可能发生的工程变更、合同约定调整因素出现时的工程价款调整以及发生的索赔、现场签证确认等的费用。

2）计日工。该项费用是指在施工过程中，施工企业完成建设单位提出的施工图以外的零星项目或工作所需的费用。

3）总承包服务费。该项费用是指总承包人为配合、协调建设单位进行的专业工程发包，对建设单位自行采购的材料、工程设备等进行保管以及施工现场管理、竣工资料汇总整理等服务所需的费用。

（4）规费

（5）税金

3.5.2　建设工程投标报价编制的一般规定

《建设工程工程量清单计价标准》关于建设工程投标报价编制的一般规定如下：

1）投标报价应由投标人或受其委托的工程造价咨询人编制。

2）投标报价不得高于最高投标限价，也不得低于工程成本。

3）投标人应结合招标时的设计文件和完工交付要求对招标工程量清单进行复核。投标人对招标工程量清单有疑问或异议的，应按照招标文件的规定，及时书面提请招标人澄清。招标人核实后对招标工程量清单进行修正的，投标人按修正后的招标工程量清单填报价格。

4）采用单价合同的工程，招标文件和招标工程量清单存在错误，或者招标人未对投标人提出的疑问或异议进行澄清或修正，但工程施工合同履行中确实发生的，招标人应承担由此导致投标人增加的费用和（或）延误的工期以及合理利润。

5）采用总价合同的工程，如招标文件和招标工程量清单本身存在错误，或者投标人对招标文件和招标工程量清单的疑问或异议未提请招标人澄清或修正，投标人应自行承担由此增加的费用和（或）延误的工期。

6）投标工程量清单综合单价以其相应组成项目价格为准。

3.5.3　建设工程投标报价的编制

1）投标报价可依据以下内容编制：

①《建设工程工程量清单计价标准》。

② 招标文件（包括招标工程量清单）及其补充通知、答疑纪要、异议澄清或修正。

③ 建设工程设计文件及相关资料。

④ 与建设项目相关的标准、规范等技术资料。

⑤ 施工现场情况、工程特点及满足项目要求的施工方案。

⑥ 投标人企业定额、工程造价数据、自行调查的价格信息等。

⑦ 其他的相关资料。

2）投标报价中包括招标文件中约定由投标人承担的一定范围与幅度内的风险费用，招标文件中没有明确的，可提请招标人明确。

3）投标人可按《建设工程工程量清单计价标准》规定或招标文件提供的综合单价分析表及其计算办法确定综合单价。

4）分部分项工程项目、单价计价的措施项目的综合单价应根据招标文件和招标工程量清单项目中的特征描述自主确定。

5）甲供材料、材料暂估价可按招标文件载明的要求计入分部分项工程费用，并在税前扣除。材料暂估价应按招标工程量清单载明的单价计入综合单价，并按 材料暂估单价及调整表单独列出。

6）总价计价的措施项目可根据招标文件和投标时拟定的满足项目要求的施工方案自主确定费用金额，并列出其计算公式。

7）其他项目按下列规定报价：

① 暂列金额按招标工程量清单中列出的金额填写。

② 专业工程暂估价按招标工程量清单中列出的金额填写。

③ 计日工按招标工程量清单中列出的项目和数量，自主确定综合单价并计算计日工金额。

④ 总承包服务费根据招标文件中提出的需要投标人提供服务的范围、内容、要求及其招标工程量清单的特征描述自主逐项确定，并列出其相应的计算公式。

8）增值税应按政府有关主管部门的规定计算费用。

9）招标工程量清单与计价表中列明的所有需要填写单价和合价的项目，投标人均应填写且只允许有一个报价。未填写单价和合价的项目，可视为此项费用已包含在已标价工程量清单中其他相关项目的单价和合价之中，结算时，此项目不得重新组价或调整。

10）投标总价应当与扣除甲供材料后的分部分项工程费、措施项目费、其他项目费和增值税的合计金额一致。

3.5.4 影响投标报价计算的主要因素

1. 工程量

工程量是计算投标报价的重要依据。多数招标单位在招标文件中附有工程实物量（或工程量清单）。因此，必须对工程量进行全面或者重点的复核工作。复核工作包括：核对项目是否齐全，工程做法及用料是否与图纸相符，重点核对工程量是否准确可靠，并在此基础上进行套价计算。当招标文件中没给工程量时，投标人就要组织人员进行详细的工程量计算工作，即使时间很紧迫也必须进行计算，否则，影响编制投标报价。

2. 工程单价

工程单价是计算投标报价的又一个重要依据，同时又是构成投标报价的第二个重要因素。工程单价的正确与否，直接关系到投标报价的高低。因此，必须十分重视工程单价的制订或套用。工程单价的制订的根据：一是国家或地方规定的预算定额、单位估价表及设备价格等；二是人工、材料、机械使用费的市场价格。

3. 其他各类费用

其他各类费用是构成报价的第三个主要因素。这个因素占总报价的比重是很大的，少者占 20%～30%，多者占 40%～50%，因此，应重视其计算。

为了简化计算，提高工效，可以把其他各种费用都折算成一定的系数计入，计算出直接费后再乘以这个系数可以得出投标报价。

投标报价计算出来以后，可用多种方法进行复核和综合分析，然后认真详细地分析风险、利润、报价让步的最大限度，而后参照各种信息资料及预测的竞争对手情况，最终确定实际投标报价。

3.5.5 投标报价计算中应注意的事项

1）综合单价中应包括招标文件中划分的、应由投标人承担的风险范围及其费用，招标文件中没有明确的，应提请招标人明确。

2）分部分项工程和措施项目中的单价项目，应根据招标文件和招标工程量清单项目中的特征描述确定综合单价计算。

3）措施项目中的总价项目金额应根据招标文件及投标时拟定的施工组织设计或施工方

案，采用综合单价计价自主确定。其中的安全文明施工费必须按国家或省级、行业建设主管部门的规定计算，不得作为竞争性费用。

4）其他项目应按下列规定报价：

① 暂列金额应按招标工程量清单中列出的金额填写。

② 材料、工程设备暂估价应按招标工程量清单中列出的单价计入综合单价。

③ 专业工程暂估价应按招标工程量清单中列出的金额填写。

④ 计日工应按招标工程量清单中列出的项目和数量，自主确定综合单价并计算计日工金额。

⑤ 总承包服务费应根据招标工程量清单中列出的内容和提出的要求自主确定。

5）规费和税金必须按国家或省级、行业建设主管部门的规定计算，不得作为竞争性项目。

6）招标工程量清单与计价表中列明的所有需要填写单价和合价的项目，投标人均应填写且只允许有一个报价。未填写单价和合价的项目，可视为此项费用已包含在已标价工程量清单中其他项目的单价和合价之中。

7）投标总价应当与分部分项工程费、措施项目费，其他项目费和规费、税金的合计金额一致。

3.6 投标报价技巧及决策

3.6.1 投标报价技巧

1. 投标报价原则

（1）报高价的原则　一般来说，下列情况下投标报价可高些：一是施工条件差的，如场地狭窄、地处闹市的工程；二是施工要求高的技术密集型工程，而本企业这方面有专长，声誉较好的；三是小工程，以及自己不愿做而被邀请投标的工程；四是特殊工程，如港口码头工程、地下开挖工程等；五是业主对工期要求急的工程（但在工期上要尽量提前）；六是投标竞争对手少的工程。

（2）报低价的原则　下述情况下报价应低一些：本公司目前急于打入某地市场，或虽已在某地区经营多年，但却没有工程做。

2. 投标报价技巧

（1）不平衡报价　不平衡报价是指一个工程的投标报价，在总价基本确定后，如何确定内部各个子项目的报价，以期在不提高总价、不影响中标的情况下，并在决算时得到最理想的经济效益。以下的项目可以考虑采用不平衡报价。

1）分期付款项目。能够早日结账收款的项目（如基础工程），可以报得较高，以利资金周转，后期工程项目可适当降低报价。

2）工程量增减项目。经过工程核算，预计今后工程量会增加的项目，或对施工图进行分析，图纸不明确，估计修改后工程量要增加的项目，单价应适当提高。而工程量完不成的项目单价降低，这样，在最终决算时可得到较好的经济效益。

3）暂定项目。对这类项目要具体分析，因为这类项目在开工后要由业主研究决定是否实施，由哪一家承包商实施，如果工程不分标，由一家承包商施工，则单价可高些，不一定要做的则低些。如果工程分标，该暂定项目有可能由其他承包商施工的，则不宜报高价。

4) 单价包干项目。在单价包干中，对某些项目业主采用单价包干报价时，宜报高价，一则这类项目多半有风险；二则这类项目完成后可全部按报价结账；其余项目单价可适当降低。

不平衡报价一定要控制在合理幅度内（一般是总价的5%~10%），如果不注意这一点，有时业主会挑选出报价过高的项目，要求投标者进行单价分析，对项目压价或失去中标机会。

(2) 多方案报价 对于招标文件，如果发现工程范围不很明确、条款不清楚或很不公正、技术规范要求过于苛刻时，按多方案报价法处理。其做法是在标书上报两个价，即按原招标文件要求报一个价，然后再按某条款（或某规范规定），对报价做某些变动，报一个较低的价，这样可以降低总价，吸引业主。

(3) 增加建议方案 有的招标文件中规定，可以提建议方案，即可以修改原设计方案。投标者这时应提出更合理的方案以吸引业主，促成自己的方案中标，这种新的建议方案应可以降低总造价或提前竣工，或使工程使用更合理，但是对原招标方案也要报价，以供业主比较。增加建议方案时，不要写得太具体，保留方案的技术关键，建议方案一定要比较成熟，最好有实践经验。

(4) 突然袭击 报价是一项保密工作。但是，对手往往通过各种渠道、手段来刺探情报。因此，在报价时可以采用迷惑对方的手法，即先按一般情况报价或表现出自己对该工程兴趣不大，到快投标截止时突然变动价格。

(5) 先亏后盈法 先亏后盈法是指投标人为了开辟某一市场而不惜代价的低价中标方案。对于大型分期建设的工程，在第一期时，可以将部分间接费分摊到第二期工程中去，少计算利润以争取中标。这样在第二期工程投标时，凭借第一期工程的经验，临时设施以及创立的信誉，比较容易拿到第二期工程。但应注意分析获得第二期工程的可能性，如开发前景不明确，后续资金来源不明确，实施第二期工程遥遥无期时，则不考虑先亏后盈法。

(6) 许诺优惠条件投标报价 附带优惠条件是行之有效的一种手段。招标人评标时，除了主要考虑报价和技术方案外，还要分析别的条件，如工期、支付条件等。所以，在投标时主动提出提前竣工、低息贷款、增给施工设备、免费转让新技术或某种技术专利、免费技术协作、代为培训人员等，均是吸引招标人、利于中标的辅助手段。

(7) 低价投标夺标法 低价投标夺标法有的时候被形象地称为"拼命法"。采用这种方法必须有十分雄厚的实力或有国家或大财团作后盾，即为了想占领某一市场或为了争取未来的优势，宁可目前少盈利或不盈利，或采用先亏后盈法，先报低价，然后利用索赔扭亏为盈。采用这种方法应首先确认业主是按照最低价确定中标单位，同时要求承包商拥有很强的索赔管理能力。

(8) 推荐方案报价法 有的工程，如化工、石化项目等，由于工艺路线、施工方案不同等因素，会给工期、工程造价等带来重要影响。招标文件中，业主通常要求承包商按照指定工艺方案报价。承包商在报价时，经过对各种因素的综合分析，特别为战胜业绩相似的竞争对手,在按要求进行报价后,可以根据本公司的工程经验,提出推荐方案,重点突出新方案在改善质量、工期和节省投资等方面的优势,并列出总价和分项价,以吸引业主,使自己区别于其他投标人。但是推荐方案的技术方案不能描述得太具体,应该保留技术关键,防止业主将此方案交给其他承包商,同时所推荐的方案一定要比较成熟,或过去有成功的业绩,否则易造成后患。

(9) 固定价与浮动价相结合报价法 根据物价和汇率波动情况及通货膨胀情况确定采用固定价、浮动价或固定价和浮动价相结合的方式。

总之,在投标报价过程中,要针对不同工程的具体特点,采用不同的投标报价策略,在争取中标的同时,保证工程达到最佳的经济效益。

3.6.2 投标决策

投标决策,是指工程投标人召集算标人员和决策者、高级咨询顾问人员共同研究,就投标报价的计算结果和投标阶段、施工阶段可能会遇到的各种风险因素进行讨论,并依此对投标报价的调整做出最后的决策。

1. 投标决策的依据

投标决策的主要资料应当是企业自己的算标人员提供的计算书和分析指标,至于通过其他途径获得的所谓"标底价"或对手的"标价信息"等,只能做参考。参加投标的企业不能只为中标而中标,中标价格应当基本合理,不应导致企业亏损。

决策者应该与算标人员一起对各种影响报价的因素进行分析,除了对算标时提出的各种方案、基价、费用摊入系数等予以审定和修正外,更重要的是决策人应全面考虑期望的利润和承担风险的能力,在可接受的最少预期利润和可接受的最大风险内做出决策。

投标报价的计算依据是招标人提供的招标文件。包括招标人提供的设计图、工程量清单及有关技术说明书等;国家及地区颁发的现行建筑、安装工程预算定额及与之相匹配执行的各种费用定额规定等;地方现行材料预算价格、采购地点及供应方式等;因招标文件及设计图等不明确经咨询后由招标人书面签复的有关资料;企业内部制定的有关取费、价格等的规定、标准;其他与报价计算有关的各项政策、规定及调整系数等。

2. 建设工程投标决策的内容

建设工程投标决策的内容主要包括投标项目选择决策(标前决策)、投标报价决策(标后决策)和施工方案选择决策。

(1) 投标项目选择决策 建设工程投标项目选择决策的首要任务是在获取招标信息后,对是否参加投标竞争进行分析、论证,并做出抉择。该项工作必须在购买投标人资格预审表前后完成。决策的主要依据是招标广告,以及公司对招标工程、业主情况的调研和了解的程度。

1) 投标项目选择决策的主要步骤:
① 在收集各方信息的基础上,从竞争谋略的角度决定是否投标。
② 分析影响投标决策的主观因素和客观因素。
③ 分析本企业在现有资源条件下,在一定时间内,可承揽的工程任务数量。
④ 对可投标工程的选择和决定,当只有一项工程可供投标时,决定是否投标;有若干项工程可供投标时,正确选择投标对象,决定向哪个或哪几个工程投标。

⑤ 确定对某工程进行投标后，在满足招标人质量和工期要求的前提下对工程成本进行估价，即结合工程实际对本企业的技术优势和实力做出合理的评价。

2）投标人决定是否参加投标，通常要综合考虑各方面的情况，如承包商当前的经营状况和长远目标，参加投标的目的，影响中标机会的内部、外部因素等。一般说来，下列招标项目，投标人不宜投标，应放弃投标。

① 在本施工企业主管和兼营能力之外的项目。

② 工程规模、技术要求超过本施工企业技术等级的项目。

③ 本施工企业生产任务饱满，招标工程的盈利水平较低或风险较大的项目。

④ 本施工企业技术等级、信誉、施工水平明显不如竞争对手的项目。

（2）投标报价决策　投标报价决策是指从申报资格预审至投标报价（封送投标书）前完成的决策，主要研究投什么性质的标，以及在投标中采取的策略等问题。常见的投标策略有以下几种：

1）靠提高经营管理水平取胜。这主要靠做好施工组织设计，采用合理的施工技术和施工机械，精心采购材料、设备，选择可靠的分包单位，安排紧凑的施工进度，力求节省管理费用等，从而有效地降低工程成本而获得较高的利润。

2）靠改进设计和缩短工期取胜。这主要靠仔细研究原设计图，发现有不够合理之处，提出能降低造价的修改设计建议，以提高对发包人的吸引力。另外，靠缩短工期取胜，即比规定的工期有所缩短，帮助发包人达到早投产、早收益，有时甚至标价稍高，对发包人也是很有吸引力的。

3）低利政策。这主要适用于承包任务不足时，与其坐吃山空，不如以低利承包到一些工程，还能维持企业运转。此外，承包人初到一个新的地区，为了打入这个地区的承包市场、建立信誉，也往往采用这种策略。

4）加强索赔管理。有时虽然报价低，却着眼于施工索赔，还能赚到高额利润。

5）着眼于发展。为争取将来的优势，而宁愿目前少盈利。例如：承包人为了掌握某种有发展前途的工程施工技术（如建造核电站的反应堆或海洋工程等），就可能采用这种策略，这是一种较有远见的策略。

应用案例 3-1

背景：某超高、超深的写字楼工程为政府投资项目，于 2008 年 5 月 8 日发布招标公告。招标公告中对招标文件的发售和投标截止时间规定如下：

（1）各投标人于 5 月 17 日~5 月 18 日，每日 9：00~16：00 在指定地点领取招标文件。

（2）投标截止时间为 6 月 5 日 14：00。

对招标做出响应的投标人有 A、B、C、D 以及 E、F 组成的联合体。A、B、C、D、E、F 均具备承建该项目的资格。评标委员会委员由招标人确定，由 8 人组成。其中招标人代表 4 人，有关技术和经济专家 4 人。在开标阶段，经招标人委托的市公证处人员检查了投标文件的密封情况，确认其密封完好后，投标文件当众拆封。招标人宣布有 A、B、

第3章 建设工程投标

C、D以及E、F联合体5个投标人投标，并宣读其投标报价、工期、质量标准和其他招标文件规定的唱标内容。其中A的投标总报价为14320万元整，其他相关数据见表3-5。

表3-5 投标报价表 （单位：万元）

	桩基围护工程	主体结构工程	装饰工程	总　价
正式报价	1450	6600	6270	14320

招标人委托造价咨询机构编制的标底的部分数据见表3-6。

表3-6 标底价 （单位：万元）

	桩基围护工程	主体结构工程	装饰工程	总　价
标底价	1320	6100	6900	14320

评标委员会按照招标文件中确定的评标标准对投标文件进行评审与比较，并综合考虑各投标人的优势，评标结果为：各投标人综合得分从高到低的顺序依次为A、D、B、C以及E、F联合体。评标委员会由此确定承包人A为中标人，其中标价为14320万元人民币。由于承包人A为外地企业，招标人于6月7日以挂号方式将中标通知书寄出，承包人A于6月11日收到中标通知书。

此后，自6月13日~7月3日招标人又与中标人A就合同价格进行了多次谈判，于是中标人A在正式报价的基础上又下调了200万元，最终双方于7月9日签订了书面合同。

请简述什么是不平衡报价法，投标人A的报价是否属于不平衡报价？请评析评标委员会接受A承包人运用的不平衡报价法是否恰当。逐一指出在该项目的招标投标中，哪些方面不符合招标投标相关法规的有关规定。

【案例评析】

（1）不平衡报价法，是指在估价（总价）不变的前提下，调整分项工程的单价，以达到较好收益目的的报价策略。其基本原则是：对前期工程、工程量可能增加的工程（由于图纸深度不够）、计日工等，在正式报价时将所估单价上调，反之则下调，以便在工程前期尽快收到较多工程款，或者最终获得较多的工程款。

但单价调整时不能波动过大，一般来说，除非承包人对某些分项工程具有特别优势，单价调整幅度不宜超过±10%。在本案例中，参考招标人的标底文件，可以认为A投标人采用了不平衡报价法。表现在其将属于前期工程的桩基围护工程和主体结构工程的单价调高，而将属于后期工程的装饰工程的单价调低，可以在施工的早期阶段收到较多的工程款，从而可以提高其所得工程款的现值。A投标人对桩基围护工程、主体结构工程和装饰工程的单价调整幅度均未超过±10%，在合理范围之内。对于招标人，财政拨付具有资金稳定的特点，不必过分重视资金的时间价值；若投标人在超深、超高项目上具有丰富的施工经验，能很好地履行合同，可以考虑接受该不平衡报价。评标委员会接受A投标人用的不平衡报价法并无不当。

（2）在该项目招标投标中，不符合招标投标相关法规规定的情形如下。

1）招标文件的发售时间只有2日，不符合《工程建设项目施工招标投标办法》（30号令）关于招标文件的发售时间最短不得少于5个工作日的规定。

2) 招标文件开始发出之日起至投标人提交投标文件截止之日的时间段不符合规定。该工程项目建设使用财政资金，按照《招标投标法》的规定必须进行招标，并满足自招标文件开始发出之日起至投标人提交投标文件截止之日止，最短不得少于20日。本案例5月17日开始发出招标文件，至招标公告规定的投标截止时间6月5日，不足20日。

3) 评标委员会成员组成及人数不符合《招标投标法》规定。《招标投标法》第三十七条规定，评标委员会由招标人代表和有关技术、经济等方面的专家组成，成员人数为5人以上单数，其中招标人代表不得超过成员总数的1/3。

4) 中标通知书发出后，招标人不应与中标人A就合同价格进行谈判。《招标投标法》第四十六条规定，招标人和中标人应当按照招标文件和投标文件订立书面合同，不得再行订立背离合同实质性内容的其他协议。

5) 招标人和中标人签订书面合同的日期不当。《招标投标法》第四十六条规定，招标人和中标人应当自中标通知书发出之日起30日内，按照招标文件和中标人的投标文件订立书面合同。本案中标通知书于6月7日已经发出，双方直至7月9日才签订了书面合同，已超过法律规定的30日期限。

应用案例3-2

背景：某房地产公司计划在北京开发某住宅项目，采用公开招标的形式，有A、B、C、D、E 5家施工单位领取了招标文件。该工程招标文件规定2008年1月20日上午10：30为投标文件接收终止时间。在提交投标文件的同时，需投标单位提供投标保证金20万元。

在2008年1月20日，A、B、C、D 4家投标单位在上午10：30前将投标文件送达。E单位在上午11：00送达。各单位均按招标文件的规定提供了投标保证金。

在上午10：25时，B单位向招标人递交了一份投标价格下降5%的书面说明。

在开标过程中，招标人发现C单位的标袋密封处仅有投标单位公章，没有法定代表人印章或签字。

问题：
(1) 这次招标哪几家投标单位投标无效，为什么？
(2) B单位向招标人递交的书面说明是否有效？
(3) 通常情况下，废标的条件有哪些？

【案例评析】

(1) 在此次招标投标过程中，C、E两家的标书为无效标。C单位因投标书只有单位公章未有法定代表人印章或签字，不符合《招标投标法》的要求，为废标；E单位未能在投标截止时间前送达投标文件，按规定应作为废标处理。

(2) B单位向招标人递交的书面说明有效。根据《招标投标法》的规定，投标人在招标文件要求提交投标文件的截止时间前，可以补充、修改或者撤回已提交的投标文件，补充和修改的内容作为投标文件的组成部分。

(3) 废标的条件如下：
1) 逾期送达的或者未送达指定地点的。
2) 未按招标文件要求密封的。
3) 无单位盖章并无法定代表人签字或盖章的。
4) 未按规定格式填写，内容不全或关键字迹模糊、无法辨认的。
5) 投标人递交两份或多份内容不同的投标文件，或在一份投标文件中对同一招标报有两个或多个报价，且未声明哪一个有效（按招标文件规定提交备选投标方案的除外）的。
6) 投标人名称或组织机构与资格预审时不一致的。
7) 未按招标文件要求提交投标保证金的。
8) 联合体投标未附联合体各方共同投标协议的。

3.7　BIM 技术在投标过程中的应用

3.7.1　可视化的施工现场方案

施工现场布置的合理与否，关系到投标单位项目管理效率的好坏。采用 BIM 技术对施工现场布置进行可视化设置，可以使整个施工现场更加直观形象。采用 BIM 技术可以把整个施工现场范围内的空间进行合理的划分。例如：合理划分材料集中放置区、加工区，人员的工作区、生活区等多个功能区域；合理设置施工动态路线；科学布置临建设施等。这样既能保证施工过程和施工人员的安全，又能保证建设项目顺利进行。

施工现场的布置不是一成不变的。建设项目施工的各个阶段所需要的材料、机械不同，所以建设项目施工过程是一个动态的过程，各施工阶段是密切结合、相互影响的。投标人在编制技术标时，利用 BIM 技术对施工现场进行动态的、阶段化的模拟，能够让决策人直观快速地判断出施工现场布置方案是否合理。图 3-5 所示为某项目的施工现场布置方案。

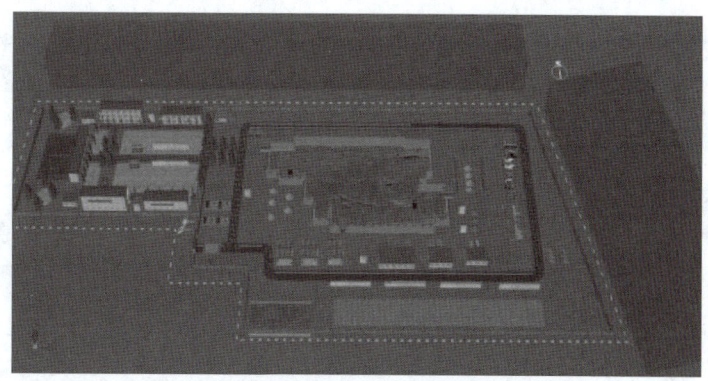

图 3-5　某项目的施工现场布置方案

3.7.2　5D 施工模拟、施工进度计划

技术标中除了投标报价是重点之外，项目施工进度的管理也是重点考察的内容。合理科

学的施工进度计划不仅可以提高项目施工的效率,减少不必要的时间损失,还可以更好地协调各参与者的工作进度。所以,技术标中施工进度方案的编制也尤为重要。我国传统的施工进度方案是各投标人基于二维平面设计图编制的。传统的二维平面设计图与实际工程成果有很大误差,基于其编制的施工进度计划跟实际施工进度相比差别也更大。图3-6所示为软件导出的工程转换模型。

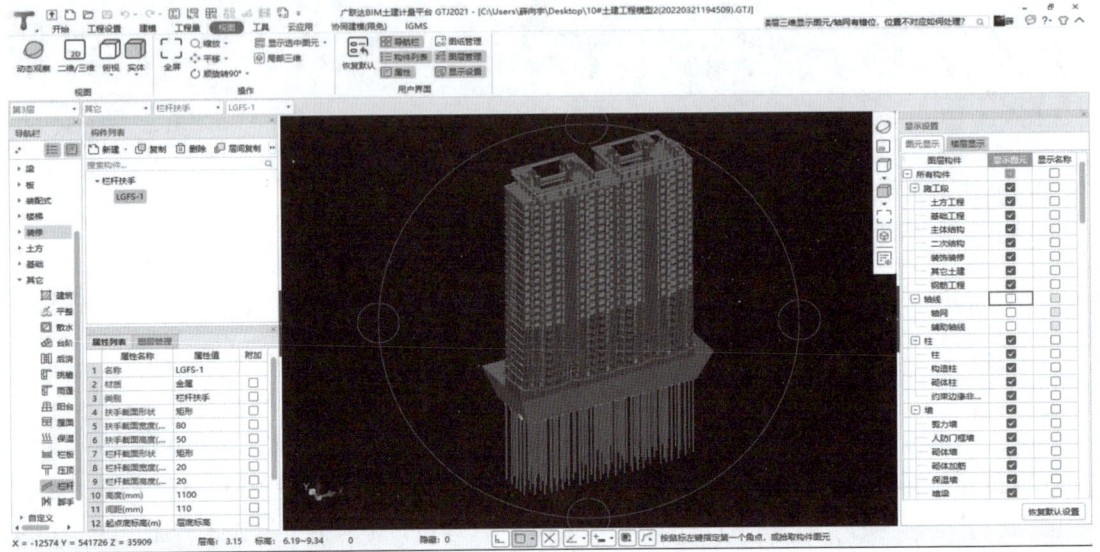

图3-6 软件导出的工程转换模型

BIM技术已经从3D发展到5D(3D模型+时间+资金),并且还可以进行动态的施工模拟。BIM5D动画展示可以直观形象地把整个建造过程全面地展现出来,可以更好地帮助项目各参与方掌握建造过程中的时间和资金的动态变化。图3-7所示为BIM5D动态施工模拟进度图。

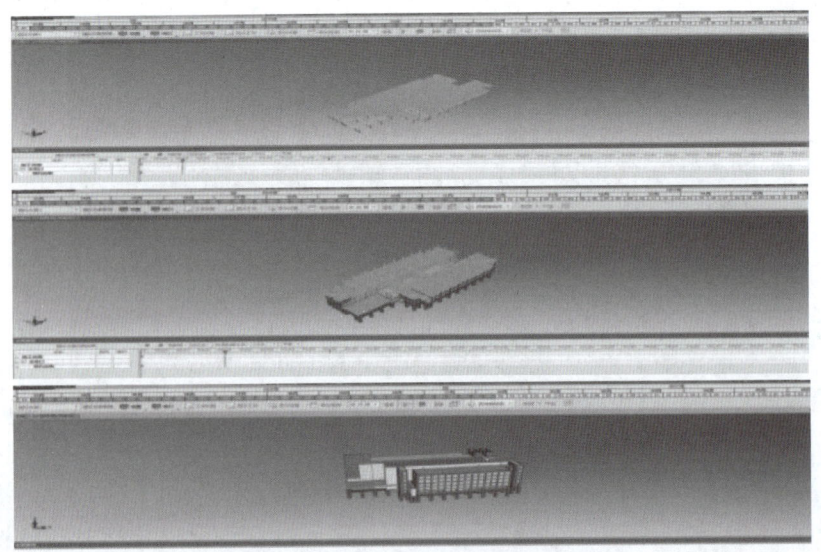

图3-7 BIM5D动态施工模拟进度图

3.7.3 施工过程的专项施工方案

很多大型的复杂项目需要确定的专项施工方案。在传统的二维平面设计图中,这些施工方案都是通过文字形式进行描述,不仅抽象,还容易被忽略。以建筑脚手架模板方案为例,依据招标文件、专业规范、建设项目现场实际情况、投标人经验等,采用 BIM 技术设计最优的拼模方案,既可以完成设计和配模工作、输出成果方案,也可以输出不同部位、不同类型的结果。这样不仅使招标人可以直观形象地评价其专项方案的合理性,还能使投标人在中标后的施工下料更加准确,减少经济损失,技术交底简单明了。图 3-8 所示为某项目脚手架的可视化交底。

图 3-8 某项目脚手架的可视化交底

3.7.4 基于 BIM 的资源优化与资金计划

利用 BIM 可以方便、快捷地进行施工进度模拟、资源优化,预计产值和编制资金计划。通过进度计划与模型的关联、造价数据与进度关联,可以实现不同维度(空间、时间、流水段)的造价管理与分析。

将三维模型和进度计划相结合,模拟出每个施工进度计划任务所需的资金和资源,形成与施工进度计划对应的资金和资源需用量曲线,便于选择更加合理的进度安排。

通过对 BIM 模型的流水段划分,可以按照流水段自动关联、快速计算出人工、材料、机械设备和资金等的资源需用量计划。这种所见即所得的方式,不但有助于投标单位制订合理的施工方案,还能形象地展示给甲方。

3.7.5 基于 BIM 高效编制的商务标

基于 BIM 的碰撞检查可以减少返工、节约工期、降低建造成本。BIM 最直观的特点在于三维可视化,利用 BIM 的三维可视化技术可以在施工前期、中期进行碰撞检查,这样既可以优化项目设计,减少在建筑施工阶段可能存在的错误和降低返工的可能性,又加快了施工进度,为业主降低建造成本。

基于 BIM 的虚拟施工可以预知施工难点,提出切实可行施工方案。运用 BIM 技术可以进行施工交底、施工模拟，发现本工程的重难点施工部位；按照场地特点、国家规范制订详细的施工方案，将施工方案模型化、动漫化，让评标专家、甚至非工程行业出身的业主领导对施工方案的各种问题了如指掌。

3.7.6 基于的 BIM 项目运维

工程竣工后，业主获得 BIM 资料数据库（一种 6D 关联数据库），业主可以根据各种条件快速检索到相应资料，大大提升了业主的物业管理能力。

BIM 技术在投标过程中的表现可以说非常出色，同时也见证了 BIM 技术应用的全面性。BIM 技术将为建筑行业的科技进步产生无可估量的影响，大大提高建筑工程的集成化程度和参建各方的工作效率。同时，BIM 技术也为建筑行业的发展带来巨大效益，使规划、设计、施工乃至整个项目全生命周期的质量和效益得到显著提高。

阅读材料

事先串谋招标无效

某单位准备建一座图书馆，建筑面积 $5000m^2$，预算投资 400 万元，建设工期为 10 个月。工程采用公开招标的方式确定承包商。按照《招标投标法》和《建筑法》的规定，建设单位编制了招标文件，并向当地的建设行政管理部门提出了招标申请书，得到了批准。但是在招标之前，该建设单位就已经与甲施工公司进行了工程招标沟通，对投标价格、投标方案等实质性内容达成了一致的意向。

招标公告发布后，来参加投标的公司有甲、乙、丙三家。按照招标文件规定的时间、地点及投标程序，三家施工单位向建设单位投递了标书。在公开开标的过程中，甲和乙承包单位在施工技术、施工方案、施工力量及投标报价上相差不大，乙公司在总体技术和实力上较甲公司好一些但是定标的结果是甲公司。乙公司很不满意，但是最终接受了这个事实。

20 多天后，一个偶然的机会，乙承包公司接触到甲公司的一名中层管理人员，在谈到该建设单位的工程招标问题时，甲公司的这名员工透露说，在招标之前，该建设单位和甲公司已经进行了多次接触，中标条件和标底是双方议定的，参加投标的其他人都不知情。对此情节，乙公司认为该建设单位严重违反了法律的有关规定，遂向当地建设行政管理部门举报，要求建设行政主管部门依照职权宣布该招标结果无效。经建设行政管理部门审查，乙公司所陈述的事实属实，遂宣布本次招标结果无效。

甲公司认为，建设行政管理部门的行为侵犯了甲公司的合法权利，遂起诉至法院，请求法院依法判令被告承担侵权的民事责任，并确认招标结果有效。

由于该建设单位违反《招标投标法》规定，招标前与投标人甲公司就投标价格、投标方案等实质性内容达成一致意向。对建设单位这种违法行为，有关行政监督部门给予了警告，对单位直接负责的主管人员和其他直接责任人员依法给予了处分。同时，法院依法驳回了甲公司的起诉，维持建设行政主管部门关于本次招标结果无效的处理结果。

本章小结

投标文件的编制准备及编制过程、编制质量，在整个招标投标活动中非常重要，直接关系到投标企业是否能够中标。在满足招标人要求的前提下，针对不同的评标方法，投标报价又起着至关重要的作用。因此，要求学生通过学习，学会并掌握投标文件的编制并避免废标情况的产生。

习　题

1. 简述建设工程投标程序。
2. 常用的投标技巧有哪些？
3. 投标报价的内容有哪些？
4. 简述建设工程投标文件编制的基本要求。
5. 简述建设工程投标文件的编制步骤。
6. 某省一级公路×路段全长224km，本工程采取公开招标的方式，共分20个标段，招标工作从1998年7月2日开始，到8月30日结束，历时60天，招标工作的具体步骤如下：①成立招标组织机构。②发布招标公告和资格预审通告。③进行资格预审。7月16日~20日出售资格预审文件，47家省内外施工企业购买了资格预审文件，其中的46家于7月22日递交了资格预审文件。经招标工作委员会审定后，45家单位通过了资格预审，每家被允许投3个以下的标段。④编制招标文件。⑤编制标底。⑥组织投标。7月28日，招标单位向上述45家单位发出资格预审合格通知书。7月30日，向各投标人发出招标文件。8月5日，召开标前会。8月8日组织投标人踏勘现场，解答投标人提出的问题。8月20日，各投标人递交投标书，每标段均有5家以上投标人参加竞标。8月21日，在公证员出席的情况下，当众开标。⑦组织评标。评标小组按事先确定的评标办法进行评标，对合格的投标人进行评分，推荐中标单位和后备单位，写出评标报告。8月22日，招标工作委员会听取评标小组汇报，决定了中标单位，发出中标通知书。⑧8月30日招标人与中标单位签订合同。

问题：

（1）上述招标工作内容的顺序作为招标工作先后顺序是否妥当？如果不妥，请确定合理的顺序。

（2）简述编制投标文件的步骤。

第 4 章

开标、评标、中标及签约谈判

> **本章提要**
>
> 本章主要介绍建设工程开标应该满足的条件、开标前的准备工作及开标的程序，评标委员会的组成、工作、评标的程序、评标报告的内容、中标签约以及电子招标、投标、评标的有关知识。
>
> **引导案例**
>
> 某院校计划建设新校区，新校区内有一封闭式操场，为此由后勤部门调动一名部长及4名管理人员，新组建了基建处，负责此项目的筹建工作。本工程通过公开招标，通过资格预审，共有6家承包商参与投标，各承包商均按规定的投标截止日期递交了投标文件，在投标文件未标明的情况下，在开标时发生了下列事件。
>
> （1）根据工程设计文件，基建处自行编制了招标文件和工程量清单。在开标时，由某地招标办公室的工作人员主持开标会议，按投标书到达的时间编了唱标顺序，以最后送达的投标文件为第一开标单位，最早送达的单位为最后唱标单位。
>
> （2）招标文件中明确了有效的条件，即投标单位的报价在招标单位编制的标底价±30%以内为有效标书，但是6家投标单位的报价均超过了上述要求。
>
> （3）在此情况下，招标单位通过专家对各家投标单位的经济标和技术标的综合评审打分，以低价标为原则，选择了价格最低的投标单位为中标单位。
>
> 本工程的开标过程是否有不妥之处，请分别说明。
>
> **【案例评析】**
>
> （1）开标会议由招标办公室的人主持不妥，应由招标人主持。
>
> （2）选择了价格最低的单位为中标单位不妥，因为6家投标单位的报价均超过了有效标的要求，招标人应当依照《招标投标法》重新招标。
>
> 投标人在编制投标文件时，应该认真阅读招标文件，按照招标文件的要求进行编制，这是中标的前提条件。在招标投标过程中，不论是招标人还是投标人，都应该做到遵纪守法、爱岗敬业、忠于职守、精益求精。

4.1 建设工程开标

招标人在规定的时间和地点，在要求投标人参加的情况下，当众公开拆开投标资料

（包括投标函件），宣布各投标人的名称、投标报价、工期等情况，这个过程叫开标。公开招标和邀请招标均应举行开标会议，体现招标的公平、公开和公正原则。

4.1.1 开标应满足的要求

根据《招标投标法》及其相关法规和规定，开标应满足以下要求：

1）开标由招标人或招标代理机构主持，邀请投标人代表、公证人员或监督人员和有关单位代表参加。投标人为了能够行使对开标进行监督的权利，应当尽可能参加开标会议。但是，投标人可自行决定是否参加开标会。

2）参加开标会议的投标人的法定代表人或其委托代理人应随带本人身份证，委托代理人尚应随带参加开标会议的授权委托书，以证明其身份。

3）开标时，由招标人或者由投标人推选的代表检查投标文件的密封情况，也可以由公证机构检查并公证；经确认无误后，由工作人员当众拆封，宣读投标人名称、投标价格和投标文件的其他主要内容。

4）投标人在提交投标文件的截止时间前收到的，所有符合要求的投标文件，开标时都应该当众予以拆封、宣读。开标过程应当记录，并存档备查。

5）唱标内容应完整、明确。唱标及记录人员不得将投标内容遗漏不唱或不记。投标人可以对唱标做必要的解释，但所做的解释不得超过投标文件记载的范围或改变投标文件的实质性内容。

4.1.2 开标前的准备工作

1. 投标文件接收

招标人应当安排专人，在招标文件指定地点接收投标人递交的投标文件（包括投标保证金），详细记录投标文件送达人、送达时间、份数、包装密封、标记等查验情况。经投标人确认后，出具投标文件和投标保证金的接收凭证。

投标文件密封不符合招标文件要求的，招标人拒绝接受，在投标截止时间前，应当允许投标人在投标文件接收场地之外自行更正补充。在投标截止时间后递交的投标文件，以及采用资格预审方法被审定不合格的投标人递交的投标文件，招标人应当拒绝接收。

在投标截止时间前，投标人书面通知招标人撤回其投标的，招标人应核实撤回投标书面声明的真实性。如属实，招标人应留存撤回投标书面声明书及投标人授权代表身份证明后，将投标文件退回该投标人。

至投标截止时间递交投标文件的投标人少于3家的，不得开标，招标人应将接收的投标文件原封退回投标人，分析具体原因，采取相应纠正措施后依法重新组织招标。

2. 开标现场

开标会议的参加人、开标时间、开标地点等要求都必须事先在招标文件里表述清楚、准确，并在开标前做好周到的安排。招标文件中公布的开标时间、地点、程序和内容一般不宜改变，如果需要变更，则应按招标文件的规定，及时发函通知所有潜在投标人。

招标人应保证受理的投标文件不丢失、不损坏、不泄密，并组织工作人员将在投标截止时间前受理的投标文件、投标文件的修改和补充文件及可能的投标文件撤回声明书等运送至开标地点。

招标人应准备好开标必备现场条件，包括提前布置好开标会议室、准备好开标需要的设备、设施等。

3. 开标资料

招标人应准备好开标资料，如开标记录表、标底文件（如有）、投标文件接收登记表、签收凭证等。招标人还应准备相关国家法律法规、招标文件及其澄清及修改内容，以备必要时使用。

4. 工作人员

招标人和参与开标会议的有关工作人员应按时到达开标现场，包括主持人、开标人、唱标人、记录人、监标人及其他辅助工作人员等。

4.1.3 开标程序

招标人应按照招标文件规定的程序开标，一般开标程序如下：

1. 宣布开标纪律

主持人宣布开标纪律，对参加开标会议的人员提出要求，如开标过程中不得喧哗，通信工具调整到静音状态，约定的提问和异议方式等。任何人不得干扰正常的开标程序。

2. 宣布有关人员姓名

开标会议主持人介绍招标人代表、监督人代表等，依次宣布开标人、唱标人、记录人、监标人等有关人员。

3. 确认投标人代表身份

招标人可以按照招标文件的规定，当场核验参加开标会议的投标人授权代表的授权委托书和有效身份证件，确认授权代表的有效性，并留存授权委托书和身份证件的复印件。如果法定代表人出席开标会的，应出示其有效证件。

4. 公布在投标截止时间前接收投标文件的情况

招标人当场宣布投标截止时间前递交投标文件的投标人名称、时间等，以及投标人撤回投标的情况。

5. 检查投标文件的密封情况

依据招标文件规定的方式，检查和确认投标文件的密封，主持人应当组织全部的投标人代表自己检查确认其投标文件的密封状况，其目的在于检查开标现场的投标文件密封状况是否与投标文件递交和接受时的密封状况一致，如有疑问或异议应当场、当时提出。

6. 宣布投标文件开标顺序

主持人宣布开标顺序。如招标文件未约定开标顺序的，一般按照投标文件递交的顺序或逆序进行唱标。

7. 公布标底

招标人设有参考标底的，予以公布，也可以在唱标后公布标底。

8. 唱标

按照宣布的开标顺序当众开标。唱标人应按照招标文件约定的唱标内容，严格依据投标函（或包括投标函附录，或货物、服务投标一览表）唱标，并当即做好唱标记录。唱标内容一般包括投标函及投标函附录中的报价、备选方案报价（如有）、完成期限、质量目标、投标保证金、项目经理等。招标文件规定提交开标一览表的，可按照开标一览表唱标。有投标文件修改或降价声明的,应以修改或降价后的价格为准。投标报价大小写不一致的,以大写金额为准。重要的内容应至少宣读两遍,以便投标人记录。唱标公布的内容作为评标的主要依据之一。

在投标截止时间前撤回投标的,应宣读其撤回投标的书面声明。

9. 确认开标记录

开标会议应当做好书面记录。开标工作人员应认真核验并如实记录投标文件的密封、标记及投标报价、投标保证金等开标、唱标情况,以及开标时间、地点、程序,出席开标会议的单位和代表,开标会议程序、唱标记录、公证机构和公证结果(如有)等信息。投标人代表、招标人代表、监标人、记录人等应在开标记录上签字确认,存档备查。

投标人对开标唱标结果有异议的,应当场提出,招标人应当场核实并予以答复。属于唱标人唱标错误的,应当场纠正,并做记录。不属于唱标人唱标错误的,招标人应如实记录并经监标人签字确认后提交给评标委员会。招标人和监督机构代表不应在开标现场对投标文件是否有效做出判断和决定,应提交给评标委员会评定。

10. 开标结束

主持人宣布开标会结束。

开标会结束后,属外资项目的,还应根据贷款机构要求在开标后将开标记录报送贷款机构(表4-1)。

表 4-1　开标记录表格式

_____(项目名称)_____标段施工开标记录表

开标时间_____年___月___日___时___分

序 号	投 标 人	密封情况	投标保证金	投标报价/元	质量目标	工　期	备　注	签　名
1								
2								
3								
4								
5								
…								
招标人编制的标底								

招标人代表:_____　记录人:_____　监标人:_____
___年___月___日

4.1.4　投标文件的有效性(即无效标)

开标时,投标文件出现下列情形之一的,应当作为无效投标文件,不得进入评标:

1)逾期送达的或者未送达指定地点的。

2)投标文件未按照招标文件中投标人须知里的要求装订、密封和标记的。

3)投标文件标明的投标人在名称和法律地位上或组织结构(包括项目经理)与通过资格审查时的不一致,且这种不一致明显不利于招标人或为招标文件所不允许的。

4)招标文件规定的投标文件有关内容未按规定加盖投标人印章或未经法定代表人或其委托代理人签字或盖章,由委托代理人签字或盖章未随投标文件一起提供有效的"授权委托书"原件。

5）投标文件未按规定的格式、要求填写，内容不全或关键字迹模糊、无法辨认的。

6）投标人未按照招标文件的要求提供投标保证金或者投标保函的。

7）投标人在一份投标文件中对同一招标项目有两个或多个报价，且未书面声明以哪个报价为准的。

4.1.5 推迟开标时间的情况

如果发生了下列情况，可以推迟开标时间：

1）招标文件发布后对原招标文件做了变更或补充。

2）开标前发现有影响招标公正情况的不正当行为。

3）出现突发事件等。

应用案例 4-1

背景：某商业办公楼的招标大会上，共有 8 家单位来进行投标，在开标大会上共有两家单位废标，甲单位因为交通堵塞迟到 2 分钟而被禁止入场；乙单位因为投标书中综合报表中缺少"质量等级"一栏，被评标委员会查出，当场退出开标大会现场。剩余 6 家单位经过激烈竞争，最后一家单位胜出中标。

（1）何为废标？这两家单位因何原因被废标，后果如何？

（2）剩余 6 家单位进行竞争，是否符合《招标投标法》？

【案例评析】

问题（1）：废标又称作无效标书，是指投标书失去投标资格，即无权参加开标大会的标书。依据《评标委员会和评标方法暂行规定》中规定：①投标人未按照招标文件的要求参加开标会议。②未按规定的格式填写，内容不全或关键字迹模糊、无法辨认的，作废标或无效投标书处理。甲、乙单位分别违背了以上两条规定，因此被废标。废标以后，甲、乙双方将失去投标资格，同时也失去了竞标的机会。

问题（2）：根据《招标投标法》规定，参加投标的单位不少于 3 家，故剩余 6 家单位进行竞争，符合《招标投标法》规定，开标结果有效。

4.2 建设工程评标

一般认为，评标就是指评标委员会根据招标文件规定的评标标准和方法，对投标人递交的投标文件进行审查、比较、分析和评判，以确定中标候选人或直接确定中标人的过程。

4.2.1 评标委员会

1. 评标专家资格

评标专家应当符合《招标投标法》《招标投标法实施条例》《评标委员会和评标方法暂行规定》（国家发展计划委〔2013〕第 23 号令）、《评标专家和评标专家库管理暂行办法》（国家发展计划委〔2013〕第 23 号令）及其他相关法律法规规定的条件：

1）从事相关领域工作满八年并具有高级职称或同等专业水平。

2）熟悉有关招标投标的法律法规，并具有与招标项目相关的实践经验。

3）能够认真、公正、诚实、廉洁地履行职责。
4）身体健康,能够承担评标工作。

2. 评标专家的权利

1）接受专家库组建机构的邀请,成为专家库成员。
2）接受招标人依法选聘,担任招标项目评标委员会成员。
3）熟悉招标文件的有关技术、经济、管理特征和需求,依法对投标文件进行客观评审,独立提出评审意见,抵制任何单位和个人的不正当干预。
4）获取相应的评标劳务报酬。
5）法律法规规定的其他权利。

3. 评标专家的义务

1）接受建立专家库机构的资格审查和培训、考核,如实申报个人有关信息资料。
2）遇到不得担任招标项目评标委员会成员的情况应当主动回避。
3）为招标人负责,维护招标、投标双方合法利益,认真、客观、公正地对投标文件进行分析、评审、比较。
4）遵守评标工作程序和纪律规定,不得私自接触投标人,不得收受他人的任何好处,不得透露投标文件评审的有关情况。
5）自觉依法监督、抵制、反映和核查招标、投标、代理、评标活动中的虚假、违法和不规范行为,接受和配合有关行政监督部门的监督、检查。
6）评标时间不能满足评标需要时,应当提出延长评标时间。
7）法律法规规定的其他义务。

4. 组建评标委员会

（1）评标委员会构成 评标委员会由招标人代表及技术、经济专家组成,成员人数为5人以上单数,其中招标人代表不得超过1/3,具有评标所需的专业能力技术和经济方面的专家不得少于2/3。例如,组建7人的评标委员会,其中招标人代表不得超过2人,专家不少于5人。

（2）评标专家选取 评标委员会中的招标人代表应熟悉招标项目的相关业务,能够胜任评标工作。若允许招标代理机构代表参加,其身份定位为招标人代表。

评标委员会中技术、经济专家的比例、人数及专业、地域分布应能满足项目专业和公正评价的需要。依法必须招标项目的评标专家一般由招标人在国务院有关部门或者省、自治区、直辖市人民政府有关部门的专家库内采取随机抽取方式选择评标专家。因技术特别复杂和专业要求特殊而无法从专家库中随机抽取专家或专家库中没有相应专业专家的项目可以由招标人在专家库中或库外直接确定评标专家。

评标委员会成员的名单在中标结果确定前应当保密。

（3）评标专家的回避原则 评标专家有下列可能影响公正评标情况的,应当回避:

1）投标人或投标人主要负责人的近亲属。
2）项目主管部门或者行政监督主管部门的人员。
3）与投标人有经济利益关系,可能影响对投标公正评审的。
4）曾因在招标、评标以及其他与招标有关的活动中从事违法行为而受过行政处罚或刑事处罚的。

评标专家从发生和知晓上述规定情形之一起，应当主动回避评标。招标人可以要求评标专家签署承诺书，确认其不存在上述法定回避的情形。评标中，如发现某个评标专家存在法定回避情形的，该评标专家已经完成的评标结果无效，招标人应重新确定满足要求的专家替代。

5. 评标委员会成员需要注意的事项

评标委员会成员在评标过程中需要注意以下事项：

1）评标委员会成员的职责是依据招标文件中确定的评标标准和方法，对进入开标程序的投标文件进行系统的评审和比较。评标委员会无权修改招标文件中已经公布的评标标准和方法。

2）评标委员会成员对招标文件中的评标标准和方法产生疑义时，招标人或其委托的招标代理机构负责解释。

3）评标委员会应对评标结果负责。招标人接收评标报告时，可以复核评标结果以及评标委员会是否遵守招标文件确定的评标方法和标准进行评标，是否有计算错误，签字是否齐全等内容。如果发现问题，评标委员会应即时更正。

4）评标委员会成员应该对评标过程和结果严格保密，不得泄露任何与评标相关的信息。评标结束后，评标委员会成员应将评标的各种文件资料、记录表、草稿纸交回招标人。

5）评标委员会完成评标后，应当向招标人提出书面评标报告，并推荐合格的按名次排列的中标候选人1~3人（且要排列先后顺序），也可以按照招标人的委托，直接确定中标人。

6）评标委员会应接受依法实施的监督。

4.2.2 评标原则与纪律

1. 评标原则

《评标委员会和评标方法暂行规定》中规定："评标活动应遵循公平、公正、科学、择优的原则，评标活动应依法进行，任何单位和个人不得非法干预或者影响评标过程和结果。"

（1）平等竞争、机会均等 在评标、定标过程中，对任何投标人均应采用招标文件中规定的评标、定标办法，统一用一个标准衡量，保证投标人能平等地参加竞争。对投标人来说，评标、定标办法都是客观的，不应存在带有倾向性的、对某一方有利或不利的条款，中标的机会应均等。

（2）客观公正、科学合理 对投标文件的评价、比较和分析，要客观公正，不以主观好恶为标准，不带成见，真正评价出投标文件的响应性、技术性、经济性等方面的客观的差别和优劣。采用的评标、定标方法，对评审指标的设置和评分标准的具体划分，都要在充分考虑招标项目的具体特征和招标人的合理意愿的基础上，尽量避免和减少人为的因素，做到科学合理。

（3）实事求是、择优定标 对投标文件的评审，要从实际出发，尊重现实，实事求是。评标、定标活动既要全面，也要有重点，不能泛泛进行。任何一个招标项目都有自己的具体内容和特点，招标人作为合同一方主体，对合同的签订和履行负有其他任何单位和个人都无法替代的责任，在其他条件同等的情况下，应该允许招标人选择更符合招标工程特点和自己招标意愿的投标人中标。招标评标办法可根据具体情况，侧重于工期或价格、质量、信誉等一两个重点，在全面评审的基础上做合理取舍。

2. 评标工作要求

评标工作应符合以下基本要求：

1）认真阅读招标文件，正确把握招标项目的特点和需求。

2）全面审查、分析投标文件。

3）严格按照招标文件中规定的评标标准、方法和程序评价投标文件。

4）按法律规定推荐中标候选人或依据招标人授权直接确定中标人，完成评标报告。

3. 评标依据

评标委员会依据法律法规、招标文件及其规定的评标标准和方法，对投标文件进行系统的评审和比较，对于招标文件中没有规定的标准和方法，评标时不得采用。投标文件是指进入了开标程序的所有投标文件，以及投标人依据评标委员会的要求对投标文件的澄清和说明。

4. 评标纪律

1）评标活动由评标委员会依法进行，任何单位和个人不得非法干预。无关人员不得参加评标会议。

2）评标委员会成员不得与任何投标人或者与招标项目有利害关系的人私下接触，不得收受投标人、中介人以及其他利害关系人的财物或其他好处。

3）招标人或其委托的招标代理机构应当采取有效措施，确保评标工作不受外界干扰，保证评标活动严格保密，有关评标活动参与人员应当严格遵守保密规则，不得泄露与评标有关的任何情况。其保密内容涉及：评标地点和场所；评标委员会成员名单；投标文件评审比较情况；中标候选人的推荐情况；与评标有关的其他情况等。

为此，招标人应采取有效措施，必要时可以集中管理和使用与外界的通信工具等，同时禁止任何人员私自携带与评标活动有关的资料离开评标现场。

4.2.3 评标的程序

1. 评标准备

招标人及其招标代理机构应为评标委员会评标做好以下评标准备工作：

1）准备评标需用的资料，包括招标文件及其技术标准、规范、签字、澄清与修改、标底、开标记录等，并向评标委员会提供相关必要和客观的信息。

2）准备评标相关表格。

3）选择评标地点和评标场所。

4）布置评标现场，准备评标工作所需的工具。

5）妥善保管开标后的投标文件并运到评标现场。

6）评标安全、保密等有关的工作。

此外，还要对评标委员会成员进行分工，令评标专家熟悉相关文件资料。如果使用"暗标"评审，须对"暗标"进行编号等。如果评标办法所附的表格不能满足评标需要的，还要准备相应的补充表格。

2. 初步评审

初步评审也称符合性和完整性评审，主要包括检验投标文件的符合性和核对投标报价，确保投标文件响应招标文件的要求，剔除法律法规所提出的废标。建筑工程招标项目初步评审分为形式评审、资格评审和响应性评审。采用经评审的最低投标价法时,初步评审的内容还包括对施工组织设计和项目管理机构的评审。

形式评审、资格评审和响应性评审分别是对投标文件的外在形式、投标资格、投标文件是否响应招标文件实质性要求进行评审,初步评审一般应包括下列内容:

1)投标文件的装订、盖章、签字等是否符合招标文件要求。

2)递交投标文件的投标人与通过资格预审的投标申请人是否已经发生改变,以联合体形式投标的,应复核联合体的组成单位是否发生了变化。

3)在联合体投标情况下,投标人是否已递交了联合体投标协议。

4)投标人是否已递交了投标保证金及投标保证金是否有瑕疵。

5)实行"暗标"评审的项目,"暗标"编制是否符合招标文件的要求。

6)投标人是否提出关于招标文件实质性要求的偏差声明或要求。

7)投标文件的份数及其中的各部分内容是否完整。

8)投标文件所涵盖的承包范围是否完整,是否存在特别说明"不包括"的项目。

9)暂列金额、暂估价等不可竞争的费用是否已包括在投标报价中,以及是否和招标文件中规定的数额相同。

当初步审查发现招标文件有不符合实质性要求的情况时,应当按照无效投标处理。

工程施工招标项目初步评审内容详见表4-2中的形式评审、资格评审和响应性评审。

表 4-2 工程施工招标项目初步评审内容一览表

评审内容	评审因素	评审标准
形式评审	投标人名称	与营业执照、资质证书、安全生产许可证一致
	投标函签字盖章	投标函应有单位盖章或法定代表人或法定代表人授权的代理人签字或盖章
	投标文件格式	投标文件应符合"投标人须知"规定格式
	投标文件内容	内容应齐全,关键字迹应清晰、易于辨认
	报价唯一	不得递交两份或多份内容不同的投标文件,对同一招标项目只能有一个报价
	……	……
资格评审	营业执照	具有有效的营业执照
	安全生产许可证	具有有效的安全生产许可证
	资质等级	符合"投标人须知"规定
	项目经理	符合"投标人须知"规定
	财务要求	符合"投标人须知"规定
	业绩要求	符合"投标人须知"规定
	其他要求	符合"投标人须知"规定
	投标人名称或组织结构	应与资格预审时一致
	联合体投标	应附联合体各方共同投标协议
	……	……
响应性评审	投标报价	符合"投标人须知"规定
	投标内容	符合"投标人须知"规定
	工期	符合"投标人须知"规定
	工程质量	符合"投标人须知"规定

(续)

评审内容	评审因素	评审标准
响应性评审	投标有效期	符合"投标人须知"规定
	权利义务	符合"合同条款及格式"规定
	已标价工程量清单	符合"工程量清单"给出的范围及数量
	技术标准和要求	符合"技术标准和要求"规定
	……	……
施工组织设计评审	质量管理体系与措施	符合"技术标准和要求"规定
	安全管理体系与措施	符合"技术标准和要求"规定
	环境保护管理体系与措施	符合"技术标准和要求"规定
	工程进度计划与措施	符合"技术标准和要求"规定
	资源配备计划与措施	符合"技术标准和要求"规定
	……	……
项目管理机构评审	机构人员组成	符合"项目管理机构"规定
	人员资格	符合"项目管理机构"规定
	人员经验和业绩	符合"项目管理机构"规定
	……	……

3. 详细评审

详细评审是指在初步评审的基础上，对经初步评审合格的投标文件，按照招标文件确定的评标标准和方法，对其技术部分和商务部分进行进一步评审、比较。评标委员会对各投标书的实施方案和计划进行实质性评价与比较。详细评审通常包括对各投标书进行技术和商务方面的审查（评定其合理性），以及若将合同授予该投标人可能给招标人带来的风险评审。评标委员会认为必要时，可以单独约请投标人对标书中含义不明确的内容做必要的澄清或说明，但澄清或说明不得超出投标文件的范围或改变投标文件的实质性内容。澄清内容也要整理成文字材料，作为投标书的组成部分。在对标书审查的基础上，评标委员会比较各投标书的优劣，并编写评标报告。

采用经评审的最低投标价法，评标委员会应当以开标确认的投标报价为基础，按招标文件中规定的评标价格计算因素和方法，对有效投标人的评标价进行比较，招标文件中没有明确规定的因素不得计入评标价。

采用综合评估法，评标委员会可使用打分的方法或者其他方法衡量投标文件对招标文件中规定的各项评价因素和标准的响应程度。

（1）工程设计项目的详细评审　评标方法和因素设置的公正性和科学性是评价和选择设计方案的关键。各个投标人发散思维与评标委员会收敛思维的全面综合，是每一个优秀工程建设项目设计中标方案诞生的基础，投标人的创造与评标委员会的评价已日益成为促进设计水平提高的两个重要方面。

1）评标方法的选择。鉴于工程建设项目设计招标的特点，工程建设项目设计招标评标方法通常采用综合评估法，实践应用中采用的记名或无记名投票法、排序法等评标方法均属于综合评估法的不同形式。

采用综合评估法：评标委员会对通过初步评审的投标文件，按照招标文件中详细规定的投标技术文件、商务文件和经济文件的评价内容、因素、权值和具体评分方法进行综合评估，推荐综合评分最高的前 1~3 名投标人为中标候选人。鉴于工程建设项目设计属于智力服务，设计费报价的评估权重不宜过高（一般不超过 15%），而应重点评审投标技术文件及其设计方案。

采用记名或无记名投票法：评标委员会对通过初步评审的投标文件进行详细评审，各评委以记名或无记名方式投票，对投票汇总排序后，得票数最多的前 1~3 名投标人作为推荐的中标候选人。

采用排序法：评标委员会对通过初步评审的投标文件进行详细评审时，各评委根据招标文件要求，按第一名得 3 分、第二名得 2 分、第三名得 1 分的方式投票，统计汇总各投标人的得分总数，得分最多的前 1~3 名投标人作为中标候选人。

2）评标因素的选择。评标因素的选择和权重的分配，反映招标人选择工程设计方案及中标人时，对投标人及其某些设计要素或设计能力、水平的关注程度。一般来说，评标因素不外乎技术因素、商务因素和经济因素三方面。工程建设项目设计招标核心因素当属技术因素和商务因素（主要指拟投入的项目设计团队情况），此两部分的权重一般不低于 85%，甚至仅技术因素的权重就不低于 70%。

①技术因素。工程建设项目设计招标的评标技术因素，一般包括项目规划设计指标、总平面布局、工艺流程及功能分区、建筑创意造型、交通和结构、主要技术经济指标、机电设计、技术先进实用性、环保和节能、可实施性和可持续发展等方面的内容。某民用建筑工程概念性方案设计和实施性方案设计招标技术评分因素与标准分别见表 4-3 和表 4-4。

表 4-3 某民用建筑工程概念性方案设计招标技术评分因素与标准

序 号	评分项目	评分标准	权 重	得 分
1	建筑构思与创意	建筑创意、空间处理是否符合并充分满足设计方案需求书	30	
2	总体布局	是否符合规划要求 是否符合招标文件提出的指标要求 是否布局合理、合理利用土地 与周边环境协调、景观美化程度 是否满足交通流线及开口要求	25	
3	工艺流程及功能分区	符合拟定工艺要求（参照设计方案需求书） 功能分区明确 人流组织及竖向交通合理	20	
4	技术可行性和合理性	结构、机电设计与建筑是否符合性强，是否方便建造、经济合理 消防、人防、环境、节能是否符合国家及地方规范要求 总造价是否满足招标文件要求	25	

注：表中因素、权重、分值仅供参考。

表 4-4 某民用建筑工程实施性方案设计招标技术评分因素与标准

序 号	评分项目	评分标准	权 重	得 分
1	规划设计指标	是否符合规划要求 是否符合招标文件提出的指标要求	6	

（续）

序号	评分项目	评分标准	权重	得分
2	总体布局	是否布局合理 是否合理利用土地 与周边环境协调、景观美化程度 是否满足交通流线及开口要求 是否满足消防间距要求 是否满足日照间距要求	24	
3	工艺流程及功能分区	符合拟定工艺要求（参照设计方案需求书） 功能分区明确 人流组织及竖向交通合理 各功能房间面积配合合理	25	
4	建筑造型	建筑创意、组合材料、色彩、空间处理是否符合并充分满足设计方案需求书	15	
5	结构设计	结构选型是否合理，是否与建筑造型有机结合 是否方便建造 是否造价经济	8	
6	机电设计	机电设计与建筑设计是否符合性强 是否系统先进 是否造价经济	6	
7	消防、人防设计、环境保护、节能、安全卫生设计	是否符合国家及地方规范要求	10	
8	造价估算	估算资料是否齐全，总造价是否满足招标文件要求，计算是否正确	6	

注：表中因素、权重、分值仅供参考。

② 商务因素。工程建设项目设计招标的评标商务因素一般包括投标人的设计资质等级和管理体系认证情况、投标人的类似项目设计业绩、投标人拟投入的项目设计团队人员资格业绩情况、投标人的设计服务承诺和建议、投标人的设计周期和设计进度安排等方面。

商务因素的核心内容为投标人拟投入的项目设计团队情况，主要包括投标人拟投入的项目设计团队人员是否齐备，团队人员尤其是项目总设计师、总建筑师、总工艺师等人员的技术水平是否符合招标文件要求（包括职称、职业/执业资格证书、论著、个人获奖情况等），是否主持设计过类似项目等。某民用建筑工程设计招标商务评分因素与标准见表4-5。

③ 经济因素。工程建设项目设计招标的评标经济因素一般包括设计费投标报价的竞争和理性、设计费支付进度等。

表4-5 某民用建筑工程设计招标商务评分因素与标准

序号	评分项目	评分标准	权重	得分
1	设计资质及管理体系认证	企业设计资质符合招标文件规定的资质等级，是否通过ISO质量体系认证并成功运行一段时间	30	

(续)

序　号	评分项目	评分标准	权　重	得　分
2	类似项目设计业绩	近年完成类似项目业绩 类似项目是否竣工投入使用	25	
3	投标人拟投入的项目设计团队人员资格业绩情况	项目总设计师是否主持设计过类似工程 设计师技术水平（职称、论著、个人获奖情况）及同类工作业绩	25	
4	投标人的设计周期和设计进度安排	工期是否合理并满足招标文件要求，为建设好本工程，设计单位提交的各项服务	10	
5	投标人的设计服务承诺和建议	服务承诺是否合理并满足招标文件要求，建议是否合理	10	

注：表中因素、权重、分值仅供参考。

(2) 工程施工项目的详细评审

1) 经评审的最低投标价法。经评审的最低投标价法是以经初步评审合格的投标报价为基础。投标总价的算术错误一般不予修正，均以开标确认后的价格为准。然后，按招标文件约定的方法、因素和标准计算评标价，并进行比较。评标价计算通常包括工程招标文件引起的报价内容范围差异、投标人遗漏的费用、投标方案租用临时用地的数量（如果由发包人提供临时用地）、提前竣工的效益以及扣除按报价比例计算或招标人的暂列金额等直接反映价格的因素。使用外币项目，应根据招标文件约定，将不同外币报价金额转换为约定的货币金额进行比较。

一般小型工程为了简化评标过程，也可以忽略以上评标价格的量化因素，而直接采用投标报价进行比较。

工程施工招标采用经评审的最低投标价法评标案例详见表4-2。

2) 综合评估法。综合评估法详细评审的内容通常包括投标报价、施工组织设计、项目管理机构及其他因素等。工程施工招标项目评标办法（综合评估法）见表4-6。

表4-6　工程施工招标项目评标办法（综合评估法）

条款号	评审因素		评审标准
2.1.1	形式评审	投标人名称	与营业执照、资质证书、安全生产许可证一致
		投标函签字盖章	投标函应有单位盖章或法定代表人或法定代表人授权的代理人签字或盖章
		投标文件格式	投标文件应符合"投标人须知"规定格式
		投标文件内容	内容应齐全，关键字迹应清晰、易于辨认
		报价唯一	不得递交两份或多份内容不同的投标文件，对同一招标项目只能有一个报价
		……	……
2.1.2	资格评审	营业执照	具有有效的营业执照
		安全生产许可证	具有有效的安全生产许可证
		资质等级	符合"投标人须知"规定
		项目经理	符合"投标人须知"规定
		财务要求	符合"投标人须知"规定
		业绩要求	符合"投标人须知"规定

第4章 开标、评标、中标及签约谈判

(续)

条 款 号	评审因素		评审标准
2.1.2	资格评审	其他要求	符合"投标人须知"规定
		投标人名称或组织结构	应与资格预审时一致
		联合体投标	应附联合体各方共同投标协议
		……	……
2.1.3	响应性评审	投标报价	符合"投标人须知"规定
		投标内容	符合"投标人须知"规定
		工期	符合"投标人须知"规定
		工程质量	符合"投标人须知"规定
		投标有效期	符合"投标人须知"规定
		权利义务	符合"合同条款及格式"规定
		已标价工程量清单	符合"工程量清单"给出的范围及数量
		技术标准和要求	符合"技术标准和要求"规定
		……	……
2.2.1		分值构成（总分100分）	施工组织设计：　　　　分 项目管理机构：　　　　分 投标报价：　　　　　　分 其他评分因素：　　　　分
2.2.2		评标基准价计算方法	
2.2.3		投标报价的偏差率计算公式	偏差率＝100%×（投标人报价－评标基准价）/评标基准价
2.2.4（1）	施工组织设计评分标准	内容完整性和编制水平	……
		施工方案与技术措施	……
		质量管理体系与措施	……
		安全管理体系与措施	……
		环境保护管理体系与措施	……
		工程进度计划与措施	……
		资源配备计划与措施	……
		……	……
2.2.4（2）	项目管理机构评审	项目经理任职资格与业绩	……
		技术负责人任职资格与业绩	……
		其他主要人员	……
		……	……
2.2.4（3）	投标报价评分标准	偏差率	……
		……	……
2.2.4（4）	其他因素评分标准	……	…… ……

①投标报价。投标报价评审包括评标价计算和价格得分计算。评标价计算的办法和要求与经评审的最低投标价法相同。工程投标价格得分计算通常采用基准价得分法。常见的评标基准价的计算方式为：有效的投标报价去掉一个最高值和一个最低值后的算术平均值（在投标人数量较少时，也可以不去掉最高值和最低值），或该平均值再乘以一个合理下降系

数,作为评标基准价。然后按规定的办法计算各投标人评标价的评分。

对于投标报价,还要分析其合理性。分析不仅要对各标书的报价数额进行比较,还要对主要工作内容和主要工程量的单价进行分析,并对价格组成中各部分比例的合理性进行评价。分析投标价的目的在于鉴定各投标价的合理性,主要工作内容包括:

A. 算术性错误的复核及修正。

B. 错漏项目的分析、澄清或修正。

C. 法定税金和规费合理性(完整性)的分析和修正。

D. 利润率合理性的分析和修正。

E. 企业管理费合理性的分析和修正。

F. 措施费项目的完整性及价格合理性的分析和修正。

G. 分部分项工程总价合理性的分析和修正。

H. 清单单价合理性的分析和修正。

I. 关于不平衡报价的分析。

② 施工组织设计。施工组织设计的各项评审因素通常为主观评审,由评标委员会成员独立评审判分。同时,还要考虑下列因素的影响:

A. 施工总体布置。着重评审布置的合理性。对于分阶段实施还应评审各阶段之间的衔接方式是否合适,以及如何避免与其他承包人之间(如果有的话)发生作业干扰。

B. 施工进度计划。首先要看进度计划是否满足招标要求,进而再评价其是否科学、严谨、切实可行。招标人有阶段工期要求的工程项目对里程碑工期的实现也要进行评价。评审时要依据施工方案中计划配置的施工设备、生产能力、材料供应、劳务安排、自然条件、工程量大小等诸因素,将重点放在审查作业循环和施工组织是否满足施工高峰月的强度要求,从而确定其总进度计划是否建立在可靠的基础上。

C. 施工方法和技术措施。主要评审各单项工程所采取的方法、程序技术与组织措施,包括所配备的施工设备性能是否合适、数量是否充分;采用的施工方法是否既能保证工程质量,又能加快进度并减少干扰;安全保证措施是否可靠等。

D. 材料和设备。规定由承包人提供或采购的材料和设备,是否在质量和性能方面满足设计要求和招标文件中的标准。必要时可要求投标人进一步报送主要材料和设备的样本,技术说明书或型号、规格、地址等资料,评审人员可以从这些材料中审查和判断其技术性能是否可靠及能否达到设计要求。

E. 技术建议和替代方案。对投标书中提出的技术建议和可供选择的替代方案,评标委员会应进行认真细致的研究,评定该方案是否会影响工程的技术性能和质量,在分析技术建议和替代方案的可行性和技术经济价值后,考虑是否可以全部采纳或部分采纳。

F. 管理和技术能力的评价。管理和技术能力的评价重点放在承包人实施工程的具体组织机构和施工鼓励的保障措施方面,即对主要施工方法、施工设备以及施工进度进行评审,对所列施工设备清单进行审核。审查投标人拟投入到本工程的施工设备数是否符合施工进度要求,以及施工方法是否先进、合理、是否满足招标文件的要求,目前缺少的设备是采用购置还是租赁的方法来解决等。此外,还要对承包人拥有的施工机具在其他工程项目上的使用情况进行分析,预测能转移到本工程上的时间和数量,是否与进度计划的需求量相一致;重点审查投标人所提出的质量保证体系的方案、措施等是否能满足本工程的要求。

③ 项目管理机构。由评标委员会成员按照评标办法的规定独立评审判分。

评审中要对拟派该项目的项目经理、主要管理人员和技术人员进行评价。要拥有一定数量有资质、有丰富工作经验的管理人员和技术人员。对投标人的经历和财力，在资格预审时已通过的，一般不作为评比条件。如果进行资格后审，那么就要对投标人进行审核。

④ 其他评审因素。其他评审因素包括投标人的财务能力、业绩与信誉等。财务能力的评审因素包括投标人注册资本、总资产、净资产收益率、资产负债率等财务指标和银行授信额度等。业绩与信誉的评标因素包括投标人在规定时间内已有类似项目业绩的数量、规模和成效、政府或行业组织建立的诚信评价系统对投标人的诚信进行评价等。

（3）监理项目的评审

1）工程监理评标方法。监理招标的评标方法宜采用的是综合评估法。根据招标项目特点，招标文件设定适用的评标因素、标准及评分权重。评标委员会对各投标人满足评价标准的程度评分，再按照预先确定的因素权重计算得出每个投标人的综合评分，按各投标人的得分高低排序，推荐中标候选人。

2）工程监理评标因素。鉴于监理服务的特点，招标人选择中标监理单位的原则一般应是"基于能力的选择"。所以，监理评标除遵循客观、公平、公正、科学、择优的最基本原则外，还应充分体现监理招标的特点，突出对投标人能力的评比。一般可选择以下评标因素：

① 监理业绩与经验。该项是指投标人从事类似工程监理的业绩和经验。投标人监理经验评审主要包括一般监理经验和典型工程监理经验。

② 监理人员配备。监理人员配备评审包括：总监理工程师人选是否符合规定要求（如资格要求、业绩要求等）；监理人员的专业和机构配置是否符合并满足工程需要；监理人员的年龄结构是否合理；现场监理人员进场计划等。

③ 监理大纲。监理大纲评审主要从监理大纲的内容是否全面，工作目标是否明确，组织机构是否健全，工作计划是否可行，对工程特点、难点、关键点的认识是否到位，对进度、质量、投资、安全、环境保护、文明施工、工程信息管理等进行控制的方法和措施是否科学合理，对重要单位工程、分部工程采取的主要监理技术措施是否科学合理，对工程设计方案、施工方案、工程管理方面是否提供了合理化建议，自行提供的交通、办公、通信、生活设备与设施等是否满足现场需要及招标文件的要求，关键部位、关键工序的旁站监理方案是否完整、合理、可行，以及现场项目监理机构的制度建设规划是否到位、监督机制是否健全等几个因素评审。

④ 监理试验或检测设备、仪器和工具是否能满足工程要求。应重点评审投标人在投标文件中所列设备、仪器、工具等是否能满足工程建设监理的要求。对于大型复杂工程建设项目，招标人另行发包专门组建检测中心、试验中心、测量中心的情况下，应重点考查投标人评价、分析和应用相应检测数据的能力。

⑤ 监理费报价。采用量化评分的方式对投标人的监理费报价和可能招致招标人承担的风险进行评审，重点评审以下内容：

A. 监理费报价：评审监理费用报价的依据，按设定的评分办法对监理费用总额计算报价得分，其权重不宜过高（一般不超过20%）。

B. 监理服务范围、内容和监理期限：评审监理费用报价的监理服务范围、服务内容、服务的期限与招标文件规定的监理范围、内容和期限的一致性。

C. 报价的合理性：主要评审监理费报价水平和构成是否合理、完整，分析说明是否明确；监理服务费的调整条件和办法是否符合招标要求。

D. 监理费用的支付方式：主要评审投标人要求的监理费用支付方式。按照工程的技术管理特点合理设置上述评标因素的评价标准和权重，应符合招标文件的规定。

4. 投标文件质疑、澄清和补正

在评标过程中，如果发现投标人在投标文件中存在阐述不清的地方，一般可召开澄清会议，由评标委员会提出问题，要求投标人提交书面正式答复。澄清问题的书面文件不允许对原投标书做出实质上的修改，也不允许变更报价，因为《招标投标法》第二十九条规定：投标人只能在提交投标文件的截止日前对招标文件进行修改和补充。评标委员会不接受投标人主动提出的澄清、说明或补正。

《评标委员会和评标方法暂行规定》第十九条确立了澄清、说明或者补正在评标活动中的合法性。基于对招标投标过程就是合同形成和订立过程的认知，通过评标委员会的质疑以及投标人对评标委员会疑问的澄清、说明或者补正，使得招标人和投标人对招标文件和投标文件的理解达成一致，客观上将使中标后根据招标文件和中标人的投标文件订立的合同具有较强的可执行力，既较好地体现了评标活动应当注重的"评审"，又体现了习惯所谓的"合同谈判"的功能。

评标委员会启动质疑程序，书面要求投标人进行澄清、说明或者补正的目的主要有两个方面：一是为了澄清投标文件中存在的含义不明确、表述不一致等疑惑，以便评标委员会能够对投标文件做出更为客观的评价；二是通过说明或者补正，解决投标文件中存在的细微偏差，一些偏差可能会被招标人接受，一些偏差则必须在评标结束前给予补正，从而合理规避合同双方在合同履行中不必要的争议。

《工程建设项目施工招标投标管理办法》规定在有下列情形时，评标委员会可以要求投标人做出书面说明并提供相关材料：设有标底的，投标报价低于标底合理幅度的；不设标底的，投标报价明显低于其他投标报价，有可能低于其企业成本的。经评标委员会论证，认定该投标人的报价低于其企业成本的，不能推荐为中标候选人或者中标人。

实践中，并不是所有的澄清、说明和补正的内容都构成合同约束力，如投标人对投标价格是否低于成本的说明或者证明材料。构成合同约束力的澄清、说明或者补正的成果，如何体现到中标后的合同中是实践中需要注意的问题。一般认为，评标委员会应当将成果纳入到评标报告中，招标人在发出的中标通知书中，可以将质疑成果列为附件，在合同解释顺序中，享有与中标通知书同等的高于投标函的合同解释地位。

《评标委员会和评标方法暂行规定》第二十六条规定，细微偏差是指投标文件在实质上响应招标文件要求，但在个别地方存在漏项或者提供了不完整的技术信息和数据等情况，并且补正这些遗漏或者不完整不会对其他投标人造成不公平的结果。细微偏差不影响投标文件的有效性。评标委员会应当书面要求存在细微偏差的投标人在评标结束前予以补正。拒不补正的，在详细评审时可以对细微偏差作不利于该投标人的量化，量化标准应当在招标文件中规定。

因此，评标办法中应当明确对拒不补正细微偏差的处理方式。一般可以采用折减相应评审项目得分的办法。如果招标人认为，细微偏差必须全面进行补正，也可以在评标办法中约定一项废标条件，投标人拒绝补正任何一项或者数项细微偏差，其投标文件应作为废标处理。设立这样的处理条款，一方面是公开性的要求，明示给投标人，使投标人提高对补正细微偏差必要性的认识；另一方面也避免在评标过程中，评标委员会缺少处理依据，无所适从。

5. 推荐中标候选人或中标人、编制并提交评标报告

评标委员会要根据投标人须知前附表的要求数量推荐中标候选人，并按照顺序来排列，如果招标人授权评标委员会直接确定中标人，那么评标委员会可以直接确定中标人。评审结束时，评标委员会要提交评标报告，所有评标专家要在评标报告上签字。

4.2.4 评标中有关废标的法律规定

投标文件有下述情形之一的，属重大投标偏差，或被认为没有对招标文件做出实质性响应，应作为废标处理。

1）在评标过程中，评标委员会发现投标人的报价明显低于其他投标报价，或者在设有标底时明显低于标底，使得其投标报价可能低于其个别成本的，应当要求该投标人做出书面说明并提供相关证明材料。投标人不能合理说明或者不能提供相关证明材料的，由评标委员会认定该投标人以低于成本报价竞标，其投标应作为废标处理。

2）设有拦标价的，投标报价高于拦标价的，其投标应作为废标处理。

3）投标人资格条件不符合国家有关规定和招标文件要求的，或者拒不按照要求对投标文件进行澄清、说明或者补正的，评标委员会可以否决其投标。

4）评标委员会应当审查每一投标文件是否对招标文件提出的所有实质性要求和条件做出响应，未能在实质上响应的投标，应作为废标处理。

5）评标委员会应当根据招标文件，审查并逐项列出投标文件的全部投标偏差。如果投标文件存在重大偏差，应按废标处理。下列情况属于重大偏差：

① 没有按照招标文件要求提供投标担保或者所提供的投标担保有瑕疵。
② 投标文件没有投标人授权代表签字和加盖公章。
③ 投标文件载明的招标项目完成期限超过招标文件规定的期限。
④ 明显不符合技术规格、技术标准的要求。
⑤ 投标文件载明的货物包装方式、检验标准和方法等不符合招标文件的要求。
⑥ 投标文件附有招标人不能接受的条件。
⑦ 不符合招标文件中规定的其他实质性要求。
⑧ 招标文件对重大偏差另有规定的，按其规定。

4.2.5 关于禁止串标的有关规定

《招标投标法实施条例》详细规定了禁止串标。

1. 投标人之间串标

《招标投标法实施条例》第三十九条规定，有下列情形之一的，属于投标人相互串通投标：

1）投标人之间协商投标报价等投标文件的实质性内容。
2）投标人之间约定中标人。
3）投标人之间约定部分投标人放弃投标或者中标。

4）属于同一集团、协会、商会等组织成员的投标人按照该组织要求协同投标。

5）投标人之间为谋取中标或者排斥特定投标人而采取的其他联合行动。

《招标投标法实施条例》第四十条规定，有下列情形之一的，视为投标人相互串通投标：

1）不同投标人的投标文件由同一单位或者个人编制。

2）不同投标人委托同一单位或者个人办理投标事宜。

3）不同投标人的投标文件载明的项目管理成员为同一人。

4）不同投标人的投标文件异常一致或者投标报价呈规律性差异。

5）不同投标人的投标文件相互混装。

6）不同投标人的投标保证金从同一单位或者个人的账户转出。

2. 招标人和投标人串标

《招标投标法实施条例》第四十一条规定，有下列情形之一的，属于招标人与投标人串通投标：

1）招标人在开标前开启投标文件并将有关信息泄露给其他投标人。

2）招标人直接或者间接向投标人泄露标底、评标委员会成员等信息。

3）招标人明示或者暗示投标人压低或者抬高投标报价。

4）招标人授意投标人撤换、修改投标文件。

5）招标人明示或者暗示投标人为特定投标人中标提供方便。

6）招标人与投标人为谋求特定投标人中标而采取的其他串通行为。

4.2.6 评标报告

1. 评标报告应包括的内容

评标委员会应根据评标情况和结果，向招标人提交书面评标报告。评标报告由评标委员会起草，按少数服从多数的原则通过。评标报告应包括以下内容：

1）基本情况和数据表。

2）评标委员会成员名单。

3）开标记录。

4）符合要求的投标一览表。

5）废标情况说明。

6）评标标准、评标方法或者评标因素一览表。

7）经评审的价格或者评分比较一览表。

8）经评审的投标人排序。

9）推荐的中标候选人名单与签订合同前要处理的事宜。

10）澄清、说明、补正事项纪要。

评标报告应按行政监督部门规定的内容和格式填写。

2. 评标报告签署

评标报告（表4-7）由评标委员会全体成员签字。对评标结论持有异议的评标委员会成员可以书面方式阐述其不同意见和理由。评标委员会成员拒绝在评标报告上签字且不陈述其不同意见和理由的，视为同意评标结论。评标委员会负责人应当对此做出书面说明并记录在案。

表 4-7 评标报告

工程名称				
工程编号				
评标委员会评标结果	投标人名称		排名次序	投标价格或评标得分
	……			
推荐的中标候选人	次序	中标候选人名称		
	1			
	2			
	3			
评标委员会全体成员签字	兹确认上述评标结果属实，有关评审记录见附件。 　　　　　　　　　　　　　　　　　　　　　　　年　月　日			
招标人决标意见	根据招标文件中规定的评标办法和评标委员会的推荐意见，兹确定：_____为中标人。 招标人：（盖章）　　　法定代表人：（签字或盖章） 　　　　　　　　　　　　　　　　　　　　　　　年　月　日			
备注	本表有附件，附件包括评标委员会成员名单、开标记录、废标情况说明、评审记录、分析报告、有关澄清、说明和补正事项纪要等评标过程中形成的文件。本表与附件共同构成评标报告，附件共_____页。			
说明	本报告由评标委员会和招标人共同填写，一式三份，其中一份在备案时由招标办留存。			

3. 中标候选人

评标委员会应按照招标文件规定的中标候选人数量推荐中标候选人，并标明排列顺序。中标候选人的数量应不超过 3 名。

4. 中标候选人公示

中标候选人公示应当注意以下事项：

1）招标人应当根据招标文件明确的媒体和发布时间公示中标候选人，接受社会的监督。

2）中标候选人公示时间应不少于 3 日，但机电产品国际招标项目中标候选人公示时间为 7 日。

中标候选人公示期间，投标人和其他利害相关人如对中标候选人或评标有异议，可以向招标人或招标代理机构提出。招标人应当自收到异议之日起 3 日内做出答复。

> **应用案例 4-2　　工程施工项目经评审的最低投标价法案例**
>
> **背景：** 某工程施工项目已经进行过资格预审，采用经评审的最低投标价法进行评标。共有 3 个投标人投标，且 3 个投标人均通过了初步评审，评标委员会对开标确认的投标报价进行详细评审。

招标文件规定工期为 30 个月，工期每提前一个月给招标人带来的预期效益为 50 万元，招标人提供临时用地 500 亩①，临时用地每亩用地费为 0.6 万元，评标价的折算考虑以下两个因素：

(1) 投标人所报的租用临时用地的数量。
(2) 提前竣工的效益。

投标人 A：投标报价为 6000 万元，提出需要临时用地 400 亩，承诺的工期为 28 个月。
投标人 B：投标报价为 5500 万元，提出需要临时用地 500 亩，承诺的工期为 29 个月。
投标人 C：投标报价为 5000 万元，提出需要临时用地 550 亩，承诺的工期为 30 个月。

临时用地因素导致的评标价格调整：
投标人 A：(400−500)×0.6 万元 = −60 万元
投标人 B：(500−500)×0.6 万元 = 0 万元
投标人 C：(550−500)×0.6 万元 = 30 万元

提前竣工因素导致的评标价格调整：
投标人 A：(28−30)×50 万元 = −100 万元
投标人 B：(29−30)×50 万元 = −50 万元
投标人 C：(30−30)×50 万元 = 0 万元

评标价格比较表见表 4-8。

表 4-8 评标价格比较表

项 目	投标人 A	投标人 B	投标人 C
投标报价/万元	6000	5500	5000
临时用地因素导致的评标价格调整/万元	−60	0	30
提前竣工因素导致的评标价格调整/万元	−100	−50	0
最终评标价/万元	5840	5450	5030
排序	3	2	1

投标人 C 是经评审的投标价最低者，评标委员会推荐其为中标候选人。

应用案例 4-3　　　　运用综合评估法评标

背景：某建设工程项目采用公开招标方式，有 A、B、C、D、E、F 共 6 家承包商参加投标，经资格预审 6 家承包商均满足业主要求。该工程采用两阶段评标法进行评标，评标委员会由 7 名委员组成。评标的具体规定如下：

1. 第一阶段评技术标

技术标共计 40 分，其中施工方案 15 分，总工期 8 分，工程质量 6 分，项目班子 6 分，企业信誉 5 分。技术标各项内容的得分为各评委的评分去掉一个最高分和一个最低分的算术平均值。技术标合计得分不满 28 分者，不再评其商务标。评标情况见表 4-9 和表 4-10。

---

① 1 亩 ≈ 0.066 公顷。

表4-9 各评委对6家承包商施工方案评分的汇总表

投标单位	评标						
	一	二	三	四	五	六	七
A	13.0	11.5	12.0	11.0	11.0	12.5	12.5
B	14.5	13.5	14.5	13.0	13.5	14.5	14.5
C	12.0	10.0	11.5	11.0	10.5	11.5	11.5
D	14.0	13.5	13.5	13.0	13.5	14.0	14.5
E	12.5	11.5	12.0	11.0	11.5	12.5	12.5
F	10.5	10.5	10.5	10.0	9.5	11.0	10.5

表4-10 各承包商总工期、工程质量、项目班子、企业信誉得分汇总表

投标单位	总工期	工程质量	项目班子	企业信誉
A	6.5	5.5	4.5	4.5
B	6.0	5.0	5.0	4.5
C	5.0	4.5	3.5	3.0
D	7.0	5.5	5.0	4.5
E	7.5	5.5	4.0	4.0
F	8.0	4.5	4.0	3.5

2. 第二阶段评商务标

商务标共计60分。以标底的50%与承包商报价算术平均数的50%之和为基准价，但最高（最低）报价高于（低于）次高（次低）报价的15%者，在计算承包商报价算术平均数时不予考虑，且商务标得分为15分。

以基准价为满分（60分），报价比基准价每下降1%，扣1分，最多扣10分；报价比基准价每增加1%，扣2分，扣分不保底。商务标评标汇总表见表4-11。

表4-11 标底和各承包商的报价汇总表　　　　　　　　（单位：万元）

投标单位	A	B	C	D	E	F	标底
报价	13656	11108	14303	13098	13241	14125	13790

3. 评分的最小单位

评分的最小单位为0.5，计算结果保留两位小数。问题：

(1) 请按综合得分最高者中标的原则确定中标单位。

(2) 若工程未编制标底，以各个承包商报价算术平均数作为基准价，其余评标规定不变，试按原定标原则确定中标单位。

(3) 该工程评标委员会人数是否合法？其中2名委员由招标办专业干部组成，是否可行，为什么？

分析要点:

本案例也是考核评标方法的运用。本案例旨在强调两阶段评标法所需注意的问题和报价合理性的要求。虽然评标大多采用定量的方法,但是,实际仍然在相当程度上受主观因素的影响,这在评定技术标时显得尤为突出,因此需要在评标时尽可能减少这种影响。例如,本案例中将评委对技术标的评分去除最高分和最低分后再取算术平均数,其目的就在于此。商务标的评分似乎较为客观,但受评标具体规定的影响仍然较大。本案例通过问题(2)结果与问题(1)结果的比较,说明评标的具体规定不同,商务标的评分结果可能不同,甚至可能改变评标的最终结果。

针对本案例的评标规定,特意给出最高(最低)报价高于(低于)次高(次低)报价15%和技术标得分不满28分的情况,而实践中这两种情况是较少出现的。

【案例评析】

问题(1)

答:1)各承包商施工方案评分和技术标评分分别见表4-12和表4-13。

表4-12 各承包商施工方案的评分

投标单位	评 标							平均得分
	一	二	三	四	五	六	七	
A	13.0	11.5	12.0	11.0	11.0	12.5	12.5	11.9
B	14.5	13.5	14.5	13.0	13.5	14.5	14.5	14.1
C	12.0	10.0	11.5	11.0	10.5	11.5	11.5	11.2
D	14.0	13.5	13.5	13.0	13.5	14.0	14.5	13.7
E	12.5	11.5	12.0	11.0	11.5	12.5	12.5	12.0
F	10.5	10.5	10.5	10.0	9.5	11.0	10.5	10.4

表4-13 各承包商技术标的评分

投标单位	总 工 期	工程质量	项目班子	企业信誉	施工方案	合 计
A	6.5	5.5	4.5	4.5	11.9	32.9
B	6.0	5.0	5.0	4.5	14.1	34.6
C	5.0	4.5	3.5	3.0	11.2	27.2
D	7.0	5.5	5.0	4.5	13.7	35.7
E	7.5	5.5	4.0	4.0	12.0	32.5
F	8.0	4.5	4.0	3.5	10.4	30.4

由于承包商C的技术标仅得分27.2分,小于28分的最低限,按规定不再评其商务标,实际上已经作为废标处理。

2)计算各承包商的商务标得分。

对于承包商B:因为 $(13098-11108) \div 13098 = 15.19\% > 15\%$,

所以承包商B的报价(11108万元)在计算基准价时不予考虑。

那么:基准价 = $[13790 \times 50\% + (13656 + 13098 + 13241 + 14125) \div 4 \times 50\%]$ 万元 = 13660万元。

各承包商的商务标得分见表 4-14。

表 4-14　各承包商的商务标得分

投标单位	报价（万元）	报价与基准价的比例（%）	扣　　分	得　　分
A	13656	(13656÷13660)×100＝99.97	(100－99.7)×1＝0.03	59.97
B	11108			15.00
D	13098	(13098÷13660)×100＝95.89	(100－95.89)×1＝4.11	55.89
E	13241	(13241÷13660)×100＝96.93	(100－96.93)×1＝3.07	56.93
F	14125	(14125÷13660)×100＝103.40	(103.40－100)×2＝6.80	53.20

3) 计算各承包商的综合得分，见表 4-15。

表 4-15　各承包商的综合得分

投标单位	技术标得分	商务标得分	综合得分
A	32.9	59.97	92.47
B	34.6	15.00	49.60
D	35.7	55.89	91.59
E	32.5	56.93	89.43
F	30.4	53.20	83.60

因为承包商 A 的综合得分最高，故应选择承包商 A 为中标单位。

问题（2）

答：

基准价＝(13656＋13098＋13241＋14125)÷4 万元＝13530 万元。

计算各承包商的商务标得分，见表 4-16。

表 4-16　各承包商的商务标得分

投标单位	报价（万元）	报价与基准价的比例（%）	扣　　分	得　　分
A	13656	(13656÷13530)×100＝100.93	(100.93－100)×2＝1.86	58.14
B	11108			15.00
D	13098	(13098÷13530)×100＝96.81	(100－96.81)×1＝3.19	56.81
E	13241	(13241÷13530)×100＝97.86	(100－97.86)×1＝2.14	57.86
F	14125	(14125÷13530)×100＝104.40	(104.40－100)×2＝8.88	51.12

计算各承包商的综合得分，见表 4-17。

表 4-17　各承包商综合得分

投标单位	技术标得分	商务标得分	综合得分
A	32.9	58.14	91.04
B	34.6	15.00	49.6
D	35.7	56.81	92.51
E	32.5	57.86	90.36
F	30.4	51.12	81.52

因为承包商 D 的综合得分最高，故应选择其为中标单位。

问题（3）

答：合法。不可行。由评标委员会成员条件知，项目主管部门或者行政监督部门的人员应该回避。

4.3 建设工程中标及签约谈判

定标也称决标、中标，是指招标人根据评标委员会的评标报告，在推荐的中标候选人（一般为 1~3 个）中确定最后中标人；在某些情况下，招标人也可以直接授权评标委员会直接确定中标人。

4.3.1 中标人的确定

1. 推荐中标候选人

除了"投标人须知前附表"授权直接确定中标人外，评标委员会在推荐中标候选人时，应当遵照以下原则：

1) 评标委员会对有效的投标按照评标价由低至高的次序排列，根据"投标人须知前附表"的规定推荐中标候选人。

2) 如果评标委员会根据本章的规定做否决投标处理后，有效投标不足 3 个，且少于"投标人须知前附表"规定的中标候选人数量的，则评标委员会可以将所有有效投标按评标价由低至高的次序作为中标候选人向招标人推荐。如果因有效投标不足 3 个使得投标明显缺乏竞争的，评标委员会可以建议招标人重新招标。

3) 投标截止时间前递交投标文件的投标人数量少于 3 个或者所有投标被否决的，招标人应当依法重新招标。

2. 直接确定中标人

"投标人须知前附表"授权评标委员会直接确定中标人的，评标委员会对有效的投标按照评标价由低至高的次序排列，并确定排名第一的投标人为中标人。

3. 中标人的条件

（1）《招标投标法》的相关规定　《招标投标法》规定，中标人的投标应当符合下列两个条件之一：一是能够最大限度地满足招标文件中规定的各项综合评标标准；二是能够满足招标文件的实质性要求，并且经评审的投标价格最低；但是投标价格低于成本的除外。评标委员会应按照招标文件中规定的定标方法，推荐不超过 3 名有排序的合格的中标候选人。

（2）具体认定

1) 实行低标价法评标时，中标人的投标文件应能满足招标文件的各项要求，且投标报价最低。但评标委员会可以要求其对保证工程质量、降低工程成本拟采用的技术措施做出说明，并据此提出评价意见，供招标单位定标时参考。

2) 当实行专家评议法或打分法评标时，以得票最多或者得分最高的投标人为中标人。国有资金占控股或主导地位的项目，招标人应当确定排名第一的中标候选人为中标人。

排名第一的中标候选人放弃中标、因不可抗力不能履行合同、未在规定的期限内提交招标文件要求提交的履约保证金的、被查实存在影响中标结果的违法行为等情形，不符合中标条件的，招标人可以按照评标委员会提出的中标候选人名单排序依次确定其他中标候选人为中标人。依次确定的其他中标候选人与招标人预期差距较大或者对招标人明显不利的，招标人可以重新招标。

中标候选人的经营、财务状况发生较大变化或者存在违法行为，招标人认为可能影响其履约能力的，应当在发出中标通知书前由原评标委员会按照招标文件规定的标准和方法审查确认。

4.3.2 定标和授标的程序

1. 决标前谈判

决标前谈判要达到的目的（以建设工程施工招标为例）：在业主方面，一是进一步了解和审查中标候选人的施工方案和技术措施是否合理、先进、可靠，以及准备投入的施工力量是否足够雄厚，能否保证工程质量和进度；二是进一步审核报价，并在付款条件、付款期限及其他优惠条件等方面取得中标候选人的承诺。在中标候选人方面，则是力求使自己成为中标者，并以尽可能有利的条件签订合同。因此，需进行技术性和经济性谈判。

（1）技术性谈判　技术性谈判也叫作技术答辩，通常由招标方的评标委员会主持，主要是了解中标候选人中标后将如何组织施工，对保证工期、工程质量和技术复杂的部位将采取什么关键措施等。中标候选人应认真细致地准备，对投标书的有关部分做必要的补充说明，必要时可提交图解、照片或录像等资料；还可以提出与竞争对手对比的有关资料，以引起评标委员会的重视，增强自己的竞争优势。

（2）经济性谈判　经济性谈判主要是价格问题。在国际招标活动中，有时在决标前的谈判中允许招标方提出压价的要求；在利用世界银行贷款项目和我国国内项目的招标活动中，开标后不许压低标价，但在付款条件、付款期限、贷款和利率，以及外汇比率等方面是可以谈判的。中标候选人要对招标人的要求逐条分析，采取适当的对策，既要准备应付压价，又要针对招标人增加项目、修改设计、提高标准等要求，不失时机地适当增加报价，以补回压价的损失。除了价格谈判以外，中标候选人还可以探询招标人的意图，投其所好，以许诺使用当地劳务或分包、免费培训施工和生产技术工人以及竣工后无偿赠送施工机械设备等优惠条件，增强自己的竞争力，争取最后中标。

但是我国的法律明确规定，开标后禁止招投标双方就价格等实质性问题进行谈判。

2. 确定中标人

依法必须进行招标的项目，在根据评标委员会推荐的排名第一的中标候选人公示后，招标人将其确定为中标人。招标人未按照推荐的中标候选人的排序确定中标人时，应当在其招投标情况的书面报告中进行说明。

3. 发出中标通知书

在评标委员会提交评标报告后，招标人应在招标文件规定的时间内完成定标。中标人确定后，招标人将于15日内向工程所在地的县级以上人民政府建设行政主管部门提交施工招标情况的书面报告。建设行政主管部门自收到书面报告之日起5日内，未通知招标人在招投标活动中有违法行为的，招标人将向中标人发出《中标通知书》，同时将中标结果通知所有未中标的投标人。

中标通知书的格式：

中标通知书

_____（中标人名称）：

你方于_____（投标日期）所递交的_____（项目名称）_____标段施工投标文件已被我方接受，被确定为中标人。

中标价：_____元。

工期：_____日历天。

工程质量：符合_____标准。

项目经理：_____（姓名）。

请你方在接到本通知书后的_____日内到_____（指定地点）与我方签订施工承包合同，在此之前按招标文件第二章"投标人须知"规定向我方提交履约担保。

特此通知。

招标人：_____（盖单位章）

法定代表人：_____（签字）

____年____月____日

4. 合同谈判

合同谈判是准备订立合同的双方或多方当事人为相互了解、确定合同权利与义务而进行的商议活动。

根据《招标投标法》和《招标投标法实施条例》规定，招标人和中标人应当在投标有效期内以及中标通知书发出之日起 30 日内，按照招标文件和中标人的投标文件订立书面合同，招标人和中标人不得再行订立背离合同实质性内容的其他协议。法律禁止招标人与投标人"就投标价格、投标方案等实质性内容进行谈判"，换言之，法律并未禁止招标人与投标人就投标价格、投标方案等实质性内容之外的内容进行谈判。发出中标通知书之后，法律规定招标人和中标人应当"按照招标文件和中标人的投标文件订立书面合同"，但是双方或多或少总会存在一些在招标文件或投标文件中没有包括（或有不同认识）的内容需要交换意见或者协商，这其实就是一种谈判。

合同谈判的内容因项目情况和合同性质、原招标文件规定、发包人的要求而异。在一般情况下合同谈判会涉及合同的商务、技术所有条款。详细来讲主要包括：工程范围、合同文件、双方的一般义务、工程的开工和工期、材料和操作工艺、施工机具、设备和材料的进口、工程的维修、工程的变更和增减、付款问题、争端的解决等。

应该注意的是，对于在谈判讨论中经双方确认的内容及范围方面的修改或调整，应和其他所有在谈判中双方达成一致的内容一样，以文字方式确定下来，并以"合同补充"或"会议纪要"方式作为合同附件，构成合同一部分。

总之，需要谈判的内容非常多，而且双方均以维护自身利益为核心进行谈判，使得谈判更加复杂化、艰难化。因而，需要精明强干的投标班子或者谈判班子进行仔细、具体的谋划。谈判的详细内容、谈判的策略和技巧，限于篇幅，在此不再赘述。

5. 签订合同

中标通知书发出后，招标人改变中标结果的，或者中标人放弃中标项目的，应当依法承担缔约过失责任。

招标人和中标人应当依照《招标投标法》和《招标投标法实施条例》的规定签订书面合同，合同的标的、价款、质量、履行期限等主要条款应当与招标文件和中标人的投标文件内容一致。招标人和中标人不得再行订立背离合同实质性内容的其他协议。

招标人和中标人应当在投标有效期内以及中标通知书发出之日起 30 日内，按照招标文件和中标人的投标文件订立书面合同。另外，依据《房屋建筑和市政基础设施工程施工招标投标管理办公》（建设部令第 89 号），订立合同后尚需办理合同备案，因此使得建设合同具有**要式性**。

招标人最迟应当在书面合同签订后 5 日内向中标人和未中标的投标人退还投标保证金及银行同期存款利息。

6. 提交书面报告

招标人在确认正式中标人后 15 日内，必须向有关建设主管部门提交招标投标情况的书面报告，有关招标投标情况书面报告应包括的内容为：

1）招标投标的基本情况，包括招标范围、招标方式、资格审查、开评标过程和确定中标人的方式及理由等。

2）相关的文件资料，包括招标公告或者投标邀请书、投标报名表、资格预审文件、招标文件、评标委员会的评标报告（设有标底的，应当附标底及编、审证明资料）、中标人的投标文件，委托工程招标代理的，还应当附工程施工招标代理委托合同。

4.3.3 中标人的法定义务

我国《招标投标法》规定，中标人在中标后应履行以下义务：

1）中标后，中标人不得和招标人再行订立违反合同实质性内容的其他协议。

2）招标文件要求中标人提交履约保证金的，中标人应当按照招标文件的要求提交。

招标人与中标人不按照招标文件和中标人的投标文件订立合同的，合同的主要条款与招标文件、中标人的投标文件的内容不一致，或者招标人、中标人订立背离合同实质性内容的协议的，由有关行政监督部门责令改正，可以处中标项目金额 5‰~10‰ 的罚款。中标人无正当理由不与招标人订立合同，在签订合同时向招标人提出附加条件或者不按照招标文件要求提交履约保证金的，取消其中标资格，投标保证金不予退还。对依法招标的项目的中标人，由有关行政监督部门责令改正，可以处中标项目金额的 10‰ 以下的罚款。

3）中标人应当按照合同约定履行义务，完成中标项目。

4）中标人不得向他人转让中标项目。

5）中标人不得将中标项目肢解后分别向他人转让。

6）中标人按照合同规定或者经招标人同意，可以将中标项目的部分非主体、非关键性工作分包给他人完成。中标人应当就分包项目向招标人负责，接受分包的人就分包项目承担连带责任。接受分包的人应当具备相应的资格条件，并不得再次分包。

4.3.4 招标失败的处理

在评标过程中,如发现有下列情形之一不能产生定标结果的,可宣布招标失败:
1) 所有投标报价高于或低于招标文件所规定的幅度的。
2) 所有投标人的投标文件均实质上不符合招标文件的要求,被评标组织否决的。

如果发生招标失败,招标人应认真审查招标文件及标底,做出合理修改,重新招标。在重新招标时,原采用公开招标方式的,仍可继续采用公开招标方式,也可改用邀请招标方式;原采用邀请招标方式的,仍可继续采用邀请招标方式,也可改用议标方式;原采用议标方式的,应继续采用议标方式。

4.4 建设工程电子评标及电子招标投标的应用概述

4.4.1 电子评标系统含义及电子招标投标在我国的发展

1. 电子评标系统的含义

电子评标字面上意思是评标工作的电子化,是以计算机技术为核心,首先将招标投标文件电子化,然后运用计算机收集信息和分析数据能力,为评委在评标中提供知识支持和数据支持的一种高效、准确的评标方式。

在电子评标实施中,首先由招标方根据工程的特点及相关的规范、标准编制电子招标文件并发给投标人。电子招标文件应具有严格的数据保护功能,可保护招标文件的内容,防止投标方擅自修改招标文件。其次,投标方在购买电子招标文件后进行报价并形成电子投标书。电子投标书保证了投标人能按照招标人规定的格式进行报价,规范了投标人的操作,保证了投标质量和投标效率,降低了因投标人不规范的操作而产生废标的可能性。最后,评标委员会通过电子评标软件,对电子投标书进行评审,准确、高效地产生中标人。这种评标方式规范了评标委员会的评标行为,可避免人为因素,充分体现了公平、公开、公正的原则。

2. 电子招标投标在我国的发展

2000 年 1 月 1 日起实施的《招标投标法》第十六条中已明确规定,依法必须进行招标的项目的招标公告,应当通过国家指定的报刊、信息网络或者其他媒介发布。在我国电子招标投标应用初期主要是运用互联网建立网站的方式发布招标公告、资格审查公告、中标公示等静态工程项目招标投标信息。这是我国电子招标投标发展的第一阶段。

2003 年 7 月 1 日,建设部正式颁布《建设工程工程量清单计价规范》,彻底改革工程计价方法,推行工程量清单计价。在该模式下,评标工作更加细化,要考虑的因素越来越多,评委在全手工操作的情况下,在短暂的评标时间内已很难做出科学、合理的评判。因此,引入计算机辅助评标技术,是清单计价模式下的迫切要求,而计算机辅助评标技术的基础就是解决电子标书的创建及管理这一核心问题。标书电子化与计算机辅助评标相结合标志着在工程项目领域开展政府电子招标投标应用进入了第二阶段。

电子招标投标应实现招标投标流程的电子化和网络化,包括招标项目立项、发布招标公告、投标报名、在线购买招标文件、在线答疑咨询、提交投标文件、计算机辅助评标、评标结果公示、中标公示、招标备案、合同备案等全过程电子化和协同化。从标书纸质化到标书网络化,从人工评标到计算机辅助评标,从各信息化模块独立运行到整体协同工作,以实现从基于纸质标书的传统人工招标投标到基于电子标书的电子化招标投标的最终平稳过渡。电子招标投标全网运行平台是电子招标投标应用的第三阶段。全过程电子化、网络化和规范化是我国电子招标投标应用第三阶段的重要特征。

当前全国各地都在积极探索和实践如何有效推进电子招标投标,一时间呈现出百花齐放、百家争鸣的局面。在我国发展比较早并具有代表性的政府电子招标投标全网运行平台有:南京"e路阳光"网上招标投标平台、深圳市电子招标投标系统、苏州市建设工程网上招投标平台。

4.4.2 电子招标投标特点及作用

电子招标投标作为一种科技创新手段,在招标投标行业得到了普遍认可,这不仅得益于信息化的迅速发展,其自身的特点和作用也是非常重要的因素。

1. 电子招标投标的特点

与传统人工招标投标相比,电子招标投标具有一个突出的特点:它既满足了传统招标投标模式中"公平、公正、公开"的要求,又解决了"择优""质量"与"效率"的矛盾。

(1) 公开性 招标投标市场中所有的公告、公示类信息都通过招标投标网络平台发布,改变了市场信息不透明、不对称的现状,很大程度上避免了以往招标投标活动中虚假信息、伪造证明、捏造诬告等现象。

(2) 竞争性 电子招标投标就是一种具有竞争的采购程序,是竞争的一种具体方式。电子招标投标的竞争性充分体现了现代竞争的平等、信誉、正当和合法等基本原则。电子招标投标作为一种规范的、有约束的竞争,有一套严格的程序和实施方法。政府有关部门通过电子招标投标程序,可以最大限度地吸引和扩大投标人的竞争,从而使招标方有可能以更低的价格采购到所需的物资或服务,更充分地获得市场利益,有利于政府、企业经济效益目标的实现。

(3) 公平性 招标信息通过网络平台发布,所有潜在投标人都可以进行报名参与投标,消除了传统招标投标双方必须见面带来的人为因素的影响。电子招标投标建立了一种招标投标主体的自我约束机制,使所有投标人都具有平等的地位。

2. 电子招标投标的作用

电子招标投标对于实现招标投标信息的充分公开,健全社会监督机制,转变政府监督方式,规范招标投标秩序所产生的作用更为关键、有效。

(1) 降低业务成本,减轻企业负担 与传统招标投标相比,电子招标投标的整个流程可大幅度削减招标人和投标人的人力成本且大幅提高招标、评标效率。电子招标投标可实现无纸化招标投标,从而节约大量纸张和装订费用,降低招标人和投标人的成本,真正做到绿色低碳环保。招标机构和评标委员会减少大量非业务工作(打印表单及填写、汇总评审得分表等),不但能专心于本职规范和专业工作也更加规范和准确,另外,整个系统平台内的过程表单均可实现导出和打印,减少了招标机构的日常工作量,加快了评标现场的工作效率,基本实现评标结束即评标资料生成完成。

同时,随着工程技术的不断发展,超高层、大体量、结构新颖、技术难度高的项目屡见不鲜。由于本地评委库专家构成等限制,招标人有时须聘请异地专家任评委。而异地评委的接送安顿等，不仅给招标投标机构的监管带来难度，也直接增加了建设单位的支出。电子招标投标则在这些方面实现了突破，通过标书电子化和异地专家网上评标，既减轻了企业负担，又落实了行政监管。

（2）增加交易透明度，治理商业贿赂　整个招标投标活动从发布招标公告、下载标书、投标、开标都在网上进行，投标人具有不确定性和保密性，减少了投标人之间相互串通的机会，遏制了招标人、招标代理机构与各投标人之间的幕后交易。评标结果网上公开发布，投标人及相关人可以查看招标结果及相关公示信息，使招标投标过程处于公众的监督之下，避免各种腐败问题的发生。

由于招标投标活动涉及的所有环节均在网上进行，不仅全程有效强化招标投标管理，而且招标文件网上答疑提供了招标人与投标人平等沟通的平台，避免了因信息不对等造成的暗箱操作。电子招标投标在标书电子化基础上，整合共享各地评委资源，扩大了随机抽取专家评委的范围。专家评委在所在地有形建筑市场评标室内独立评标，大大降低了人为因素对评标人、评标过程的影响，较好地保证了专家客观、公正地评标。标书电子化和实现远程评标，还为专家评委综合、全面、客观地评审技术标、商务标提供了技术上的方便，为规范评标行为，提高评标质量，公开评标信息奠定了基础。

（3）提高招标投标效率，提高监管效率　运用电子招标投标，一是实现全过程计算机网络化管理，节省了大量人工业务环节，同时也使专家评委在评标时提高了阅读标书和查找、比对的速度，节约了时间，提高了评标效率；二是通过标书电子化，既有效防止招标人量体裁衣或者在招标文件中"留一手""打埋伏"逃避监管等问题，又能在电子化过程中自动记录用户硬件特征码、工具软件和计价软件身份码，用以识别围标、串标等不良行为；自动比对标书内容雷同性，提供围标、串标线索；三是开标前对潜在投标人的信息保密，有效防止投标人之间的相互联系与串标。电子招标投标的推行，充分利用了各地计算机管理成果，是提升管理手段的新举措，使建设行政主管部门能够更有效地应对日益繁重的监管任务和复杂的监管形势。

4.4.3　电子招标投标及评标应用模式及系统

按照不同的招标主体，电子招标投标可分为政府电子招标投标和企业电子招标投标两类。政府电子招标投标，相比企业而言其代表社会民众的利益，不仅强调经济效益，更注重社会效益。政府在降低招标投标成本为企业争取更大利润空间的同时，更重要的是依托电子招标投标模式规范招标投标行为，打通中间不透明的环节，促进建筑市场的公开、公平、公正。

1. 电子招标投标应用模式

电子招标投标为政府构建了一个全新的招标投标管理体系，招标投标各方主体参与其中，完成包括初步发包方案、招标公告、投标报名、资格审查、招标文件备案、答疑咨询、招标控制价、开标、评标、定标、中标公示、发布中标通知书、签订合同、招标备案与合同备案在内的完整法定流程。由于当前工程建设领域仍以基于传统的纸质标书进行招标投标的居多，电子化程度还普遍偏低，下面介绍两种常见的电子招标投标应用模式。

（1）电子光盘招标投标离线 C/S 模式　该模式不采用 CA 安全认证体系，以经过简单加密的专用电子光盘作为标书电子化的介质。招标人和投标人均通过单机版标书制作工具离线制作招标文件或投标文件；招标人将带有招标文件的电子光盘出售给投标人；开标时，投标人将带有投标文件的专用电子光盘导入开标系统；评标时，评委在线评审电子标书，并进行汇总和计算。

（2）全过程在线 B/S 模式　全过程在线 B/S 模式，即指招标投标全过程网上运行，实现标书电子化、监管网络化和评标智能化，主要包括招标人（代理机构）网上办理备案事项，招标投标监管部门网上受理备案，招标人网上发售招标文件，投标人网上提交投标文件，招标投标双方网上互动答疑，评标专家网上远程评标以及建设工程合同网签等。招标投标信息资料最后以电子档案形式统一归集。

（3）两种模式对比分析　全过程在线 B/S 模式与电子光盘离线 C/S 模式不同之处，一是其采用第三方公正的数字证书（CA）进行标书制作和在线开标；二是招标人和投标人在线通过标书制作工具制作标书，并生成专用格式的电子标书直接上传至标书服务器，招标投标的各个环节都实现全网运行，减少了中间过程的人为干预，充分体现了整个招标投标的公平、公正、安全的特性。

电子光盘离线 C/S 模式是全过程在线 B/S 模式的基础和前提，是电子招标投标应用模式的一个发展阶段。全过程在线 B/S 模式是要求最高、实施效果最好的一种电子招标应用模式，也将成为日后电子招标投标应用的主流模式。

2. 电子招标投标系统概况

目前实施效果较好的电子招标投标系统均引入第三方认证证书（CA）和电子签章，采用 PDF 文件格式和数字时间戳等多项技术，为参与招标投标活动的各方主体和各类监管人员提供建设工程交易全过程网络化运作，构建起招标投标的全网运行平台，实现全流程无纸化网上招标、投标、评标，全过程电子化网上留痕、可溯、可查，全方位规范化网上备案、监管、监察。系统功能设计按逻辑上划分为网上招标、网上投标、网上开标、网上评标和网上监管五部分，如图 4-1 所示。

（1）网上招标　其主要服务于招标人或招标代理，实现建设工程承发包初步方案、招标公告、招标文件备案和答疑、开标等交易活动全过程的网络化操作。招标人或招标代理机构通过互联网申报招标信息，行政主管部门网上备案后，招标人或招标代理机构可通过 CA 认证使用招标文件制作工具来制作带有特殊数据格式的电子版招标文件，随后网上上传招标文件，供监管人员备案和投标人下载。

（2）网上投标　其主要服务于投标人，实现投标人网上业绩申报、网上获取招标文件、网上报名、网上答疑、网上投标、网上开标、网上投标保证金缴纳等交易活动的全过程网络化操作。投标人通过 CA 证书下载招标文件、答疑文件和图纸等相关文件，与招标人进行在线提问和答疑互动，随后使用投标文件制作工具制作相应的资格审查和投标文件，并利用数字证书对电子标书进行加密和数字签名，完成加密投标文件的上传。

（3）网上开标　其主要服务于参与招标投标各方主体，实现网上开标、唱标过程的网络化操作。开标前，系统通过时间戳服务与格林尼治标准时间保持同步；开标时，系统公布所有投标人名单；唱标前，系统提供解密投标文件环节，监管人、投标人、招标人三方的 CA 证书依次解密才能成功解密投标人标书；解密后，系统自动导入各投标人的投标总价、工期、项目经理等信息进行唱标。

（4）网上评标　其主要服务于专家评委，协助完成评标阶段的清标、评标和生成评标报告，实现评标的全过程无纸化、电子化和智能化。评标前，系统随机抽取，语音通知专家评

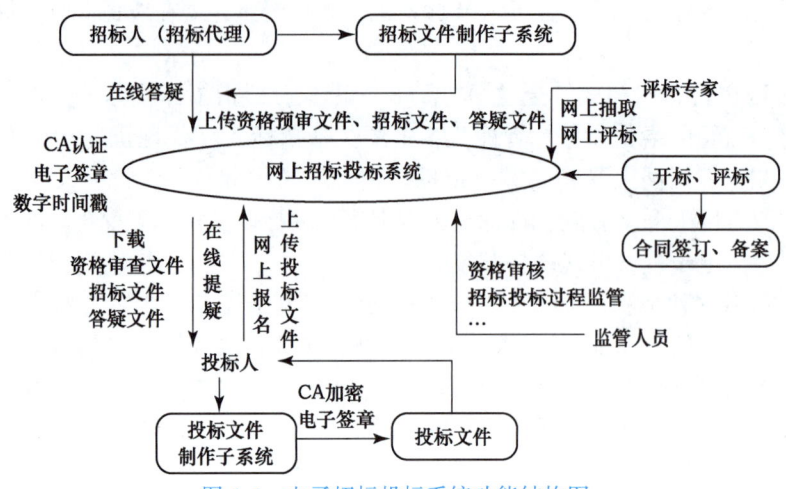

图 4-1 电子招标投标系统功能结构图

委。资格审查时,系统从企业人员数据库中调取各投标人信息供评委审查。评委可借助系统完成包括清单符合性检查、措施项目符合性检查、取费检查、清单价格分析和措施项目分析五部分的商务标评审工作。评委通过查阅招标文件、CAD 图纸、施工进度表和投标文件等文件,比对各家投标人的技术标标书,评判各家投标人的标书,进行打分并输入相关评审意见来完成技术标评审工作。系统最后自动汇总各投标人的商务标和技术标得分并排出名次以供评标委员会推荐中标候选人,评标专家在评标报告上电子签名完成网上评标。

(5) 网上监管 其主要服务于招标投标监管部门,将建设工程从进场登记到承发包交易活动全过程监管工作程序全部纳入电子招标投标系统,监管程序环环紧扣,前事不办、后事不能,大大减少了人为因素的影响。招标人和中标人在招标文件提供的合同范本的基础上签订合同,双方通过电子签章网上备案,防止出现阴阳合同。

本章小结

工程建设项目招标过程中的开标、评标、定标,是招标全过程中十分重要的环节,直接关系到招标投标活动能否顺利进行,能否依法择优评出合格的中标人,使项目招标获得成功。要确保评标活动的质量,必须要有一个科学合理的初步评审和详细评审过程。本章介绍了建设工程开标、评标、定标的基本概念及开标、评标、定标的工作程序及主要工作,重点分析了评标过程的初步评审和详细评审内容、评标的基本方法、电子招标投标及评标方法,并进行了典型工程的案例分析,以此来增加学生的感性认识。

习 题

1. 开标时作为无效投标文件的情形有哪些?
2. 简述评标的程序。
3. 建设工程评标的方法主要有哪几种?并分别解释。
4. 建设工程中标人一经确定就可以签订建设工程承发包合同吗?

5. 评标报告应包括哪些内容？

6. 某办公楼的招标人于2000年10月11日向具备承担该项目能力的A、B、C、D、E共5家承包商发出投标邀请书，其中说明，10月17～18日9：00～16：00时在该招标人总工程师室领取招标文件，11月8日14时为投标截止时间。该5家承包商均接受邀请，并按规定时间提交了投标文件。但承包商A在送出投标文件后发现报价估算有较严重的失误，遂赶在投标截止时间前10分钟递交了一份书面声明，撤回已提交的投标文件。

开标时，由招标人委托的市公证处人员检查投标文件的密封情况，确认无误后，由工作人员当众拆封。由于承包商A已撤回投标文件，故招标人宣布有B、C、D、E共4家承包商投标，并宣读这4家承包商的投标价格、工期和其他主要内容。

评标委员会委员由招标人直接确定，共由7人组成，其中招标人代表2人，本系统技术专家2人、经济专家1人，外系统技术专家1人、经济专家1人。

在评标过程中，评标委员会要求B、D两投标人分别对施工方案做详细说明，并对若干技术要点和难点提出问题，要求其提出具体、可靠的实施措施。作为评标委员的招标人代表希望承包商B再适当考虑一下降低报价的可能性。

按照招标文件中确定的综合评标标准，4个投标人综合得分从高到低的依次顺序为B、D、C、E，故评标委员会确定承包商B为中标人。由于承包商B为外地企业，招标人于11月10日将中标通知书以挂号方式寄出，承包商B于11月14日收到中标通知书。

由于从报价情况来看，4个投标人的报价从低到高的依次顺序为D、C、B、E，因此，从11月16日至12月11日招标人又与承包商B就合同价格进行了多次谈判，结果承包商B将价格降到略低于承包商C的报价水平，最终双方于12月12日签订了书面合同。

问题：

从所介绍的背景资料来看，在该项目的招标投标程序中在哪些方面不符合《招标投标法》的有关规定？请逐一说明。

7. 某工程项目业主邀请甲、乙、丙三家承包商参加投标。根据招标文件的要求，这三家投标单位分别将各自报价按施工进度计划分解为逐月工程款，如下表所示。招标文件中规定按逐月进度拨付工程款，若甲方不能及时拨付工程款，则以每月1%的利率计息；若乙方不能保证逐月进度，则以每月拖欠工程部分的2倍工程款滞留至工程竣工（滞留工程款不计息）。

评标规则规定，按综合百分制评标，商务标和技术标分别评分，商务标权重为60%，技术标权重为40%。

商务标的评标规则为，以三家投标单位的工程款现值的算术平均数（取整数）为评标基数，工程款现值等于评标基数的得100分，工程款现值每高出评标基数1万元扣1分，每低于评标基数1万元扣0.5分（商务标评分结果取1位小数）。

技术标评分结果为甲、乙、丙三家投标单位分别得98、96、94。

各投标单位逐月工程款汇总表　　　　　　　　　　（单位：十万元）

投标单位	1	2	3	4	5	6	7	8	9	10	11	12	工程款合计
甲	9	9	9	18	18	18	18	18	23	23	23	23	209
乙	7	7	7	16	16	16	16	16	27	27	27	27	209
丙	10	10	14	14	14	14	30	30	18	18	18	18	208

问题：

（1）试计算三家投标单位的综合得分。
（2）试以得分最高者中标的原则，确定中标单位。

8. 某大型工程，由于技术难度大，对施工单位的施工设备和同类工程施工经验要求高，而且对工期的要求也比较紧迫。业主在对有关单位和在建工程考察的基础上，仅邀请了3家国有一级施工企业参加投标，并预先与咨询单位和该3家施工单位共同研究确定了施工方案。业主要求投标单位将技术标和商务标分别装订报送。经招标领导小组研究确定的评标规定如下。

(1) 技术标共30分，其中施工方案10分（因已确定施工方案，各投标单位均得10分）、施工总工期为10分、工程质量10分、满足业主总工期要求（36个月）者得4分，每提前1个月加1分，不满足者不得分；自报工程质量合格者得4分，自报工程质量优良者得6分（若实际工程质量未达到优良者将扣罚合同价的2%），近三年内获鲁班奖工程每项加2分，获省优奖工程每项加1分。

(2) 商务标共70分。报价不超过标底（35500万元）的5%者为有效标，超过者为废标。报价为标底的98%者得满分（70分）。在此基础上，报价比标底每下降1%，扣1分，每上升1%，扣2分（计分按四舍五入取整）。各投标单位的有关情况见下表。

各投标单位情况汇总表

投 标 单 位	报价（万元）	总工期（月）	自报工程质量	鲁班奖工程	省优奖工程
A	35642	33	优良	1	1
B	34364	31	优良	0	2
C	33867	32	合格	0	1

问题：

(1) 该工程采用邀请招标方式且仅邀请3家施工单位投标，是否违反有关规定？为什么？

(2) 请按综合得分最高者中标的原则确定中标单位。

(3) 若改变该工程评标的有关规定，将技术标增加到40分，其中施工方案20分（各投标单位均得20分），商务标减少为60分，是否会影响评标结果？为什么？若影响，应由哪家施工单位中标？

第 5 章

建设工程合同管理

本章提要

本章依据《民法典》和《建设项目工程总承包合同（示范文本）》（GF—2020—0216）编写。本章主要介绍了建设工程合同管理的相关知识。首先是合同的概念、类型、订立、履行、变更等，其次是建设工程合同的概念、特征、类型、体系，然后，是建设工程勘察合同、建设工程设计合同，最后介绍了建设工程施工合同及建设工程总承包合同的主要条款、合同的订立、履行等过程管理的有关知识。

引导案例

甲建设单位与乙总包单位签订了工程总承包合同，在合同中约定，项目施工场地及临时用水电由发包方负责。在工程施工过程中，发生了下列情形：

A 因为设计单位拖延提供图纸，导致建筑公司未能按合同约定时间开工；

B 因为建筑公司自有设备损坏，导致工期拖延；

C 因为发生百年不遇的洪灾，建筑公司无法在合同约定的工期内竣工；

D 因为三通一平工期拖延，建设单位不能在合同约定的时间内提供施工场地。

在上述合同履行过程中，当事人乙方可以免除违约责任的情形是（　　）。

【案例评析】

C、D。上述 A 和 B 都是因为承包方的原因导致未能按期开工或者工期拖延，属于乙方违约。而 C 为不可抗力，《建设项目工程总承包合同（示范文本）》（GF—2020—0216）中规定：因不可抗力影响承包人履行合同约定的义务，已经引起或将引起工期延误的，应当顺延工期。因为在合同中已经约定，项目施工场地及临时用水电由发包方负责，因此场地的三通一平应当由甲方负责，甲方没有按照合同约定的时间提供施工场地，属于甲方违约，所以乙方可以免除违约责任。

从上述案例我们可以总结出，在合同的履行过程中，双方都要按照合同的约定履行自己的职责和义务。但是如果在合同订立之后发生变更、终止、违约等情况，双方也要依法处理好出现的问题。

我国是礼仪之邦，每个人都要重视基本礼仪，要懂得如何与人相处，如何待人接物，遇到争议分歧时，要通过合理合法的渠道解决问题，要知法守法、诚实守信。

5.1 民法典有关合同概述

《民法典》被称为"社会生活的百科全书",是新中国第一部以法典命名的法律,在法律体系中居于基础性地位,也是市场经济的基本法。《民法典》共7编、1260条,各编依次为总则、物权、合同、人格权、婚姻家庭、继承、侵权责任,以及附则。

《民法典》,是我国具有重要标志意义的法治建设工程,是一个国家、一个民族走向繁荣强盛的象征和标志。《民法典》在中国特色社会主义法律体系中占有重要地位,是一部固根本、稳预期、利长远的基础性法律。它的实施对推进全面依法治国、加快建设社会主义法治国家,发展社会主义市场经济,巩固社会主义基本经济制度,坚持以人民为中心的发展思想,依法维护人民利益,推动我国人权事业发展,推进国家治理体系和治理能力现代化,都具有重大意义。

《民法典》合同编仍以通则—典型合同—准合同的形式对合同制度加以规定。延续了原《合同法》的基本立法体例。

5.1.1 合同的概念及其特征

1. 合同的概念

在《民法典》第四百六十四条对合同的定义进行了规定:"合同是民事主体之间设立、变更、终止民事法律关系的协议"。婚姻、收养、监护等有关身份关系的协议,适用有关该身份关系的法律规定;没有规定的,可以根据其性质参照适用《民法典》的规定。除此之外,劳动合同适用《劳动法》《劳动合同法》;政府采购合同适用《政府采购法》以及《民法典》合同编。而上述特别法与《民法典》合同编、未来可能修改出台的司法解释,共同构成了中国的合同法制度体系。

2. 合同的特征

1)合同是一种合意。合同的本质是一种合意或协议。合同必须包括以下要素:

① 双方当事人。

② 双方当事人互相做出意思表示(要约和承诺,或者交叉要约)。

③ 双方当事人就主要条款达成协议(意思表示一致)。

2)合同是依照当事人的意愿发生法律效果的民事法律行为,能够产生当事人所预期的法律效果。

3)合同是发生民法上效果的法律行为,合同以设立、变更或终止民事权利义务关系为目的。

3. 合同的适用范围

1)下列两类合同,不适用《民法典》合同编:

① 行政合同。

② 执行企业内部生产责任制的协议。

2)婚姻、收养、监护等有关身份关系的协议,适用有关该身份关系的法律规定;没有规定的,可以根据其性质参照适用《民法典》合同编的规定。

3)兼具债法总则的功能,对此,《民法典》第四百六十八条规定,"非因合同产生的债权债务关系，适用有关该债权债务关系的法律规定，没有规定的，适用本编通则的有关规定，但是根据其性质不能适用的除外。"

4）涉外合同的当事人可以选择处理合同争议所适用的法律。但是，在中华人民共和国境内履行的中外合资经营企业合同、中外合作经营企业合同、中外合作勘探开发自然资源合同，只能适用中华人民共和国法律。

5.1.2 《民法典》合同编的重要发展和创新

1. 合同编在《民法典》中的地位

合同是进行市场交易的主要形式。合同编在《民法典》中具有十分重要的地位。这种重要性体现在两个方面：

1）在整个民法体系中的重要性。这主要体现为四个"最"：条文数量最多，《民法典》共1260条，合同编就有526条；复杂程度最高，涉及极为复杂的理论和实践问题；裁判运用最多，在司法和仲裁实践中，合同案件远多于其他民事案件；规则的变动幅度最大，与《合同法》相比，合同编增加了136条，删除了37条，修改了153条。

2）在社会经济生活中的重要作用。它是民事主体实现意思自治的重要工具，是优化营商环境的重要方式，是促进社会主义市场经济健康有序发展的重要保障，更是推进国家治理体系和治理能力现代化的重要手段。

这次合同编的编纂立足我国国情，系统总结改革开放以来我国的合同立法、司法经验和理论研究成果，同时充分借鉴国际经验，以《合同法》为基础，针对合同领域出现的新情况、新问题，对我国的合同法律制度进行了全面系统的修改和完善。

2. 合同编的重要发展和创新

（1）根据现实需要，增加典型合同类型　合同编结合我国实际，在《合同法》规定的15类合同的基础上增加了保证合同、合伙合同、保理合同和物业服务合同。这类合同都具有典型性和特殊性，也具有规范的必要性。

（2）坚持自愿原则，兼顾多元价值

1）以坚持自愿原则为主线。合同自愿原则是合同法律制度的核心原则。这一原则体现了民事活动的基本特征，是合同法律关系与行政法律关系、刑事法律关系的主要区别。合同自由是现代市场经济最基本的要求，没有合同自由就没有市场经济。

在编纂合同编过程中，合同自愿原则一直被作为一条主线贯穿于合同编的始终。

在合同订立阶段，通过对要约承诺规则的详细规定，强调当事人有权自主决定是否签订合同、什么时候签订合同、与谁签订合同、怎么签订合同以及签订什么内容的合同。

在合同履行阶段，强调当事人可以协议补充、变更有关内容；在有情势变更的情形时，当事人可以协商对原合同进行调整。

在合同终止阶段，当事人可以协议解除合同；在发生合同争议时，当事人可以自愿决定争议解决方式，也可以对违约金等违约责任方式进行协商。

这里需要特别强调一点，合同编的绝大多数规定都是任意性规定，不是强制性规定，当事人可以选择适用，也可以约定不适用，因此，合同编确立了"约定优先"原则。

2）兼顾公平、诚信、生态环境保护等多元价值。合同编适应价值多元融合的发展趋势，重点强化了公平、诚信、生态环境保护等价值对合同秩序的共同作用，在具体制度层面主要体现在以下几方面：

① 加强对弱势当事人的保护。一是增加强制缔约制度。强制缔约制度是对合同自由的适当限制，其目的是为了有效保护弱势群体的利益，反对合同订立中的社会排斥和歧视，实现合同的实质正义。强制缔约仅限于特殊的情形，必须由法律法规明确做出规定。合同编规定，依照法律、行政法规的规定负有发出要约义务的当事人，应当及时发出合理的要约。依照法律、行政法规的规定负有做出承诺义务的当事人，不得拒绝对方合理的订立合同要求。二是完善格式条款制度，防范霸王条款。格式条款是一方当事人为了重复使用未与对方当事人协商而单方提供的合同条款。格式条款的运用满足了现代企业大规模生产经营活动高效率、低成本的需求，但是格式条款的大量运用对合同自由原则也产生了较大的冲击，对弱势合同当事人很有可能产生不公平的现象，有必要进一步规范格式条款制度。

② 强调诚信原则。市场经济是法治经济，也是信用经济，合同制度是维护市场经济的基本法律制度。诚信原则要求当事人在订立、履行合同及合同终止后的全过程，都要心怀善意，诚实守信，相互协作，不得滥用权力。强调诚信原则，对当事人的行为进行规范，可以防止当事人滥用权利，有利于平等保护当事人的合法权益，是现代合同法发展的重要趋势，也是商业道德的重要体现。

现实生活中"重诺守信"的契约社会尚未完全形成，恶意违约的情形时有发生。为了体现对契约精神的尊重，构建诚信社会，鼓励市场交易，合同编突出强调诚信原则，进一步强化合同信守规则及"合同就是当事人之间的法律"的理念。《民法典》第465条明确规定，依法成立的合同，受法律保护，对当事人具有法律约束力。

③ 落实"绿色原则"，体现生态环保理念。保护生态环境是我国当前所面临的严峻挑战之一，也是需要完成的三大攻坚战之一。《民法典》根据时代发展和现实需要，加强对环境的保护。总则编将"绿色原则"作为民法的基本原则加以规定，即民事主体从事民事活动，应当有利于节约资源、保护生态环境。

（3）坚持问题导向，体现时代特征　合同编突出问题导向，积极回应实践中广大人民群众高度关注的痛点、难点问题，做出了有针对性的规定。

1）增加关于电子合同的特殊规则。自20世纪90年代以来，信息技术和网络技术飞速发展，催生了电子商务合同等新的交易方式。电子商务交易的大发展既为人们的工作、生活提供了极大便利，同时也对传统合同制度提出了新挑战，特别是改变了传统合同的订立和履行方式。合同编针对电子合同的特殊性专门做了规定：

① 电子合同的订立。与一般合同的订立相比，电子合同的订立具有一定特殊性。例如，电子合同很少具有线下交易合同的反复磋商过程，双方当事人的信息不对称等特征，特别是判断电子合同何时成立较为困难。因此，合同编明确规定，当事人一方通过互联网等信息网络发布的商品或者服务信息符合要约条件的，自对方选择该商品或者服务并提交订单成功时合同成立，但是当事人另有约定的除外。

② 电子合同的履行。合同编规定，通过互联网等信息网络订立的电子合同的标的为交付商品并采用快速物流方式交付的，收货人的签收时间为交付时间。电子合同的标的为提供服务的，生成的电子凭证或者实物凭证中载明的时间为提供服务的时间；前述凭证没有载明时间或者载明时间与实际提供服务的时间不一致的，以实际提供服务的时间为准。电子合同的标的为采用在线传输方式交付的，合同标的进入对方当事人指定的特定系统并且能够检索

识别的时间为交付时间。电子合同当事人对交付方式、交付时间另有约定的，按照其约定。

2）增加预约合同制度。预约合同是指当事人双方约定在未来一定期限内订立本约合同的协议，是实践中广泛采用的一种合同的订立方式，如认购书、订购书、商品房预订协议书等。合同编规定，当事人约定在将来一定期限内订立合同的认购书、订购书、预订书等，构成预约合同。当事人一方不履行预约合同约定的订立合同义务的，对方可以请求其承担预约合同的违约责任。

3）完善客运合同的相关规定。近年来，客运合同领域面临不少问题，一方面不时发生乘客霸座、强抢方向盘、不配合承运人采取运输措施等严重干扰运输秩序和危害运输安全的恶劣行为；另一方面也存在承运人安全意识淡薄导致安全事故频发，以及承运人通过收取高额挂失补办费等其他费用的名义变相再次收取费用等损害乘客人身、财产权益的情形。为维护正常的运输秩序，保护乘客在运输过程中的人身财产安全，合同编运输合同部分做出了有针对性的规定：

① 明确旅客应当按照有效客票记载的时间、班次和座位号乘坐。

② 明确实名制客运合同的旅客丢失客票的，可以要求承运人挂失补办，承运人不得再次收取票款和其他不合理费用。

③ 明确承运人应当严格履行安全运输义务，及时告知旅客安全运输应当注意的事项。旅客对承运人为安全运输所做的合理安排应当积极协助和配合。承运人迟延运输的，应当履行告知和提醒义务，并采取必要的安置措施。

这些规定为解决实践中频发的旅客抢夺方向盘、不配合乘务员引导、拒绝履行乘车规范等问题提供了明确的法律依据，为社会应有的文明乘车秩序做出了法律引导。

4）规范民间借贷。民间借贷是目前社会经济生活中的一个突出问题，特别是校园贷、套路贷、过桥贷等行为对金融秩序和经济秩序造成极大影响。合同编明确规定，禁止高利放贷，借款的利率不得违反国家有关规定。根据该规定，只要借款利率违反国家有关规定，即为高利放贷，法律不予支持。

（4）强调交易安全，鼓励合同交易　鼓励合同交易是提高经济效益、增进社会财富的重要方式，更是促进市场经济健康发展的重要手段。合同编将保护交易安全，促进合同交易作为立法的主要目标，以刺激经济发展。

1）进一步限制合同无效或者不生效的情形。

① 明确了未履行批准手续的合同效力。合同编增加规定，法律、行政法规规定应当办理批准等手续生效的，依照其规定。未办理批准等手续的，该合同不生效，但是不影响合同中履行报批等义务条款以及相关条款的效力。应当办理申请批准等手续的当事人未履行该义务的，对方可以请求其承担违反该义务的责任。

② 删除了关于无权处分合同的规定。原《合同法》第51条规定，无处分权的人处分他人财产，经权利人追认或者无处分权的人订立合同后取得处分权的，该合同有效。《民法典》合同编删去了该规定，原则上讲，无权处分合同是有效的。这样修改既确保了物权人对标的物的所有权，也保护了买受人的权益，彰显了合同对当事人的约束力，有利于倡导诚信价值、维护交易安全和优化营商环境，有利于促进交易的进行。这样修改也符合国际上的发展趋势。

③ 明确了超越经营范围签订的合同原则有效。现实中，当事人超越经营范围签订合同

的现象时有发生，但超越经营范围签订的合同是否有效一直都是困扰司法实践的问题，在理论上的认识也不尽一致。合同编明确规定，当事人超越经营范围订立的合同的效力，应当依照总则编第 6 章和本编的规定确定，不得仅以超越经营范围确认合同无效。

2）进一步完善防范违约、保障债权的规定。针对实践中一些合同当事人不信守合同、欠债不还等突出问题，为防范因违约导致的债务风险，保障债权顺利实现，构建诚信社会，保障交易安全，建立良好的营商环境，合同编还对以下制度做了重大修改。

① 完善了代位权制度。代位权是指因债务人怠于行使其债权或者与该债权相关的从权利，影响债权人的到期债权实现的，债权人可以向人民法院请求以自己的名义代位行使债务人对相对人的权利。与《合同法》的规定相比，《民法典》合同编做了以下修改：一是扩大了代位权的客体范围，将债权人可以代位行使的客体范围扩大到债务人的债权及其从权利。二是明确了行使代位权后的法律后果。《民法典》合同编明确规定，人民法院认定代位权成立的，由债务人的相对人向债权人履行义务，债权人接受履行后，债权人与债务人、债务人与相对人之间相应的权利义务终止。同时，债务人对相对人的债权或者与该债权有关的从权利被采取保全、执行措施或者债务人破产的，依照相关法律的规定处理。

② 扩大了撤销权的适用范围。撤销权是指在债务履行期间，债务人的行为影响债权人的债权实现的，债权人有权请求人民法院撤销债务人的该行为。对撤销权的适用范围，原《合同法》规定了放弃到期债权、无偿转让财产和明显不合理的低价转让财产三种情形。《民法典》合同编在此基础上，增加了放弃债权担保、恶意延长到期债权的履行期限、以明显不合理的高价受让他人财产以及为他人的债务提供担保等情形。

5.1.3 合同的类型

《民法典》合同编规定了以下 19 种有名合同：买卖合同，供用电、水、气、热力合同，赠与合同，借款合同，保证合同，租赁合同，融资租赁合同，保理合同，承揽合同，建设工程合同，运输合同，技术合同，保管合同，仓储合同，委托合同，物业服务合同，行纪合同，中介合同，合伙合同。

（1）买卖合同　买卖合同是指出卖人转移标的物的所有权于买受人，买受人支付价款的合同。

（2）供用电、水、气、热力合同　供用电合同是指供电人向用电人供电，用电人支付电费的合同。供用水、供用气、供用热力合同，参照适用供用电合同的有关规定。

（3）赠与合同　赠与合同是赠与人将自己的财产无偿给予受赠人，受赠人表示接受赠与的合同。

（4）借款合同　借款合同是指借款人向贷款人借款，到期返还借款并支付利息的合同。借款合同应当采用书面形式，但是自然人之间借款另有约定的除外。

（5）保证合同　保证合同是指为保障债权的实现，保证人和债权人约定，当债务人不履行到期债务或者发生当事人约定的情形时，保证人履行债务或者承担责任的合同。保证合同是主债权债务合同的从合同。主债权债务合同无效的，保证合同无效，但是法律另有规定的除外。保证合同被确认无效后，债务人、保证人、债权人有过错的，应当根据其过错各自承担相应的民事责任。保证合同可以是单独订立的书面合同，也可以是主债权债务合同中的保证条款。

（6）租赁合同 租赁合同是指出租人将租赁物交付承租人使用、收益，承租人支付租金的合同。租赁期限不得超过二十年。超过二十年的，超过部分无效。租赁期限届满，当事人可以续订租赁合同；但是，约定的租赁期限自续订之日起不得超过二十年。租赁期限六个月以上的，应当采用书面形式。当事人未采用书面形式，无法确定租赁期限的，视为不定期租赁。

（7）融资租赁合同 融资租赁合同是指出租人根据承租人对出卖人、租赁物的选择，向出卖人购买租赁物，提供给承租人使用，承租人支付租金的合同。融资租赁合同应当采用书面形式。

（8）保理合同 保理合同是指应收账款债权人将现有的或者将有的应收账款转让给保理人，保理人提供资金融通、应收账款管理或者催收、应收账款债务人付款担保等服务的合同。保理合同应当采用书面形式。

（9）承揽合同 承揽合同是指承揽人按照定做人的要求完成工作，交付工作成果，定做人支付报酬的合同。承揽包括加工、定做、修理、复制、测试、检验等工作。

（10）建设工程合同 建设工程合同是指承包人进行工程建设，发包人支付价款的合同。建设工程合同包括工程勘察、设计、施工合同。建设工程合同应当采用书面形式。

（11）运输合同 运输合同是指承运人将旅客或者货物从起运地点运输到约定地点，旅客、托运人或者收货人支付票款或者运输费用的合同。

（12）技术合同 技术合同是指当事人就技术开发、转让、许可、咨询或者服务订立的确立相互之间权利和义务的合同。订立技术合同，应当有利于知识产权的保护和科学技术的进步，促进科学技术成果的研发、转化、应用和推广。

（13）保管合同 保管合同是指保管人保管寄存人交付的保管物，并返还该物的合同。寄存人到保管人处从事购物、就餐、住宿等活动，将物品存放在指定场所的，视为保管，但是当事人另有约定或者另有交易习惯的除外。

（14）仓储合同 仓储合同是指保管人储存存货人交付的仓储物，存货人支付仓储费的合同。仓储合同自保管人和存货人意思表示一致时成立。

（15）委托合同 委托合同是指委托人和受托人约定，由受托人处理委托人事务的合同。委托人可以特别委托受托人处理一项或者数项事务，也可以概括委托受托人处理一切事务。

（16）物业服务合同 物业服务合同是指物业服务人在物业服务区域内，为业主提供建筑物及其附属设施的维修养护、环境卫生和相关秩序的管理维护等物业服务，业主支付物业费的合同。物业服务人包括物业服务企业和其他管理人。

（17）行纪合同 行纪合同是指行纪人以自己的名义为委托人从事贸易活动，委托人支付报酬的合同。行纪人处理委托事务支出的费用，由行纪人负担，但是当事人另有约定的除外。

（18）中介合同 中介合同是指中介人向委托人报告订立合同的机会或者提供订立合同的媒介服务，委托人支付报酬的合同。

（19）合伙合同 合伙合同是指两个以上合伙人为了共同的事业目的，订立的共享利益、共担风险的协议。合伙人应当按照约定的出资方式、数额和缴付期限，履行出资义务。

5.1.4 合同的形式及内容

1. 合同的形式

合同的形式是指合同双方当事人对合同的内容、条款,经过协商,做出共同的意思表示的具体方式。

《民法典》规定,当事人订立合同,可以采用书面形式、口头形式或者其他形式。书面形式是合同书、信件、电报、电传、传真等可以有形地表现所载内容的形式。以电子数据交换、电子邮件等方式能够有形地表现所载内容,并可以随时调取查用的数据电文,视为书面形式。

2. 合同的内容

合同的内容由当事人约定,一般包括下列条款:

(1) 当事人的名称或者姓名和住所 当事人由其名称或姓名和住所加以特定化、固定化,在合同中明确当事人的基本情况,有利于合同的顺利履行,也利于确定诉讼管辖。

(2) 标的 标的是合同权利和义务所共同指向的对象。标的的表现形式为物、劳动、行为、智力成果、工程项目等。合同的标的必须明确、具体、合法。没有标的或标的不明确的,合同无法履行或不能成立。

(3) 数量 数量是衡量合同标的多少的尺度,应选择使用共同接受的计量单位、计量方法和计量工具。若双方未约定具体数量,则合同无法履行。

(4) 质量 质量是标的的内在品质和外观形态的综合指标。签订合同时,必须明确质量标准。如果标的有不同的质量标准,当事人应在合同中写明合同执行的是什么标准,若国家有强制性标准的,必须按照强制性标准执行,并可约定质量检验方法、质量责任期限等。

(5) 价款或报酬 价款或报酬是指当事人一方履行义务时另一方当事人以货币形式支付的代价。合同中应规定清楚计算价款或者报酬的方法。

(6) 履行期限、地点和方式 履行期限是当事人各方依照合同规定完成各自义务的时间。履行期限直接关系到合同义务完成的时间,涉及当事人的期限利益,也是确定违约与否的一个重要因素。履行地点是指当事人交付标的和支付价款或报酬的地点,是确定运输费用由谁负担、风险由谁承受的依据。履行方式是当事人完成合同规定义务的具体方法。履行方式包括很多方面内容,如标的的交付方式、价款或报酬的结算方式、货物运输方式等。

(7) 违约责任 违约责任是任何一方当事人不履行或不适当履行合同规定的义务而应承担的法律责任。当事人可以在合同中约定,当一方当事人违反合同时,应向另一方当事人支付违约金或赔偿金。当事人还可在合同中约定定金、违约金、赔偿金或赔偿金的计算方法等。

(8) 解决争议的方法 解决争议的方法是指当事人在订立合同时约定,在合同履行过程中产生争议以后,通过哪种方式解决,即解决争议运用什么程序、适用何种法律、选择哪家检验或鉴定机构等内容。

当事人可以参照各类合同的示范文本订立合同。

5.1.5 合同的订立程序及效力

1. 合同的订立程序

当事人订立合同,可以采取要约、承诺或者其他方式。

(1) 要约

1) 要约的含义。要约是希望与他人订立合同的意思表示,该意思表示应当符合下列条件:
① 内容具体确定。
② 表明经受要约人承诺,要约人即受该意思表示约束。

2) 要约邀请。要约邀请是希望他人向自己发出要约的表示。拍卖公告、招标公告、招股说明书、债券募集办法、基金招募说明书、商业广告和宣传、寄送的价目表等为要约邀请。商业广告和宣传的内容符合要约条件的,构成要约。邀约邀请不是合同成立过程中的必经过程,它是当事人订立合同的预备行为,在法律上无须承担责任。

3) 要约的生效时间。《民法典》第一百三十七条规定:以对话方式做出的意思表示,相对人知道其内容时生效。以非对话方式做出的意思表示,到达相对人时生效。以非对话方式做出的采用数据电文形式的意思表示,相对人指定特定系统接收数据电文的,该数据电文进入该特定系统时生效;未指定特定系统的,相对人知道或者应当知道该数据电文进入其系统时生效。当事人对采用数据电文形式的意思表示的生效时间另有约定的,按照其约定。

4) 要约的撤回和撤销。
① 要约撤回是指在要约发生法律效力之前,要约人欲使其不发生法律效力而取消要约的意思表示。《民法典》第一百四十一条规定:行为人可以撤回意思表示。撤回意思表示的通知应当在意思表示到达相对人前或者与意思表示同时到达相对人。
② 要约撤销是指要约生效后,要约人欲使其丧失法律效力的意思表示。撤销要约的意思表示以对话方式做出的,该意思表示的内容应当在受要约人做出承诺之前为受要约人所知道;撤销要约的意思表示以非对话方式做出的,应当在受要约人做出承诺之前到达受要约人。但是有下列情形之一的除外:
a. 要约人以确定承诺期限或者其他形式明示要约不可撤销。
b. 受要约人有理由认为要约是不可撤销的,并已经为履行合同做了合理准备工作。

5) 要约的失效。要约失效是指要约丧失了法律约束力,因而对要约人和受要约人不再具有约束作用。要约失效是以要约已经生效为前提的。有下列情形之一的,要约失效:
① 要约被拒绝。
② 要约被依法撤销。
③ 承诺期限届满,受要约人未做出承诺。
④ 受要约人对要约的内容做出实质性变更。

(2) 承诺

1) 承诺的概念。承诺是受要约人同意要约的意思表示。承诺应当以通知的方式做出,但根据交易习惯或者要约表明可以通过行为做出承诺的除外。

2) 承诺的到达时间及计算。承诺应当在要约确定的期限内到达要约人。要约没有确定承诺期限的,承诺应当依照下列规定到达:
① 要约以对话方式做出的,应当即时做出承诺。

② 要约以非对话方式做出的，承诺应当在合理期限内到达。

3）承诺期限。要约以信件或者电报做出的，承诺期限自信件载明的日期或者电报交发之日开始计算。信件未载明日期的，自投寄该信件的邮戳日期开始计算。要约以电话、传真、电子邮件等快速通信方式做出的，承诺期限自要约到达受要约人时开始计算。

4）承诺的生效时间。承诺生效时合同成立，但是法律另有规定或者当事人另有约定的除外。以对话方式做出的意思表示，相对人知道其内容时生效。以非对话方式做出的意思表示，到达相对人时生效。以非对话方式做出的采用数据电文形式的意思表示，相对人指定特定系统接收数据电文的，该数据电文进入该特定系统时生效；未指定特定系统的，相对人知道或者应当知道该数据电文进入其系统时生效。当事人对采用数据电文形式的意思表示的生效时间另有约定的，按照其约定。承诺不需要通知的，根据交易习惯或者要约的要求做出承诺的行为时生效。

5）承诺的撤回与延迟。承诺可以撤回，承诺撤回是指受要约人在其做出的承诺生效之前将其撤回的行为。撤回承诺的通知应当在承诺到达相对人前或者与承诺同时到达相对人。受要约人超过承诺期限发出承诺或者在承诺期限内发出承诺，但按照通常情形不能及时到达要约人的，视为新要约；但要约人及时通知受要约人该承诺有效的除外。受要约人在承诺期限内发出承诺，按照通常情形能够及时到达要约人，但是因其他原因致使承诺到达要约人时超过承诺期限的，除要约人及时通知受要约人因承诺超过期限不接受该承诺外，该承诺有效。

6）承诺内容的变更。承诺的内容应当与要约的内容一致。受要约人对要约的内容做出实质性变更的，为新要约。有关合同标的、数量、质量、价款或者报酬、履行期限、履行地点和方式、违约责任和解决争议方法等的变更，是对要约内容的实质性变更。承诺对要约的内容做出非实质性变更的，除要约人及时表示反对或者要约表明承诺不得对要约的内容做出任何变更外，该承诺有效，合同的内容以承诺的内容为准。

2. 合同的效力

（1）合同的生效 《民法典》第五百零二条规定：依法成立的合同，自成立时生效，但是法律另有规定或者当事人另有约定的除外。依照法律、行政法规的规定，合同应当办理批准等手续的，依照其规定。未办理批准等手续影响合同生效的，不影响合同中履行报批等义务条款以及相关条款的效力。应当办理申请批准等手续的当事人未履行义务的，对方可以请求其承担违反该义务的责任。

《民法典》第一百四十三条规定，具备下列条件的民事法律行为有效：

1）行为人具有相应的民事行为能力。

2）意思表示真实。

3）不违反法律、行政法规的强制性规定，不违背公序良俗。

无权代理人以被代理人的名义订立合同，被代理人已经开始履行合同义务或者接受相对人履行的，视为对合同的追认。

法人的法定代表人或者非法人组织的负责人超越权限订立的合同，除相对人知道或者应当知道其超越权限外，该代表行为有效，订立的合同对法人或者非法人组织发生效力。

（2）合同生效要件

1）成立生效。对一般合同而言，只要当事人在合同主体资格、合同形式及合同内容等方面都符合法律的要求，经协商达成一致意见，合同成立即可生效，即依法成立的合同，自成立时生效。

2）批准登记生效。批准登记的合同，是指依照法律、行政法规的规定，合同应当办理批准等手续的，依照其规定。未办理批准等手续影响合同生效的，不影响合同中履行报批等义务条款以及相关条款的效力。应当办理申请批准等手续的当事人未履行义务的，对方可以请求其承担违反该义务的责任。

3）约定生效。约定生效是指合同当事人在订立合同时，约定将来某种事实的发生作为合同生效或合同失效的条件，合同成立后，当约定的某种事实发生后，合同才能生效或者失效。

(3) 合同生效的时间

1）当事人采用合同书形式订立合同的，自当事人均签名、盖章或者按指印时合同成立。在签名、盖章或者按指印之前，当事人一方已经履行主要义务，对方接受时，该合同成立。法律、行政法规规定或者当事人约定合同应当采用书面形式订立，当事人未采用书面形式但是一方已经履行主要义务，对方接受时，该合同成立。

2）当事人采用信件、数据电文等形式订立合同要求签订确认书的，签订确认书时合同成立。当事人一方通过互联网等信息网络发布的商品或者服务信息符合要约条件的，对方选择该商品或者服务并提交订单成功时合同成立，但是当事人另有约定的除外。

(4) 合同生效的地点

1）承诺生效的地点为合同成立的地点。

2）采用数据电文形式订立合同的，收件人的主营业地为合同成立的地点；没有主营业地的，其住所地为合同成立的地点。当事人另有约定的，按照其约定。

3）当事人采用合同书形式订立合同的，最后签名、盖章或者按指印的地点为合同成立的地点，但是当事人另有约定的除外。

3. 格式条款的合同的有关规定

(1) 格式条款合同的含义　格式条款是当事人为了重复使用而预先拟定，并在订立合同时未与对方协商的条款。采用格式条款订立合同的，提供格式条款的一方应当遵循公平原则确定当事人之间的权利和义务，并采取合理的方式提示对方注意免除或者减轻其责任等与对方有重大利害关系的条款，按照对方的要求，对该条款予以说明。提供格式条款的一方未履行提示或者说明义务，致使对方没有注意或者理解与其有重大利害关系的条款的，对方可以主张该条款不成为合同的内容。

(2) 无效的格式条款

1）合同中的下列免责条款无效：

① 造成对方人身损害的。

② 因故意或者重大过失造成对方财产损失的。

2）提供格式条款一方不合理地免除或者减轻其责任、加重对方责任、限制对方主要权利。

3）提供格式条款一方排除对方主要权利。

(3) 格式条款合同理解发生争议的解决　对格式条款的理解发生争议的，应当按照通常理解予以解释。对格式条款有两种以上解释的，应当做出不利于提供格式条款一方的解释。格式条款和非格式条款不一致的,应当采用非格式条款。

4. 无效合同

(1) 无效合同的概念　无效合同是指当事人违反了法律规定的条件而订立的合同,国家不承认其效力,不给予其法律保护。无效合同自订立之时起就没有法律效力。

(2) 无效合同的情形

1) 无民事行为能力的人签订的合同。
2) 合同双方以虚假的意思签订的合同。
3) 违反法律、法规强制性规定的合同。
4) 违背公序良俗的合同。
5) 恶意串通,损害他人合法权益的合同。

(3) 合同中的下列免责条款无效

1) 造成对方人身损害的。
2) 因故意或者重大过失造成对方财产损失的。

合同不生效、无效、被撤销或者终止的,不影响合同中有关解决争议方法的条款的效力。

5. 应承担赔偿责任的情形

当事人在订立合同过程中有下列情形之一,造成对方损失的,应当承担赔偿责任:

1) 假借订立合同,恶意进行磋商。
2) 故意隐瞒与订立合同有关的重要事实或者提供虚假情况。
3) 有其他违背诚信原则的行为。

当事人在订立合同过程中知悉的商业秘密或者其他应当保密的信息,无论合同是否成立,不得泄露或者不正当地使用;泄露、不正当地使用该商业秘密或者信息,造成对方损失的,应当承担赔偿责任。

5.1.6　合同的履行

1. 合同的履行义务

《民法典》规定:

1) 当事人应当按照约定全面履行自己的义务。
2) 当事人应当遵循诚信原则,根据合同的性质、目的和交易习惯履行通知、协助、保密等义务。
3) 当事人在履行合同过程中,应当避免浪费资源、污染环境和破坏生态。

2. 合同中约定不明的事项的确定

《民法典》规定,合同生效后,当事人就质量、价款或者报酬、履行地点等内容没有约定或者约定不明确的,可以协议补充;不能达成补充协议的,按照合同相关条款或者交易习惯确定。

当事人就有关合同内容约定不明确,依据前条规定仍不能确定的,适用下列规定:

1) 质量要求不明确的,按照强制性国家标准履行;没有强制性国家标准的,按照推荐性国家标准履行;没有推荐性国家标准的,按照行业标准履行;没有国家标准、行业标准的,按照通常标准或者符合合同目的的特定标准履行。

2）价款或者报酬不明确的,按照订立合同时履行地的市场价格履行;依法应当执行政府定价或者政府指导价的,依照规定履行。

3）履行地点不明确,给付货币的,在接受货币一方所在地履行;交付不动产的,在不动产所在地履行;其他标的,在履行义务一方所在地履行。

4）履行期限不明确的,债务人可以随时履行,债权人也可以随时请求履行,但是应当给对方必要的准备时间。

5）履行方式不明确的,按照有利于实现合同目的的方式履行。

6）履行费用的负担不明确的,由履行义务一方负担;因债权人原因增加的履行费用,由债权人负担。

3. 合同履行时间的规定

1）通过互联网等信息网络订立的电子合同的标的为交付商品并采用快递物流方式交付的,收货人的签收时间为交付时间。

2）电子合同的标的为提供服务的,生成的电子凭证或者实物凭证中载明的时间为提供服务时间;前述凭证没有载明时间或者载明时间与实际提供服务时间不一致的,以实际提供服务的时间为准。

3）电子合同的标的物为采用在线传输方式交付的,合同标的物进入对方当事人指定的特定系统且能够检索识别的时间为交付时间。

电子合同当事人对交付商品或者提供服务的方式、时间另有约定的,按照其约定。

4. 合同价格的调整问题

1）执行政府定价或者政府指导价的,在合同约定的交付期限内政府价格调整时,按照交付时的价格计价。

2）逾期交付标的物的,遇价格上涨时,按照原价格执行;价格下降时,按照新价格执行。

3）逾期提取标的物或者逾期付款的,遇价格上涨时,按照新价格执行;价格下降时,按照原价格执行。

5.1.7 合同的变更和转让

1. 合同的变更

合同是可以变更的。《民法典》规定,当事人协商一致,可以变更合同。当事人对合同变更的内容约定不明确的,推定为未变更。

2. 合同的转让

《民法典》第五百四十五条规定,债权人可以将债权的全部或者部分转让给第三人,但是有下列情形之一的除外:

1）根据债权性质不得转让。
2）按照当事人约定不得转让。
3）依照法律规定不得转让。

当事人约定非金钱债权不得转让的,不得对抗善意第三人。当事人约定金钱债权不得转让的,不得对抗第三人。

债权人转让债权,未通知债务人的,该转让对债务人不发生效力。债权转让的通知不得撤销，但是经受让人同意的除外。

5.2 建设工程合同概述

5.2.1 建设工程合同的概念及特征

1. 建设工程合同的概念

建设工程合同是承包人进行工程建设，发包人支付价款的合同。建设工程合同的订立，应当遵循平等原则、自愿原则、公平原则、诚实信用原则、合法原则等。双方当事人应当在合同中明确各自的权利义务，但合同的主要内容是承包人进行工程建设，发包人支付工程款。建设工程合同是一种诺成合同，合同订立生效后双方应当严格履行。建设工程合同也是双务合同、有偿合同，当事人在合同中都有各自的权利和义务，享有权利的同时必须履行义务。

《民法典》规定，建设工程合同包括工程勘察、设计、施工合同。

2. 建设工程合同的特征

（1）合同主体的严格性　合同的主体必须具有履约能力。发包人一般只能是经过批准进行工程项目建设的法人，必须有国家已批准的建设项目，落实了投资来源，并且具备相应的组织管理能力。承包人必须具备法人资格而且应当具备相应的施工资质。无营业执照或无承包资质的单位不能作为建设工程合同的主体，资质等级低的单位不能越级承包。

（2）合同标的的特殊性　建设工程合同的标的是各类建筑产品，建筑产品是不动产，这就决定了每个施工合同的标的都是特殊的，相互间具有不可替代性。这还决定了施工生产的流动性。另外，建筑产品类别庞杂，每一个建筑产品都需单独设计和施工，决定了建设工程合同标的的特殊性。

（3）合同形式的特殊要求　由于建设工程的重要性和复杂性，在建设过程中经常会发生影响合同履行的纠纷。因此，《民法典》第七百八十九条规定，建设工程合同应当采用书面形式。

（4）合同履行期的长期性　建设工程结构复杂、体积庞大、建筑材料类型多、工作量大，使得建设工程合同的履行期限都较长。建设工程合同的订立和履行一般需要较长的准备时间，在履行合同过程中还可能会出现不可抗力、工程变更、材料供应不及时等原因，从而导致合同工期的顺延。这些因素表明了建设工程合同的履行期具有长期性。

（5）计划和程序的严格性　国家对建设工程的计划和程序都有着严格的管理制度，订立建设工程合同必须要以国家批准的投资计划为前提，并经过严格的审批程序。建设工程的订立和履行还必须符合国家关于建设程序的规定。

5.2.2 建设工程合同的类型及体系

1. 建设工程合同的分类

（1）按合同内容的分类　《民法典》将建设工程合同分为建设工程勘察合同、建设工程设计合同、建设工程施工合同三种类型。

1）建设工程勘察合同。建设工程勘察合同是承包方进行工程勘察，发包人支付价款的合同。建设工程勘察单位称为承包方，建设单位或者有关单位称为发包方（也称为委托方）。建设工程勘察合同的标的是为建设工程需要而做的勘察成果。工程勘察是工程建设的第一个环节，也是保证建设工程质量的基础环节。为了确保工程勘察的质量，勘察合同的承包方必须是经国家或省级主管机关批准，持有《勘察许可证》，具有法人资格的勘察单位。建设工程勘察合同必须符合国家规定的基本建设程序，勘察合同由建设单位或有关单位提出委托，经与勘察部门协商，双方取得一致意见，即可签订，任何违反国家规定的建设程序的勘察合同均是无效的。

2）建设工程设计合同。建设工程设计合同是承包方进行工程设计，委托方支付价款的合同。建设单位或有关单位为委托方，建设工程设计单位为承包方。建设工程设计合同为建设工程需要而做的设计成果。工程设计是工程建设的第二个环节，是保证建设工程质量的重要环节。工程设计合同的承包方必须是经国家或省级主要机关批准的，持有设计许可证并且具有法人资格的设计单位。只有具备了上级批准的设计任务书，建设工程设计合同才能订立；小型单项工程必须具有上级机关批准的文件方能订立。如果单独委托施工图设计任务，应当同时具有经有关部门批准的初步设计文件方能订立。

3）建设工程施工合同。建设工程施工合同是工程建设单位与施工单位（发包方与承包方）以完成商定的建设工程为目的，明确双方相互权利义务的协议。建设工程施工合同的发包方可以是法人，也可以是依法成立的其他组织或公民，而承包方必须是法人。建设工程施工合同是建设工程合同中的重要部分。建设工程施工合同是工程建设的主要合同，是工程建设质量控制、投资控制、进度控制的主要依据。施工合同的当事人是发包人和承包人，双方是平等的民事主体，双方签订施工合同，必须具备相应资质条件和履行施工合同的能力。对合同范围内的工程实施建设时，发包人必须具备组织协调能力；承包人必须具备有关部门核定的资质等级并持有营业执照证明文件。发包人可以是建设单位也可以是取得建设项目总承包资格的项目总承包单位。作为业主的发包人可以是具备法人资格的国家机关、事业单位、国有企业、集体企业、私营企业、经济联合体和社会团体，也可以是依法登记的个人合伙、个体经营户或个人；承包人是指被发包人接受的具有工程施工承包主体资格的施工企业。

（2）按合同结构的分类 建设工程合同根据合同联系结构不同，可分为总承包合同与分别承包合同，还可分为总包合同与分包合同。

1）总承包合同与分别承包合同。

① 总承包合同，是指发包人将整个建设工程承包给一个总承包人而订立的建设工程合同。总承包人就整个工程对发包人负责。

② 分别承包合同，是指发包人将建设工程的勘察、设计、施工工作分别承包给勘察人、设计人、施工人而订立的勘察合同、设计合同、施工合同。勘察人、设计人、施工人作为承包人，就其各自承包的工程勘察、设计、施工部分，分别对发包人负责。

2）总包合同与分包合同。

① 总包合同，是指发包人与总承包人或者勘察人、设计人、施工人就整个建设工程或者建设工程的勘察、设计、施工工作所订立的承包合同。总包合同包括总承包合同与分别承包合同，总承包人和承包人都直接对发包人负责。

② 分包合同，是指总承包人或者勘察人、设计人、施工人经发包人同意，将其承包的

部分工作承包给第三人所订立的合同。分包合同与总包合同是不可分离的。分包合同的发包人就是总包合同的总承包人或者承包人（勘察人、设计人、施工人）。分包合同的承包人即分包人，就其承包的部分工作与总承包人或者勘察、设计、施工承包人向总包合同的发包人承担连带责任。

2. 建设工程合同体系

（1）建设工程中的主要合同关系

1）业主的主要合同关系。业主作为工程、货物或服务的买方，可能是政府、国有或民营企业、其他投资者。业主根据对工程的需求，确定工程项目的总体目标。这个目标是所有相关合同的核心。要实现项目目标，业主必须将工程项目的咨询、勘察、设计、施工、设备和材料供应等工作委托出去，必须与有关单位签订合同，其主要合同关系如图 5-1 所示。

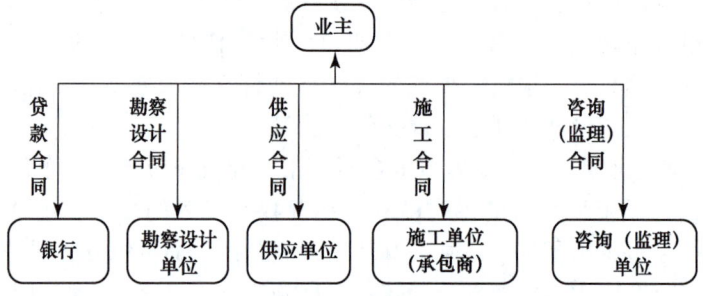

图 5-1　业主的主要合同关系

2）承包商的主要合同关系。承包商是工程施工的具体实施者。承包商通过投标接受业主的委托，签订工程施工承包合同。承包商要履行合同义务，包括由工程量表所确定的工程范围的施工、竣工和保修，为完成工程提供劳动力、施工设备、材料，有时也包括设计。由于任何一个承包商都不可能，也不必具备所有专业工程的施工能力、材料和设备的生产和供应能力，他必然会将许多专业工作委托出去，因此，承包商又有自己复杂的合同关系，如图 5-2 所示。

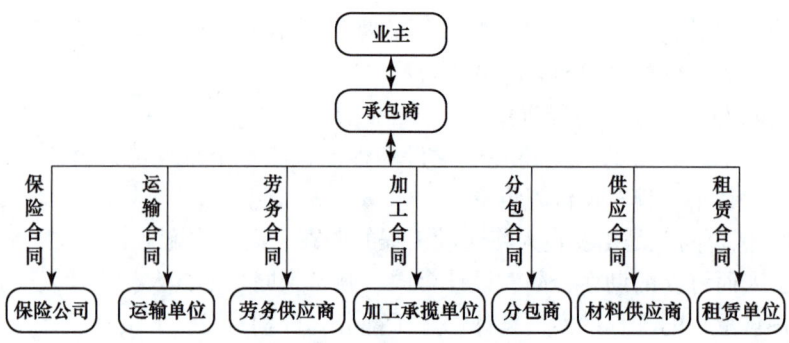

图 5-2　承包商的主要合同关系

（2）工程项目合同体系　业主为了实现工程项目总目标，按照项目任务的结构分解，签订不同层次、不同种类的合同，共同构成该项目的合同体系，如图 5-3 所示。

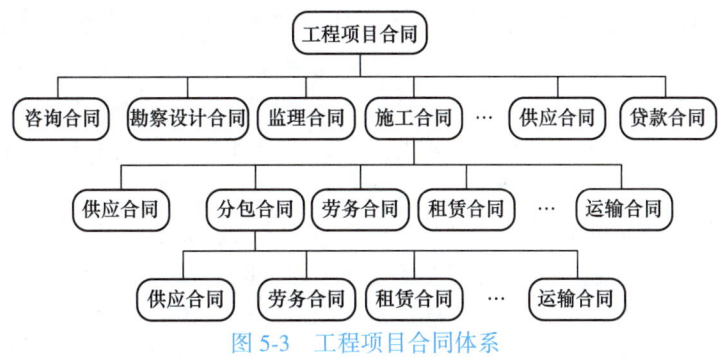

图 5-3　工程项目合同体系

从宏观上，这些合同构成项目的合同体系（或称为合同网络），从微观上每个合同都定义并安排了一些项目活动，这些项目活动共同构成项目的实施过程。在这个合同体系中，相关的同级合同之间，以及主合同与分合同之间存在着复杂的联系。

5.3　建设工程勘察、设计合同

发包人通过招标方式与选择的中标人就委托的勘察、设计任务签订合同。订立合同委托勘察、设计任务是发包人和承包人的自主市场行为，但必须遵守《民法典》合同编、《建筑法》《建设工程勘察设计管理条例》《建设工程勘察设计市场管理规定》等法律和法规的要求。2017年9月4日，为进一步完善标准文件编制规则，构建覆盖主要采购对象、多种合同类型、不同项目规模的标准文件体系，提高招标文件编制质量，促进招标投标活动的公开、公平和公正，营造良好市场竞争环境，国家发展改革委员会同工业和信息化部、住房和城乡建设部、交通运输部、水利部、商务部、国家新闻出版广电总局、国家铁路局、中国民用航空局，发布了《标准勘察招标文件》和《标准设计招标文件》，其中包含合同条款。本节以《民法典》合同编、《标准勘察招标文件》和《标准设计招标文件》为依据，介绍建设工程勘察、设计合同的内容，并将《标准勘察招标文件》和《标准设计招标文件》分别简称为九部委勘察合同文本、九部委设计合同文本。

5.3.1　建设工程勘察合同

1. 建设工程勘察合同文本的构成

《民法典》第七百九十四条规定，勘察、设计合同的内容一般包括提交有关基础资料和概预算等文件的期限、质量要求、费用以及其他协作条件等条款。而根据九部委勘察合同文本由通用合同条款、专用合同条款和合同附件格式构成。

（1）适用范围　九部委勘察合同文本适用于依法必须招标的与工程建设有关的勘察项目。九部委勘察合同文本有一项说明：房屋建筑和市政工程等工程勘察项目招标可以使用《建设工程勘察合同（示范文本）》（GF—2016—0203）。

（2）合同文件　合同文件（或称合同）是指合同协议书、中标通知书、投标和投标附录、专用合同条款、通用合同条款、发包人要求、勘察费用清单、勘察纲要，以及其他构成合同组成部分的文件。专用合同条款可对通用合同条款进行补充、细化，但除通用合同条款明确规定可以做出不同约定外，专用合同条款补充和细化的内容不得与通用合同条款相抵触，否则抵触内容无效。组成合同的各项文件应互相解释，互为说明。除专用合同条款另有约定外，解释合同文件的优先顺序如下：合同协议书；中标通知书；投标函及投标函附录；专用合同条款；通用合同条款；发包人要求；勘察费用清单；勘察纲要；其他合同文件。

（3）合同附件格式　九部委勘察合同文本合同附件包括合同协议书和履约保证金格式。勘察人按中标通知书规定的时间与发包人签订合同协议书。除法律另有规定或合同另有约定外，发包人和勘察人的法定代表人或其委托代理人在合同协议书上签字并盖单位章后，合同生效。履约保证金格式要求，如采用银行保函，应当提供无条件地、不可撤销担保。担保有效期自发包人与勘察人签订的合同生效之日起至发包人签收最后一批勘察成果文件之日起28日后失效。在本担保有效期内，如果勘察人不履行合同约定的义务或其履行不符合合同的约定、担保人在收到发包人以书面形式提出的在担保金额内的赔偿要求后，在7日内无条件支付。发包人和勘察人变更合同时，无论担保人是否收到该变更，担保人承担担保规定的义务不变。

2. 建设工程勘察合同的内容和合同当事人

（1）建设工程勘察合同委托的工作内容　建设工程勘察合同是指发包人与勘察人就完成建设工程地理、地质状况的调查研究工作面达成的明确双方权利、义务的协议。建设工程勘察合同的内容是指勘察人根据建设工程的要求，查明、分析、评价建设场地的地质、地理环境特征和岩土工程条件，编制建设工程勘察文件的活动。勘察服务内容、勘察范围等在专用合同条款中约定。

（2）建设工程勘察合同当事人　建设工程勘察合同当事人包括发包人和勘察人。发包人通常可能是工程建设项目的建设单位或者工程总承包单位。勘察工作是一项专业性很强的工作，是工程质量保障的基础。因此，国家对勘察合同的勘察人有严格的管理制度。勘察人必须具备以下条件：

1）依据我国法律规定，作为承包人的勘察单位必须具备法人资格，任何其他组织和个人均不能成为承包人。这不仅是因为建设工程项目具有投资大、周期长、质量要求高、技术要求强、事关国计民生等特点，还因为勘察设计是工程建设的重中之重，影响整个工程建设的成败。

2）建设工程勘察合同的承包方须持有工商行政管理部门核发的企业法人营业执照并且必须在其核准的经营范围内从事建设活动。建设工程勘察业务需要专门的技术和设备，只有取得相应资质的企业才能经营。

3）建设工程勘察合同的承包方必须持有建设行政主管部门颁发的工程勘察资质证书、工程勘察收费资格证书，而且应当在其资质等级许可的范围内承揽建设工程勘察业务。

关于建设工程勘察设计企业资质管理制度，我国法律、行政法规以及大量的规章均做了十分具体的规定。建设工程勘察、设计企业应当按照其拥有的注册资本、专业技术人员、技术装备和勘察设计业绩等条件申请资质，经审查合格并取得建设工程勘察、设计资质证书后，方可在资质等级许可的范围内从事建设工程勘察、设计活动。取得资质证书的建设工程勘察、设计企业可以从事相应的建设工程勘察、设计咨询和技术服务。

（3）订立建设工程勘察合同时应约定的内容

1）勘察依据。除专用合同条款另有约定外，工程的勘察依据如下：

① 适用的法律、行政法规及部门规章。
② 与工程有关的规范、标准、规程。
③ 工程基础资料及其他文件。
④ 本勘察服务合同及补充合同。
⑤ 本工程设计和施工需求。
⑥ 合同履行中与勘察服务有关的来往函件。
⑦ 其他勘察依据。

2）发包人应向勘察人提供的文件资料。发包人应及时向勘察人提供下列文件资料，并对其准确性、可靠性负责，通常包括：

① 本工程的批准文件（复印件），以及用地（附红线范围）、施工、勘察许可等批件（复印件）。
② 工程勘察任务委托书、技术要求和工作范围的地形图、建筑总平面布置图。
③ 勘察工作范围已有的技术资料及工程所需的坐标与标高资料。
④ 勘察工作范围地下已有埋藏物的资料（如电力、电信电缆、各种管道、人防设施、洞室等）及具体位置分布图。
⑤ 其他必要相关资料。

如果发包人不能提供上述资料，一项或多项由勘察人收集时。订立合同时应予以明确，发包人需向勘察人支付相应费用。

3）发包人义务。

① 遵守法律。发包人在履行合同过程中应遵守法律，并保证勘察人免于承担因发包人违反法律而引起的任何责任。
② 发出开始勘察通知。发包人应按约定向勘察人发出开始勘察通知。
③ 办理证件和批件。法律规定和（或）合同约定由发包人负责办理的工程建设项目必须履行的各类审批、核准或备案手续，发包人应当按时办理，勘察人应给予必要的协助。法律规定和（或）合同约定由勘察人负责办理的勘察所需的证件和批件，发包人应给予必要的协助。
④ 支付合同价款。发包人应按合同约定向勘察人及时支付合同价款。
⑤ 提供勘察资料。发包人应按约定向勘察人提供勘察资料。
⑥ 其他义务。发包人应履行合同约定的其他义务。

4）勘察人的一般义务。

① 遵守法律。勘察人在履行合同过程中应遵守法律，并保证发包人免于承担因勘察人违反法律而引起的任何责任。
② 依法纳税。勘察人应按有关法律规定纳税，应缴纳的税金（含增值税）包括在合同价格之中。
③ 完成全部勘察工作。勘察人应按合同约定以及发包人要求，完成合同约定的全部工作，并对工作中的任何缺陷进行整改、完善和修补，使其满足合同约定的目的。勘察人应按合同约定提供勘察文件，以及为完成勘察服务所需的劳务、材料、勘察设备、实验设施等，并应自行承担勘探场地临时设施的搭设、维护、管理和拆除。
④ 保证勘察作业规范、安全和环保。勘察人应按法律、规范标准和发包人要求，采取

各项有效措施，确保勘察作业操作规范、安全、文明和环保，在风险性较大的环境中作业时应当编制安全防护方案并制定应急预案，防止因勘察作业造成的人身伤害和财产损失。

⑤ 避免勘探对公众与他人的利益造成损害。勘察人在进行合同约定的各项工作时。不得侵害发包人与他人使用公用道路、水源、市政管网等公共设施的权利，避免对邻近的公共设施产生干扰。保证勘探场地的周边设施、建构筑物、地下管线、架空线和其他物体的安全运行。勘察人占用或使用他人的施工场地影响他人作业或生活的，应承担相应责任。

⑥ 其他义务。勘察人应履行合同约定的其他义务。

3. 建设工程勘察合同履行管理

（1）发包人管理

1）发包人代表。除专用合同条款另有约定外，发包人应在合同签订后 14 天内，将发包人代表的姓名、职务、联系方式、授权范围和授权期限书面通知勘察人，由发包人代表在其授权范围和授权期限内，代表发包人行使权利、履行义务和处理合同履行中的具体事宜。发包人代表在授权范围内的行为由发包人承担法律责任。发包人代表违反法律法规、违背职业道德守则或者不按合同约定履行职责及义务，导致合同无法继续正常履行的，勘察人有权通知发包人更换发包人代表。发包人收到通知后 7 天内，应当核实完毕并将处理结果通知勘察人，发包人代表可以授权发包人的其他人员负责执行其指派的一项或多项工作。发包人代表应将被授权人员的姓名及其授权范围通知勘察人。被授权人员在授权范围内发出的指示视为已得到发包人代表的同意，与发包人代表发出的指示具有同等效力。

2）监理人。发包人可以根据工程建设需要确定是否委托监理人进行勘察监理。如果委托监理，则监理人享有合同约定的权力，其所发出的任何指示应视为已得到发包人的批准。监理人的监理范围、职责权限和总监理工程师信息，应在专用合同条款中指明。未经发包人批准，监理人无权修改合同。合同约定应由勘察人承担的义务和责任，不因监理人对勘察文件的审查或批准，以及为实施监理做出的指示等职务行为而减轻或解除。

3）发包人的指示。发包人应按合同约定向勘察人发出指示，发包人的指示应盖有发包人单位章，并由发包人代表签字确认。勘察人收到发包人做出的指示后应遵照执行。在紧急情况下，发包人代表或其授权人员可以当场签发临时书面指示，勘察人应遵照执行。发包人代表应在临时书面指示发出后 24 小时内发出书面确认函，逾期未发出书面确认函的，该临时书面指示应被视为发包人的正式指示。

4）决定或答复。发包人在法律允许的范围内有权对勘察人的勘察工作和（或）勘察文件做出处理决定，勘察人应按照发包人的决定执行，涉及勘察服务期限或勘察费用等问题按约定处理。发包人应在专用合同条款约定的时间之内，对勘察人书面提出的事项做出书面答复；逾期没有做出答复的，视为已获得发包人的批准。

（2）项目负责人

1）项目负责人的指派。勘察人应按合同协议书的约定指派项目负责人，并在约定的期限内到职。勘察人更换项目负责人应事先征得发包人同意，并应在更换 14 天前将拟更换的项目负责人的姓名和详细资料提交发包人。项目负责人 2 天内不能履行职责的，应事先征得发包人同意，并委派代表代行其职责。

2）项目负责人的职责。项目负责人应按合同约定以及发包人要求，负责组织合同工作的实施。在情况紧急且无法与发包人取得联系时，可采取保证工程和人员生命财产安全的紧急措施,并在采取措施后 24 小时内向发包人提交书面报告。

3)勘察人函件的要求。勘察人为履行合同发出的一切函件均应盖有勘察人单位章,并由勘察人的项目负责人签字确认。按照专用合同条款约定,项目负责人可以授权其下属人员履行其某项职责,但事先应将这些人员的姓名和授权范围书面通知发包人。

(3)勘察要求

1)一般要求。发包人应当遵守法律和规范标准,不得以任何理由要求勘察人违反法律和工程质量、安全标准进行勘察服务、降低工程质量。勘察人应按照法律规定,以及国家、行业和地方的规范和标准完成勘察工作,并应符合发人要求。各项规范、标准和发包人要求之间如对同一内容的描述不一致时,应以描述更为严格的内容为准。除专用合同条款另有约定外,勘察人完成勘察工作所应遵守的法律规定,以及国家、行业和地方的规范和标准,均应视为在基准日适用的版本。基准日之后,前述版本发生重大变化,或者有新的法律,以及国家、行业和地方的规范和标准实施的,勘察人应向发包人提出遵守新规定的建议。发包人应在收到建议后 7 天内发出是否遵守新规定的指示。

2)勘察作业要求。

① 测绘要求:

a. 除专用合同条款另有约定外,发包人应在开始勘察前 7 日内,向勘察人提供测量基准点、水准点和书面资料等;勘察人应根据国家测绘基准、测绘系统和工程测量技术规范,按发包人要求的基准点以及合同工程精度要求,进行测绘。

b. 勘察人测绘之前,应当认真核对测绘数据,保证引用数据和原始数据准确无误。测绘工作应由测量人员如实记录,不得补记、涂改或者损坏。

c. 工程勘探之前,勘察人应当严格按照勘察方案的孔位坐标,进行测量放线并在实地位置定位,埋设带有编号且不易移动的标志桩进行定位控制。

② 勘探要求:

a. 勘察人应当根据勘察目的和岩土特性,合理选择钻探、井探、槽探、洞探和地球物理勘探等勘探方法,为完成合同约定的勘察任务创造条件。勘察人对于勘察方法的正确性、适用性和可靠性完全负责。

b. 勘察人布置勘探工作时,应当充分考虑勘探方法对于自然环境、周边设施、建构筑物、地下管线、架空线和其他物体的影响,采用切实有效的措施进行防范控制,不得造成损坏或中断运行,否则由此导致的费用增加和(或)周期延误由勘察人自行承担。

c. 勘察人应在标定的孔位处进行勘探,不得随意改动位置。勘探方法、勘探机具、勘探记录、取样编录与描述,孔位标记、孔位封闭等事项,应当严格执行规范标准,按实填写勘探报表和勘探日志。

d. 勘探工作完成后,勘察人应当按照规范要求及时封孔,并将封孔记录整理存档,勘探场地应当地面平整、清洁卫生,并通知发包人、行政主管部门及使用维护单位进行现场验收。验收通过之后如果发生沉陷、勘察人应当及时进行二次封孔和现场验收。

③ 取样要求:

a. 勘察人应当针对不同的岩土地质,按照勘探取样规范规程中的相关规定,根据地层特征、取样深度、设备条件和试验项目的不同,合理选用取样方法和取样工具进行取样,包括并不限于土样、水样、岩芯等。

b. 取样后的样品应当根据其类别、性质和特点等进行封装、储存和运输。样品搬运之前、宜用数码相机进行现场拍照；运输途中应当采用柔软材料充填、尽量避免振动和阳光曝晒；装卸之时尽量轻拿轻放，以免样品损坏。

c. 取样后的样品应当填写和粘贴标签，标签内容包括并不限于工程名称、孔号、样品编号、取样深度、样品名称、取样日期、取样人姓名、施工机组等。

④ 试验要求：

a. 勘察人应当根据岩土条件、设计要求、勘察经验和测试方法等特点，选用合适的原位测试方法和勘察设备进行原位测试。原位测试成果应与室内试验数据进行对比分析、检验其可靠性。

b. 勘察人的试验室应当通过行业管理部门认可的 CMA 计量认证，具有相应的资格证书、试验人员和试验条件，否则应当委托第三方实验室进行室内试验。

c. 勘察人应在试验之前按照要求清点样品数目，确保取样质量及数量满足试验需要；勘察设备应当检定合格，性能参数满足试验要求，严格按照规范标准的相应规定进行试验操作；试验之后应在有效期内保留备样，以备复核试验成果之用，并按规范标准规定处理余土和废液，符合环境保护、健康卫生等要求。

d. 试验报告的格式应当符合 CMA 计量认证体系要求，加盖 CMA 章并由试验负责人签字确认；试验负责人应当通过计量认证考核，并由项目负责人授权许可。

3) 临时占地和设施要求。勘察人应当根据勘察服务方案制订临时占地计划，报请发包人批准。位于本工程区域内的临时占地，由发包人协调提供。位于道路、绿化或者其他市政设施内的临时占地，由勘察人向行政管理部门报建申请，按照要求制订占地施工方案，并据此实施。临时占地使用完毕后，勘察人应当按照发包人要求或行政管理部门规定恢复临时占地。如果恢复或清理标准不能满足要求的，发包人有权委托他人代为恢复或清理，由此发生的费用从拟支付给勘察人的勘察费用中扣除。

勘察人应当配备或搭设足够的临时设施，保证勘探工作能够正常开展。临时设施包括并不限于施工围挡、交通疏导设施、安全防范设施、钻机防护设施、安全文明施工设施、办公生活用房、取样存放场所等。临时设施应当满足规范标准、发包人要求和行政管理部门的规定等。除专用合同条款另有约定外，临时设施的修建、拆除和恢复费用由勘察人自行承担。

4) 安全作业要求。勘察人应按合同约定履行安全职责，执行发包人有关安全工作的指示，并在专用合同条款约定的期限内、按合同约定的安全工作内容，编制安全措施计划报送发包人批准。勘察人应当严格执行操作规程，采取有效措施保证道路、桥梁、交通安全设施、建构筑物、地下管线、架空线和其他周边设施等安全正常地运行。勘察人应当按照法律、法规和工程建设强制性标准进行勘察、加强勘察作业安全管理，特别加强易燃、易爆材料、火工器材、有毒与腐蚀性材料和其他危险品的管理。勘察人应严格按照国家安全标准制定施工安全操作规程，配备必要的安全生产和劳动保护设施，加强对勘察人员的安全教育，并且发放安全工作手册和劳动保护用具。勘察人应按发包人的指示制定应对灾害的紧急预案，报送发包人批准。勘察人还应按预案做好安全检查，配置必要的救助物资和器材，切实保护好有关人员的人身和财产安全。

5) 环境保护要求。勘察人在履行合同过程中，应遵守有关环境保护的法律，履行合同约定的环境保护义务，并对违反法律和合同约定义务所造成的环境破坏、人身伤害和财产损失负责。勘察人应按合同约定的环保工作内容，编制环保措施计划，报送发包人批准。勘察人应确保勘探过程中产生的气体排放物、粉尘、噪声、地面排水及排污等，符合法律规定和发包人要求。

6）事故处理要求。合同履行过程中发生事故的，勘察人应立即通知发包人。发包人和勘察人应立即组织人员和设备进行紧急抢救和抢修，减少人员伤亡和财产损失，防止事故扩大，并保护事故现场。需要移动现场物品时，应做出标记和书面记录，妥善保管有关证据。发包人和勘察人应按国家有关规定，及时如实地向有关部门报告事故发生的情况，以及正在采取的紧急措施等。

7）勘察文件要求。勘察文件的编制应符合法律法规、规范标准的强制性规定和发包人要求，相关勘察依据应完整、准确、可靠，勘察方案论证充分，计算成果规范可靠，并能够实施。勘察文件的深度应满足本合同相应勘察阶段的规定要求，满足发包人的下一步工作需要，并应符合国家和行业现行规定。

（4）合同价格与支付

1）合同价格。

① 勘察合同的价款确定方式、调整方式和风险范围划分，在专用合同条款中约定。

② 勘察费用实行发包人签证制度，即勘察人完成勘察项目后通知发包人进行验收，通过验收后由发包人代表对实施的勘察项目、数量、质量和实施时间签字确认，以此作为计算勘察费用的依据之一。

③ 除专用合同条款另有约定外，合同价格应当包括收集资料、踏勘现场、制订纲要，进行测绘、勘探、取样、试验、测试、分析、评估、配合审查等，编制勘察文件，设计施工配合，青苗和园林绿化补偿，占地补偿，扰民及民扰，占道施工，安全防护、文明施工、环境保护、农民工工伤保险等全部费用和国家规定的增值税税金。

④ 发包人要求勘察人进行外出考察、试验检测、专项咨询或专家评审时，相应费用不含在合同价格之中，由发包人另行支付。

2）定金或预付款。定金或预付款应专用于本工程的勘察。定金或预付款的额度、支付方式及抵扣方式在专用合同条款中约定。发包人应在收到定金或预付款支付申请后28天内，将定金或预付款支付给勘察人；勘察人应当提供等额的增值税发票。勘察服务完成之前，由于不可抗力或其他非勘察人的原因解除合同时，定金不予退还。

3）中期支付。勘察人应按发包人批准或专用合同条款约定的格式及份数，向发包人提交中期支付申请并附相应的支持性证明文件。发包人应在收到中期支付申请后的28天内，将应付款项支付给勘察人；勘察人应当提供等额的增值税发票。发包人未能在前述时间内完成审批或不予答复的，视为发包人同意中期支付申请。发包人不按期支付的，按专用合同条款的约定支付逾期付款违约金。中期支付涉及政府投资资金的，按照国库集中支付等国家相关规定和专用合同条款的约定执行。

4）费用结算。合同工作完成后，勘察人可按专用合同条款约定的份数和期限，向发包人提交勘察费用结算申请，并提供相关证明材料。发包人应在收到费用结算申请后的28天内，将应付款项支付给勘察人；勘察人应当提供等额的增值税发票。发包人未能在前述时间内完成审批或不予答复的，视为发包人同意费用结算申请。发包人不按期支付的，按专用合同条款的约定支付逾期付款违约金。发包人对费用结算申请内容有异议的，有权要求勘察人进行修正和提供补充资料、由勘察人重新提交。

(5) 违约责任

1) 勘察人违约。合同履行中发生下列情况之一的，属勘察人违约：

① 勘察文件不符合法律以及合同约定。

② 勘察人转包、违法分包或者未经发包人同意擅自分包。

③ 勘察人未按合同计划完成勘察，从而造成工程损失。

④ 勘察人无法履行或停止履行合同。

⑤ 勘察人不履行合同约定的其他义务。

勘察人发生违约情况时，发包人可向勘察人发出整改通知，要求其在限定期限内纠正；逾期仍不纠正的，发包人有权解除合同并向勘察人发出解除合同通知。勘察人应当承担由于违约所造成的费用增加、工期延误和发包人损失等。

2) 发包人违约。合同履行中发生下列情况之一的，属发包人违约：

① 发包人未按合同约定支付勘察费用。

② 发包人原因造成勘察停止。

③ 发包人无法履行或停止履行合同。

④ 发包人不履行合同约定的其他义务。

发包人发生违约情况时，勘察人可向发包人发出暂停勘察通知，要求其在限定期限内纠正；逾期仍不纠正的，勘察人有权解除合同并向发包人发出解除合同通知。发包人应当承担由于违约所造成的费用增加、工期延误和勘察人损失等。

3) 第三人造成的违约。在履行合同过程中，一方当事人因第三人的原因造成违约的，应当向对方当事人承担违约责任。一方当事人和第三人之间的纠纷，依照法律规定或者按照约定解决。

5.3.2 建设工程设计合同

1. 建设工程设计合同文本的构成

九部委设计合同文本由通用合同条款、专用合同条款和合同附件格式构成。

(1) 适用范围 九部委设计合同文本适用于依法必须招标的与工程建设有关的设计项目。九部委设计合同文本有一项说明：房屋建筑和市政工程等工程设计项目招标可以使用《建设工程设计合同示范文本（房屋建筑工程）》（GF—2015—0209）、《建设工程设计合同示范文本（专业建设工程）》（GF—2015—0210）。

(2) 合同文件 合同文件（或称合同）是指合同协议书、中标通知书、投标函和投标函附录、专用合同条款、通用合同条款、发包人要求、设计费用清单、设计方案，以及其他构成合同组成部分的文件。组成合同的各项文件应互相解释，互为说明。除专用合同条款另有约定外，解释合同文件的优先顺序如下：合同协议书、中标通知书、投标函及投标函附录、专用合同条款、通用合同条款、发包人要求、设计费用清单、设计方案及其他合同文件。

(3) 合同附件格式 九部委设计合同文本中合同附件格式包括合同协议书和履约保证金格式。设计人按中标通知书规定的时间与发包人签订合同协议书。除法律另有规定或合同另有约定外，发包人和设计人的法定代表人或其委托代理人在合同协议书上签字并盖单位章后，合同生效。履约保证金格式要求，如采用银行保函，应当提供无条件地、不可撤销担保。担保有效期自发包人与设计人签订的合同生效之日起至发包人签收最后一批设计成果文件之日起28日后失效。在本担保有效期内，如果设计人不履行合同约定的义务或其履行不符合合同的约定，担保人在收到发包人以书面形式提出的在担保金额内的赔偿要求后，在7日内无条件支付。发包人和设计人变更合同时，无论担保人是否收到该变更，担保人承担担保规定的义务不变。

2. 建设工程设计合同的内容和合同当事人

（1）建设工程设计合同的内容 设计是基本建设的重要环节。在建设项目的选址和设计任务书已确定的情况下，建设项目是否能保证技术上先进和经济上合理、设计将起着决定作用。建设工程设计合同，是指设计人依据约定向发包人提供建设工程设计文件，发包人受领该成果并按约定支付酬金的合同。建设工程设计合同的内容所指的建设工程设计范围包括工程范围、阶段范围和工作范围，具体设计范围应根据三者之间的关联范围确定。

（2）建设工程设计合同当事人 建设工程设计合同当事人包括发包人和设计人。发包人通常也是工程建设项目的业主（建设单位）或者项目管理部门（如工程总承包单位）。承包人则是设计人，设计人须为具有相应设计资质的企业法人。

（3）订立设计合同时应约定的内容

1）设计依据。除专用合同条款另有约定外，工程的设计依据包括适用的法律、行政法规及部门规章；与工程有关的规范、标准、规程；工程基础资料及其他文件；本设计服务合同及补充合同；本工程勘察文件和施工需求；合同履行中与设计服务有关的来往函件；其他设计依据。

2）发包人应向设计人提供的文件资料。按专用合同条款约定由发包人提供的文件，包括基础资料、勘察报告、设计任务书等，发包人应按约定的数量和期限交给设计人。

3）发包人义务。

① 遵守法律。发包人在履行合同过程中应遵守法律，并保证设计人免于承担因发包人违反法律而引起的任何责任。

② 发出开始设计通知。发包人应按约定向设计人发出开始设计通知。

③ 办理证件和批件。法律规定和（或）合同约定由发包人负责办理的工程建设项目必须履行的各类审批、核准或备案手续，发包人应当按时办理，设计人应给予必要的协助。法律规定和（或）合同约定由设计人负责办理的设计所需的证件和批件，发包人应给予必要的协助。

④ 支付合同价款。发包人应按合同约定向设计人及时支付合同价款。

⑤ 提供设计资料。发包人应按约定向设计人提供设计资料。

⑥ 其他义务。发包人应履行合同约定的其他义务。

4）设计人的一般义务。

① 遵守法律。设计人在履行合同过程中应遵守法律，并保证发包人免于承担因设计人违反法律而引起的任何责任。

② 依法纳税。设计人应按有关法律规定纳税，应缴纳的税金（含增值税）包括在合同价格之中。

③ 完成全部设计工作。设计人应按合同约定以及发包人要求，完成合同约定的全部工

作，并对工作中的任何缺陷进行整改、完善和修补，使其满足合同约定的目的。设计人应按合同约定提供设计文件及相关服务等。

④ 其他义务。设计人应履行合同约定的其他义务。

3. 建设工程设计合同履行管理

(1) 发包人的管理

1) 发包人代表。除专用合同条款另有约定外，发包人应在合同签订后14天内，将发包人代表的姓名、职务、联系方式、授权范围和授权期限书面通知设计人，由发包人代表在其授权范围和授权期限内，代表发包人行使权利、履行义务和处理合同履行中的具体事宜。发包人代表在授权范围内的行为由发包人承担法律责任。发包人代表可以授权发包人的其他人员负责执行其指派的一项或多项工作。发包人代表应将被授权人员的姓名及其授权范围通知设计人。被授权人员在授权范围内发出的指示视为已得到发包人代表的同意，与发包人代表发出的指示具有同等效力。

2) 监理人。发包人可以根据工程建设需要确定是否委托监理人进行设计监理。如果委托监理，则监理人享有合同约定的权力，其所发出的任何指示应视为已得到发包人的批准。监理人的监理范围、职责权限和总监理工程师信息，应在专用合同条款中指明。未经发包人批准，监理人无权修改合同。

3) 发包人的指示。发包人应按合同约定向设计人发出指示，发包人的指示应盖有发包人单位章，并由发包人代表签字确认。

4) 决定或答复。发包人在法律允许的范围内有权对设计人的设计工作和（或）设计文件做出处理决定，设计人应按照发包人的决定执行，涉及设计服务期限或设计费用等问题按约定处理。发包人应在专用合同条款约定的时间之内，对设计人书面提出的事项做出书面答复；逾期没有做出答复的，视为已获得发包人的批准。

(2) 项目负责人　设计人应按合同协议书的约定指派项目负责人，并在约定的期限内到职。设计人更换项目负责人应事先征得发包人同意，并应在更换14天前将拟更换的项目负责人的姓名和详细资料提交发包人。项目负责人2天内不能履行职责的，应事先征得发包人同意、并委派代表代行其职责。项目负责人应按合同约定以及发包人要求，负责组织合同工作的实施。在情况紧急且无法与发包人取得联系时，可采取保证工程和人员生命财产安全的紧急措施、并在采取措施后24小时内向发包人提交书面报告。设计人为履行合同发出的一切函件均应盖有设计人单位章，并由设计人的项目负责人签字确认。

(3) 设计要求

1) 一般要求。

① 发包人应当遵守法律和规范标准，不得以任何理由要求设计人违反法律和工程质量、安全标准进行设计服务，降低工程质量。

② 设计人应按照法律规定以及国家、行业和地方的规范和标准完成设计工作，并应符合发包人要求。各项规范、标准和发包人要求之间如对同一内容的描述不一致时，应以描述更为严格的内容为准。

③ 除专用合同条款有约定外，设计人完成设计工作所应遵守的法律规定以及国家、行业和地方的规范和标准，均应视为在基准日适用的版本。基准日之后，前述版本发生重大变化，或者有新的法律、规范和标准实施的，设计人应向发包人提出遵守新规定的建议。发包

人应在收到建议后 7 天内发出是否遵守新规定的指示。

2）设计文件要求。

① 设计文件编制应符合法律法规、规范标准的强制性规定和发包人要求，相关依据应完整、准确、可靠，设计方案论证充分，计算成果规范可靠并能够实施。

② 设计服务应当根据法律、规范标准和发包人要求，保证工程的合理使用寿命年限，并在设计文件中予以注明。

③ 设计文件的深度应满足本合同相应设计阶段的规定要求，满足发包人的下一步工作需要，并应符合国家和行业现行规定。

④ 设计文件必须保证工程质量和施工安全等方面的要求，按照有关法律法规规定在设计文件中提出保障施工作业人员安全和预防生产安全事故的措施建议。

3）开始设计。符合专用合同条款约定的开始设计条件的，发包人应提前 7 天向设计人发出开始设计通知。设计服务期限自开始设计通知中载明的开始设计日期起计算。除专用合同条款另有约定外，因发包人原因造成合同签订之日起 90 天内未能发出开始设计通知的，设计人有权提出价格调整要求，或者解除合同。发包人应当承担由此增加的费用和（或）工期延误。

4）发包人审查设计文件。发包人接收设计文件之后，可以自行或者组织专家会进行审查，设计人应当给予配合。审查标准应当符合法律、规范标准、合同约定和发包人要求等；审查的具体范围、明细内容和费用分担，在专用合同条款中约定。除专用合同条款另有约定外，发包人对计文件的审查期限，自文件接收之日起不应超过 14 天。发包人逾期未做出审查结论且未提出异议的，视为设计人的设计文件已经通过发包人审查。发包人审查后不同意设计文件的，应以书面形式通知设计人，说明审查不通过的理由及其具体内容。设计人应根据发包人的审查意见修改完善设计文件，并重新报送发包人审查，审查期限重新起算。

(4) 合同价格与支付

1）合同价格。本合同的价款确定方式、调整方式和风险范围划分，在专用合同条款中约定。设计费用实行发包人签证制度，即设计人完成设计项目后通知发包人进行验收，通过验收后由发包人代表对实施的设计项目、数量、质量和实施时间签字确认，以此作为计算设计费用的依据之一。除专用合同条款另有约定外，合同价格应当包括收集资料，踏勘现场，进行设计、评估、审查等，编制设计文件，施工配合等全部费用和国家规定的增值税税金。发包人要求设计人进行外出考察、试验检测、专项咨询或专家评审时，相应费用不含在合同价格之中，由发包人另行支付。

2）定金或预付款。定金或预付款应专用于本工程的设计。定金或预付款的额度、支付方式及抵扣方式在专用合同条款中约定。发包人应在收到定金或预付款支付申请后 28 天内，将定金或预付款支付给设计人；设计人应当提供等额的增值税发票。设计服务完成之前，由于不可抗力或其他非设计人的原因解除合同时，定金不予退还。

3）中期支付。设计人应按发包人批准或专用合同条款约定的格式及份数，向发包人提交中期支付申请，并附相应的支持性证明文件。发包人应在收到中期支付申请后的 28 天内，将应付款项支付给设计人；设计人应当提供等额的增值税发票。发包人未能在前述时间内完成审批或不予答复的，视为发包人同意中期支付申请。中期支付涉及政府投资资金的，按照国库集中支付等国家相关规定和专用合同条款的约定执行。

4)费用结算。合同工作完成后,设计人可按专用合同条款约定的份数和期限,向发包人提交设计费用结算申请,并提供相关证明材料。发包人应在收到费用结算申请后的 28 天内,将应付款项支付给设计人;设计人应当提供等额的增值税发票。发包人未能在前述时间内完成审批或不予答复的,视为发包人同意费用结算申请。发包人不按期支付的,按专用合同条款的约定支付逾期付款违约金。

(5)违约责任

1)设计人违约。合同履行中发生下列情况之一的,属设计人违约:

① 设计文件不符合法律以及合同约定。
② 设计人转包、违法分包或者未经发包人同意擅自分包。
③ 设计人未按合同计划完成设计,从而造成工程损失。
④ 设计人无法履行或停止履行合同。
⑤ 设计人不履行合同约定的其他义务。

设计人发生违约情况时,发包人可向设计人发出整改通知,要求其在限定期限内纠正;逾期仍不纠正的,发包人有权解除合同并向设计人发出解除合同通知。设计人应当承担由于违约所造成的费用增加、工期延误和发包人损失等。

2)发包人违约。合同履行中发生下列情况之一的,属发包人违约:

① 发包人未按合同约定支付设计费用。
② 发包人原因造成设计停止。
③ 发包人无法履行或停止履行合同。
④ 发包人不履行合同约定的其他义务。

发包人发生违约情况时,设计人可向发包人发出暂停设计通知,要求其在限定期限内纠正;逾期仍不纠正的,设计人有权解除合同并向发包人发出解除合同通知。发包人应当承担由于违约所造成的费用增加、工期延误和设计人损失等。

3)第三人造成的违约。在履行合同过程中,一方当事人因第三人的原因造成违约的,应当向对方当事人承担违约责任。一方当事人和第三人之间的纠纷,依照法律规定或者按照约定解决。

应用案例 5-1

背景:某工程项目(未实施监理),由于勘察设计工作粗糙(招标文件中对此也未有任何说明),基础工程实施过程中不得不增加了排水和加大基础的工程量,因而承包商按下列工程变更程序要求提出工程变更:

1)承包方书面提出工程变更书。
2)送交发包人代表。
3)与设计方联系,交由业主组织审核。
4)接受(或不接受),设计人员就变更费用与承包方协商。
5)设计人员就工程变更发出指令。

问题:背景中的变更程序有什么不妥?

【案例解析】

1)应由发包人代表与设计单位联系,商讨变更事宜。

2）应由发包人代表（或监理工程师）与承包商就变更进行协商。

3）应由发包人代表（或监理工程师）发出变更指令。

应用案例 5-2

甲公司与乙勘察设计院签订了一份建设工程勘察设计合同，合同约定：乙方为甲方筹建中的商业大厦进行勘察设计，甲按照国家颁布的收费标准支付勘察设计费；乙公司应按甲公司的设计标准、技术规范等提出勘察设计要求，进行测量和工程地质、水文地质等勘察、设计工作，并在 2004 年 1 月 9 日前向甲公司提交勘察设计成果资料和设计文件。合同还约定了双方的违约责任、争议的解决方式。甲公司同时与丙公司签订了建设工程施工合同，在合同中规定了开工日期。不料，乙公司迟迟不能按约定的日期提交勘察设计文件，而丙公司已按建设施工合同的约定做好了开工准备，如期进驻施工现场。在甲公司的再三催促下，乙公司迟延 25 天提交勘察设计文件，此时丙公司已窝工 18 天。在施工期间，丙公司又发现设计图中的多处错误，不得不停工等候，甲公司请乙公司对设计图进行修改。丙公司由于窝工、停工要求甲公司赔偿损失，否则不再继续施工。甲公司将乙公司诉至法院，要求乙公司赔偿损失。法院经审理支持了甲公司的诉讼请求，判决乙公司承担违约赔偿责任。

【案例解析】

勘察设计不符合要求，是指勘察或设计均没有达到国家强制性标准和合同约定的质量要求。勘察设计是影响工程质量的关键性阶段，设计方案不科学，不按设计规范要求设计，势必为工程质量埋下隐患。因此，勘察设计单位的设计文件必须符合国家现行的法律、法规、工程设计标准和合同的规定。工程勘察设计文件应反映工程地质地形地貌、水文地质状况，评价标准，数据可靠；设计文件的深度，应满足相应设计阶段的技术要求，所完成的施工图应配套，细部节点应交代清楚，标注说明应清晰、完整；设计中选用的材料、设备等，应注明其规格、型号、性能等，并提出质量要求，但不能指定生产厂家。勘察设计单位应参与图纸会审和做好设计文件的技术交底工作，对大中型建设工程、超高层建筑以及采用新技术、新结构的工程，设计单位应向施工现场派驻设计代表。此外，如果承包人不能按合同约定的期限提交勘察设计文件，包括勘察报告、初步设计、技术设计、施工图及其说明和图样，将会使工程不能按期开工，甚至造成经济损失。

因此，当出现勘察设计质量不符合要求，或者不能按照合同约定的期限提交勘察设计文件时，承包人应当承担下列违约责任：根据实际情况应当继续完善勘察设计，减收或者免收勘察设计费并赔偿损失。

本案中，乙公司不仅没有按照合同约定提交勘察设计文件，致使甲公司的建设工期受到延误，造成丙公司的窝工，而且勘察设计的质量也不符合要求，致使承建单位丙公司因修改设计图而停工、窝工。乙公司的上述违约行为已给甲公司造成了经济损失。因此，乙公司应当承担减收或者免收勘察设计费并赔偿损失的责任。

5.4 建设工程施工合同

本节内容依据《民法典》；法释〔2020〕25号最高人民法院关于审理建设工程施工合同纠纷案件适用法律问题的解释（一）；《标准施工招标文件》（2017年版）；2012年颁发的适用于工期不超过12个月、技术相对简单，且设计和施工不是由同一承包人承担的小型项目施工招标的《简明标准施工招标文件》（2012年版）。本节介绍的建设工程施工合同是指设计和施工不是由同一承包商承担的工程施工合同。

5.4.1 施工合同标准文本

1. 标准施工合同

《标准施工招标文件》提供了通用合同条款、专用合同条款和签订合同时采用的合同附件格式。

各行业编制的标准施工合同应不加修改地引用《标准施工招标文件》中的通用合同条款，即《标准施工招标文件》的通用条款广泛适用于各类建设工程。各行业编制的施工招标文件中的专用合同条款可结合施工项目的具体特点，对《标准施工招标文件》中的通用合同条款进行补充、细化。除通用合同条款明确专用合同条款可对其做出不同约定外，补充和细化的内容不得与通用合同条款的规定相抵触，否则抵触内容无效。

（1）通用合同条款 《标准施工招标文件》中的通用合同条款包括24条，标题分别为：一般约定；发包人义务；监理人；承包人；材料和工程设备；施工设备和临时设施；交通运输；测量放线；施工安全、治安保卫和环境保护；进度计划；开工和竣工；暂停施工；工程质量；试验和检验；变更；价格调整；计量与支付；竣工验收；缺陷责任与保修责任；保险；不可抗力；违约；索赔；争议的解决。通用合同条款共计131款。

（2）专用合同条款 由于通用合同条款的内容涵盖各类工程项目施工共性的合同责任和履行管理程序，各行业可以结合工程项目施工的行业特点编制施工招标文件，并在专用合同条款内体现，具体招标工程在编制合同时，应针对项目的特点、招标人的要求，在专用合同条款内针对通用合同条款涉及的内容进行补充、细化。

（3）合同附件格式 《标准施工招标文件》中给出的合同附件格式，是订立合同时采用的规范化文件，包括合同协议书、履约担保和预付款担保三个文件。

1）合同协议书。合同协议书是合同组成文件中唯一需要发包人和承包人同时签字盖章的法律文书。因此，《标准施工招标文件》中规定了应用格式。除了明确规定对当事人双方有约束力的合同组成文件外，具体招标工程项目订立合同时需要明确填写的内容仅包括发包人和承包人的名称；施工的工程或标段；签约合同价；合同工期；质量标准和项目经理的人选。

合同协议书

_____(发包人名称，以下简称"发包人")为实施_____(项目名称)，已接受_____(承包人名称，以下简称"承包人")对该项目_____标段施工的投标。发包人和承包人共同达成如下协议：

1. 本协议书与下列文件一起构成合同文件：
(1) 中标通知书；
(2) 投标函及投标函附录；
(3) 专用合同条款；
(4) 通用合同条款；
(5) 技术标准和要求；
(6) 图纸；
(7) 已标价工程量清单；
(8) 其他合同文件。
2. 上述文件互相补充和解释，如有不明确或不一致之处，以合同约定次序在先者为准。
3. 签约合同价：人民币（大写）_____元（¥_____）。
4. 承包人项目经理：_____。
5. 工程质量符合_____标准。
6. 承包人承诺按合同约定承担工程的实施、完成及缺陷修复。
7. 发包人承诺按合同约定的条件、时间和方式向承包人支付合同价款。
8. 承包人应按照监理人指示开工，工期为_____日历天。
9. 本协议书一式____份，合同双方各执一份。
10. 合同未尽事宜，双方另行签订补充协议。补充协议是合同的组成部分。

发包人：_____（盖单位章）　　　承包人：_____（盖单位章）

法定代表人或其委托代理人：_____（签字）法定代表人或其委托代理人：____（签字）

　　年　　月　　日　　　　　　　　　　　　年　　月　　日

2）履约担保。标准施工合同要求履约担保采用保函的形式，给出的履约保函标准格式主要表现为以下两个方面的特点：

A. 担保期限。担保期限自发包人和承包人签订合同之日起，至签发工程移交证书之日止。没有采用国际招标工程或使用世界银行贷款建设工程的担保期限至缺陷责任期满止的规定，即担保人对承包人保修期内履行合同义务的行为不承担担保责任。

B. 担保方式。采用无条件担保方式，即持有履约保函的发包人认为承包人有严重违约情况时，即可凭保函向担保人要求予以赔偿，不需承包人确认。标准履约担保格式中，担保人承诺"在本担保有效期内，因承包人违反合同约定的义务给你方造成经济损失时，我方在收到你方以书面形式提出的在担保金额内的赔偿要求后，在7天内无条件支付"。

履约担保

_____（发包人名称）：
　　鉴于_____（发包人名称，以下简称"发包人"）接受_____（承包人名称）（以下称"承包人"）于____年___月___日参加_____（项目名称）____标段施工的投标。我方愿意无条件地、不可撤销地就承包人履行与你方订立的合同，向你方提供担保。

1. 担保金额人民币（大写）____元（￥____）。
2. 担保有效期自发包人与承包人签订的合同生效之日起至发包人签发工程接收证书之日止。
3. 在本担保有效期内，因承包人违反合同约定的义务给你方造成经济损失时，我方在收到你方以书面形式提出的在担保金额内的赔偿要求后，在7天内无条件支付。
4. 发包人和承包人按《通用合同条款》第15条变更合同时，我方承担本担保规定的义务不变。

担保人：_____（盖单位章）
法定代表人或其委托代理人：_____（签字）
地址：_____
邮政编码：_____
电话：_____ 传真：_____
____年___月____日

3）预付款担保。标准施工合同规定的预付款担保采用银行保形式，主要特点为：

① 担保方式。担保方式也是采用无条件担保形式。

② 担保期限。担保期限自预付款支付给承包人起生效，至发包人签发的进度付款支付证书说明已完全扣清预付款止。

③ 担保金额。担保金额尽管在预付款担保书填写的数额与合同约定的预付款数额一致，但与履约担保不同。当发包人在工程进度款支付中已扣除部分预付款后，担保金额相应递减。保函格式中明确说明："本保函的担保金额，在任何时候不应超过预付款金额减去发包人按合同约定在向承包人签发的进度付款证书中扣除的金额"，即保持担保金额与剩余预付款的金额相等原则。

预付款担保

_____（发包人名称）：

根据_____（承包人名称）（以下称"承包人"）与_____（发包人名称）（以下简称"发包人"）于___年___月___日签订的_____（项目名称）标段施工承包合同，承包人按约定的金额向发包人提交一份预付款担保，即有权得到发包人支付相等金额的预付款。我方愿意就你方提供给承包人的预付款提供担保。

1. 担保金额人民币（大写）_____元（￥____）。
2. 担保有效期自预付款支付给承包人起生效，至发包人签发的进度付款证书说明已完全扣清止。
3. 在本保函有效期内，因承包人违反合同约定的义务而要求收回预付款时，我方在收到你方的书面通知后，在7天内无条件支付。但本保函的担保金额，在任何时候不应超过预付款金额减去发包人按合同约定在向承包人签发的进度付款证书中扣除的金额。
4. 发包人和承包人按《通用合同条款》第15条变更合同时，我方承担本保函规定的义务不变。

担保人：(盖单位章) _____
法定代表人或具委托代理人：_____ (签字)
地址：_____
邮政编码：_____
电话：_____
传真：_____
___年___月___日

2. 简明施工合同

由于《简明标准施工招标文件》适用于工期在12个月内的中小工程施工，是对《标准施工招标文件》的简化文本，通常由发包人负责材料和设备的供应，承包人仅承担施工义务，因此合同条款较少。

《简明标准施工招标文件》通用合同条款包括17条，标题分别为：一般约定；发包人义务；监理人；承包人；施工控制网；工期；工程质量；试验和检验；变更；计量与支付；竣工验收；缺陷责任与保修责任；保险；不可抗力；违约；索赔；争议的解决，共69款。各条中与《标准施工招标文件》对应条款规定的管理程序和合同责任相同。

5.4.2 施工合同订立

施工合同的通用合同条款和专用合同条款尽管在招标投标阶段已作为招标文件的组成部分，但在合同订立过程中有些问题还需要明确或细化，以保证合同的权利和义务界定清晰。

1. 标准施工合同文件

（1）标准施工合同文件的组成

① 合同协议书。

② 中标通知书。

③ 投标函及投标函附录。

④ 专用合同条款。

⑤ 通用合同条款。

⑥ 技术标准和要求。

⑦ 图纸。

⑧ 已标价的工程量清单。

⑨ 其他合同文件：经合同当事人双方确认构成合同的其他文件。

（2）标准施工合同文件的优先解释次序　组成标准施工合同的各文件中出现含义或内容相矛盾时，如果专用合同条款没有另行约定的，上述合同文件序号为优先解释的顺序。标准施工合同条款中未明确由谁来解释文件之间的歧义，但可以结合监理工程师职责中的规定，总监理工程师应与发包人和承包人进行协商，尽量达成一致。不能达成一致时，总监理工程师应认真研究后审慎确定。

2. 订立合同时需要明确的内容

针对具体施工项目或标段的合同需要明确约定的内容较多，有些招标时已在招标文件的专用合同条款中做出了规定，另有一些还需要在签订合同时具体细化相应内容。

(1) 施工现场范围和施工临时占地　发包人应明确说明施工现场永久工程的占地范围并提供征地图纸，以及属于发包人施工前期配合义务的有关事项，如从现场外部接至现场的施工用水、用电、用气的位置等，以便承包人进行合理的施工组织。项目施工如果需要临时用地（招标文件中已说明或承包人投标书内提出要求），也需明确占地范围和临时用地移交承包人的时间。

(2) 发包人提供图纸的期限和数量　标准施工合同适用于发包人提供设计图，承包人负责施工的建设项目。由于初步设计完成后即可进行招标，因此订立合同时必须明确约定发包人陆续提供施工图的期限和数量。如果承包人有专利技术且有相应的设计资质，可能约定由承包人完成部分施工图设计。此时也应明确承包人的设计范围，提交设计文件的期限、数量以及监理人签发图纸修改的期限等。

(3) 发包人提供的材料和工程设备　对于包工部分包料的施工承包方式，往往设备和主要建筑材料由发包人负责提供。需明确约定发包人提供的材料和设备分批交货的种类、规格、数量、交货期限和地点等，以便明确合同责任。

(4) 异常恶劣的气候条件范围　施工过程中遇到不利于施工的气候条件直接影响施工效率，甚至被迫停工。气候条件对施工的影响是合同管理中一个比较复杂的问题，"异常恶劣的气候条件"属于发包人的责任，"不利气候条件"对施工的影响则属于承包人应承担的风险，因此应当根据项目所在地的气候特点，在专用合同条款中明确界定不利于施工的气候和异常恶劣的气候条件之间的界限。

(5) 物价浮动的合同价格调整

1) 基准日期。通用合同条款规定的基准日期是指投标截止时间前 28 天的日期。规定基准日期的作用是划分该日后由于政策法规的变化或市场物价浮动对合同价格影响的责任。承包人投标阶段在基准日后不再进行此方面的调研，进入编制投标文件阶段，因此通用合同条款在两个方面做出了规定：

① 承包人以基准日期前的市场价格编制工程报价，长期合同中调价公式中的可调因素价格指数来源于基准日的价格。

② 基准日期后，因法律法规、规范标准等的变化，导致承包人在合同履行中所需要的工程成本发生约定以外的增减时，相应调整合同价款。

2) 调价条款。合同履行期间市场价格浮动对施工成本造成的影响是否允许调整合同价格要视合同工期的长短来决定。

① 简明施工合同的规定。工期在 12 个月以内的简明施工合同的通用合同条款没有调价条款，承包人已在投标报价中合理考虑了市场价格变化对施工成本的影响，合同履行期间不再考虑市场价格变化调整合同价款。

② 标准施工合同的规定。工期在 12 个月以上的施工合同，由于承包人在投标阶段不可能合理预测一年以后的市场价格变化，因此应设有调价条款，由发包人和承包人共同分担市场价格变化的风险。标准施工合同通用合同条款规定用公式法调价，但调整价格的方法仅适用于工程量清单中按单价支付部分的工程款，总价支付部分不考虑物价浮动对合同价格的调整。

3. 明确保险责任

(1) 工程保险和第三者责任保险

1) 办理保险的责任。

① 承包人办理保险。标准施工合同和简明施工合同的通用合同条款中考虑到承包人是工程施工的最直接责任人，因此均规定由承包人负责投保建筑工程一切险、安装工程一切险和第三者责任保险，并承担办理保险的费用。具体的投保内容、保险金额、保险费率、保险期限等有关内容在专用合同条款中约定。承包人应在专用合同条款约定的期限内向发包人提交各项保险生效的证明和保险单副本，保险单必须与专用合同条款约定的条件一致，承包人需要变动保险合同条款时，应事先征得发包人同意，并通知监理人。保险人做出保险责任变动的，承包人应在收到保险人通知后立即通知发包人和监理人。承包人应与保险人保持联系，使保险人能够随时了解工程实施中的变动。并确保按保险合同条款要求持续保险。

② 发包人办理保险。如果一个建设工程项目的施工采用平行发包的方式分别交由多个承包人施工，由几家承包人分别投保的话，有可能产生重复投保或漏保，此时由发包人投保为宜，双方可在专用合同条款中约定由发包人办理工程保险和第三者责任保险。

无论是由承包人还是发包人办理工程保险和第三者责任保险，均必须以发包人和承包人的共同名义投保，以保障双方在出现保险范围内的损失时，可从保险公司获得赔偿。

2）保险金不足的补偿。如果投保工程一切险的保险金额少于工程实际价值，工程受到保险事件的损害时，不能从保险公司获得实际损失的全额赔偿，则损失赔偿的不足部分按合同相应条款的约定，由该事件的风险责任方负责补偿。当专用合同条款具体约定保险金额不足以赔偿损失时，承包人和发包人应承担责任。例如，永久工程损失的差额由发包人补偿，临时工程、施工设备等损失由承包人负责。

3）未按约定投保的补偿。

① 如果负有投保义务的一方当事人未按合同约定办理保险，或未能使保险持续有效，另一方当事人可代为办理，所需费用由对方当事人承担。

② 当负有投保义务的一方当事人未按合同约定办理某项保险，导致受益人未能得到保险人的赔偿，原应从该项保险得到的保险赔偿应由负有投保义务的一方当事人支付。

（2）人员工伤事故保险和人身意外伤害保险　发包人和承包人应按照相关法律规定为履行合同的本方人员缴纳工伤保险费，并分别为本方现场项目管理机构的所有人员投保人身意外伤害保险。

（3）其他保险

1）承包人的施工设备保险。承包人应以自己的名义投保施工设备保险，作为工程一切险的附加保险，因为此项保险内容发包人没有投保。

2）进场材料和工程设备保险。由当事人双方具体约定，在专用条款内写明。通常情况下，材料和工程设备的保险由采购人办理。

4. 发包人

发包人是指专用合同条款中指明并与承包人在合同协议书中签字的当事人。发包人应承担下列义务：

（1）发出开工通知　发包人应委托监理人向承包人发出开工通知。监理人应在开工日期7天前向承包人发出开工通知。工期自监理人发出的开工通知中载明的开工日期起计算。承包人应在开工日期后尽快施工。

（2）提供施工场地　发包人应按专用合同条款约定向承包人提供施工场地，以及施工场地内地下管线和地下设施等有关资料，并保证资料的真实、准确、完整。

（3）协助承包人办理证件和批件　发包人应协助承包人办理法律规定的有关施工证件和批件。

（4）组织设计交底　发包人应根据合同进度计划，组织设计单位向承包人进行设计交底。

（5）支付合同价款　发包人应按合同约定向承包人及时支付合同价款。

（6）组织竣工验收　发包人应按合同约定及时组织竣工验收。

（7）其他义务　发包人应履行合同约定的其他义务。

5. 承包人

承包人是指与发包人签订合同协议书的当事人。

（1）现场查勘　承包人在投标阶段仅依据招标文件中提供的资料和较概略的图纸编制了供评标的施工组织设计或施工方案。签订合同协议书后，承包人应对施工场地和周围环境进行查勘，核对发包人提供的有关资料、并进一步收集相关的地质、水文、气象条件、交通条件、风俗习惯以及其他为完成合同工作有关的当地资料，以便编制施工组织设计和专项施工方案。在全部合同施工过程中，应视为承包人已充分估计了应承担的责任和风险，不得再以不了解现场情况为理由而推脱合同责任。对现场查勘中发现的实际情况与发包人所提供资料有重大差异之处，应及时通知监理人，由其做出相应的指示或说明，以便明确合同责任。

（2）编制施工实施计划

1）施工组织设计。承包人应按合同约定的工作内容和施工进度要求，编制施工组织设计和施工进度计划，并对所有施工作业和施工方法的完备性、安全性、可靠性负责。按照《建设工程安全生产管理条例》规定，在施工组织设计中应针对深基坑工程、地下暗挖工程、高大模板工程、高空作业工程、深水作业工程、大爆破工程的施工编制专项施工方案。对于前三项危险性较大的分部分项工程的专项施工，还需经5人以上专家论证方案的安全性和可靠性。施工组织设计完成后，按专用合同条款的约定，将施工进度计划和施工方案说明报送监理人审批。

2）质量管理体系。在施工场地设置专门的质量检查机构。配备专职质量检查人员，建立完善的质量检查制度。在合同约定的期限内，提交工程质量保证措施文件，包括质量检查机构的组织和岗位责任、质检人员的组成、质量检查程序和实施细则等，报送监理人审批。

3）环境保护措施计划。承包人在施工过程中，应遵守有关环境保护的法律和法规，履行合同约定的环境保护义务，按合同约定的环保工作内容，编制施工环保措施计划，报送监理人审批。

（3）完成各项承包工作　承包人应按合同约定以及监理人做出的指示，实施、完成全部工程，并修补工程中的任何缺陷。除专用合同条款另有约定外，承包人应提供为完成合同工作所需的劳务、材料、施工设备、工程设备和其他物品，并按合同约定负责临时设施的设计、建造、运行、维护、管理和拆除。

（4）对施工作业和施工方法的完备性负责　承包人应按合同约定的工作内容和施工进度要求，编制施工组织设计和施工措施计划，并对所有施工作业和施工方法的完备性和安全可靠性负责。

（5）保证工程施工和人员的安全　承包人应采取施工安全措施，确保工程及其人员、材料、设备和设施的安全，防止因工程施工造成的人身伤害和财产损失。

（6）避免施工对公众与他人的利益造成损害　承包人在进行合同约定的各项工作时，不得侵害发包人与他人使用公用道路、水源、市政管网等公共设施的权利，避免对邻近的公共设施产生干扰。承包人占用或使用他人的施工场地，影响他人作业或生活的，应承担相应责任。

（7）为他人提供方便　承包人应按监理人的指示为他人在施工场地或附近实施与工程有关的其他各项工作提供可能的条件。除合同另有约定外，提供有关条件的内容和可能发生的费用，由监理人按合同规定的办法与双方商定或确定。

（8）工程的维护和照管　工程接收证书颁发前，承包人应负责照管和维护工程。工程接收证书颁发时尚有部分未竣工的，承包人还应负责该未竣工工程的照管和维护工作，直至竣工后移交给发包人为止。

（9）其他义务　承包人应履行合同约定的其他义务。

6. 监理人

《建设工程监理规范》（GB/T 50319—2013）中对监理人的定义是：受委托人的委托，依照法律、规范标准和监理合同等，对建设工程勘察设计或施工等阶段进行质量控制、进度控制、投资控制、合同管理、信息管理、组织协调和安全监理的法人或其他组织。

监理人既属于发包人一方的人员，但又不同于发包人的雇员，即不是一切行为均遵照发包人的指示，而是在授权范围内独立工作，以保障工程按期、按质、按量完成发包人的最大利益为管理目标，依据合同条款的约定，公平合理地处理合同履行过程中的有关管理事项。监理人的职责主要有：

（1）审查承包人的实施方案

1）审查的内容。监理人对承包人报送的施工组织设计、质量管理体系、环境保护措施等进行认真审查，批准或要求承包人对不满足合同要求的部分进行修改。

2）审查进度计划。监理人对承包人的施工组织设计中的进度计划审查，不仅要看施工阶段的时间安排是否满足合同要求，更应评审拟采用的施工组织、技术措施能否保证计划的实现。监理人审查后，应在专用条款约定的期限内，批复或提出修改意见，否则该进度计划视为已得到批准。经监理人批准的施工进度计划称为"合同进度计划"。

为了便于工程进度管理，监理人可以要求承包人在合同进度计划的基础上编制并提交分阶段和分项的进度计划，特别是合同进度计划关键线路上的单位工程或分部工程的详细施工计划。

3）合同进度计划。合同进度计划是控制合同工程进度的依据，对承包人、发包人和监理人均有约束力，不仅要求承包人按计划施工，还要求发包人的材料供应、图纸发放等不应造成施工延误，以及监理人应按照计划进行协调管理。合同进度计划的另一重要作用是，施工进度受到非承包人责任原因的干扰后，判定是否应给承包人顺延合同工期的主要依据。

（2）开工通知

1）发出开工通知的条件。当发包人的开工前期工作已完成且临近约定的开工日期时，应委托监理人按专用合同条款约定的时间向承包人发出开工通知。如果约定的开工已届至，但发包人应完成的开工配合义务尚未完成（如现场移交延误），由于监理人不能按时发出开工通知，则要顺延合同工期并赔偿承包人的相应损失。如果发包人开工前的配合工作已完成且约定的开工日期已届至，但承包人的开工准备还不满足开工条件，监理人仍应按时发出开工的指示，合同工期不予顺延。

2）发出开工通知的时间。监理人征得发包人同意后，应在开工日期7天前向承包人发出开工通知，合同工期自开工通知中载明的开工日起计算。

(3) 受发包人委托对施工合同的履行进行管理

1）在发包人授权范围内，负责发出指示、检查施工质量、控制进度等现场管理工作。

2）在发包人授权范围内独立处理合同履行过程中的有关事项，行使通用合同条款规定的，以及具体施工合同专用合同条款中说明的权力。

3）承包人收到监理人发出的任何指示，视为已得到发包人的批准，应遵照执行。

4）在合同规定的权限范围内，独立处理或决定有关事项，如单价的合理调整、变更估价、索赔等。

(4) 监理人的指示 监理人给承包人发出的指示，承包人应遵照执行。如果监理人的指示错误或失误给承包人造成损失，则由发包人负责赔偿。通用合同条款明确规定：

1）监理人未能按合同约定发出指示、指示延误或指示错误而导致承包人施工成本增加和（或）工期延误，由发包人承担赔偿责任。

2）监理人无权免除或变更合同约定的发包人和承包人权利、义务和责任。由于监理人不是合同当事人，因此合同约定应由承包人承担的义务和责任，不因监理人对承包人提交文件的审查或批准，对工程、材料和设备的检查和检验，以及为实施监理做出的指示等职务行为而减轻或解除。

5.4.3 施工合同履行管理

1. 合同履行涉及的几个时间期限

(1) 合同工期 合同工期是指承包人在投标函内承诺完成合同工程的时间期限，以及按照合同条款通过变更和索赔程序应给予顺延工期的时间之和。合同工期的作用是用于判定承包人是否按期竣工的标准。

(2) 施工期 施工期是从监理人发出的开工通知中写明的开工日起算，至工程接收证书中写明的实际竣工日止。以此期限与合同工期比较，可以判定工程是提前竣工还是延误竣工。延误竣工承包人承担拖期赔偿责任，提前竣工是否应获得奖励须视专用合同条款中是否有约定。

(3) 缺陷责任期 缺陷责任期从工程接收证书中写明的竣工日开始起算，期限视具体工程的性质和使用条件的不同在专用合同条款内约定（一般为1年）。对于合同内约定有分部移交的单位工程，按提前验收的该单位工程接收证书中确定的竣工日为准，起算时间相应提前。由于承包人拥有施工技术、设备和施工经验，缺陷责任期内工程运行期间出现的工程缺陷，承包人应负责修复，直到检验合格为止。修复费用以缺陷原因的责任划分，经查验属于发包人原因造成的缺陷，承包人修复后可获得查验、修复的费用及合理利润。如果承包人不能在合理时间内修复缺陷，发包人可以自行修复或委托其他人修复，修复费用由缺陷原因的责任方承担。承包人责任原因产生的较大缺陷或损坏，致使工程不能按原定目标使用，经修复后需要再行检验或试验时，发包人有权要求延长该部分工程或设备的缺陷责任期。影响工程正常运行的有缺陷工程或部位，在修复检验合格日前已经过的时间归于无效，重新计算缺陷责任期，但包括延长时间在内的缺陷责任期最长时间不得超过2年。

（4）保修期　保修期自实际竣工日起算，发包人和承包人按照有关法律、法规的规定，在专用合同条款内约定工程质量保修范围、期限和责任。对于提前验收的单位工程起算时间相应提前。承包人对保修期内出现的不属于其责任原因的工程缺陷，不承担修复义务。

2. 施工进度管理

（1）合同进度计划的动态管理　为了保证实际施工过程中承包人能够按计划施工，监理人通过协调保障承包人的施工不受到外部或其他承包人的干扰，对已确定的施工计划要进行动态管理。标准施工合同的通用合同条款规定，不论何种原因造成工程的实际进度与合同进度计划不符，包括实际进度超前或滞后于计划进度，均应修订合同进度计划，以使进度计划具有实际的管理和控制作用。承包人可以主动向监理人提交修订合同进度计划的申请报告，并附有关措施和相关资料，报监理人审批；监理人也可以向承包人发出修订合同进度计划的指示，承包人应按该指示修订合同进度计划后报监理人审批。监理人应在专用合同条款约定的期限内予以批复。如果修订的合同进度计划对竣工时间有较大影响或需要补偿额超过监理人独立确定的范围时，在批复前应取得发包人同意。

（2）可以顺延合同工期的情况

1）发包人原因延长合同工期。通用合同条款中明确规定，由于发包人原因导致的延误，承包人有权获得工期顺延和（或）费用加利润补偿。

① 增加合同工作内容。
② 改变合同中任何一项工作的质量要求或其他特性。
③ 发包人迟延提供材料、工程设备或变更交货地点。
④ 因发包人原因导致的暂停施工。
⑤ 提供图纸延误。
⑥ 未按合同约定及时支付预付款、进度款。
⑦ 发包人造成工期延误的其他原因。

2）异常恶劣的气候条件。按照通用合同条款的规定，出现专用合同条款约定的异常恶劣气候条件导致工期延误，承包人有权要求发包人延长工期。监理人处理气候条件对施工进度造成不利影响的事件时，应注意以下两条基本原则：

① 正确区分气候条件对施工进度影响的责任。判明因气候条件对施工进度产生影响的持续期间内，属于异常恶劣气候条件有多少天。例如，在土方填筑工程的施工中，因连续降雨导致停工15天，其中6天的降雨强度超过专用合同条款约定的标准，构成延长合同工期的条件，而其余9天的停工或施工效率降低的损失，属于承包人应承担的不利气候条件风险。

② 异常恶劣气候条件的停工是否影响总工期。异常恶劣气候条件导致的停工是进度计划中的关键工作，则承包人有权获得合同工期的顺延。如果被迫暂停施工的工作不在关键线路上且总时差多于停工天数，仍然不必顺延合同工期，但对施工成本的增加可以获得补偿。

（3）承包人原因的延误　未能按合同进度计划完成工作时，承包人应采取措施加快进度，并承担加快进度所增加的费用。由于承包人原因造成工期延误，承包人应支付逾期竣工违约金。订立合同时，应在专用条款内约定逾期竣工违约金的计算方法和逾期违约金的最高限额。违约金的计算方法和约定的日拖期赔偿额可采用每天为多少钱或每天为签约合同价的千分之几，最高赔偿限额为签约合同价的3%。

(4) 暂停施工

1) 暂停施工的责任。施工过程中发生被迫暂停施工的原因，可能源于发包人的责任，也可能属于承包人的责任。通用条款规定，承包人责任引起的暂停施工，增加的费用和工期由承包人承担；发包人暂停施工的责任，承包人有权要求发包人延长工期和（或）增加费用，并支付合理利润。

① 承包人责任的暂停施工。

a. 承包人违约引起的暂停施工。

b. 由于承包人原因为工程合理施工和安全保障所必需的暂停施工。

c. 承包人擅自暂停施工。

d. 承包人其他原因引起的暂停施工。

e. 专用合同条款约定由承包人承担的其他暂停施工。

② 发包人责任的暂停施工。发包人承担合同履行的风险较大，造成暂停施工的原因可能源自于未能履行合同的行为责任，也可能源自于自身无法控制但应承担风险的责任，大体可以分为以下几类原因：

a. 发包人未履行合同规定的义务。此类原因较为复杂，包括自身未能尽到管理责任，如发包人采购的材料未能按时到货致使停工待料等；也可能源于第三者责任原因，如施工过程中出现设计缺陷导致停工等待变更的图纸等。

b. 不可抗力。不可抗力的停工损失属于发包人应承担的风险，如施工期间发生地震、泥石流等自然灾害导致暂停施工。

c. 协调管理原因。同时在现场的两个承包人发生施工干扰，监理人从整体协调考虑指示某一承包人暂停施工。

d. 行政管理部门的指令。某些特殊情况下可能执行政府行政管理部门的指示，暂停一段时间的施工。例如，奥运会和世博会期间，为了环境保护的需要，某些在建工程按照政府文件要求暂停施工。

2) 暂停施工程序。

① 停工。监理人根据施工现场的实际情况认为必要时可向承包人发出暂停施工的指示，承包人应按监理人指示暂停施工。不论由于何种原因引起的暂停施工，监理人应与发包人和承包人协商，采取有效措施积极消除暂停施工的影响。暂停施工期间由承包人负责妥善保护工程并提供安全保障。

② 复工。当工程具备复工条件时，监理人应立即向承包人发出复工通知，承包人收到复工通知后，应在指示的期限内复工。承包人无故拖延和拒绝复工，由此增加的费用和工期延误由承包人承担。因发包人原因无法按时复工时，承包人有权要求延长工期和（或）增加费用以及合理利润。

3) 紧急情况下的暂停施工。由于发包人的原因发生暂停施工的紧急情况且监理人未及时下达暂停施工指示，承包人可先暂停施工并及时向监理人提出暂停施工的书面请求。监理人应在接到书面请求后的24小时内予以答复，逾期未答复视为同意承包人的暂停施工请求。

(5) 发包人要求提前竣工 如果发包人根据实际情况向承包人提出提前竣工要求，由于涉及合同约定的变更，应与承包人通过协商达成提前竣工协议作为合同文件的组成部分。协议的内容应包括：承包人修订进度计划及为保证工程质量和安全采取的赶工措施；发包人应提供的条件；所需追加的合同价款；提前竣工给发包人带来效益应给承包人的奖励等。专用合同条款使用说明中建议，奖励金额可为发包人实际效益的 20%。

3. 施工质量管理

（1）质量责任

1）因承包人原因造成工程质量达不到合同约定验收标准，监理人有权要求承包人返工直至符合合同要求为止，由此造成的费用增加和（或）工期延误由承包人承担。

2）因发包人原因造成工程质量达不到合同约定的验收标准，发包人应承担由于承包人返工造成的费用增加和（或）工期延误，并支付承包人合理利润。

（2）承包人的管理

1）项目部的人员管理。

① 质量检查制度。承包人应在施工场地设置专门的质量检查机构，配备专职质量检查人员，建立完善的质量检查制度。

② 规范施工作业的操作程序。承包人应加强对施工人员的质量教育和技术培训。定期考核施工人员的劳动技能，严格执行规范和操作规程。

③ 撤换不称职的人员。当监理人要求撤换不能胜任本职工作、行为不端或玩忽职守的承包人项目经理和其他人员时，承包人应予以撤换。

2）质量检查。

① 材料和设备的检验。承包人应对使用的材料和设备进行进场检验和使用前的检验，不允许使用不合格的材料和有缺陷的设备。承包人应按合同约定进行材料、工程设备和工程的试验和检验，并为监理人对材料、工程设备和工程的质量检查提供必要的试验资料和原始记录。按合同约定由监理人与承包人共同进行试验和检验的，承包人负责提供必要的试验资料和原始记录。

② 施工部位的检查。承包人应对施工工艺进行全过程的质量检查和检验，认真执行自检、互检和工序交叉检验制度，尤其要做好工程隐蔽前的质量检查。承包人自检确认的工程隐蔽部位具备覆盖条件后，通知监理人在约定的期限内检查，承包人的通知应附有自检记录和必要的检查资料。经监理人检查确认质量符合隐蔽要求，并在检查记录上签字后，承包人才能进行覆盖。监理人检查确认质量不合格的，承包人应在监理人指示的时间内修整或返工后，由监理人重新检查。承包人未通知监理人到场检查，私自将工程隐藏部位覆盖，监理人有权指示承包人钻孔探测或揭开检查，由此增加的费用和（或）工期延误由承包人承担。

③ 现场工艺试验。承包人应按合同约定或监理人指示进行现场工艺试验。对大型的现场工艺试验，监理人认为必要时，应由承包人根据监理人提出的工艺试验要求，编制工艺试验措施计划，报送监理人审批。

（3）监理人的质量检查和试验

1）监理人与承包人的共同检验和试验。监理人应与承包人共同进行材料、设备的试验和工程隐蔽前的检验。收到承包人共同检验的通知后，监理人既未发出变更检验时间的通知，又未按时参加，承包人为了不延误施工可以单独进行检查和试验，将记录送交监理人后可继续施工。上述情况下的检查或试验视为在监理人在场的情况下进行的，监理人应签字确认。

2）监理人指示的检验和试验。

① 材料、设备和工程的重新检验和试验。监理人对承包人的试验和检验结果有疑问，或为查清承包人试验和检验成果的可靠性，要求承包人重新试验和检验时，由监理人与承包人共同进行。重新试验和检验的结果证明该项材料、工程设备或工程的质量不符合合同要求，由此增加的费用和（或）工期延误由承包人承担；重新试验和检验结果证明符合合同要求，由发包人承担由此增加的费用和（或）工期延误，并支付承包人合理利润。

② 隐蔽工程的重新检验。监理人对已覆盖的隐蔽工程部位质量有疑问时，可要求承包人对已覆盖的部位进行钻孔探测或揭开重新检验，承包人应遵照执行，并在检验后重新覆盖恢复原状。经检验证明工程质量符合合同要求，由发包人承担由此增加的费用和（或）工期延误，并支付承包人合理利润；经检验证明工程质量不符合合同要求，由此增加的费用和（或）工期延误由承包人承担。

（4）对发包人提供的材料和工程设备管理　承包人应根据合同进度计划的安排，向监理人报送要求发包人交货的日期计划，发包人应按照监理人与合同双方当事人商定的交货日期，向承包人提交材料和工程设备，并在到货 7 天前通知承包人。承包人会同监理人在约定的时间内，在交货地点共同进行验收。发包人提供的材料和工程设备验收后，由承包人负责接收、保管和施工现场内的二次搬运所发生的费用。发包人要求向承包人提前接货的物资，承包人不得拒绝，但发包人应承担承包人由此增加的保管费用。发包人提供的材料和工程设备的规格、数量或质量不符合合同要求，或由于发包人原因发生交货日期延误及交货地点变更等情况时，发包人应承担由此增加的费用和（或）工期延误，并向承包人支付合理利润。

（5）对承包人施工设备的控制　承包人使用的施工设备不能满足合同进度计划或质量要求时，监理人有权要求承包人增加或更换施工设备。增加的费用和工期延误由承包人承担。承包人的施工设备和临时设施应专用于合同工程，未经监理人同意，不得将施工设备和临时设施中的任何部分运出施工场地或挪作他用。对目前闲置的施工设备或后期不再使用的施工设备，经监理人根据合同进度计划审核同意后，承包人方可将其撤离施工现场。

4. 工程款支付管理

（1）通用条款中涉及支付管理的几个概念

1）签约合同价。签约合同价是指签订合同时合同协议书中写明的，包括了暂列金额、暂估价的合同总金额，即中标价。

2）合同价格。合同价格是指承包人按合同约定完成了包括缺陷责任期内的全部承包工作后，发包人应付给承包人的金额。合同价格即承包人完成施工、竣工、保修全部义务后的工程结算总价，包括履行合同过程中按合同约定进行的变更、价款调整、通过索赔应予补偿的金额。

签约合同价是写在协议书和中标通知书内的固定数额，作为结算价款的基数；合同价格是承包人最终完成全部施工和保修义务后应得的全部合同价款，包括施工过程中按照合同相关条款的约定，在签约合同价基础上应给承包人补偿或扣减的费用之和。因此只有在最终结算时，合同价格的具体金额才可以确定。

3）签约合同价内尚不确定的款项。

① 暂估价。暂估价是指发包人在工程量清单中给出的，用于支付必然发生但暂时不能确定价格的材料、设备以及专业工程的金额。该笔款项属于签约合同价的组成部分，合同履行阶段一定发生，但招标阶段由于局部设计深度不够；质量标准尚未最终确定；投标时市

价格差异较大等原因，要求承包人按暂估价格报价部分，合同履行阶段再最终确定该部分的合同价格金额。暂估价内的工程材料、设备或专业工程施工、属于依法必须招标的项目，施工过程中由发包人和承包人以招标的方式选择供应商或分包人，按招标的中标价确定。未达到必须招标的规模或标准时，材料和设备由承包人负责提供，经监理人确认相应的金额；专业工程施工的价格由监理人进行估价确定。与工程量清单中所列暂估价的金额差以及相应的税金等其他费用列入合同价格。

② 暂列金额。暂列金额是指已标价工程量清单中所列的一笔款项，用于在签订协议书时尚未确定或不可预见变更的施工及其所需材料、工程设备、服务等的金额，包括以计日工方式支付的款项。

上述两笔款项均属于包括在签约合同价内的金额，二者的区别表现为：暂估价是在招标投标阶段暂时不能合理确定价格、但合同履行阶段必然发生，发包人一定予以支付的款项；暂列金额则是指招标投标阶段已经确定价格，监理人在合同履行阶段根据工程实际情况指示承包人完成相关工作后给予支付的款项。签约合同价内约定的暂列金额可能全部使用或部分使用，因此承包人不一定能够全部获得支付。

4）费用和利润。通用合同条款中对费用的定义为：履行合同所发生的或将要发生的不计利润的所有合理开支，包括管理费和应分摊的其他费用。通用合同条款中费用涉及两个方面：一是施工阶段处理变更或索赔时，确定应给承包人补偿的款额；二是按照合同责任应由承包人承担的开支。通用合同条款中很多涉及应给予承包人补偿的事件，分别明确调整价款的内容为"增加的费用"，或"增加的费用及合理利润"。导致承包人增加开支的事件如果属于发包人也无法合理预见和克服的情况，应补偿费用但不计利润；若属于发包人应予控制而未做好的情况，如因图纸资料错误导致的施工放线返工，则应补偿费用和合理利润。利润可以通过工程量清单单价分析表中相关子项标明的利润或拆分报价单费用组成确定，也可以在专用合同条款内具体约定利润占费用的百分比。

5）质量保证金。质量保证金（保留金）是将承包人的部分应得款扣留在发包人手中，用于因施工原因修复缺陷工程的开支项目。发包人和承包人需在专用合同条款内约定两个值；一是每次支付工程进度款时应扣质量保证金的比例（例如10%）；二是质量保证金总额，可以采用某一金额或签约合同价的某一百分比。住房和城乡建设部、财政部《建设工程质量保证金管理办法》建质〔2017〕138号规定，发包人应按照合同约定方式预留保证金、保证金总预留比例不得高于工程价款结算总额的3%。合同约定由承包人以银行保函替代预留保证金的，保函金额不得高于工程价款结算总额的3%。质量保证金从第一次支付工程进度款时开始起扣，从承包人本期应获得的工程进度付款中，扣除预付款的支付、扣回以及因物价浮动对合同价格的调整三项金额后的款额为基数，按专用合同条款约定的比例扣留本期的质量保证金。累计扣留达到约定的总额为止。质量保证金用于约束承包人在施工阶段、竣工阶段和缺陷责任期内，均必须按照合同要求对施工的质量和数量承担约定的责任。监理人在缺陷责任期满颁发缺陷责任终止证书后，承包人向发包人申请到期应返还承包人质量保证金的金额，发包人应在14天内会同承包人按照合同约定的内容核实承包人是否完成缺陷修复责任。如无异议，发包人应当在核实后将剩余质量保证金返还承包人。如果约定的缺陷责任期满时，承包人还没有完成全部缺陷修复或部分单位工程延长的缺陷责任期尚未到期，发包人有权扣留与未履行缺陷责任剩余工作所需金额相应的质量保证金。

(2) 外部原因引起的合同价格调整

1) 物价浮动的变化。施工工期 12 个月以上的工程，应考虑市场价格浮动对合同价格的影响，由发包人和承包人分担市场价格变化的风险。通用合同条款规定用公式法调价，但仅适用于工程量清单中单价支付部分。在调价公式的应用中，有以下几个基本原则：

① 在每次支付工程款计算调整差额时，如果得不到现行价格指数，可暂用上一次价格指数计算，并在以后的付款中再按实际价格指数进行调整。

② 由于变更导致合同中调价公式约定的权重变得不合理时，由监理人与承包人和发包人协商后进行调整。

③ 因非承包人原因导致工期顺延，原定竣工日后的支付过程中，调价公式继续有效。

④ 因承包人原因未在约定的工期内竣工，后续支付时应采用原约定竣工日与实际支付日的两个价格指数中较低的一个作为支付计算的价格指数。

⑤ 人工、机械使用费按照国家或省、自治区、直辖市建设行政管理部门、行业建设管理部门或其授权的工程造价管理机构发布的人工成本信息、机械台班单价或机械使用费系数进行调整；需要调整价格的材料，以监理人复核后确认的材料单价及数量，作为调整工程合同价格差额的依据。

2) 法律法规的变化。基准日后，因法律、法规变化导致承包人的施工费用发生增减变化时，监理人根据法律、国家或省、自治区、直辖市有关部门的规定，监理人采用商定或确定的方式对合同价款进行调整。

(3) 工程量计量　已完成合格工程量计量的数据，是工程进度款支付的依据。工程量清单或报价单内承包工作的内容，既包括单价支付的项目，也可能有总价支付部分，如设备安装工程的施工。单价支付与总价支付的项目在计量和付款中有较大区别。单价子目已完成工程量按月计量；总价子目的计量周期按已批准承包人的支付分解报告确定。

1) 单价子目的计量。对已完成的工程进行计量后，承包人向监理人提交进度付款申请单、已完成工程量报表和有关计量资料。监理人应在收到承包人提交的工程量报表后的 7 天内进行复核。监理人未在约定时间内复核，承包人提交的工程量报表中的工程量视为承包人实际完成的工程量，据此计算工程价款。监理人对数量有异议或监理人认为有必要时，可要求承包人进行共同复核和抽样复测。承包人应协助监理人进行复核，并按监理人要求提供补充计量资料。承包人未按监理人要求参加复核，监理人单方复核或修正的工程量作为承包人实际完成的工程量。

2) 总价子目的计量。总价子目的计量和支付应以总价为基础，不考虑市场价格浮动的调整。承包人实际完成的工程量，是进行工程目标管理和控制进度支付的依据。承包人在合同约定的每个计量周期内，对已完成的工程进行计量，并向监理人提交进度付款申请单、专用合同条款约定的合同总价支付分解表所表示的阶段性或分项计量的支持性资料，以及所达到工程形象进度或分阶段完成的工程量和有关计量资料。监理人对承包人提交的资料进行复核，有异议时可要求承包人进行共同复核和抽样复测。除变更外，总价子目表中标明的工程量是用于结算的工程量，通常不进行现场计量，只进行图纸计量。

(4) 工程进度款的支付

1) 进度付款申请单。承包人应在每个付款周期末，按监理人批准的格式和专用合同条款约定的份数，向监理人提交进度付款申请单，并附相应的支持性证明文件。通用合同条款中要求进度付款申请单的内容包括：
① 截至本次付款周期末已实施工程的价款。
② 变更金额。
③ 索赔金额。
④ 本次应支付的预付款和扣减的返还预付款。
⑤ 本次扣减的质量保证金。
⑥ 根据合同应增加和扣减的其他金额。

2）进度款支付证书。监理人在收到承包人进度付款申请单以及相应的支持性证明文件后的14天内完成核查、提出发包人到期应支付给承包人的金额以及相应的支持性材料。经发包人审查同意后，由监理人向承包人出具经发包人签认的进度付款证书。监理人有权扣发承包人未能按照合同要求履行任何工作或义务的相应金额，如扣除质量不合格部分的工程款等。通用合同条款规定，监理人出具的进度付款证书，不应视为监理人已同意、批准或接受了承包人完成的该部分工作。在对以往历次已签发的进度付款证书进行汇总和复核中发现错漏或重复的，监理人有权予以修正，承包人也有权提出修正申请。经双方复核同意的修正，应在本次进度付款中支付或扣除。

3）进度款的支付。发包人应在监理人收到进度付款申请单后的28天内，将进度应付款支付给承包人。发包人不按期支付，按专用合同条款的约定支付逾期付款违约金。

5. 施工安全管理

（1）发包人的施工安全责任　发包人应按合同约定履行安全管理职责，授权监理人按合同约定的安全工作内容监督、检查承包人安全工作的实施，组织承包人和有关单位进行安全检查。发包人应对其现场机构全部人员的工伤事故承担责任，但由于承包人原因造成发包人人员工伤的，应由承包人承担责任。发包人应负责赔偿工程或工程的任何部分对土地的占用所造成的第三者财产损失，以及由于发包人原因在施工场地及其毗邻地带造成的第三者人身伤亡和财产损失。

（2）承包人的施工安全责任　承包人应按合同约定的安全工作内容，编制施工安全措施计划报送监理人审批，按监理人的指示制定应对灾害的紧急预案，报送监理人审批、承包人还应按预案做好安全检查，配置必要的救助物资和器材，切实保护好有关人员的人身和财产安全。施工过程中负责施工作业安全管理，特别应加强易燃易爆材料、火工器材、有毒与腐蚀性材料和其他危险品的管理，加强爆破作业和地下工程施工等危险作业的管理。严格按照国家安全标准制定施工安全操作规程，配备必要的安全生产和劳动保护设施，加强对承包人人员的安全教育，并发放安全工作手册和劳动保护用具。合同约定的安全作业环境及安全施工措施所需费用已包括在相关工作的合同价格中；因采取合同未约定的安全作业环境及安全施工措施增加的费用，由监理人按商定或确定方式予以补偿。承包人对其履行合同所雇佣的全部人员，包括分包人人员的工伤事故承担责任，但由于发包人原因造成承包人人员的工伤事故，应由发包人承担责任。由于承包人原因在施工场地内及其毗邻地带造成的第三者人员伤亡和财产损失，由承包人负责赔偿。

（3）安全事故处理程序

1）通知。施工过程中发生安全事故时，承包人应立即通知监理人，监理人应立即通知发包人。

2) 及时采取减损措施。工程事故发生后、发包人和承包人应立即组织人员和设备进行紧急抢救和抢修，减少人员伤亡和财产损失、防止事故扩大，并保护事故现场。需要移动现场物品时，应做出标记和书面记录，妥善保管有关证据。

3) 报告。工程事故发生后，发包人和承包人应按国家有关规定，及时如实地向有关部门报告事故发生的情况，以及正在采取的紧急措施。

6. 变更管理

施工过程中出现的变更包括监理人指示的变更和承包人申请的变更两类。监理人可按通用合同条款约定的变更程序向承包人做出变更指示，承包人应遵照执行。没有监理人的变更指示，承包人不得擅自变更。

(1) 变更的范围和内容 标准施工合同通用合同条款规定的变更范围包括：

1) 取消合同中任何一项工作，但被取消的工作不能转由发包人或其他人实施。
2) 改变合同中任何一项工作的质量或其他特性。
3) 改变合同工程的基线、标高、位置或尺寸。
4) 改变合同中任何一项工作的施工时间或改变已批准的施工工艺或顺序。
5) 为完成工程需要追加的额外工作。

(2) 监理人指示变更 监理人根据工程施工的实际需要或发包人要求实施的变更，可以进一步划分为直接指示的变更和通过与承包人协商后确定的变更两种情况。

1) 直接指示的变更。直接指示的变更属于必须实施的变更，如按照发包人的要求提高质量标准、设计错误需要进行的设计修改、协调施工中的交叉干扰等情况。此时不需征求承包人意见，监理人经过发包人同意后发出变更指示要求承包人完成变更工作。

2) 与承包人协商后确定的变更。此类情况属于可能发生的变更，与承包人协商后再确定是否实施变更，如增加承包范围外的某项工作或改变合同文件中的要求等。

① 监理人首先向承包人发出变更意向书。说明变更的具体内容、完成变更的时间要求等，并附必要的图纸和相关资料。

② 承包人收到监理人的变更意向书后，如果同意实施变更，则向监理人提出书面变更建议。建议书的内容包括拟实施变更工作的计划、措施、竣工时间等内容的实施方案以及费用和（或）工期要求。若承包人收到监理人的变更意向书后认为难以实施此项变更，也应立即通知监理人，说明原因并附详细依据。如不具备实施变更项目的施工资质、无相应的施工机具等原因或其他理由。

③ 监理人审查承包人的建议书。如果承包人根据变更意向书要求提交的变更实施方案可行并经发包人同意后，监理人发出变更指示。如果承包人不同意变更，监理人与承包人和发包人协商后确定撤销、改变或不改变变更意向书。

(3) 承包人申请变更

1) 承包人建议的变更。承包人对发包人提供的图纸、技术要求以及其他方面，提出了可能降低合同价格、缩短工期或者提高工程经济效益的合理化建议，均应以书面形式提交监理人。合理化建议书的内容应包括建议工作的详细说明、进度计划和效益以及与其他工作的协调等，并附必要的设计文件。监理人与发包人协商是否采纳承包人提出的建议。建议被采纳并构成变更的，监理人向承包人发出变更指示。承包人提出的合理化建议使发包人获得了降低工程造价、缩短工期、提高工程运行效益等实际利益，应按专用合同条款中的约定给予奖励。

2) 承包人要求的变更。承包人收到监理人按合同约定发出的图纸和文件，经检查认为其中存在属于变更范围的情形，如提高了工程质量标准、增加工作内容、工程的位置或尺寸发生变化等，可向监理人提出书面变更建议。变更建议应阐明要求变更的依据，并附必要的图纸和说明。监理人收到承包人的书面建议后，应与发包人共同研究，确认存在变更的，应在收到承包人书面建议后的14天内做出变更指示。经研究后不同意作为变更的，由监理人书面答复承包人。

(4) 变更估价

1) 变更估价的程序。承包人应在收到变更指示或变更意向书后的14天内，向监理人提交变更报价书、详细开列变更工作的价格组成及其依据，并附必要的施工方法说明和有关图纸。变更工作如果影响工期，承包人应提出调整工期的具体细节。

监理人收到承包人变更报价书后的14天内，根据合同约定的估价原则，商定或确定变更价格。

2) 变更的估价原则。

① 已标价工程量清单中有适用于变更工作的子目，采用该子目的单价计算变更费用。

② 已标价工程量清单中无适用于变更工作的子目，但有类似子目，可在合理范围内参照类似子目的单价，由监理人商定或确定变更工作的单价。

③ 已标价工程量清单中无适用或类似子目的单价，可按照成本加利润的原则，由监理人商定或确定变更工作的单价。

(5) 不利物质条件的影响　不利物质条件属于发包人应承担的风险，是指承包人在施工场地遇到的不可预见的自然物质条件、非自然的物质障碍和污染物，包括地质和水文条件，但不包括气候条件。承包人遇到不利物质条件时，应采取适应不利物质条件的合理措施继续施工，并通知监理人。监理人应当及时发出指示，构成变更的，按变更对待。如果监理人没有发出指示，承包人因采取合理措施而增加的费用和工期延误，仍由发包人承担。

7. 不可抗力

(1) 不可抗力事件　不可抗力是指承包人和发包人在订立合同时不可预见，在工程施工过程中不可避免发生并不能克服的自然灾害和社会性突发事件，如地震、海啸、瘟疫、水灾、骚乱、暴动、战争和专用合同条款约定的其他情形。

(2) 不可抗力发生后的管理

1) 通知并采取措施。合同一方当事人遇到不可抗力事件使其履行合同义务受到阻碍时，应立即通知合同另一方当事人和监理人，书面说明不可抗力和受阻碍的详细情况，并提供必要的证明。不可抗力发生后，发包人和承包人均应采取措施尽量避免和减少损失的扩大，任何一方没有采取有效措施导致损失扩大的，应对扩大的损失承担责任。如果不可抗力的影响持续时间较长。合同一方当事人应及时向合同另一方当事人和监理人提交中间报告，说明不可抗力和履行合同受阻的情况，并于不可抗力事件结束后28天内提交最终报告及有关资料。

2) 不可抗力造成的损失。通用合同条款规定，不可抗力造成的损失由发包人和承包人分别承担：

① 永久工程，包括已运至施工场地的材料和工程设备的损害，以及因工程损害造成的

第三者人员伤亡和财产损失由发包人承担。

② 承包人设备的损坏由承包人承担。

③ 发包人和承包人各自承担其人员伤亡和其他财产损失及其相关费用。

④ 停工损失由承包人承担，但停工期间应监理人要求照管工程和清理、修复工程的金额由发包人承担。

⑤ 不能按期竣工的，应合理延长工期，承包人不需支付逾期竣工违约金。发包人要求赶工的，承包人应采取赶工措施，赶工费用由发包人承担。

(3) 因不可抗力解除合同　合同一方当事人因不可抗力导致不可能继续履行合同义务时，应当及时通知对方解除合同。合同解除后，承包人应撤离施工场地。合同解除后，已经订货的材料、设备由订货方负责退货或解除订货合同，不能退还的货款和因退货、解除订货合同发生的费用，由发包人承担，因未及时退货造成的损失由责任方承担。合同解除后的付款，监理人与当事人双方协商后确定。

8. 索赔管理

(1) 承包人的索赔

1) 承包人提出索赔要求。承包人根据合同认为有权得到追加付款和（或）延长工期时，应按规定程序向发包人提出索赔。

① 承包人应在引起索赔事件发生的后28天内，向监理人递交索赔意向通知书，并说明发生索赔事件的事由。承包人未在前述28天内发出索赔意向通知书，便丧失要求追加付款和（或）延长工期的权利。

② 承包人应在发出索赔意向通知书后28天内，向监理人递交正式的索赔通知书，详细说明索赔理由以及要求追加的付款金额和（或）延长的工期，并附必要的记录和证明材料。

③ 对于具有持续影响的索赔事件，承包人应按合理时间间隔陆续递交延续的索赔通知，说明连续影响的实际情况和记录，列出累计的追加付款金额和（或）工期延长天数。在索赔事件影响结束后的28天内，承包人应向监理人递交最终索赔通知书，说明最终要求索赔的追加付款金额和延长的工期，并附必要的记录和证明材料。

2) 监理人处理索赔。监理人收到承包人提交的索赔通知书后，应及时审查索赔通知书的内容、查验承包人的记录和证明材料，必要时监理人可要求承包人提交全部原始记录副本。监理人首先应争取通过与发包人和承包人协商达成索赔处理的一致意见，如果分歧较大，再单独确定追加的付款和（或）延长的工期。监理人应在收到索赔通知书或有关索赔的进一步证明材料后的42天内，将索赔处理结果答复承包人。承包人接受索赔处理结果，发包人应在做出索赔处理结果答复后28天内完成赔付。承包人不接受索赔处理结果的，按合同争议解决。

3) 承包人提出索赔的期限。竣工阶段发包人接受了承包人提交并经监理人签认的竣工付款证书后，承包人不能再对施工阶段、竣工阶段的事项提出索赔要求。缺陷责任期满承包人提交的最终结清申请单中，只限于提出工程接收证书颁发后发生的索赔。提出索赔的期限至发包人接受最终结清证书时止，即合同终止后承包人就失去索赔的权利。

(2) 发包人的索赔

1) 发包人提出索赔。发包人的索赔包括承包人应承担责任的赔偿扣款和缺陷责任期的延长。发生索赔事件后，监理人应及时书面通知承包人，详细说明发包人有权得到的索赔金额和（或）延长缺陷责任期的细节和依据。发包人提出索赔的期限对承包人的要求相同，即颁发工程接收证书后，不能再对施工期间的事件索赔；最终结清证书生效后，不能再就缺陷责任期内的事件索赔，因此延长缺陷责任期的通知应在缺陷责任期届满前提出。

2）监理人处理索赔。监理人也应首先通过与当事人双方协商争取达成一致，分歧较大时在协商基础上确定 索赔的金额和缺陷责任期延长的时间。承包人应付给发包人的赔偿款从应支付给承包人的 合同价款或质量保证金内扣除，也可以由承包人以其他方式支付。

9. 违约责任

通用合同条款对发包人和承包人违约的情况及处理分别做了明确的规定。

（1）承包人违约

1）违约情况。

① 私自将合同的全部或部分权利转让给其他人，将合同的全部或部分义务转移给其他人。

② 未经监理人批准，私自将已按合同约定进入施工场地的施工设备、临时设施或材料撤离施工场地。

③ 使用不合格材料或工程设备，工程质量达不到标准要求，又拒绝清除不合格工程。

④ 未能按合同进度计划及时完成合同约定的工作，已造成或预期造成工期延误。

⑤ 缺陷责任期内未对工程接收证书所列缺陷清单的内容或缺陷责任期内发生的缺陷进行修复，又拒绝按监理人指示再进行修补。

⑥ 承包人无法继续履行或明确表示不履行或实质上已停止履行合同。

⑦ 承包人不按合同约定履行义务的其他情况。

2）承包人违约的处理。发生承包人不履行或无力履行合同义务的情况时，发包人可通知承包人立即解除合同。

对于承包人违反合同规定的情况，监理人应向承包人发出整改通知，要求其在指定的期限内改正。承包人应承担其违约所引起的费用增加和（或）工期延误。监理人发出整改通知28天后，承包人仍不纠正违约行为，发包人可向承包人发出解除合同通知。

3）因承包人违约解除合同。

① 发包人进驻施工现场。合同解除后，发包人可派员进驻施工场地，另行组织人员或委托其他承包人施工。发包人因继续完成该工程的需要，有权扣留使用承包人在现场的材料、设备和临时设施。这种扣留不是没收，只是为了后续工程能够尽快顺利开始。发包人的扣留行为不免除承包人应承担的违约责任，也不影响发包人根据合同约定享有的索赔权利。

② 合同解除后的结算。

a. 监理人与当事人双方协商承包人实际完成工作的价值，以及承包人已提供的材料、施工设备、工程设备和临时工程等的价值。达不成一致，由监理人单独确定。

b. 合同解除后，发包人应暂停对承包人的一切付款，查清各项付款和已扣款金额，包括承包人应支付的违约金。

c. 发包人应按合同的约定向承包人索赔由于解除合同给发包人造成的损失。

d. 合同双方确认上述往来款项后，发包人出具最终结清付款证书，结清全部合同款项。

e. 发包人和承包人未能就解除合同后的结清达成一致，按合同约定解决争议的方法处理。

③ 承包人已签订其他合同的转让。因承包人违约解除合同，发包人有权要求承包人将其为实施合同而签订的材料和设备的订货合同或任何服务协议转让给发包人，并在解除合同后的 14 天内，依法办理转让手续。

(2) 发包人违约

1) 违约情况。

① 发包人未能按合同约定支付预付款或合同价款，或拖延、拒绝批准付款申请和支付凭证，导致付款延误。

② 发包人原因造成停工的持续时间超过 56 天以上。

③ 监理人无正当理由没有在约定期限内发出复工指示，导致承包人无法复工。

④ 发包人无法继续履行或明确表示不履行或实质上已停止履行合同。

⑤ 发包人不履行合同约定的其他义务。

2) 发包人违约的处理。

① 承包人有权暂停施工。除了发包人不履行合同义务或无力履行合同义务的情况外，承包人向发包人发出通知，要求发包人采取有效措施纠正违约行为。发包人收到承包人通知后的 28 天内仍不履行合同义务，承包人有权暂停施工，并通知监理人，发包人应承担由此增加的费用和（或）工期延误，并支付承包人合理利润。承包人暂停施工 28 天后，发包人仍不纠正违约行为，承包人可向发包人发出解除合同通知。但承包人的这一行为不免除发包人应承担的违约责任，也不影响承包人根据合同约定享有的索赔权利。

② 违约解除合同。属于发包人不履行或无力履行义务的情况，承包人可书面通知发包人解除合同。

3) 因发包人违约解除合同。

① 解除合同后的结算。发包人应在解除合同后 28 天内向承包人支付下列金额：

a. 合同解除日以前所完成工作的价款。

b. 承包人为该工程施工订购并已付款的材料、工程设备和其他物品的金额。发包人付款后，该材料、工程设备和其他物品归发包人所有。

c. 承包人为完成工程所发生的，而发包人未支付的金额。

d. 承包人撤离施工场地以及遣散承包人人员的赔偿金额。

e. 由于解除合同应赔偿的承包人损失。

f. 按合同约定在合同解除日前应支付给承包人的其他金额。

发包人应按本项约定支付上述金额并退还质量保证金和履约担保，但有权要求承包人支付应偿还给发包人的各项金额。

② 承包人撤离施工现场。因发包人违约而解除合同后，承包人尽快完成施工现场的清理工作，妥善做好已竣工工程和已购材料、设备的保护和移交工作、按发包人要求将承包人设备和人员撤出施工场地。

10. 竣工验收管理

(1) 单位工程验收

1) 单位工程验收的情况。在合同工程全部完工前进行单位工程验收和移交，可能涉及以下三种情况：一是专用合同条款内约定了某些单位工程分部移交；二是发包人在全部工程竣工前希望使用已经竣工的单位工程，提出单位工程提前移交的要求，以便获得部分工程的运行收益；三是承包人从后续施工管理的角度出发而提出单位工程提前验收的建议，并经发包人同意。

2）单位工程验收后的管理。验收合格后，由监理人向承包人出具经发包人签认的单位工程验收证书。单位工程的验收成果和结论作为全部工程竣工验收申请报告的附件。移交后的单位工程由发包人负责照管。除了合同约定的单位工程分部移交的情况外，如果发包人在全部工程竣工前，使用已接收的单位工程运行影响了承包人的后续施工，发包人应承担由此增加的费用和（或）工期延误，并支付承包人合理利润。

（2）施工期运行　施工期运行是指合同工程尚未全部竣工，其中某项或某几项单位工程已竣工或工程设备安装完毕，需要投入施工期的运行时，须经检验合格能确保安全后，才能在施工期投入运行。

除了专用合同条款约定由发包人负责试运行的情况外，承包人应负责提供试运行所需的人员、器材和必要的条件，并承担全部试运行费用。施工期运行中发现工程或工程设备损坏或存在缺陷时，由承包人进行修复，并按照缺陷原因由责任方承担相应的费用。

（3）合同工程的竣工验收

1）承包人提交竣工验收申请报告。当工程具备以下条件时，承包人可向监理人报送竣工验收申请报告：

① 除监理人同意列入缺陷责任期内完成的尾工（甩项）工程和缺陷修补工作外，承包人的施工已完成合同范围内的全部单位工程以及有关工作，包括合同要求的试验、试运行以及检验和验收均已完成，并符合合同要求。

② 已按合同约定的内容和份数备齐了符合要求的竣工资料。

③ 已按监理人的要求编制了在缺陷责任期内完成的尾工（甩项）工程和缺陷修补工作清单以及相应施工计划。

④ 监理人要求在竣工验收前应完成的其他工作。

⑤ 监理人要求提交的竣工验收资料清单。

2）监理人审查竣工验收申请报告。监理人审查竣工验收申请报告的各项内容，认为工程尚不具备竣工验收条件时，应在收到竣工验收申请报告后的28天内通知承包人，指出在颁发接收证书前承包人还需进行的工作内容。承包人完成监理人通知的全部工作内容后，应再次提交竣工验收申请报告，直至监理人同意为止。监理人审查后认为已具备竣工验收条件，应在收到竣工验收申请报告后的28天内提请发包人进行工程验收。

3）竣工验收。

① 竣工验收合格，监理人应在收到竣工验收申请报告后的56天内，向承包人出具经发包人签认的工程接收证书。以承包人提交竣工验收申请报告的日期为实际竣工日期，并在工程接收证书中写明。实际竣工日用以计算施工期限，与合同工期对照判定承包人是提前竣工还是延误竣工。

② 竣工验收基本合格但提出了需要整修和完善要求时，监理人应指示承包人限期修好，并缓发工程接收证书。经监理人复查整修和完善工作达到了要求，再签发工程接收证书，竣工日仍为承包人提交竣工验收申请报告的日期。

③ 竣工验收不合格。监理人应按照验收意见发出指示，要求承包人对不合格工程认真返工重做或进行补救处理，并承担由此产生的费用。承包人在完成不合格工程的返工重做或

补救工作后，应重新提交竣工验收申请报告。重新验收如果合格，则工程接收证书中注明的实际竣工日，应为承包人重新提交竣工验收报告的日期。

④ 延误进行竣工验收。发包人在收到承包人竣工验收申请报告 56 天后未进行验收，视为验收合格。实际竣工日期以提交竣工验收申请报告的日期为准，但发包人由于不可抗力不能进行验收的情况除外。

(4) 竣工结算

1) 承包人提交竣工付款申请单。工程进度款的分期支付是阶段性的临时支付，因此在工程接收证书颁发后，承包人应按专用合同条款约定的份数和期限向监理人提交竣工付款申请单，并提供相关证明材料。付款申请单应说明竣工结算的合同总价、发包人已支付承包人的工程价款、应扣留的质量保证金、应支付的竣工付款金额。

2) 监理人审查。竣工结算的合同价格，应为通过单价乘以实际完成工程量的单价子目款、采用固定价格的各子项目包干价、依据合同条款进行调整（变更、索赔、物价浮动调整等）构成的最终合同结算价。监理人对竣工付款申请单如果有异议，有权要求承包人进行修正和提供补充资料。监理人和承包人协商后，由承包人向监理人提交修正后的竣工付款申请单。

3) 签发竣工付款证书。监理人在收到承包人提交的竣工付款申请单后的 14 天内完成核查，将核定的合同价格和结算尾款金额提交发包人审核并抄送承包人。发包人应在收到后 14 天内审核完毕，由监理人向承包人出具经发包人签认的竣工付款证书。监理人未在约定时间内核查，又未提出具体意见的，视为承包人提交的竣工付款申请单已经监理人核查同意。发包人未在约定时间内审核又未提出具体意见，监理人提出发包人到期应支付给承包人的结算尾款视为已经发包人同意。

4) 支付。发包人应在监理人出具竣工付款证书后的 14 天内，将应支付款支付给承包人。发包人不按期支付，还应加付逾期付款的违约金。如果承包人对发包人签认的竣工付款证书有异议、发包人可出具竣工付款申请单中承包人已同意部分的临时付款证书，存在争议的部分，按合同约定的争议条款处理。

(5) 竣工清场

1) 承包人的清场义务。工程接收证书颁发后，承包人应对施工场地进行清理，直至监理人检验合格为止。

① 施工场地内残留的垃圾已全部清除出场。

② 临时工程已拆除，场地已按合同要求进行清理、平整或复原。

③ 按合同约定应撤离的承包人设备和剩余的材料，包括废弃的施工设备和材料，已按计划撤离施工场地。

④ 工程建筑物周边及其附近道路、河道的施工堆积物已按监理人指示全部清理。

⑤ 监理人指示的其他场地清理工作已全部完成。

2) 承包人未按规定完成的责任。承包人未按监理人的要求恢复临时占地或者场地清理未达到合同约定，发包人有权委托其他人恢复或清理，所发生的金额从拟支付给承包人的款项中扣除。

11. 缺陷责任期管理

(1) 缺陷责任　缺陷责任期自实际竣工日期起计算。在全部工程竣工验收前，已经发包人提前验收的单位工程，其缺陷责任期的起算日期相应提前。工程移交发包人运行后，缺陷责任期内出现的工程质量缺陷可能是承包人的施工质量原因，也可能属于非承包人应负责的原因导致，应由监理人与发包人和承包人共同查明原因，分清责任。对于工程主要部位承包人责任的缺陷工程修复后，缺陷责任期相应延长。任何一项缺陷或损坏修复后，经检查证明其影响了工程或工程设备的使用性能，承包人应重新进行合同约定的试验和试运行，试验和试运行的全部费用应由责任方承担。

法释〔2020〕25 号《最高人民法院关于审理建设工程施工合同纠纷案件适用法律问题的解释》中第十三条规定，发包人具有下列情形之一，造成建设工程质量缺陷，应当承担过错责任：

1）提供的设计有缺陷。
2）提供或者指定购买的建筑材料、建筑构配件、设备不符合强制性标准。
3）直接指定分包人分包专业工程。

承包人有过错的，也应当承担相应的过错责任。

（2）监理人颁发缺陷责任终止证书　缺陷责任期满，包括延长的期限终止后 14 天内，由监理人向承包人出具经发包人签认的缺陷责任期终止证书，并退还剩余的质量保证金。颁发缺陷责任期终止证书，意味着承包人已按合同约定完成了施工、竣工和缺陷修复责任的义务。

（3）最终结清　缺陷责任期终止证书签发后，发包人与承包人进行合同付款的最终结清。结清的内容涉及质量保证金的返还、缺陷责任期内修复非承包人缺陷责任的工作、缺陷责任期内涉及的索赔等。

1）承包人提交最终结清申请单。承包人按专用合同条款约定的份数和期限向监理人提交最终结清申请单，并提供缺陷责任期内的索赔、质量保证金应返还的余额等的相关证明材料。如果质量保证金不足以抵减发包人损失时，承包人还应承担不足部分的赔偿责任。发包人对最终结清申请单内容有异议时，有权要求承包人进行修正和提供补充资料。承包人再向监理人提交修正后的最终结清申请单。

2）签发最终结清证书。监理人收到承包人提交的最终结清申请单后的 14 天内，提出发包人应支付给承包人的价款送发包人审核并抄送承包人。发包人应在收到后 14 天内审核完毕，由监理人向承包人出具经发包人签认的最终结清证书。监理人未在约定时间内核查又未提出具体意见，视为承包人提交的最终结清申请已经监理人核查同意。发包人未在约定时间内审核又未提出具体意见，监理人提出应支付给承包人的价款视为已经发包人同意。

3）最终支付。发包人应在监理人出具最终结清证书后的 14 天内，将应支付款支付给承包人。发包人不按期支付，还需将逾期付款违约金支付给承包人。承包人对最终结清证书有异议，按合同争议处理。

4）结清单生效。承包人收到发包人最终支付款后结清单生效、合同终止，承包人不再拥有索赔的权利。如果发包人未按时支付结清款，承包人仍可就此事项进行索赔。

5.4.4　无效的施工合同

1. 无效的施工合同的情形

建设工程施工合同具有下列情形之一的，应当依据《民法典》第一百五十三条第一款的规定，认定无效：

1）承包人未取得建筑业企业资质或者超越资质等级的。

2）没有资质的实际施工人借用有资质的建筑施工企业名义的。

3）建设工程必须进行招标而未招标或者中标无效的。

此外，下列情形也为无效合同：

1）违反法律、行政法规的强制性规定的民事法律行为无效，但是该强制性规定不导致该民事法律行为无效的除外。

2）违背公序良俗的民事法律行为无效。

3）承包人将工程分包给不具备相应资质条件的单位，或分包单位将其承包的工程再分包。

2. 效力待定的施工合同

1）招标人和中标人另行签订的建设工程施工合同约定的工程范围、建设工期、工程质量、工程价款等实质性内容与中标合同不一致，一方当事人请求按照中标合同确定权利义务的，人民法院应予支持。

招标人和中标人在中标合同之外就明显高于市场价格购买承建房产、无偿建设住房配套设施、让利、向建设单位捐赠财物等另行签订合同，变相降低工程价款，一方当事人以该合同背离中标合同实质性内容为由请求确认无效的，人民法院应予支持。

2）当事人以发包人未取得建设工程规划许可证等规划审批手续为由，请求确认建设工程施工合同无效的，人民法院应予支持，但发包人在起诉前取得建设工程规划许可证等规划审批手续的除外。发包人能够办理审批手续而未办理，并以未办理审批手续为由请求确认建设工程施工合同无效的，人民法院不予支持。

3）承包人超越资质等级许可的业务范围签订建设工程施工合同，在建设工程竣工前取得相应资质等级，当事人请求按照无效合同处理的，人民法院不予支持。

4）具有劳务作业法定资质的承包人与总承包人、分包人签订的劳务分包合同，当事人请求确认无效的，人民法院依法不予支持。

5）建设工程施工合同无效，一方当事人请求对方赔偿损失的，应当就对方过错、损失大小、过错与损失之间的因果关系承担举证责任。损失大小无法确定，一方当事人请求参照合同约定的质量标准、建设工期、工程价款支付时间等内容确定损失大小的，人民法院可以结合双方过错程度、过错与损失之间的因果关系等因素做出裁判。

6）缺乏资质的单位或者个人借用有资质的建筑施工企业名义签订建设工程施工合同，发包人请求出借方与借用方对建设工程质量不合格等因借资质造成的损失承担连带赔偿责任的，人民法院应予支持。

3. 无效施工合同价款的结算

（1）建设工程经验收合格的情形　建设工程施工合同无效，但是建设工程经验收合格的，可以参照合同关于工程价款的约定折价补偿承包人。

（2）建设工程施工合同无效，且建设工程经验收不合格的情形

1）修复后的建设工程经验收合格的，发包人可以请求承包人承担修复费用。

2）修复后的建设工程经验收不合格的，承包人无权请求参照合同关于工程价款的约定折价补偿。发包人对因建设工程不合格造成的损失有过错的，应当承担相应的责任。

5.5　建设工程总承包合同管理

5.5.1　建设工程总承包合同概述

为指导建设工程总承包合同当事人的签约行为,维护合同当事人的合法权益,依据《民法典》《建筑法》《招标投标法》以及相关法律、法规,住房和城乡建设部、市场监管总局对《建设项目工程总承包合同示范文本(试行)》(GF—2011—0216)进行了修订,制定了《建设项目工程总承包合同(示范文本)》(GF—2020—0216)(以下简称《示范文本》)。

1. 《示范文本》的组成

《示范文本》由合同协议书、通用合同条件和专用合同条件三部分组成。

(1) 合同协议书　《示范文本》合同协议书共计11条,主要包括:工程概况、合同工期、质量标准、签约合同价与合同价格形式、工程总承包项目经理、合同文件构成、承诺、订立时间、订立地点、合同生效和合同份数,集中约定了合同当事人基本的合同权利义务。

(2) 通用合同条件　通用合同条件是合同当事人根据《民法典》《建筑法》等法律法规的规定,就工程总承包项目的实施及相关事项,对合同当事人的权利义务做出的原则性约定。通用合同条件共计20条,具体条款分别为:一般约定,发包人,发包人的管理,承包人,设计,材料、工程设备,施工,工期和进度,竣工试验,验收和工程接收,缺陷责任与保修,竣工后试验,变更与调整,合同价格与支付,违约,合同解除,不可抗力,保险,索赔,争议解决。前述条款安排既考虑了现行法律法规对工程总承包活动的有关要求,也考虑了工程总承包项目管理的实际需要。

(3) 专用合同条件　专用合同条件是合同当事人根据不同建设项目的特点及具体情况,通过双方的谈判、协商对通用合同条件原则性约定细化、完善、补充、修改或另行约定的合同条件。

2. 《示范文本》的适用范围

《示范文本》适用于房屋建筑和市政基础设施项目工程总承包承发包活动。

3. 《示范文本》的性质

《示范文本》为推荐使用的非强制性使用文本。合同当事人可结合建设工程具体情况,参照《示范文本》订立合同,并按照法律法规和合同约定承担相应的法律责任及合同权利义务。

4. 设计施工总承包合同方式的优点

与发包人将工程项目建设的全部任务采用平行发包或陆续发包的方式比较,项目建设设计施工总承包方式对发包人而言,在实施项目的管理有较为突出的优点。

(1) 单一的合同责任　发包人与承包人签订总承包合同后,合同责任明确,对设计、招标、实施过程的管理均仅进行宏观控制,简化了管理的工作内容。

(2) 固定工期、固定费用　国际工程总承包合同通常采用固定工期、固定费用的承包方式,项目建设的预期目标容易实现。我国的标准设计施工总承包合同,分别给出可以补偿或不补偿两种可供发包人选择的合同模式。

(3) 可以缩短建设周期　由于承包人对项目实施的全过程进行一体化管理,不必等工程的全部设计完成后再开始施工，单位工程的施工图设计完成并通过评审后即可开始该单位工程的施工。设计与施工在时间上可以进行合理的搭接，缩短项目实施的总时间。

（4）减少设计变更　承包的范围内包括设计、招标、施工、试运行的全部工作内容，设计在满足招标人要求的前提下，可以充分体现施工的专利技术、专有技术在施工中的应用，达到设计与施工的紧密衔接。

（5）减少承包人的索赔　常规的施工承包合同在履行过程中，发包人承担了较多自己主观无法控制不确定因素发生的风险，承包人的索赔将分散双方管理过程中的很多精力，而总承包合同发包人仅承担签订合同阶段承包人无法合理预见的重大风险，单一的合同责任减少了大量的索赔处理工作，使投资和工期得到保障。

5. 设计施工总承包合同方式的不足

（1）设计不一定是最优方案　由于在招标文件中发包人仅对项目的建设提出具体要求，实际方案由承包人提出，设计可能受到实施者利益影响，对工程实施成本的考虑往往会影响到设计方案的优化。工程选用的质量标准只要满足发包人要求即可，不会采用更高的质量标准。

（2）减弱实施阶段发包人对承包人的监督和检查　虽然在设计和施工过程中，发包人也聘请监理人（或发包人代表），但由于设计方案和质量标准均出自承包人，监理人对项目实施的监督力度比发包人委托设计再由承包人施工的管理模式低，特别是监理人对设计的细节和对施工过程的控制力较低。

5.5.2　建设工程总承包合同有关各方管理职责

建设工程总承包合同的当事人是指发包人和（或）承包人。

1. 发包人

发包人是指与承包人订立合同协议书的当事人及取得该当事人资格的合法继受人。发包人对工程项目的实施负责投资支付和项目建设有关重大事项的决定。发包人的义务如下：

1）发包人在履行合同过程中应遵守法律，按照法律规定和合同约定履行相关职责，发包人应委托监理人按约定向承包人发出开始工作通知，向承包人提供施工场地及进场施工条件，并明确与承包人的交接界面。

2）向承包人提供施工现场及工程实施所必需的毗邻区域内的供水、排水、供电、供气、供热、通信、广播电视等地上、地下管线和设施资料，气象和水文观测资料，地质勘察资料，相邻建筑物、构筑物和地下工程等有关基础资料。

3）由发包人负责按时办理的工程建设项目必须履行的各类审批、核准或备案。

4）发包人对承包人负责的有关设计、施工证件和批件，应给予必要的协助。

5）发包人应按合同约定向承包人及时支付合同价款，并按专用合同条款的约定是否实施工程款支付担保。

6）发包人应负责保证在现场或现场附近的发包人人员和发包人的其他承包人，做好现场管理配合工作。

7）发包人应按合同约定及时组织竣工验收等合同约定的其他义务。

2. 发包人的管理

（1）发包人代表　发包人代表是指由发包人任命并派驻工作现场，在发包人授权范围内行使发包人权利和履行发包人义务的人。发包人应任命发包人代表,并在专用合同条件中明确发包人代表的姓名、职务、联系方式及授权范围等事项。发包人代表应在发包人的授权范围内,负责处理合同履行过程中与发包人有关的具体事宜。发包人代表在授权范围内的行为由发包人承担法律责任。

1)发包人代表(或者在其为法人的情况下,被任命代表其行事的自然人)应:履行指派给其的职责,行使发包人托付给的权利;具备履行这些职责、行使这些权利的能力;作为熟练的专业人员行事。

2)发包人更换发包人代表的,应提前14天将更换人的姓名、地址、任务和权利以及任命的日期书面通知承包人。

3)发包人代表不能按照合同约定履行其职责及义务,并导致合同无法继续正常履行的,承包人可以要求发包人撤换发包人代表。

(2)发包人人员 发包人人员包括发包人代表、工程师及其他由发包人派驻施工现场的人员,发包人可以在专用合同条件中明确发包人人员的姓名、职务及职责等事项。发包人或发包人代表可随时对一些助手指派和托付一定的任务和权利,也可撤销这些指派和托付。这些助手可包括驻地工程师或担任检验、试验各项工程设备和材料的独立检查员。这些助手应具有适当的资质、履行其任务和权利的能力。以上指派、托付或撤销,在承包人收到通知后生效。承包人对于可能影响正常履约或工程安全质量的发包人人员保有随时提出沟通的权利。发包人应要求在施工现场的发包人人员遵守法律及有关安全、质量、环境保护、文明施工等规定,因发包人人员未遵守上述要求给承包人造成的损失和责任由发包人承担。

(3)工程师 工程师是指在专用合同条件中指明的,受发包人委托按照法律规定和发包人的授权进行合同履行管理、工程监督管理等工作的法人或其他组织;该法人或其他组织应雇用一名具有相应执业资格和职业能力的自然人作为工程师代表,并授予其根据本合同代表工程师行事的权利。《示范文本》中规定:

1)发包人需对承包人的设计、采购、施工、服务等工作过程或过程节点实施监督管理的,有权委任工程师。工程师的名称、监督管理范围、内容和权限在专用合同条件中写明。根据国家相关法律法规规定,如本合同工程属于强制监理项目的,由工程师履行法定的监理相关职责,但发包人另行授权第三方进行监理的除外。

2)工程师按发包人委托的范围、内容、职权和权限,代表发包人对承包人实施监督管理。若承包人认为工程师行使的职权不在发包人委托的授权范围之内的,则其有权拒绝执行工程师的相关指示,同时应及时通知发包人,发包人书面确认工程师相关指示的,承包人应遵照执行。

3)在发包人和承包人之间提供证明、行使决定权或处理权时,工程师应作为独立专业的第三方,根据自己的专业技能和判断进行工作。但工程师或其人员均无权修改合同,且无权减轻或免除合同当事人的任何责任与义务。

4)通用合同条件中约定由工程师行使的职权如不在发包人对工程师的授权范围内的,则视为没有取得授权,该职权应由发包人或发包人指定的其他人员行使。若承包人认为工程师的职权与发包人(包括其人员)的职权相重叠或不明确时,应及时通知发包人,由发包人予以协调和明确并以书面形式通知承包人。

(4) 任命和授权

1) 发包人应在发出开始工作通知前将工程师的任命通知承包人。更换工程师的，发包人应提前 7 天以书面形式通知承包人，并在通知中写明替换者的姓名、职务、职权、权限和任命时间。工程师超过 2 天不能履行职责的，应委派代表代行其职责，并通知承包人。

2) 工程师可以授权其他人员负责执行其指派的一项或多项工作，但第（6）款［商定或确定］下的权利除外。工程师应将被授权人员的姓名及其授权范围通知承包人。被授权的人员在授权范围内发出的指示视为已得到工程师的同意，与工程师发出的指示具有同等效力。工程师撤销某项授权时，应将撤销授权的决定及时通知承包人。

(5) 指示

1) 工程师应按照发包人的授权发出指示。工程师的指示应采用书面形式，盖有工程师授权的项目管理机构章，并由工程师的授权人员签字。在紧急情况下，工程师的授权人员可以口头形式发出指示或当场签发临时书面指示，承包人应遵照执行。工程师应在授权人员发出口头指示或临时书面指示后 24 小时内发出书面确认函，在 24 小时内未发出书面确认函的，该口头指示或临时书面指示应被视为工程师的正式指示。

2) 承包人收到工程师做出的指示后应遵照执行。如果任何此类指示构成一项变更时，应按照变更与调整的约定办理。

3) 由于工程师未能按合同约定发出指示、指示延误或指示错误而导致承包人费用增加和（或）工期延误的，发包人应承担由此增加的费用和（或）工期延误，并向承包人支付合理利润。

3. 承包人

承包人是指与发包人订立合同协议书的当事人及取得该当事人资格的合法继受人。

(1) 承包人的一般义务　除专用合同条件另有约定外，承包人在履行合同过程中应遵守法律和工程建设标准规范，并履行以下义务：

1) 办理法律规定和合同约定由承包人办理的许可和批准，将办理结果书面报送发包人留存，并承担因承包人违反法律或合同约定给发包人造成的任何费用和损失。

2) 按合同约定完成全部工作并在缺陷责任期和保修期内承担缺陷保证责任和保修义务，对工作中的任何缺陷进行整改、完善和修补，使其满足合同约定的目的。

3) 提供合同约定的工程设备和承包人文件，以及为完成合同工作所需的劳务、材料、施工设备和其他物品，并按合同约定负责临时设施的设计、施工、运行、维护、管理和拆除。

4) 按合同约定的工作内容和进度要求，编制设计、施工的组织和实施计划，保证项目进度计划的实现，并对所有设计、施工作业和施工方法，以及全部工程的完备性和安全可靠性负责。

5) 按法律规定和合同约定采取安全文明施工、职业健康和环境保护措施，办理员工工伤保险等相关保险，确保工程及人员、材料、设备和设施的安全，防止因工程实施造成的人身伤害和财产损失。

6) 将发包人按合同约定支付的各项价款专用于合同工程，且应及时支付其雇用人员（包括建筑工人）的工资，并及时向分包人支付合同价款。

7) 在进行合同约定的各项工作时，不得侵害发包人与他人使用公用道路、水源、市政管网等公共设施的权利，避免对邻近的公共设施产生干扰。

（2）工程总承包项目经理　工程总承包项目经理是指由承包人任命的，在承包人授权范围内负责合同履行的管理，且按照法律规定具有相应资格的项目负责人。《示范文本》中规定：

1）工程总承包项目经理应为合同当事人所确认的人选，并在专用合同条件中明确工程总承包项目经理的姓名、注册执业资格或职称、联系方式及授权范围等事项。工程总承包项目经理应具备履行其职责所需的资格、经验和能力，并为承包人正式聘用的员工，承包人应向发包人提交工程总承包项目经理与承包人之间的劳动合同，以及承包人为工程总承包项目经理缴纳社会保险的有效证明。承包人不提交上述文件的，工程总承包项目经理无权履行职责，发包人有权要求更换工程总承包项目经理，由此增加的费用和（或）延误的工期由承包人承担。同时，发包人有权根据专用合同条件约定要求承包人承担违约责任。

2）承包人应按合同协议书的约定指派工程总承包项目经理。工程总承包项目经理应在约定的期限内到职。工程总承包项目经理不得同时担任其他工程项目的工程总承包项目经理或施工工程总承包项目经理（含施工总承包工程、专业承包工程）。工程在现场实施的全部时间内，工程总承包项目经理每月在施工现场时间不得少于专用合同条件约定的天数。工程总承包项目经理确需离开施工现场时，应事先通知工程师，并取得发包人的书面同意。工程总承包项目经理未经批准擅自离开施工现场的，承包人应按照专用合同条件的约定承担违约责任。工程总承包项目经理的通知中应当载明临时代行其职责的人员的注册执业资格、管理经验等资料，该人员应具备履行相应职责的资格、经验和能力。

3）承包人应根据本合同的约定授予工程总承包项目经理代表承包人履行合同所需的权利，工程总承包项目经理权限以专用合同条件中约定的权限为准。经承包人授权后，工程总承包项目经理应按合同约定以及工程师做出的指示，代表承包人负责组织合同的实施。在紧急情况下，且无法与发包人和工程师取得联系时，工程总承包项目经理有权采取必要的措施保证人身、工程和财产的安全，但须在事后48小时内向工程师送交书面报告。

4）承包人需要更换工程总承包项目经理的，应提前14天书面通知发包人并抄送工程师，征得发包人书面同意。通知中应当载明继任工程总承包项目经理的注册执业资格、管理经验等资料，继任工程总承包项目经理继续履行本合同约定的职责。未经发包人书面同意，承包人不得擅自更换工程总承包项目经理，在发包人未予以书面回复期间内，工程总承包项目经理将继续履行其职责。工程总承包项目经理突发丧失履行职务能力的，承包人应当及时委派一位具有相应资格能力的人员担任临时工程总承包项目经理，履行工程总承包项目经理的职责，临时工程总承包项目经理将履行职责直至发包人同意新的工程总承包项目经理的任命之日止。承包人擅自更换工程总承包项目经理的，应按照专用合同条件的约定承担违约责任。

5）发包人有权书面通知承包人要求更换其认为不称职的工程总承包项目经理，通知中应当载明要求更换的理由。承包人应在接到更换通知后14天内向发包人提出书面的改进报告。如承包人没有提出改进报告，应在收到更换通知后28天内更换项目经理。发包人收到改进报告后仍要求更换的，承包人应在接到第二次更换通知的28天内进行更换，并将新任命的工程总承包项目经理的注册执业资格、管理经验等资料书面通知发包人。继任工程总承包项目经理继续履行本合同约定的职责。承包人无正当理由拒绝更换工程总承包项目经理的，应按照专用合同条件的约定承担违约责任。

6) 工程总承包项目经理因特殊情况授权其下属人员履行其某项工作职责的，该下属人员应具备履行相应职责的能力，并应事先将上述人员的姓名、注册执业资格、管理经验等信息和授权范围书面通知发包人并抄送工程师，征得发包人书面同意。

(3) 承包人人员

1) 人员安排。承包人人员的资质、数量、配置和管理应能满足工程实施的需要。除专用合同条件另有约定外，承包人应在接到开始工作通知之日起14天内，向工程师提交承包人的项目管理机构以及人员安排的报告，其内容应包括管理机构的设置、各主要岗位的关键人员名单及注册执业资格等证明其具备担任关键人员能力的相关文件，以及设计人员和各工种技术负责人的安排状况。关键人员是发包人及承包人一致认为对工程建设起重要作用的承包人主要管理人员或技术人员。关键人员的具体范围由发包人及承包人在附件5［承包人主要管理人员表］中另行约定。

2) 关键人员更换。承包人派驻到施工现场的关键人员应相对稳定。承包人更换关键人员时，应提前14天将继任关键人员信息及相关证明文件提交给工程师，并由工程师报发包人征求同意。在发包人未予以书面回复期间内，关键人员将继续履行其职务。关键人员突发丧失履行职务能力的，承包人应当及时委派一位具有相应资格能力的人员临时继任该关键人员职位，履行该关键人员职责，临时继任关键人员将履行职责直至发包人同意新的关键人员任命之日止。承包人擅自更换关键人员，应按照专用合同条件约定承担违约责任。工程师对于承包人关键人员的资格或能力有异议的，承包人应提供资料证明被质疑人员有能力完成其岗位工作或不存在工程师所质疑的情形。工程师指示撤换不能按照合同约定履行职责及义务的主要施工管理人员的，承包人应当撤换。承包人无正当理由拒绝撤换的，应按照专用合同条件的约定承担违约责任。

3) 现场管理关键人员在岗要求。除专用合同条件另有约定外，承包人的现场管理关键人员离开施工现场每月累计不超过7天的，应报工程师同意；离开施工现场每月累计超过7天的，应书面通知发包人并抄送工程师，征得发包人书面同意。现场管理关键人员因故离开施工现场的，可授权有经验的人员临时代行其职责，但承包人应将被授权人员信息及授权范围书面通知发包人并取得其同意。现场管理关键人员未经工程师或发包人同意擅自离开施工现场的，应按照专用合同条件约定承担违约责任。

(4) 分包人　分包人是指按照法律规定和合同约定，分包部分工程或工作，并与承包人订立分包合同的具有相应资质或资格的法人或其他组织。

1) 一般约定。承包人不得将其承包的全部工程转包给第三人，或将其承包的全部工程支解后以分包的名义转包给第三人。承包人不得将法律或专用合同条件中禁止分包的工作事项分包给第三人，不得以劳务分包的名义转包或违法分包工程。

2) 分包人的确定。承包人应按照专用合同条件约定对工作事项进行分包，确定分包人。专用合同条件未列出的分包事项，承包人可在工程实施阶段分批分期就分包事项向发包人提交申请，发包人在接到分包事项申请后的14天内，予以批准或提出意见。未经发包人同意，承包人不得将提出的拟分包事项对外分包。发包人未能在14天内批准亦未提出意见的，承包人有权将提出的拟分包事项对外分包，但应在分包人确定后通知发包人。

3) 分包人资质。分包人应符合国家法律规定的资质等级，否则不能作为分包人。承包人有义务对分包人的资质进行审查。

4) 分包管理。承包人应当对分包人的工作进行必要的协调与管理，确保分包人严格执行国家有关分包事项的管理规定。承包人应向工程师提交分包人的主要管理人员表，并对分包人的工作人员进行实名制管理，包括但不限于进出场管理、登记造册以及各种证照的办理。

5) 分包合同价款支付。

① 除下文②中约定的情况或专用合同条件另有约定外，分包合同价款由承包人与分包人结算，未经承包人同意，发包人不得向分包人支付分包合同价款。

② 生效法律文书要求发包人向分包人支付分包合同价款的，发包人有权从应付承包人工程款中扣除该部分款项，将扣款直接支付给分包人，并书面通知承包人。

6) 责任承担。承包人对分包人的行为向发包人负责，承包人和分包人就分包工作向发包人承担连带责任。

(5) 联合体　联合体是指经发包人同意由两个或两个以上法人或者其他组织组成的，作为承包人的临时机构。

1) 经发包人同意，以联合体方式承包工程的，联合体各方应共同与发包人订立合同协议书。联合体各方应为履行合同向发包人承担连带责任。

2) 承包人应在专用合同条件中明确联合体各成员的分工、费用收取、发票开具等事项。联合体各成员分工承担的工作内容必须与适用法律规定的该成员的资质资格相适应，并应具有相应的项目管理体系和项目管理能力，且不应根据其就承包工作的分工而减免对发包人的任何合同责任。

3) 联合体协议经发包人确认后作为合同附件。在履行合同过程中，未经发包人同意，不得变更联合体成员和其负责的工作范围，或者修改联合体协议中与本合同履行相关的内容。

4. 设计

(1) 承包人的设计义务的一般要求　承包人应承担设计义务。承包人应当按照法律规定，国家、行业和地方的规范和标准，以及发包人要求和合同约定完成设计工作和设计相关的其他服务，并对工程的设计负责。承包人应根据工程实施的需要及时向发包人和工程师说明设计文件的意图，解释设计文件。

(2) 对设计人员的要求　承包人应保证其或其设计分包人的设计资质在合同有效期内满足法律法规、行业标准或合同约定的相关要求，并指派符合法律法规、行业标准或合同约定的资质要求并具有从事设计所必需的经验与能力的设计人员完成设计工作。承包人应保证其设计人员（包括分包人的设计人员）在合同期限内，都能按时参加发包人或工程师组织的工作会议。

(3) 法律和标准的变化　除合同另有约定外，承包人完成设计工作所应遵守的法律规定，以及国家、行业和地方的规范和标准，均应视为在基准日期适用的版本。基准日期之后，前述版本发生重大变化，或者有新的法律，以及国家、行业和地方的规范和标准实施的，承包人应向工程师提出遵守新规定的建议。发包人或其委托的工程师应在收到建议后7天内发出是否遵守新规定的指示。如果该项建议构成变更的，按照承包人的合理化建议的约定执行。在基准日期之后，因国家颁布新的强制性规范、标准导致承包人的费用变化的，发包人应合理调整合同价格；导致工期延误的，发包人应合理延长工期。

5.5.3 建设工程总承包合同订立

设计施工总承包合同的通用合同条件和专用合同条件尽管在招标投标阶段已作为招标文件的组部分，但在合同订立过程中有些问题还需要明确或细化，以保证合同权利和义务的明晰。

1. 设计施工总承包合同文件

（1）合同文件的组成　在标准总承包合同的通用合同条件中规定，履行合同过程中，构成对发包人和承包人有约束力合同的组成文件包括：

1）合同协议书。
2）中标通知书。
3）投标函及投标函附录。
4）专用合同条件及《发包人要求》等附件。
5）通用合同条件。
6）承包人建议书。
7）价格清单。
8）双方约定的其他合同文件。

合同的各文件中出现含义或内容的矛盾时，如果专用合同条款没有另行的约定，以上合同文件序号为优先解释的顺序。

（2）几个文件的含义　中标通知书、投标函及附录、其他合同文件的含义与标准施工合同的规定相同。

1）发包人要求。发包人要求是承包人进行工程设计和施工的基础文件，应尽可能清晰准确。发包人要求文件应说明下列内容：

① 功能要求。功能要求包括工程的目的；工程规模；性能保证指标（性能保证表）和产能保证指标。

② 工程范围。

③ 承包工作。承包工作包括永久工程的设计、采购、施工范围；临时工程的设计与施工范围；竣工验收工作范围；技术服务工作范围；培训工作范围和保修工作范围。

④ 工作界区说明。

⑤ 发包人的配合工作。发包人的配合工作包括提供的现场条件（施工用电、用水和施工排水）；提供的技术文件（发包人的需求任务书和已完成的设计文件）。

⑥ 工艺安排或要求。

⑦ 时间要求。时间要求包括开始工作时间；设计完成时间；进度计划；竣工时间；缺陷责任期和其他时间要求。

⑧ 技术要求：

A. 设计阶段和设计任务。
B. 设计标准和规范。
C. 技术标准和要求。
D. 质量标准。
E. 设计、施工和设备监造、试验。

F. 样品。

G. 发包人提供的其他条件，如发包人或其委托的第三人提供的设计、工艺包、用于试验检验的工器具等，以及据此对承包人提出的予以配套的要求等。

⑨ 竣工试验：

A. 第一阶段，如对单车试验等的要求，包括试验前准备。

B. 第二阶段，如对联动试车、投料试车等的要求，包括人员、设备、材料、燃料、电力、消耗品、工具等必要条件。

C. 第三阶段，如对性能测试及其他竣工试验的要求，包括产能指标、产品质量标准、运营指标、环保指标等。

⑩ 竣工验收。

⑪ 竣工后试验（如有）。

⑫ 文件要求。文件要求包括设计文件，及其相关审批、核准、备案要求；沟通计划；风险管理计划；竣工文件和工程的其他记录；操作和维修手册和其他承包人文件。

⑬ 工程项目管理规定。工程项目管理规定包括：质量、进度、支付、健康、安全与环境管理体系、沟通、变更等。

⑭ 其他要求。其他要求包括对承包人的主要人员资格要求；相关审批、核准和备案手续的办理；对项目业主人员的操作培训；分包；设备供应商；缺陷责任期的服务要求等。

虽然中标方案发包人已接受，但发包人可能对其中的一些技术细节或实施计划提出进一步修改意见，因此在合同谈判阶段需要通过协商对其进行修改或补充，以便成为最终的发包人要求文件。

2）承包人建议书。承包人建议书是对"发包人要求"的响应文件，包括承包人的工程设计方案和设备方案的说明；分包方案；对发包人要求中的错误说明等内容。合同谈判阶段，随着发包人要求的调整，承包人建议书也应对一些技术细节进一步予以明确或补充修改，作为合同文件的组成部分。

① 价格清单。设计施工总承包合同的价格清单，是指承包人按投标文件中规定的格式和要求填写，并标明价格的报价单。与施工招标由发包人依据设计图的概算量提出工程量清单，经承包人填写单价后计算价格的方式不同。由于由承包人提出设计的初步方案和实施计划，因此价格清单是指承包人完成所提投标方案计算的设计、施工、竣工、试运行、缺陷责任期各阶段的计划费用，清单价格费用的总和为签约合同价。

② 知识产权。设计施工总承包合同承包人完成的设计工作成果和建造完成的建筑物，除署名权以外的著作权以及建筑物形象使用收益等其他知识产权均归发包人享有（专用合同条款另有约定除外）。承包人在投标文件中采用专利技术的，专利技术的使用费包含在投标报价内。承包人在进行设计，以及使用任何材料、承包人设备、工程设备或采用施工工艺时，因侵犯专利权或其他知识产权所引起的责任，由承包人自行承担。

2. 订立合同时需要明确的内容

（1）承包人文件　承包人文件中最主要的是设计文件，需在专用条款约定承包人向监理人陆续提供文件的内容、数量和时间。专用条款内还需约定监理人对承包人提交文件应批准的合理期限。项目实施过程中，监理人未在约定的期限内的提出否定的意见，视为已获批准，承包人可以继续进行后续工作。

（2）施工现场范围和施工临时占地　　发包人负责永久工程的征地，需要在专用条款中明确工程用地的范围、移交施工现场的时间，以便承包人进行工程设计和设计完成后尽快开始施工。明确从外部接入现场的施工用水、用电、用气等，以及如果发包人同意承包人施工需要临时用地时，发包人应负责完成的工作内容。发包人应按专用合同条件约定向承包人移交施工现场，给承包人进入和占用施工现场各部分的权利，并明确与承包人的交接界面，上述进入和占用权可不为承包人独享。如专用合同条件没有约定移交时间的，则发包人应最迟于计划开始现场施工日期7天前向承包人移交施工现场，但承包人未能按照履约担保提供履约担保的除外。

（3）发包人提供的文件　　专用条款内应明确约定由发包人提供的文件的内容、数量和期限。发包人提供的文件，可能包括项目前期工作相关文件、环境保护、气象水文、地质条件资料等。工程实践中，勘察工作也可以包括在设计施工总承包范围内，则环境保护的具体要求和气象资料由承包人收集，地形、水文、地质资料由承包人探明。因此专用条款内需要明确约定发包人提供文件的范围和内容。

（4）"发包人要求"中出现错误或违法情况的责任承担　　承包人应认真阅读、复核发包人要求，发现错误的，应及时书面通知发包人，并要求其改正。发包人收到通知后不予改正或不做答复，承包人有权拒绝履行合同义务，直至解除合同。发包人应承担由此引起的承包人全部损失。发包人对错误的修改，按变更对待。由此造成的工期延误和费用增加，由发包人承担。

（5）材料和工程设备

1）发包人提供的材料和工程设备。发包人自行供应材料、工程设备的，应在订立合同时在专用合同条件的附件《发包人供应材料设备一览表》中明确材料、工程设备的品种、规格、型号、主要参数、数量、单价、质量等级和交接地点等。承包人应根据项目进度计划的安排，提前28天以书面形式通知工程师供应材料与工程设备的进场计划。

2）承包人提供的材料和工程设备。承包人应按照专用合同条件的约定，将各项材料和工程设备的供货人及品种、技术要求、规格、数量和供货时间等报送工程师批准。承包人应向工程师提交其负责提供的材料和工程设备的质量证明文件，并根据合同约定的质量标准，对材料、工程设备质量负责。

（6）施工设备和临时工程

1）承包人提供的施工设备和临时设施。承包人应按项目进度计划的要求，及时配置施工设备和修建临时设施。进入施工现场的承包人提供的施工设备需经工程师核查后才能投入使用。承包人更换合同约定由承包人提供的施工设备的，应报工程师批准。除专用合同条件另有约定外，承包人应自行承担修建临时设施的费用，需要临时占地的，应由发包人办理申请手续并承担相应费用。

2）发包人提供的施工设备和临时设施。发包人提供的施工设备或临时设施在专用合同条件中约定。

（7）缺陷责任　　合同当事人应在专用合同条件约定缺陷责任期的具体期限，但该期限最长不超过24个月。

（8）暂列金额　　除专用合同条件另有约定外，每一笔暂列金额只能按照发包人的指示全部或部分使用，并对合同价格进行相应调整。付给承包人的总金额应仅包括发包人已指示的，与暂列金额相关的工作、货物或服务的应付款项。

（9）合同价格形式　除专用合同条件中另有约定外，本合同为总价合同，除根据变更与调整条款，以及合同中其他相关增减金额的约定进行调整外，合同价格不做调整。

3. 履约担保

发包人需要承包人提供履约担保的，由合同当事人在专用合同条件中约定履约担保的方式、金额及提交的时间等，并应符合支付合同价款的规定。履约担保可以采用银行保函或担保公司担保等形式，承包人为联合体的，其履约担保由联合体各方或者联合体中牵头人的名义代表联合体提交，具体由合同当事人在专用合同条件中约定。

承包人应保证其履约担保在发包人竣工验收前一直有效，发包人应在竣工验收合格后7天内将履约担保款项退还给承包人或者解除履约担保。

4. 保险责任

（1）设计和工程保险

1）双方应按照专用合同条件的约定向双方同意的保险人投保建设工程设计责任险、建筑安装工程一切险等保险。具体的投保险种、保险范围、保险金额、保险费率、保险期限等有关内容应当在专用合同条件中明确约定。

2）双方应按照专用合同条件的约定投保第三者责任险，并在缺陷责任期终止证书颁发前维持其持续有效。第三者责任险最低投保额应在专用合同条件内约定。

（2）工伤和意外伤害保险

1）发包人应依照法律规定为其在施工现场的雇用人员办理工伤保险，缴纳工伤保险费；并要求工程师及由发包人为履行合同聘请的第三方在施工现场的雇用人员依法办理工伤保险。

2）承包人应依照法律规定为其履行合同雇用的全部人员办理工伤保险，缴纳工伤保险费，并要求分包人及由承包人为履行合同聘请的第三方雇用的全部人员依法办理工伤保险。

3）发包人和承包人可以为其施工现场的全部人员办理意外伤害保险并支付保险费，包括其员工及为履行合同聘请的第三方的人员，具体事项由合同当事人在专用合同条件约定。

（3）货物保险　承包人应按照专用合同条件的约定为运抵现场的施工设备、材料、工程设备和临时工程等办理财产保险，保险期限自上述货物运抵现场至其不再为工程所需要为止。

（4）其他保险　发包人应按照工程总承包模式所适用的法律法规和专用合同条件约定，投保其他保险并保持保险有效，其投保费用发包人自行承担。承包人应按照工程总承包模式所适用法律法规和专用合同条件约定投保相应保险并保持保险有效，其投保费用包含在合同价格中，但在合同执行过程中，新颁布适用的法律法规规定由承包人投保的强制保险，应根据本合同中变更与调整条款中的约定增加合同价款。

5.5.4　建设工程总承包合同履行管理

1. 承包人现场查勘

1）除专用合同条件另有约定外，承包人应对基于发包人提交的基础资料所做出的解释和推断负责，因基础资料存在错误、遗漏导致承包人解释或推断失实的，由发包人承担由此增加的费用和延误的工期。承包人发现基础资料中存在明显错误或疏忽的，应及时书面通知发包人。

2）承包人应对现场和工程实施条件进行查勘，并充分了解工程所在地的气象条件、交通条件、风俗习惯以及其他与完成合同工作有关的资料。承包人提交投标文件，视为承包人已对施工现场及周围环境进行了踏勘，并已充分了解评估施工现场及周围环境对工程可能产生的影响，自愿承担相应风险与责任。在全部合同工作中，视为承包人已充分估计了应承担的责任和风险，但属于不可预见的困难约定的情形除外。

2. 不可预见的困难

不可预见的困难是指有经验的承包人在施工现场遇到的不可预见的自然物质条件、非自然的物质障碍和污染物，包括地表以下物质条件和水文条件以及专用合同条件约定的其他情形，但不包括气候条件。

承包人遇到不可预见的困难时，应采取克服不可预见的困难的合理措施继续施工，并及时通知工程师并抄送发包人。通知应载明不可预见的困难的内容、承包人认为不可预见的理由以及承包人制定的处理方案。工程师应当及时发出指示，指示构成变更的，按合同中变更与调整条款约定执行。承包人因采取合理措施而增加的费用和（或）延误的工期由发包人承担。

3. 工程质量管理

1）承包人应按合同约定的质量标准规范，建立有效的质量管理系统，确保设计、采购、加工制造、施工、竣工试验等各项工作的质量，并按照国家有关规定，通过质量保修责任书的形式约定保修范围、保修期限和保修责任。

2）承包人按照合同中项目进度计划约定向工程师提交工程质量保证体系及措施文件，建立完善的质量检查制度，并提交相应的工程质量文件。对于发包人和工程师违反法律规定和合同约定的错误指示，承包人有权拒绝实施。

3）承包人应对其人员进行质量教育和技术培训，定期考核人员的劳动技能，严格执行相关规范和操作规程。

4）承包人应按照法律规定和合同约定，对设计、材料、工程设备以及全部工程内容及其施工工艺进行全过程的质量检查和检验，并做详细记录，编制工程质量报表，报送工程师审查。此外，承包人还应按照法律规定和合同约定，进行施工现场取样试验、工程复核测量和设备性能检测，提供试验样品、提交试验报告和测量成果以及其他工作。

4. 设计工作的合同管理

（1）承包人的设计义务（详见5.5.2中的4.设计）承包人应当按照法律规定，国家、行业和地方的规范和标准，以及《发包人要求》和合同约定完成设计工作和设计相关的其他服务，并对工程的设计负责。承包人应根据工程实施的需要及时向发包人和工程师说明设计文件的意图，解释设计文件。

（2）设计审查

1）发包人审查的。根据《发包人要求》应当通过工程师报发包人审查同意的承包人文件，承包人应当按照《发包人要求》约定的范围和内容及时报送审查。除专用合同条件另有约定外，自工程师收到承包人文件以及承包人的通知之日起，发包人对承包人文件审查期不超过21天。承包人的设计文件对于合同约定有偏离的，应在通知中说明。承包人需要修改已提交的承包人文件的,应立即通知工程师,并向工程师提交修改后的承包人文件,审查期重新起算。发包人同意承包人文件的,应及时通知承包人,发包人不同意承包人文件的,应在审查期限内通过工程师以书面形式通知承包人,并说明不同意的具体内容和理由。合同约定的审查期满,发包人没有做出审查结论也没有提出异议的,视为承包人文件已获发包人同意。发包人对承包人文件的审查和同意不得被理解为对合同的修改或改变,也并不减轻或免除承包人任何的责任和义务。

2)承包人文件不需要政府有关部门审查的。承包人文件不需要政府有关部门或专用合同条件约定的第三方审查单位审查或批准的,承包人应当严格按照经发包人审查同意的承包人文件设计和实施工程。

3)承包人文件需要政府有关部门审查的。承包人文件需政府有关部门或专用合同条件约定的第三方审查单位审查或批准的,发包人应在发包人审查同意承包人文件后7天内,向政府有关部门或第三方报送承包人文件,承包人应予以协助。对于政府有关部门或第三方审查单位的审查意见,不需要修改《发包人要求》的,承包人需按该审查意见修改承包人的设计文件;需要修改《发包人要求》的,承包人应按合同中承包人的合理化建议中的约定执行。政府有关部门或第三方审查单位审查批准后,承包人应当严格按照批准后的承包人文件实施工程。政府有关部门或第三方审查单位批准时间较合同约定时间延长的,竣工日期相应顺延。因此给双方带来的费用增加,由双方在负责的范围内各自承担。

5. 材料和工程设备

(1)发包人提供的材料和工程设备　发包人应在材料和工程设备到货7天前通知承包人,承包人应会同工程师在约定的时间内,赴交货地点共同进行验收。除专用合同条件另有约定外,发包人提供的材料和工程设备验收后,由承包人负责接收、运输和保管。发包人需要对进场计划进行变更的,承包人不得拒绝,应根据合同变更与调整条款中的规定执行,并由发包人承担承包人由此增加的费用,以及引起的工期延误。承包人需要对进场计划进行变更的,应事先报请工程师批准,由此增加的费用和(或)工期延误由承包人承担。

(2)承包人提供的材料和工程设备　承包人应按照已被批准的项目进度计划条款中规定的数量要求及时间要求,负责组织材料和工程设备采购(包括备品备件、专用工具及厂商提供的技术文件),负责运抵现场。合同约定由承包人采购的材料、工程设备,除专用合同条件另有约定外,发包人不得指定生产厂家或供应商,发包人违反本款约定指定生产厂家或供应商的,承包人有权拒绝,并由发包人承担相应责任。对承包人提供的材料和工程设备,承包人应会同工程师进行检验和交货验收,查验材料合格证明和产品合格证书,并按合同约定和工程师指示,进行材料的抽样检验和工程设备的检验测试,检验和测试结果应提交工程师,所需费用由承包人承担。

6. 工程进度管理

(1)修订进度计划　项目进度计划不符合合同要求或与工程的实际进度不一致的,承包人应向工程师提交修订的项目进度计划,并附有关措施和相关资料。工程师也可以直接向承包人发出修订项目进度计划的通知,承包人如接受,应按该通知修订项目进度计划,报工程师批准。承包人如不接受,应当在14天内答复,如未按时答复视作已接受修订项目进度计划通知中的内容。除专用合同条件另有约定外,工程师应在收到修订的项目进度计划后14天内完成审批或提出修改意见,如未按时答复视作已批准承包人修订后的项目进度计划。

工程师对承包人提交的项目进度计划的确认，不能减轻或免除承包人根据法律规定和合同约定应承担的任何责任或义务。

(2) 顺延合同工期的情况

1) 发包人原因。在合同履行过程中，因下列情况导致工期延误和（或）费用增加的，由发包人承担由此延误的工期和（或）增加的费用，且发包人应支付承包人合理的利润：

① 根据合同变更与调整条款的约定构成一项变更的。

② 发包人违反本合同约定，导致工期延误和（或）费用增加的。

③ 发包人、发包人代表、工程师或发包人聘请的任意第三方造成或引起的任何延误、妨碍和阻碍。

④ 发包人未能依据合同中发包人提供的材料和工程设备的约定提供材料和工程设备导致工期延误和（或）费用增加的。

⑤ 因发包人原因导致的暂停施工。

⑥ 发包人未及时履行相关合同义务，造成工期延误的其他原因。

2) 行政审批迟延。合同约定范围内的工作需国家有关部门审批的，发包人和（或）承包人应按照专用合同条件约定的职责分工完成行政审批报送。因国家有关部门审批迟延造成工期延误的，竣工日期相应顺延；造成费用增加的，由双方在负责的范围内各自承担。

3) 异常恶劣的气候条件。异常恶劣的气候条件是指在施工过程中遇到的，有经验的承包人在订立合同时不可预见的，对合同履行造成实质性影响的，但尚未构成不可抗力事件的恶劣气候条件。合同当事人可以在专用合同条件中约定异常恶劣的气候条件的具体情形。承包人应采取克服异常恶劣的气候条件的合理措施继续施工，并及时通知工程师。工程师应当及时发出指示，指示构成变更的，按合同中变更与调整条款约定办理。承包人因采取合理措施而延误的工期由发包人承担。

7. 承包人竣工试验的义务

承包人应在进行竣工试验之前，至少提前42天向工程师提交详细的竣工试验计划，该计划应载明竣工试验的内容、地点、拟开展时间和需要发包人提供的资源条件。工程师应在收到计划后的14天内进行审查，并就该计划不符合合同的部分提出意见，承包人应在收到意见后的14天内自费对计划进行修正。工程师逾期未提出意见的，视为竣工试验计划已得到确认。除提交竣工试验计划外，承包人还应提前21天将可以开始进行各项竣工试验的日期通知工程师，并在该日期后的14天内或工程师指示的日期进行竣工试验。

8. 竣工验收

(1) 竣工验收条件　工程具备以下条件的，承包人可以申请竣工验收：

1) 合同范围内的全部单位/区段工程以及有关工作，包括合同要求的试验和竣工试验均已完成，并符合合同要求。

2) 已按合同约定编制了扫尾工作和缺陷修补工作清单以及相应实施计划。

3) 已按合同约定的内容和份数备齐竣工资料。

4) 合同约定要求在竣工验收前应完成的其他工作。

(2) 竣工验收程序　除专用合同条件另有约定外，承包人申请竣工验收的，应当按照以下程序进行：

1) 承包人向工程师报送竣工验收申请报告，工程师应在收到竣工验收申请报告后14天内完成审查并报送发包人。工程师审查后认为尚不具备竣工验收条件的，应在收到竣工验收申请报告后的 14 天内通知承包人，指出在颁发接收证书前承包人还需进行的工作内容。承包人完成工程师通知的全部工作内容后，应再次提交竣工验收申请报告，直至工程师同意为止。

2）工程师同意承包人提交的竣工验收申请报告的，或工程师收到竣工验收申请报告后 14 天内不予答复的，视为发包人收到并同意承包人的竣工验收申请，发包人应在收到该竣工验收申请报告后的 28 天内进行竣工验收。工程经竣工验收合格的，以竣工验收合格之日为实际竣工日期，并在工程接收证书中载明；完成竣工验收但发包人不予签发工程接收证书的，视为竣工验收合格，以完成竣工验收之日为实际竣工日期。

3）竣工验收不合格的，工程师应按照验收意见发出指示，要求承包人对不合格工程返工、修复或采取其他补救措施，由此增加的费用和（或）延误的工期由承包人承担。承包人在完成不合格工程的返工、修复或采取其他补救措施后，应重新提交竣工验收申请报告，并按本项约定的程序重新进行验收。

4）因发包人原因，未在工程师收到承包人竣工验收申请报告之日起 42 天内完成竣工验收的，以承包人提交竣工验收申请报告之日作为工程实际竣工日期。

5）工程未经竣工验收，发包人擅自使用的，以转移占有工程之日为实际竣工日期。

9. 变更与调整

1）变更指示应经发包人同意，并由工程师发出经发包人签认。变更不应包括准备将任何工作删减并交由他人或发包人自行实施的情况。承包人收到变更指示后，方可实施变更。未经许可，承包人不得擅自对工程的任何部分进行变更。

2）承包人应按照变更指示执行，除非承包人及时向工程师发出通知，说明该项变更指示将降低工程的安全性、稳定性或适用性；涉及的工作内容和范围不可预见；所涉设备难以采购；导致承包人无法执行的理由等。工程师接到承包人的通知后，应做出经发包人签认的取消、确认或改变原指示的书面回复。

10. 合同价款与工程款支付管理

（1）合同价格形式

1）除专用合同条件中另有约定外，本合同为总价合同，除根据合同中变更与调整条款约定，以及合同中其他相关增减金额的约定进行调整外，合同价格不做调整。

2）除专用合同条件另有约定外：

① 工程款的支付应以合同协议书约定的签约合同价格为基础，按照合同约定进行调整。

② 承包人应支付根据法律规定或合同约定应由其支付的各项税费，合同价格不应因任何这些税费进行调整。

③ 价格清单列出的任何数量仅为估算的工作量，不得将其视为要求承包人实施工程的实际或准确的工作量。在价格清单中列出的任何工作量和价格数据应仅限用于变更和支付的参考资料，而不能用于其他目的。

3）合同约定工程的某部分按照实际完成的工程量进行支付的，应按照专用合同条件的约定进行计量和估价，并据此调整合同价格。

（2）预付款

1）预付款支付。预付款的额度和支付按照专用合同条件约定执行。预付款应当专用于承包人为合同工程的设计和工程实施购置材料、工程设备、施工设备、修建临时设施以及组织施工队伍进场等合同工作。除专用合同条件另有约定外，预付款在进度付款中同比例扣回。在颁发工程接收证书前，提前解除合同的，尚未扣完的预付款应与合同价款一并结算。发包人逾期支付预付款超过7天的，承包人有权向发包人发出要求预付的催告通知，发包人收到通知后7天内仍未支付的，承包人有权暂停施工，并按发包人违约的情形执行。

2）预付款担保。发包人指示承包人提供预付款担保的，承包人应在发包人支付预付款7天前提供预付款担保，专用合同条件另有约定除外。预付款担保可采用银行保函、担保公司担保等形式，具体由合同当事人在专用合同条件中约定。在预付款完全扣回之前，承包人应保证预付款担保持续有效。发包人在工程款中逐期扣回预付款后，预付款担保额度应相应减少，但剩余的预付款担保金额不得低于未被扣回的预付款金额。

(3) 工程进度款

1）工程进度付款申请。

① 人工费的申请。人工费应按月支付，工程师应在收到承包人人工费付款申请单以及相关资料后7天内完成审查并报送发包人，发包人应在收到后7天内完成审批并向承包人签发人工费支付证书，发包人应在人工费支付证书签发后7天内完成支付。已支付的人工费部分，发包人支付进度款时予以相应扣除。

② 除专用合同条件另有约定外，承包人应在每月月末向工程师提交进度付款申请单，该进度付款申请单应包括下列内容：

a. 截至本次付款周期内已完成工作对应的金额。

b. 扣除上面①中已扣除的人工费金额。

c. 应增加和扣减的变更金额。

d. 约定应支付的预付款和扣减的返还预付款。

e. 约定应预留的质量保证金金额。

f. 应增加和扣减的索赔金额。

g. 对已签发的进度款支付证书中出现错误的修正，应在本次进度付款中支付或扣除的金额。

h. 根据合同约定应增加和扣减的其他金额。

2）进度付款审核和支付。除专用合同条件另有约定外，工程师应在收到承包人进度付款申请单以及相关资料后7天内完成审查并报送发包人，发包人应在收到后7天内完成审批并向承包人签发进度款支付证书。发包人逾期（包括因工程师原因延误报送的时间）未完成审批且未提出异议的，视为已签发进度款支付证书。工程师对承包人的进度付款申请单有异议的，有权要求承包人修正和提供补充资料，承包人应提交修正后的进度付款申请单。工程师应在收到承包人修正后的进度付款申请单及相关资料后7天内完成审查并报送发包人，发包人应在收到工程师报送的进度付款申请单及相关资料后7天内，向承包人签发无异议部分的进度款支付证书。存在争议的部分，按照争议解决的约定处理。

3）进度付款的修正。在对已签发的进度款支付证书进行阶段汇总和复核中发现错误、遗漏或重复的，发包人和承包人均有权提出修正申请。经发包人和承包人同意的修正，应在下期进度付款中支付或扣除。

(4) 质量保证金 经合同当事人协商一致提供质量保证金的，应在专用合同条件中予以明确。在工程项目竣工前，承包人已经提供履约担保的，发包人不得同时要求承包人提供质量保证金。

1）承包人提供质量保证金的方式。承包人提供质量保证金有以下三种方式：

① 提交工程质量保证担保。

② 预留相应比例的工程款。

③ 双方约定的其他方式。

除专用合同条件另有约定外，质量保证金原则上采用上述第① 种方式，承包人应在工程竣工验收合格后 7 天内，向发包人提交工程质量保证担保。承包人提交工程质量保证担保时，发包人应同时返还预留的作为质量保证金的工程价款（如有）。但不论承包人以何种方式提供质量保证金，累计金额均不得高于工程价款结算总额的 3%。

2）质量保证金的预留。双方约定采用预留相应比例的工程款方式提供质量保证金的，质量保证金的预留有以下三种方式：

① 按专用合同条件的约定在支付工程进度款时逐次预留，直至预留的质量保证金总额达到专用合同条件约定的金额或比例为止。在此情形下，质量保证金的计算基数不包括预付款的支付、扣回以及价格调整的金额。

② 工程竣工结算时一次性预留质量保证金。

③ 双方约定的其他预留方式。

除专用合同条件另有约定外，质量保证金的预留原则上采用上述第① 种方式。如承包人在发包人签发竣工付款证书后 28 天内提交工程质量保证担保，发包人应同时返还预留的作为质量保证金的工程价款。发包人在返还本条款项下的质量保证金的同时，按照中国人民银行同期同类存款基准利率支付利息。

3）质量保证金的返还。缺陷责任期内，承包人认真履行合同约定的责任，缺陷责任期满，发包人向承包人颁发缺陷责任期终止证书后，承包人可向发包人申请返还质量保证金。发包人在接到承包人返还质量保证金申请后，应于 7 天内将质量保证金返还承包人，逾期未返还的，应承担违约责任。发包人在接到承包人返还质量保证金申请后 7 天内不予答复，视同认可承包人的返还质量保证金申请。

11. 不可抗力

（1）不可抗力的定义　不可抗力是指合同当事人在订立合同时不可预见，在合同履行过程中不可避免、不能克服且不能提前防备的自然灾害和社会性突发事件，如地震、海啸、瘟疫、骚乱、戒严、暴动、战争和专用合同条件中约定的其他情形。

（2）不可抗力的通知　合同一方当事人觉察或发现不可抗力事件发生，使其履行合同义务受到阻碍时，有义务立即通知合同另一方当事人和工程师，书面说明不可抗力和受阻碍的详细情况，并提供必要的证明。不可抗力持续发生的，合同一方当事人应每隔 28 天向合同另一方当事人和工程师提交中间报告，说明不可抗力和履行合同受阻的情况，并于不可抗力事件结束后 28 天内提交最终报告及有关资料。

（3）将损失减至最小的义务　不可抗力发生后，合同当事人均应采取措施尽量避免和减少损失的扩大，使不可抗力对履行合同造成的损失减至最小。另一方全力协助并采取措施，需暂停实施的工作，立即停止。任何一方当事人没有采取有效措施导致损失扩大的，应对扩大的损失承担责任。

（4）不可抗力后果的承担　不可抗力导致的人员伤亡、财产损失、费用增加和（或）工期延误等后果，由合同当事人按以下原则承担：

1）永久工程，包括已运至施工现场的材料和工程设备的损害，以及因工程损害造成的第三人人员伤亡和财产损失由发包人承担。

2）承包人提供的施工设备的损坏由承包人承担。

3）发包人和承包人各自承担其人员伤亡及其他财产损失。

4）因不可抗力影响承包人履行合同约定的义务，已经引起或将引起工期延误的，应当顺延工期，由此导致承包人停工的费用损失由发包人和承包人合理分担，停工期间必须支付的现场必要的工人工资由发包人承担。

5）因不可抗力引起或将引起工期延误，发包人指示赶工的，由此增加的赶工费用由发包人承担。

6）承包人在停工期间按照工程师或发包人要求照管、清理和修复工程的费用由发包人承担。

不可抗力引起的后果及造成的损失由合同当事人按照法律规定及合同约定各自承担。不可抗力发生前已完成的工程应当按照合同约定进行支付。

（5）不可抗力影响分包人　分包人根据分包合同的约定，有权获得更多或者更广的不可抗力而免除某些义务时，承包人不得以分包合同中不可抗力约定向发包人抗辩免除其义务。

（6）因不可抗力解除合同　因单次不可抗力导致合同无法履行连续超过84天或累计超过140天的，发包人和承包人均有权解除合同。合同解除后，承包人应按照合同中竣工退场的规定进行退场。发包人应支付的款项包括：

1）合同解除前承包人已完成工作的价款。

2）承包人为工程订购的并已交付给承包人，或承包人有责任接受交付的材料、工程设备和其他物品的价款；当发包人支付上述费用后，此项材料、工程设备与其他物品应成为发包人的财产，承包人应将其交由发包人处理。

3）发包人指示承包人退货或解除订货合同而产生的费用，或因不能退货或解除合同而产生的损失。

4）承包人撤离施工现场以及遣散承包人人员的费用。

5）按照合同约定在合同解除前应支付给承包人的其他款项。

6）扣减承包人按照合同约定应向发包人支付的款项。

7）双方商定或确定的其他款项。

除专用合同条件另有约定外，合同解除后，发包人应当在商定或确定上述款项后28天内完成上述款项的支付。

5.5.5　违约、合同解除及索赔

1. 违约

（1）发包人违约

1）发包人违约的情形。除专用合同条件另有约定外，在合同履行过程中发生的下列情形的，属于发包人违约：

① 因发包人原因导致开始工作日期延误的。
② 因发包人原因未能按合同约定支付合同价款的。
③ 发包人违反约定,自行实施被取消的工作或转由他人实施的。
④ 因发包人违反合同约定造成工程暂停施工的。
⑤ 工程师无正当理由没有在约定期限内发出复工指示,导致承包人无法复工的。
⑥ 发包人明确表示或者以其行为表明不履行合同主要义务的。
⑦ 发包人未能按照合同约定履行其他义务的。

2) 发包人违约的责任。发包人应承担因其违约给承包人增加的费用和(或)延误的工期,并支付承包人合理的利润。此外,合同当事人可在专用合同条件中另行约定发包人违约责任的承担方式和计算方法。

(2) 承包人违约

1) 承包人违约的情形。除专用合同条件另有约定外,在履行合同过程中发生的下列情况之一的,属于承包人违约:

① 承包人的原因导致的承包人文件、实施和竣工的工程不符合法律法规、工程质量验收标准以及合同约定。
② 承包人违反合同约定进行转包或违法分包的。
③ 承包人违反约定采购和使用不合格材料或工程设备。
④ 因承包人原因导致工程质量不符合合同要求的。
⑤ 承包人未经工程师批准,擅自将已按合同约定进入施工现场的施工设备、临时设施或材料撤离施工现场。
⑥ 承包人未能按项目进度计划及时完成合同约定的工作,造成工期延误。
⑦ 由于承包人原因未能通过竣工试验或竣工后试验的。
⑧ 承包人在缺陷责任期及保修期内,未能在合理期限对工程缺陷进行修复或拒绝按发包人指示进行修复的。
⑨ 承包人明确表示或者以其行为表明不履行合同主要义务的。
⑩ 承包人未能按照合同约定履行其他义务的。

2) 承包人违约的责任。承包人应承担因其违约行为而增加的费用和(或)延误的工期。此外,合同当事人可在专用合同条件中另行约定承包人违约责任的承担方式和计算方法。

3) 第三人造成的违约。在履行合同过程中,一方当事人因第三人的原因造成违约的,应当向对方当事人承担违约责任。一方当事人和第三人之间的纠纷,依照法律规定或者按照约定解决。

2. 合同解除

(1) 由发包人解除合同

1) 因承包人违约解除合同。除专用合同条件另有约定外,发包人有权基于下列原因,以书面形式通知承包人解除合同。发包人应在发出正式解除合同通知14天前告知承包人其解除合同意向,除非承包人在收到该解除合同意向通知后14天内采取了补救措施,否则发包人可向承包人发出正式解除合同通知立即解除合同。解除日期应为承包人收到正式解除合同通知的日期,但在下列第⑤目的情况下,发包人无须提前告知承包人其解除合同意向,可直接发出正式解除合同通知立即解除合同：

① 承包人未能遵守履约担保的约定。

② 承包人未能遵守有关分包和转包的约定。

③ 承包人实际进度明显落后于进度计划，并且未按发包人的指令采取措施并修正进度计划。

④ 工程质量有严重缺陷，承包人无正当理由使修复开始日期拖延达 28 天以上。

⑤ 承包人破产、停业清理或进入清算程序，或情况表明承包人将进入破产和（或）清算程序，已有对其财产的接管令或管理令，与债权人达成和解，或为其债权人的利益在财产接管人、受托人或管理人的监督下营业，或采取了任何行动或发生任何事件（根据有关适用法律）具有与前述行动或事件相似的效果。

⑥ 承包人明确表示或以自己的行为表明不履行合同、或经发包人以书面形式通知其履约后仍未能依约履行合同、或以不适当的方式履行合同。

⑦ 未能通过的竣工试验、未能通过的竣工后试验，使工程的任何部分和（或）整个工程丧失了主要使用功能、生产功能。

⑧ 因承包人的原因暂停工作超过 56 天且暂停影响到整个工程，或因承包人的原因暂停工作超过 182 天。

⑨ 承包人未能遵守竣工日期规定，延误超过 182 天。

⑩ 工程师根据合同中通知改正发出整改通知后，承包人在指定的合理期限内仍不纠正违约行为并致使合同目的不能实现的。

2）因承包人违约解除合同后承包人的义务。合同解除后，承包人应按以下约定执行：

① 除了为保护生命、财产或工程安全、清理和必须执行的工作外，停止执行所有被通知解除的工作，并将相关人员撤离现场。

② 经发包人批准，承包人应将与被解除合同相关的和正在执行的分包合同及相关的责任和义务转让至发包人和（或）发包人指定方的名下，包括永久性工程、工程物资以及相关工作。

③ 移交已完成的永久性工程及负责已运抵现场的工程物资。在移交前，妥善做好已完工程和已运抵现场的工程物资的保管、维护和保养。

④ 将发包人提供的所有信息及承包人为本工程编制的设计文件、技术资料及其他文件移交给发包人。在承包人留有的资料文件中，销毁与发包人提供的所有信息相关的数据及资料的备份。

⑤ 移交相应实施阶段已经付款的并已完成的和尚待完成的设计文件、图纸、资料、操作维修手册、施工组织设计、质检资料、竣工资料等。

3）因承包人违约解除合同后的估价、付款和结算。因承包人原因导致合同解除的，则合同当事人应在合同解除后 28 天内完成估价、付款和清算，并按以下约定执行：

① 合同解除后，商定或确定承包人实际完成工作对应的合同价款，以及承包人已提供的材料、工程设备、施工设备和临时工程等的价值。

② 合同解除后，承包人应支付的违约金。

③ 合同解除后，因解除合同给发包人造成的损失。

④ 合同解除后，承包人应按照发包人的指示完成现场的清理和撤离。

⑤ 发包人和承包人应在合同解除后进行清算，出具最终结清付款证书，结清全部款项。

因承包人违约解除合同的，发包人有权暂停对承包人的付款，查清各项付款和已扣款项，发包人和承包人未能就合同解除后的清算和款项支付达成一致的，按照争议解决条款的约定处理。

（2）由承包人解除合同

1）因发包人违约解除合同。除专用合同条件另有约定外，承包人有权基于下列原因，以书面形式通知发包人解除合同。承包人应在发出正式解除合同通知14天前告知发包人其解除合同意向，除非发包人在收到该解除合同意向通知后14天内采取了补救措施，否则承包人可向发包人发出正式解除合同通知立即解除合同。解除日期应为发包人收到正式解除合同通知的日期，但在下列第⑤目的情况下，承包人无须提前告知发包人其解除合同意向，可直接发出正式解除合同通知立即解除合同：

① 承包人就发包人未能遵守关于发包人的资金安排，发出通知后42天内，仍未收到合理的证明。

② 在规定的付款时间到期后42天内，承包人仍未收到应付款项。

③ 发包人实质上未能根据合同约定履行其义务，构成根本性违约。

④ 发承包双方订立本合同协议书后的84天内，承包人未收到开始工作通知。

⑤ 发包人破产、停业清理或进入清算程序，或情况表明发包人将进入破产和（或）清算程序或发包人资信严重恶化，已有对其财产的接管令或管理令，与债权人达成和解，或为其债权人的利益在财产接管人、受托人或管理人的监督下营业，或采取了任何行动或发生任何事件（根据有关适用法律）具有与前述行动或事件相似的效果。

⑥ 发包人未能提交支付担保。

⑦ 发包人未能执行通知改正的约定，致使合同目的不能实现的。

⑧ 因发包人的原因暂停工作超过56天且暂停影响到整个工程，或因发包人的原因暂停工作超过182天的。

⑨ 因发包人原因造成开始工作日期迟于承包人收到中标通知书（或在无中标通知书的情况下，订立本合同之日）后第84天的。

发包人接到承包人解除合同意向通知后14天内，发包人随后给予了付款、同意复工、继续履行其义务、提供了支付担保等情形之一的，承包人应尽快安排并恢复正常工作，因此造成工期延误的，竣工日期顺延；承包人因此增加的费用，由发包人承担。

2）因发包人违约解除合同后承包人的义务。合同解除后，承包人应按以下约定执行：

① 除为保护生命、财产、工程安全的工作外，停止所有进一步的工作；承包人因执行该保护工作而产生费用的，由发包人承担。

② 向发包人移交承包人已获得支付的承包人文件、生产设备、材料和其他工作。

③ 从现场运走除为了安全需要以外的所有属于承包人的其他货物，并撤离现场。

3）因发包人违约解除合同后的付款

承包人按照本款约定解除合同的，发包人应在解除合同后28天内支付下列款项，并退还履约担保：

① 合同解除前所完成工作的价款。

② 承包人为工程施工订购并已付款的材料、工程设备和其他物品的价款；发包人付款后，该材料、工程设备和其他物品归发包人所有。

③ 承包人为完成工程所发生的，而发包人未支付的金额。

④ 承包人撤离施工现场以及遣散承包人人员的款项。

⑤ 按照合同约定在合同解除前应支付的违约金。

⑥ 按照合同约定应当支付给承包人的其他款项。

⑦ 按照合同约定应返还的质量保证金。

⑧ 因解除合同给承包人造成的损失。

承包人应妥善做好已完工程和与工程有关的已购材料、工程设备的保护和移交工作，并将施工设备和人员撤出施工现场，发包人应为承包人撤出提供必要条件。

（3）合同解除后的事项

1）结算约定依然有效。合同解除后，由发包人或由承包人解除合同的结算及结算后的付款约定仍然有效，直至解除合同的结算工作结清。

2）解除合同的争议。双方对解除合同或解除合同后的结算有争议的，按照争议解决的约定处理。

3. 索赔

（1）索赔的提出 根据合同约定，任意一方认为有权得到追加或减少付款、延长缺陷责任期和（或）延长工期的，应按以下程序向对方提出索赔：

1）索赔方应在知道或应当知道索赔事件发生后 28 天内，向对方递交索赔意向通知书，并说明发生索赔事件的事由；索赔方未在前述 28 天内发出索赔意向通知书的，丧失要求追加或减少付款、延长缺陷责任期和（或）延长工期的权利。

2）索赔方应在发出索赔意向通知书后 28 天内，向对方正式递交索赔报告；索赔报告应详细说明索赔理由以及要求追加的付款金额、延长缺陷责任期和（或）延长的工期，并附必要的记录和证明材料。

3）索赔事件具有持续影响的，索赔方应每月递交延续索赔通知，说明持续影响的实际情况和记录，列出累计的追加付款金额、延长缺陷责任期和（或）工期延长天数。

4）在索赔事件影响结束后 28 天内，索赔方应向对方递交最终索赔报告，说明最终要求索赔的追加付款金额、延长缺陷责任期和（或）延长的工期，并附必要的记录和证明材料。

5）承包人作为索赔方时，其索赔意向通知书、索赔报告及相关索赔文件应向工程师提出；发包人作为索赔方时，其索赔意向通知书、索赔报告及相关索赔文件可自行向承包人提出或由工程师向承包人提出。

（2）承包人索赔的处理程序

1）工程师收到承包人提交的索赔报告后，应及时审查索赔报告的内容、查验承包人的记录和证明材料，必要时工程师可要求承包人提交全部原始记录副本。

2）工程师应按商定或确定条款中的规定，追加付款和（或）延长工期，并在收到上述索赔报告或有关索赔的进一步证明材料后及时书面告知发包人，并在 42 天内，将发包人书面认可的索赔处理结果答复承包人。工程师在收到索赔报告或有关索赔的进一步证明材料后的 42 天内不予答复的，视为认可索赔。

3）承包人接受索赔处理结果的，发包人应在做出索赔处理结果答复后 28 天内完成支付。承包人不接受索赔处理结果的，按照争议解决条款约定处理。

（3）发包人索赔的处理程序

1）承包人收到发包人提交的索赔报告后，应及时审查索赔报告的内容、查验发包人证明材料。

2）承包人应在收到上述索赔报告或有关索赔的进一步证明材料后42天内，将索赔处理结果答复发包人。承包人在收到索赔通知书或有关索赔的进一步证明材料后的42天内不予答复的，视为认可索赔。

3）发包人接受索赔处理结果的，发包人可从应支付给承包人的合同价款中扣除赔付的金额或延长缺陷责任期；发包人不接受索赔处理结果的，按争议解决条款约定处理。

（4）提出索赔的期限

1）承包人按竣工结算条款约定接收竣工付款证书后，应被认为已无权再提出在合同工程接收证书颁发前所发生的任何索赔。

2）承包人按最终结清条款中规定提交的申请单，只限于提出工程接收证书颁发后发生的索赔。提出索赔的期限均自接受最终结清证书时终止。

应用案例 5-3

我市A服务公司因建办公楼与B建设工程总公司签订了建筑工程总承包合同。其后，经A服务公司同意，B建设工程总公司分别与市C建筑设计院和市D建筑工程公司签订了建设工程勘察设计合同和建筑安装合同。建筑工程勘察设计合同约定由C建筑设计院对A服务公司的办公楼水房、化粪池、给水排水、空调及煤气外管线工程提供勘察、设计服务，做出工程设计书及相应施工图和资料。建筑安装合同约定由D建筑工程公司根据C建筑设计院提供的设计图进行施工，工程竣工时依据国家有关验收规定及设计图进行质量验收。合同签订后，C建筑设计院按时做出设计书并将相关图纸资料交付D建筑工程公司，D建筑工程公司依据设计图进行施工。工程竣工后，发包人会同有关质量监督部门对工程进行验收，发现工程存在严重质量问题，主要是由于设计不符合规范所致。原来C建筑设计院未对现场进行仔细勘察即自行进行设计导致设计不合理，给发包人带来了重大损失。由于设计人拒绝承担责任，B建设工程总公司又以自己不是设计人为由推卸责任，发包人遂以C建筑设计院为被告向法院起诉。法院受理后，追加B建设工程总公司为共同被告，让其与C建筑设计院一起对工程建设质量问题承担连带责任。

【案例解析】

本案中，市A服务公司是发包人，市B建设工程总公司是总承包人，C建筑设计院和市D建筑工程公司是分包人。对工程质量问题，B建设工程总公司作为总承包人应承担责任，而C建筑设计院和D建筑工程公司也应该依法分别向发包人承担责任。总承包人以不是自己勘察设计和建筑安装的理由企图不对发包人承担责任，以及分包人以与发包人没有合同关系为由不向发包人承担责任是没有法律依据的。所以本案判决B建设工程总公司和C建筑设计院共同承担连带责任是正确的。值得说明的是：依《民法典》第七百九十一条："发包人可以与总承包人订立建设工程合同，也可以分别与勘察人、设计人、施工人订立勘察、设计、施工承包合同。发包人不得将应当由一个承包人完成的建设工程支解成若干部分发包给数个承包人。总承包人或者勘察、设计、施工承包人经发包人同意，可以将自己承包的部分工作交由第三人完成。第三人就其完成的工作成果与总承包人或者勘察、设计、施工承包人向发包人承担连带责任。承包人不得将其承包的全部建设工程转包给第三人或者将其承包的全部建设工程支解以后以分包的名义分别转包给第三人。禁止承包人将工程分包给不具备相应资质条件的单位。禁止分包单位将其承包的工程再分包。建设工程主体结构的施工必须由承包人自行完成。"《建筑法》第二十八条、第二十九条的规定："禁止承包单位将其承包的全部工程转包给他人，施工总承包的，建筑工程主体结构的施工必须由总承包单位自行完成。"本案中B建设工程总公司作为总承包人不自行施工，而将工程全部转包他人，虽经发包人同意，但违反禁止性规定，也为违法行为。

遵纪守法、知法懂法，这是每个公民和企业都应该做的，而诚实守信、公平竞争是维护建筑市场正常运行的良方。

本章小结

合同是双方当事人订立、变更和终止民事权利和义务关系的协议，它是作为一种法律手段在具体问题中对签订合同的双方实行必要的约束。本章对合同及几种建筑工程合同进行了详细的阐述，主要介绍了合同的概念及特征、合同的订立和效力、合同的履行和担保、合同的变更和转让以及合同违约责任的承担方式。掌握合同的生效要件，在实际中能够判断出合同的效力。

习　题

1. 合同的概念及特征？
2. 《民法典》规定的合同的形式及内容有哪些？
3. 建设工程合同的内容及特征？
4. 什么是建设工程勘察合同？什么是建设工程设计合同？
5. 建设工程施工合同与建设工程总承包合同有什么不同？
6. 施工总承包合同时应明确哪些内容？
7. 通用合同条款中对工程进度款支付做了哪些规定？

第 6 章

建设工程索赔管理

> **本章提要**
>
> 本章主要介绍建设工程索赔的有关概念、特征、分类，索赔的起因、索赔费用的计算，索赔处理的原则、程序及解决方法，此外还介绍了反索赔的有关知识。

> **引导案例**
>
> 在一个房地产开发项目中，业主提供了地质勘察报告，证明地下土质很好。在承包商的施工方案中，挖方余土用作通往住宅区道路基础的填方。由于基础开挖施工时正值雨期，开挖后土方潮湿且易碎，不符合道路填筑要求。承包商不得不将余土外运，另外取土作为道路填方材料。
>
> 对此承包商提出索赔要求。
>
> 监理工程师否定了该索赔要求，理由是：取土填方作为承包商的施工方案，它因受到气候条件的影响而改变，不能提出索赔要求。
>
> 【案例评析】
>
> 在本案例中即使是没有下雨，而是因业主提供的地质报告有误（实际地下土质过差不能用于填方）导致施工方案修改，承包商也不能因为另外取土而提出索赔要求。因为：
>
> （1）合同规定承包商对业主提供的水文地质资料的理解负责，而地下土质可用于填方，这是承包商对地质报告的理解，应由其自己负责。
>
> （2）取土填方作为承包商的施工方案，也应由其自己负责。
>
> 知法、懂法、学法，诚实守信，工匠精神，这些都是每个企业、每个工程专业人员应该做到和发扬的。

6.1 建设工程索赔的基本理论

6.1.1 工程索赔的基本概念及主要作用

索赔是指在合同的实施过程中，合同一方因为对方不履行或未能履行合同所规定的义务而受到损失，或一方在对方要求或同意时，尽了比原合同的约定更多的义务，因而向对方提出索赔要求。

工程索赔是指当事人在合同实施过程中，根据法律、合同规定及惯例，对并非由于自己的过错，而是属于应由合同对方承担责任的情况造成，而且实际已经发生了损失，向对方提出基于补偿的要求。索赔与工程承包合同是同时存在的，它的主要作用为：

1）索赔可以保证合同的实施。如果说合同是一种法律效力，那么索赔则是这种法律效力的具体体现，索赔对发承包双方都具有约束作用。若没有索赔以及有关索赔的法律，则对双方都难以形成约束，这样合同将难以顺利地进行，不仅影响施工安全、质量及进度，还会危害社会经济的发展。索赔对违约者或欲违约者起到了警示的作用，当发包人或承包人想要违约时，他们就会考虑到违约后索赔所造成的后果。

2）它是落实和调整合同双方经济责权利关系的手段。合同双方有权利、有利益，同时又应承担相应的经济责任。谁未履行责任，造成他人损失，侵害他人权利，则应承担相应的合同处罚。离开索赔，合同责任就不能体现，合同双方的责任权利关系就不平衡。

3）索赔是合同与法律授予损失者的一种权利。承包人比发包人需要索赔的概率大很多，并且发包人若遇到经济的损失或者权利的损害可从工程款中扣除，因此对于承包人来说，索赔是一种维护自己正当权益、避免损失、增加利润的手段。在国际承包中，工程大都复杂，在施工过程中经常会出现工程设计变更、现场条件及气候条件的变化、招标投标及合同说明不准确，这些都极有可能造成承包人的成本增加或工期延误，给承包商带来损失。因此索赔事件或多或少总会发生，如果承包人不能有效地进行索赔，则会给其带来很大的损失。

6.1.2　工程索赔的特征

1）索赔是双向的，无论是承包人还是发包人都可以向对方提出索赔，但是大多数情况都是承包人提出索赔，发包人向承包人提出索赔的情况较少。承包人可提出索赔的范围比较广，一般凡是由非承包人自身责任所造成的工期延误以及成本增加都可以向发包人提出索赔。

2）一方可向另一方提出索赔的前提是经济和权利发生了实际的损失与损害。经济损失是指造成合同外的支出，如人工费、材料费、施工机械使用费、企业管理费等。权利损害是指虽然一方对另一方的经济上没有造成损失，但是造成了权利上的损害，如因非承包人原因的工期延误。因此，一方提出索赔的一个基本前提条件是发生了实际的经济损失或权利损害。索赔的目的就是对索赔方经济上和权利上的损失的补偿。

3）索赔是一种单方向行为，它不需要经过另一方的确认，这不同于工程签证，索赔对对方尚未构成约束力，索赔提议最终能否得以实现，需要通过双方协商、谈判、调节或者仲裁等方式的确认，经双方确认同意后才能得以实现。

6.1.3　索赔的分类

1. 按照工程索赔的原因分类

（1）设计方面原因　随着社会与经济的不断发展，人们对居住以及工作环境的需求逐步提高，建设单位为满足这种需求，对项目建设的质量、环境、功能的要求也越来越高，因此越来越重视新工艺以及新技术的提出，这给能完美地设计出施工图带来了非常大的难度。因此在施工图设计时就难免会存在缺陷，如设计图与实际施工现场的地质、环境存在差异等，这将对工程建设带来不利的影响，导致费用增加以及工期延误，因而产生了索赔事件。

（2）施工合同方面原因　施工合同通常采用《建设工程施工合同（示范文本）》，《建设工程施工合同（示范文本）》虽然已包括工程项目建设在施工过程中发承包双方应有的权利和应尽的义务，但是工程建设项目具有复杂性以及环境等因素的多变性，再加上签订合同时经常会出现技术语言不严谨以及考虑不到位等情况，使得双方履约过程中产生了矛盾，因而发生索赔事件。

（3）意外风险和不可抗力因素的原因　地震、海啸、台风、海浪、洪水、蝗灾、风暴、冰雹、沙尘暴、山体滑坡、雪崩、泥石流以及战争等不可抗力和意外事故有可能造成施工成本增加以及工期延误，进而形成索赔。

应用案例 6-1

A公司与B公司签订建设工程施工合同，约定A公司进行施工建设，在合同中写明了当出现不可预见的情况和障碍时，A公司可以要求合理的索赔。在工程建设中和竣工后，A公司利用这一合同条款，提出了大量的索赔要求。B公司在和监理工程师协商后，根据掌握的材料和记录，把A公司的要求一一甄别，排除了大部分要求。B公司向法院起诉，没有得到法院的支持。

【案例解析】

此案例说明，索赔提议最终能否得以实现，需要通过双方协商、谈判、调节、仲裁或者诉讼等方式的确认，经双方确认同意后才能得以实现。

在履行施工合同的过程中，通常因一些意见分歧和经济利益的驱动等因素，合同双方都不严格执行合同文件。尤其是在竞争激烈、"僧多粥少"的建筑市场，承包人不考虑影响工程的其他因素，而采取"低价夺标、索赔盈利"的策略，同时发包人也不考虑投标者的中标价是否合理，便将建设工程项目承包给中标价低的施工企业，导致在具体施工中，不合理的中标往往会使工程项目不能按时保质交付使用，引起垫支、拖欠工程款、银行利息、工期、质量等原因的工程纠纷和施工索赔。因此，知法守法、诚实守信非常重要。

2. 按照索赔的目的分类

（1）工期索赔　工期的索赔通常包括两个方面：一是承包人要求延长工期；二是承包人要求偿付由于非承包人原因导致工期延误而造成的损失。特殊恶劣气候等原因造成工期延误的，承包人可以要求延长工期，但不能要求费用补偿。延误时间但并不影响关键部分的施工，承包人可能得不到延长工期的承诺。有时工期或费用两种索赔可能同时存在，如发包人未按合同要求按时提供设计图、施工现场等。

（2）经济索赔　经济索赔就是承包人向发包人要求不应该由承包人自己承担的经济损失或额外开支，也就是取得合理的经济补偿。一是施工受到干扰，导致工作效率降低；二是业主工程变更指令或产生额外工程，导致工程成本增加。由以上两种情况所增加的费用可提出索赔。

3. 按照索赔处理分类

（1）单项索赔　单项索赔是指在施工过程中一项索赔事件发生时或发生后，在索赔有效期内立即进行的索赔，或者是指在施工过程中发生的原因单一、责任单一、处理较为容易的索赔。单项索赔是采取一事一索赔的方式，不与其他的索赔事项混在一起。工程索赔通常采取单项索赔的方式，它可以避免多项索赔的相互影响与制约。

(2) 综合索赔　综合索赔又称总索赔，是指将整个工程所有的索赔事件综合在一起进行索赔，是针对整个工程（或单项工程）实际总成本与原预算成本之差提出的索赔。在实际工程中应尽量避免综合索赔，因为它涉及的因素很多、相对复杂、索赔难度大。承包人采用总索赔的方式，必须事前经监理工程师的同意，并且要能够提交以下证明材料：

① 投标报价合理的证明。
② 已经开支的实际总成本合理的证明。
③ 承包人对实际成本的增加没有任何责任的证明。
④ 无法用其他方法精确计算出实际的损失数额。

4. 按照索赔有关当事人分类

1) 承包人与发包人之间的索赔。这类索赔大多是有关工程量计算、变更、工期、质量和价格方面的争议，也有中断或终止合同等其他违约行为的索赔。

2) 总承包人与分包人之间的索赔。其内容与第 1) 项大致相似，但大多数是分包人向总承包人索要付款或赔偿及总承包人向分包人罚款或扣留支付款等。

3) 发包人或承包人与供货人、运输人之间的索赔。其内容多为商贸方面的争议，如货品质量不符合技术要求、数量短缺、交货拖延、运输损坏等。

4) 发包人或承包人与保险人之间的索赔。此类索赔多是被保险人受到灾害、事故或其他损害或损失，按保险合同向其投保的保险人索赔。

1)、2) 两种涉及工程项目建设过程中施工条件或施工技术、施工范围等变化引起的索赔，一般发生频率高、索赔费用大，有时也称为施工索赔。

3)、4) 两种在工程项目实施过程中的物资采购、运输、保管、工程保险等方面活动引起的索赔事项，又称商务索赔。

5. 按索赔依据分类

(1) 合同内索赔　合同内索赔是指索赔所涉及的内容可以在合同文件中找到依据，并可根据合同规定明确划分责任。一般情况下，合同内索赔的处理和解决要顺利一些。

(2) 合同外索赔　合同外索赔是指索赔所涉及的内容和权利难以在合同文件中找到依据，但可从合同条文引申含义和合同适用法律或政府颁发的有关法规中找到索赔的依据。

(3) 道义索赔　道义索赔是指承包人在合同内或合同外都找不到可以索赔的依据，因而没有提出索赔的条件和理由，但承包人认为自己有要求补偿的道义基础，而对其遭受的损失提出具有优惠性质的补偿要求，即道义索赔。道义索赔的主动权在发包人手中，发包人一般在以下 4 种情况下，会同意并接受这种索赔：

① 若另找其他承包人，费用会更大。
② 为了树立自己的形象。
③ 出于对承包人的同情和信任。
④ 谋求与承包人更理解或更长久的合作。

6. 按索赔事件的性质分类

(1) 工程延期索赔　因发包人未按合同要求提供施工条件，如未及时交付设计图、施工现场、道路等，或因发包人指令工程暂停或不可抗力事件等原因造成工期拖延的，承包人对此提出索赔。

(2) 工程变更索赔　由于发包人或监理工程师指令增加或减少工程量或增加附加工程、修改设计、变更施工顺序等，造成工期延误或费用增加的，承包人对此提出索赔。

(3) 工程终止索赔　由于发包人违约或发生了不可抗力事件等造成工程非正常终止的，承包人因蒙受经济损失而提出索赔。

(4) 工程加速索赔　由于发包人或监理工程师指令承包人加快施工速度、缩短工期，引起承包人额外开支的，承包人提出的索赔。

(5) 意外风险和不可预见因素索赔　在工程实施过程中，因人力不可抗拒的自然灾害、特殊风险以及一个有经验的承包人通常不能合理预见的不利施工条件或客观障碍，如地质断层、溶洞、地下障碍物等引起的索赔。

(6) 其他索赔　如因货币贬值、汇率变化、物价或工资上涨、政策法令变化等原因引起的索赔。

6.1.4　常见的工程索赔

1. 常见的承包人提出的索赔事件

在工程索赔中，涉及最多的是施工索赔。在施工合同履行过程中，承包人的索赔内容主要包括以下几个方面：

1) 发包人没有按合同规定交付设计文件，致使工期延误。在施工合同履行过程中由于上述原因引起索赔的现象经常发生，如发包人延迟交付设计资料、设计图，提供的资料有误或合同规定应一次性交付的，发包人分批交付等。

2) 发包人没按合同规定的日期交付施工场地、行驶的道路、接通水电等，使承包人的施工人员和设备不能进场，工程不能按期开工而造成的工期延误。

3) 不利的自然条件与客观障碍。不利的自然条件和客观障碍是指一般有经验的承包人无法合理预料到的不利的自然条件和客观障碍。"不利的自然条件"不是指气候条件，而是指投标时经过现场调查及根据发包人所提供的资料都无法预料到的其他不利自然条件，如地质断层、溶洞、沉陷等。"客观障碍"是指经现场调查无法发现、发包人提供的资料中也未提到的地下（上）人工建筑物及其他客观存在的障碍物，如下水道、公共设施、坑、井、隧道、废弃的既有建筑物、其他水泥砖砌物以及埋在地下的树木等。由于不利的自然条件及客观障碍，常常导致涉及变更、工期延长或成本大幅度增加，承包人可以据此向发包人提出索赔要求。

4) 发包人或监理工程师发布指令改变原合同规定的施工顺序，打乱施工部署。

5) 工程变更。在合同履行过程中，发包人或监理工程师指令增加、减少或删除部分工程，或指令提高工程质量标准、变更施工顺序等，造成工期延误和费用增加，承包人可对此提出索赔。注意，由于工程变更减少了工作量，也要进行索赔。

6) 附加工程。在施工合同履行过程中，发包人指令增加附加工程项目，要求承包人提供合同规定以外的服务项目。

7) 由于设计变更或设计错误，发包人或监理工程师错误的指令造成工程修改、报废及返工、窝工等。由于设计错误、发包人或监理工程师错误的指令或提供错误的数据等造成工程修改、停工、返工、窝工，发包人或监理工程师变更原合同规定的施工顺序，打乱了工程施工计划等，承包人可以索赔。由于发包人和监理工程师原因造成的临时停工或施工中断，特别是根据发包人和监理工程师不合理指令造成了工效的大幅度降低,从而导致费用支出增加,承包人可提出索赔。

8) 由于非承包人的原因,发包人或监理工程师指令终止合同施工。由于发包人不正当地终止工程,承包人有权要求赔偿损失,其数额是承包人在被终止工程上的人工、材料、机械设备的全部支出,以及各项管理费用、保险费、贷款利息、保函费用的支出（减去已结算的工程款）,并有权要求赔偿其盈利损失。

9) 由于发包人或监理工程师的特殊要求,如指令承包人进行合同规定以外的检查、试验,造成工程损坏或费用增加,而最终承包人的工程质量符合合同要求的。

10) 发包人拖延合同责任范围内的工作,造成工程停工。例如,发包人拖延设计图的批准,拖延隐蔽工程验收,拖延对承包人所提问题的答复,造成工程停工。

11) 发包人未按合同规定的时间和数量支付工程款。一般合同中都有支付预付款和工程款的时间限制及延期付款计息的利率要求;如果发包人不按时支付,承包人可据此规定向发包人索要拖欠的款项并索赔利息,督促发包人迅速偿付。对于严重拖欠工程款,导致承包人资金周转困难,影响工程进度,甚至引起终止合同的严重后果,承包人则必须严肃地提出索赔。

12) 合同缺陷。合同缺陷常常表现为合同文件规定不严谨甚至前后矛盾、合同规定过于笼统、合同中的遗漏或错误。这不仅包括商务条款中的缺陷,也包括技术规范和设计施工图中的缺陷。在这种情况下,一般监理工程师有权做出解释,但如果承包人执行监理工程师的解释后引起成本增加或工期延误,则承包人可以索赔,监理工程师应给予证明,发包人应给予补偿。一般情况下,发包人作为合同起草人,要对合同中的缺陷负责,除非其中有非常明显的含糊或其他缺陷,根据法律可以推定承包人有义务在投标前发现并及时向发包人指出。

13) 物价大幅度上涨。由于物价的上涨,引起人工费、材料费、施工机械费的不断增加,导致工程成本大幅度上升,承包人的利润受到严重影响,也会引起承包人提出索赔要求。

14) 国家法令和计划修改,如提高工资税、海关税等。国家政策及法律法规变更,通常是指直接影响到工程造价的某些政策及法律法规的变更,如税收及其他收费标准的提高。因国务院各有关部门、各级建设行政主管部门或其授权的工程造价管理部门公布的价格调整,如定额、取费标准、税收、上缴的各种费用等,可以调整合同价款;如未予调整,承包人可以要求索赔。

15) 在保修期间,由于发包人使用不当或其他非承包人施工质量原因造成损坏,发包人要求承包人予以修理。

16) 发包人在验收前或交付使用前,使用已完或未完工程,造成工程损坏。

17) 不可抗力的发生,对承包人的工期和成本造成了影响。

18) 发包人应该承担的风险发生。由于发包人承担的风险发生而导致承包人的费用损失增大时,承包人可据此提出索赔。许多合同规定,承包人不仅对由此而造成工程、发包人或第三人的财产的破坏和损失及人身伤亡不承担责任,而且发包人应保护和保障承包人不受上述特殊风险后果的损害,并免于承担由此而引起的与之有关的一切索赔、诉讼及其费用,而且承包人还可以得到由此损害引起的任何永久性工程及其材料的付款与合理的利润,以及一切修复费用、重建费用及上述特殊风险而导致的费用增加。如果由于特殊风险而导致合同终止，承包人除可以获得应付的一切工程款和损失费用外，还可以获得施工机械设备的撤离费用和人员遣返费用等。

应用案例 6-2

某独立大桥工程进行桥梁的水下地基基础施工。承包人使用的钢筋混凝土沉井在挖土下沉时，遇到了原招标钻探资料中未显示的倾斜岩层，使沉井基础的一边基脚已抵到岩层上，而另一边仍为粗砂岩土，且不停地抽水，也无法排尽沉井的水和泥沙，使沉井严重倾斜，难以纠偏；经承包人上报发包人和监理工程师，并召集有关专家开会，确定使用矿井冷冻技术对桥梁基础施行冷冻，封住地下水和泥沙，制止沉井继续偏斜，然后对先遇到岩石的一侧进行炸挖，直至所有的沉井基脚下至岩层为止。不可预料的地质条件使该沉井工程延期了3个月才完成，且在工期的关键线路上采用了非常施工技术，使承包人的工程施工成本大幅增加。因此，承包人提出了索赔要求。监理工程师批准了该索赔。

2. 发包人可以提出的索赔事件

根据我国《建设工程施工合同（示范文本）》规定，因承包人原因不能按照协议书约定的竣工日期或监理工程师同意顺延的工期竣工，或因承包人原因工程质量达不到协议书约定的质量标准，或承包人不履行合同义务或不按合同约定履行义务或发生错误给发包人造成损失时，发包人也应按合同约定的索赔时限要求，向承包人提出索赔。发包人可以提出的索赔事件通常有以下几种：

1）由于承包人的原因造成的工期延误。在工程项目的施工过程中，由于承包人的原因，使竣工日期拖后，影响到发包人对该工程的使用，给发包人带来经济损失时，发包人有权对承包人进行索赔，即由承包人支付延期竣工违约金。建设工程施工合同中的误期违约金，通常是由发包人在招标文件中确定的。

2）由于承包人的原因造成的施工质量低劣或使用功能不足。当承包人的施工质量不符合施工技术规程的要求，或在保修期未满以前未完成应该负责修补的工程时，发包人有权向承包人追究责任。如果承包人未在规定的时限内完成修补工作，发包人有权雇用他人来完成工作，发生的费用由承包人负担。

3）由于承包人的原因给第三方造成了影响。

4）属于承包人应该承担的风险发生。

5）承包人未按合同要求保险。如果承包人未能按合同条款指定的项目投保，并保证保险有效，发包人可以投保并保证保险有效，发包人所支付的必要的保险费可在应付给承包人的款项中扣回。

6）发包人合理终止合同或承包人不正当地放弃工程。如果发包人合理地终止承包人的承包，或者承包人不合理地放弃工程，则发包人有权从承包人手中收回由新的承包人完成工程所需的工程款与原合同未付部分的差额。

7）其他。由于工伤事故给发包方人员和第三方人员造成的人身或财产损失的索赔，以及承包人运送建筑材料及施工机械设备时损坏公路、桥梁或隧洞时，交通管理部门提出的索赔等。

上述这些事件能否作为索赔事件进行有效的索赔，还要看具体的工程和合同背景、合同条件，不可一概而论。

6.1.5 索赔的依据

在索赔原因发生时，当事人一方应该有充分的依据，才能通过索赔的方式取得赔偿。在实践中，无论是索赔，还是反索赔，基本上都是围绕着索赔事实是否存在、索赔原因是否成立这一前提进行的。索赔的依据包括以下几个方面：

（1）构成合同的原始文件　构成合同的原始文件一般包括合同协议书、中标函、投标书、专用合同条件、通用合同条件、规范、设计图以及标价的工程量清单等。合同的原始文件是承包人投标报价的基础，承包人在投标书中对合同涉及费用的内容均进行了详细的计算分析，是施工索赔的主要依据。承包人提出施工索赔时，必须明确说明所依据的具体合同条款。

（2）监理工程师的指示　监理工程师在施工过程中会根据具体情况随时发布一些书面或口头指示，承包人必须执行监理工程师的指示，同时也有权获得执行该指示而发生的额外费用。但应注意，在合同规定的时间内，承包人必须要求监理工程师以书面形式确认其口头指示，否则将视为承包人自动放弃索赔权利。监理工程师的书面指示是索赔的有力证据。

（3）施工现场记录　施工现场记录，包括施工日志、施工质量检查验收记录、施工设备记录、现场人员记录、进料记录、施工进度记录等。施工质量检查验收记录要有监理工程师或监理工程师授权的相应人员签字。

（4）会议记录　从商签施工合同开始，各方会定期或不定期地召开会议，商讨解决合同实施中的有关问题，监理工程师在每次会议后，应向各方送发会议纪要。会议纪要的内容涉及很多敏感性问题，各方均需核签。

（5）现场气候记录　在施工过程中，如果遇到恶劣的气候条件，除提供施工现场的气候记录外，承包人还应向发包人提供政府气象部门有关恶劣气候的证明文件。

（6）工程财务记录　在施工索赔中，承包人的财务记录非常重要，尤其是在按实际发生的费用计算索赔时。因此，承包人应记录工程进度款支付情况、各种进料单据及各种工程开支收据等。

（7）往来函件　合同实施期间，参与项目各方会有大量往来函件，涉及的内容多、范围广，但最多的还是工程技术问题。这些函件是承包人与发包人进行费用结算和向发包人提出索赔所依据的基础资料。

（8）市场信息资料　市场信息资料主要收集国际、工程市场劳务、施工材料的价格变化资料等。

（9）政策法令文件　国家的政策法令变化，可能给承包人带来益处，也可能带来损失。应收集这方面的资料，作为索赔的依据。一般来说，与工程项目建设有关的公司法、海关法、税法、劳动法、环境保护法等法律及建设法规都会直接影响工程建设活动。当任何一方违背这些法律或法规时，或在某一规定日期之后发生法律或法规变更时，均可引起索赔。

应用案例 6-3

某建筑公司于 2008 年 2 月 4 日与上海某宾馆有限公司签订了建筑工程承包合同。合同规定：原告承建新建宾馆，建筑面积 36015m²，2008 年 2 月 15 日开工，2010 年 2 月 15 日竣工。承包总价为 2227.5 美元，其中 500 万美元折合人民币给付。工程于 2010 年 2 月 15 日竣工交付使用后，被告拖欠工程尾款 162.18 万美元、106 万人民币。此外还有应签证而未签证确认的索赔款折合人民币 1000 多万元。某建筑公司催讨这笔巨额拖欠款前后两年半时间，先后找过各商务部门及政府部门，均无效果后向法院起诉。

问题：工程索赔中应注意怎样保留证据？

工程建设中，尤其是索赔中，资料的保管对索赔成功与否关系重大。

首先，资料管理工作中，工程施工过程例会记录应当全部保存完整，每周例会纪要应真实地再现工程施工的全过程。此外还应保存整个施工过程中建设单位分批提供的所有施工图和设计修改图的原始记录及工程洽商记录、双方来往的全部公函、文件、专题会议纪要等书面资料。

在本案中，原告根据律师的要求，对每一项索赔项目提供初步设计图、施工图及设计变更图、建设单位的书面指令、洽商记录和信函文件、每周例会纪要、增加费用或支出的原始合同、单证以及实物照片等书面证据，来证明索赔的成立，因而索赔成功。

6.1.6 索赔文件的编写

索赔文件（即索赔报告）的具体内容，随该索赔事件的性质和特点而有所不同。但从报告的必要内容与文字结构方面而论，一个完整的索赔报告应包括以下四个部分。

1. 总论部分

索赔报告中首先应该进行索赔事项的描述（索赔事件的发生日期与过程），承（发）包人为该索赔事件所付出的努力和附加开支，提出具体的索赔要求。在总论部分之末，附上索赔报告编写组主要人员及审核人员的名单，注明各人的职称、职务及施工经验，以表示该索赔报告的严肃性和权威性。总论部分一般包括：序言；索赔事项概述；具体索赔要求；索赔报告编写及审核人员名单。

总论部分要简明扼要，能说明问题。

2. 根据部分

此部分是索赔能否成功的关键，根据部分主要说明自己具有索赔的权利，主要依据是发承包双方签订的合同条款以及发包人所在国的法律法规。承（发）包人应根据合同文件里的具体条款说明自己应该得到工期的延长或者经济的补偿。根据部分的内容因索赔事件的特点的不同而不同，在写法结构上，按照索赔事件发生、发展、处理和最终解决的过程编写，并明确地全文引用有关的合同条款，使发包人（或承包人）和监理工程师能正确地、逻辑地了解索赔事件的始末，并充分认识该项索赔的合理性和合法性。根据部分一般包括：索赔事件的发生情况；已递交索赔意向书的情况；索赔事件的处理过程；索赔要求的合同根据；所附的证据资料。

3. 计算部分

索赔的根据部分解决的是索赔是否成立的问题，计算部分解决的是索赔款的具体额度以及需要延长的具体时间的问题，前者是定性的，后者是定量的。索赔的计算部分是以具体的计算方法和计算过程说明需要具体索赔的经济款额以及需要延长的工期。编制计算部分时应注意根据不同的索赔事件类型、不同的特点以及掌握的不同的资料而采取不同的计价方式，同时还应注意每项开支款的合理性，并指出相应的证据资料的名称及编号。在款额计算部分，承（发）包人必须阐明下列问题：索赔款的要求总额；各项索赔款的计算，如额外开支的人工费、材料费、设备费、管理费和所失利润；指明各项开支的计算依据及证据资料。

4. 证据部分

证据部分包括该索赔事件所涉及的一切证据资料，以及对这些证据的说明。证据是索赔报告的重要组成部分。没有翔实可靠的证据，索赔是不能成功的。索赔证据资料的范围很广，它可能包括工程项目施工过程中所涉及的有关政治、经济技术、财务资料，具体可进行如下分类：工程所在国政治经济资料；施工现场记录报表及来往函件；工程项目财务报表。

6.1.7 索赔报告的编写要求

索赔报告是具有法律效力的文件，对于重大的索赔事件，建议在律师或者索赔专家的指导下进行编写。索赔报告一般具有以下几个要求：

（1）索赔事件必须真实　索赔报告是具有法律效力的文件，因此索赔报告中提出的干扰事件必须真实并有充分且真实的证据，对索赔报告的叙述必须明确、肯定，不包括任何的估计与猜测。

（2）责任分析应清楚、准确、有根据　索赔报告应仔细分析事件的责任，明确指出索赔所依据的合同条款或法律条文，且说明承包人的索赔是完全按照合同规定程序进行的。

（3）充分论证事件造成承包人的损失　索赔的原则是赔偿由于非我方原因造成的事件引起的实际损失，因此在索赔报告中应详细说明事件带来的实际影响及影响程度，包括工期的延长以及经济的损失，并充分论证事件与影响的直接因果关系，以及承包人为了避免与减轻事件带来的影响与损失所做出的努力，采取了所能采取的措施以及所得到的成果。

（4）索赔计算必须合理、正确　要采用合理的计算方法和数据，正确地计算出应取得的经济补偿款额或工期延长。计算中应力求避免漏项或重复，不出现计算上的错误。

（5）文字精练、条理清楚、结论明确、有逻辑性　索赔报告必须语言简单明了、条理清楚、结论明确、有逻辑性，计算过程与结果应详细清楚，并正确无误，语气措辞应中肯，在论述事件的责任及索赔根据时，所用词语要肯定。

应用案例 6-4

A 公司承包了一处建设工程，在工程建设过程中，由于大量的事件发生，使得工程的费用大量增加，于是 A 公司提出了费用索赔，要求发包人支付。发包人基本同意 A 公司的请求，但对公司的索赔中包含利润部分表示了疑义，认为索赔只有补偿，不包含利润。A 公司与发包人协商不成，遂诉至法院，法院支持 A 公司的部分利润要求，驳回了大部分。A 公司表示不理解。

问题：在什么情况下的费用索赔应包括利润，什么情况下不包括利润？

监理工程师在处理由于工程变更引起的费用索赔时，应注意绝大部分的费用索赔中，一般不包括利润，但也有包括利润的情况。

(1) 对于因工程变更而增加的工程项目,如果监理工程师确定的变更工程费率不合理或未考虑利润,则应给予利润补偿。

(2) 对于因工程变更而取消的工程,如果承包人已经做了部分工程,质量也达到规范要求,而发包人未给予支付,并且监理工程师的变更令中也未考虑这部分费用,则应给予补偿。

(3) 对于因工程变更而取消某些工程项目,可能产生的承包人人工、机械设备进出场费等的附加费用,监理工程师应结合合同文本,特别是技术规范中的具体规定予以处理,但不包括利润。

(4) 其他并非承包人自身原因引起的费用索赔,监理工程师必须确认的确是承包人事先无法预料到的疏漏或矛盾,在执行监理工程师指示时所产生的附加费用,应该予以支付,但不包括利润。

6.1.8 索赔的技巧

编制索赔报告时应该正确运用索赔技巧。不同的事件、不同特性的工程,索赔的方法也不同。若无法使用最恰当的方法进行索赔,那么很容易将索赔难度加大,甚至索赔失败。若是按照恰当的方法进行索赔,即使难度大的索赔也会容易索赔成功。因此,索赔工作除了要做到有理、有据、按时之外,还应该有掌握一些索赔的技巧。索赔的技巧依据索赔事件以及客观环境而定,具体内容如下:

1. 要善于创造索赔机会

有经验的承包人在签订施工合同时就会考虑到索赔的情况,承包人应该仔细阅读研究招标合同,并且进行现场实际勘察研究,探索可能出现的索赔机会,在报价时要考虑索赔的需要。在进行单价分析时,应列入生产工效,把工程成本与投入资源的工效结合起来。这样在提出索赔时可以根据工效降低作为索赔的原因依据。事实上,在索赔报告中若没有工效降低的资料很难说服监理工程师以及发包人,索赔很难成功。

2. 商签好合同协议

在商签合同协议时,承包人应该仔细研读合同条款,对于明显把重大风险转嫁给承包人的应及时提出修改要求,对其达成修改的协议应以"谈判纪要"的形式写出,作为该合同文件的有效组成部,对于发包人的免责条款也应特别注意,否则很难得到索赔的机会。

3. 对口头变更指令要得到确认

在施工过程中难免会有工程变更的可能,承包人应在监理工程师提出工程变更后以书面的形式加以确认,否则在没有书面形式加以确认的情况下就进行工程变更后,监理工程师不承认自己做过工程变更并且拒绝索赔要求,则承包人将无法索赔成功。

4. 及时发出"索赔通知书"

一般规定,索赔是有一定时间限制的,必须在事件发生后及时发出"索赔通知书",否则过了索赔时间限制,则索赔失效,索赔无法成立。

5. 索赔事件论证要充足

承包合同通常规定,承包人在发出"索赔通知书"后,每隔一定时间(28天),应报送一次证据资料，在索赔事件结束后的 28 天内报送总结性的索赔计算及论证，提交索赔报告。上面已经提到，提交的索赔报告要简洁、明了、正确、有足够的强有力的证据，索赔的成功绝大多数取决于索赔报告里承包人对索赔做出的解释以及证据，这将要求承包人在平时应注意积累及保存资料。

6. 索赔计价方法和款额要适当

索赔计价不能过高，也不能过低，过高会引起对方的反感，引发双方的争议，使索赔难度增加，甚至还会引起对方进行反索赔，而索赔过低会使得赔偿的经济款额无法达到损失额，使企业受到损失。索赔计算时采用"附加成本法"容易被对方接受，因为这种方法只计算索赔事件引起的计划外的附加开支，计价项目具体，使经济索赔能得到较快解决。

7. 力争单项索赔，避免总索赔

前面已经介绍，若能进行单项索赔，则不要进行总索赔。单项索赔简单，容易解决，并且赔款支付快；而总索赔复杂，金额大，往往不容易解决，容易引起争议，不仅增加索赔难度，并且支付赔款慢，经常出现在工程结束后赔款依然没有结算完成的情况。

8. 坚持采用清查账目法

承包人往往只注意接受发包人对某项索赔的当月结算索赔款，而忽略了该项索赔款的余额部分，没有以文字的形式保留自己今后获得余额部分的权利，等于同意并承认了发包人对该项索赔的付款，以后再无权对余额进行追索。因为在索赔支付过程中，承包人和监理工程师对确定新单价和工程量方面经常存在不同意见。按合同规定，监理工程师有决定单价的权利，如果承包人认为监理工程师的决定不尽合理，而坚持自己的要求时，可同意接受监理工程师决定的"临时单价"或"临时价格"付款，先拿到一部分索赔款，对其余不足部分，则书面通知监理工程师和发包人，作为索赔款的余额，保留自己的索赔权利，否则，将失去将来要求付款的权利。

9. 力争友好解决，防止对立情绪

在索赔时引发双方争议是难免的，但是在谈判时，承包人一定要保持冷静的头脑以及平静的情绪，避免双方产生对立的情绪，不利于谈判的进行，进而引起"持久战"。这会增加索赔的难度，非常不利于索赔的顺利解决，因此在发生争端时一定要理智地讨论问题，使得谈判顺利进行，提高索赔的成功率。

10. 注意与监理工程师营造良好的关系

监理工程师作为第三方应当公正地处理解决索赔的问题。索赔必须通过监理工程师的认可。因此，与监理工程师保持一个良好的关系很重要。监理工程师应进行公正的判断，尽量避免仲裁和诉讼。

6.2 索赔的计算

6.2.1 工期索赔

承包人提出工期索赔，主要有两个目的：一个是免去由于工期延误所带来的责任，避免或者尽量避免支付工期罚款；另一个是补偿自己因为工期延误而造成的费用损失。

1. 工程拖延工期的分类及处理措施

工程拖延工期可分为如下三种情况：

（1）由于承包人原因造成的工程拖延工期　由于承包人原因造成的工程拖延工期，称为工程延误，承包人必须向发包人支付误期损害赔偿费。工程延误也称为不可原谅的工程拖延工期。在这种情况下，承包人无权获得工期延长。

（2）由于非承包人原因造成的工程拖延工期　由于非承包人原因造成的工程拖延工期，称为工程延期，承包人有权要求发包人给予工期延长。工程延期也称为可原谅的工程拖延工期。它是由于发包人、监理工程师或其他客观因素造成的，承包人有权获得工期延长，但是否能获得经济补偿要视具体情况而定。因此，可原谅的工程拖延工期又分为可原谅并给予补偿的拖延工期和可原谅但不给予补偿的拖延工期，前者的责任者是发包人或监理工程师，而后者往往是由于客观因素造成的。

上述两种情况下的工期索赔的处理原则见表6-1。

表6-1　工期索赔处理原则

索赔原因	是否可原谅	拖延工期原因	责任者	处理原则	索赔结果
工程进度拖延	可原谅拖延工期	（1）修改设计 （2）施工条件变化 （3）发包人原因拖延工期 （4）监理工程师原因拖延工期	发包人/监理工程师	可给予工期延长，可补偿经济损失	工期/经济补偿
		（1）异常恶劣气候 （2）工人罢工 （3）天灾	客观原因	可给予工期延长，不给予经济补偿	工期补偿
	不可原谅拖延工期	（1）工效不高 （2）施工组织不好 （3）设备材料供应不及时	承包人	不延长工期，补偿经济损失	无权索赔

（3）共同延误下工期索赔的有效期处理　承包人、监理工程师或发包人，或某些客观因素均可造成工程拖延工期，但在实际施工过程中，工程拖延工期经常是由上述两种以上的原因共同作用产生的，称为共同延误。在共同延误情况下，要具体分析哪一种延误是有效的，即承包人可以得到工期延长，或既可延长工期，又可得到经济补偿。在确定拖延工期索赔的有效期时，可依据以下原则：

1）首先判别造成拖延工期的哪一种原因是最先发生的，即确定"初始延误"者，它应对工程拖延工期负责。在初始延误发生作用期间，其他并发的延误者不承担拖延工期责任。

2）如果初始延误者是发包人，则在发包人造成的延误期内，承包人既可得到工期延长，也可得到经济补偿。

3）如果初始延误者是客观因素，则在客观因素发生影响的时间段内，承包人可以得到工期延长，但很难得到经济补偿。

2. 工期索赔的计算方法

计算工期索赔一般采用分析法，其主要依据合同规定的总工期计划、进度计划，以及双方共同认可的对工期的修改文件，调整计划和受干扰后实际工程进度记录，如施工日记、工程进度表等。承包人应在每个月底以及在干扰事件发生时，分析对比上述资料，以发现工期拖延及拖延原因，提出有说服力的索赔要求。分析法又分为网络图分析法和对比分析法。

(1) 网络图分析法　网络图分析法是根据网络图进度计划分析其关键线路的方法。如果延误的工作为关键工作，则延误的时间即为需要索赔的工期时间。如果延误的工期不是关键线路，则当该工作延误的时间超过时间限制成为关键线路时，需要索赔的时间即为延误的时间与时差的差值；当该工作延误的时间没有超过时间限制，工期延误后依然为分关键工作时将不构成索赔。网络图分析要求承包人根据网络技术进行进度控制，才能依据网络计划提出工期索赔，网络图分析法科学合理、清楚明了，比较容易得到认可。

(2) 对比分析法　对比分析法比较简单，适用于索赔事件仅影响单位工程或分部分项工程的工期，由此计算对总工期的影响。对比分析法的计算公式为：总工期索赔＝（额外或新增工程量价格/原合同价格）×原合同总工期。

应用案例 6-5

某项工程项目采用了固定单价施工合同。工程招标文件参考资料中提供的用砂地点距离工地4km。但是开工后，检查该砂质量不符合要求，承包人只得从另一距工地20km的供砂地点采购，而在一个关键工作面上又发生了4项临时停工事件：

事件1：5月20日至5月26日承包人的施工设备出现了从未出现过的故障；

事件2：应于5月27日交给承包人的后续图纸直到6月10日才交给承包人；

事件3：6月10日至6月12日施工现场下了罕见的特大暴雨；

事件4：6月13日至6月14日该地区的供电全面中断。

(1) 承包人按规定的索赔程序针对上述4项临时停工事件向业主提出了索赔，试说明每项事件工期和费用索赔能否成立，为什么？

(2) 试计算因工期延误承包人应得到的工期和费用索赔（如果费用索赔成立，则发包人按2万元/天补偿给承包人）。

【案例解析】

问题（1）

事件1：工期和费用索赔均不成立，因为设备故障属于承包人应承担的风险。

事件2：工期和费用索赔均成立，因为延误图纸属于发包人应承担的风险。

事件3：特大暴雨属于双方共同的风险，工期索赔成立，设备和人工的窝工费用索赔不成立。

事件4：工期和费用索赔均成立，因为停电属于发包人应承担的风险。

问题（2）

事件2：工期索赔14天（5月27日至6月9日），费用索赔14×2万元＝28万元。

事件3：工期索赔3天（6月10日至6月12日）。

事件4：工期索赔2天（6月13日至14日），费用索赔2×2万元＝4万元。

合计：工期索赔19天，费用索赔32万元。

6.2.2　索赔费用的构成

1. 国际工程索赔费用组成

国际工程索赔费用由：直接费、管理费、利润和开办费构成，如图6-1所示。

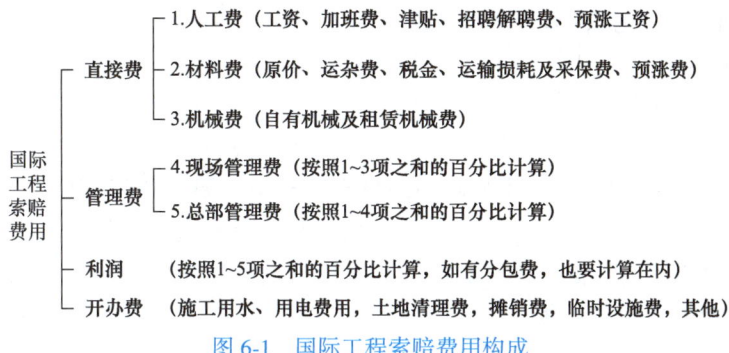

图 6-1 国际工程索赔费用构成

2. 我国建设工程索赔费用的组成

我国建设工程索赔费用的主要组成部分，同工程款的计价内容相似。按我国现行规定（参见建标〔2013〕44号《建筑安装工程费用项目组成》）。我国的这种规定，同国际上通行的做法还不完全一致。

从原则上说，承包人有索赔权利的工程成本增加，都是可以索赔的费用。但是，对于不同原因引起的索赔，承包人可索赔的具体费用内容是不完全一样的。哪些内容可索赔，要按照各项费用的特点、条件进行分析论证。

（1）人工费 人工费包括施工人员的基本工资、工资性质的津贴、加班费、奖金以及法定的安全福利等费用。对于索赔费用中的人工费部分而言，人工费是指完成合同之外的额外工作所花费的人工费用；由于非承包人责任的工效降低所增加的人工费用；超过法定工作时间加班劳动；法定人工费增长以及非承包人责任工程延期导致的人员窝工费和工资上涨费等。

（2）材料费 材料费的索赔包括：由于索赔事项材料实际用量超过计划用量而增加的材料费；由于客观原因材料价格大幅度上涨；由于非承包人责任工程延期导致的材料价格上涨和超期储存费用。材料费中应包括运输费、仓储费以及合理的损耗费用。如果由于承包人管理不善，造成材料损坏失效，则不能列入索赔计价。承包人应该建立健全物资管理制度，记录建筑材料的进货日期和价格，建立领料耗用制度，以便索赔时能准确地分离出索赔事项所引起的材料额外耗用量。为了证明材料单价的上涨，承包人应提供可靠的订货单、采购单，或官方公布的材料价格调整指数。

（3）施工机具使用费 施工机具使用费的索赔包括：由于完成额外工作增加的机械使用费；非承包人责任工效降低增加的机械使用费；由于发包人或监理工程师原因导致机械停工的窝工费。窝工费的计算，如系租赁设备，一般按实际租金和调进调出费的分摊计算；如系承包人自有设备，一般按台班折旧费计算，而不能按台班费计算，因台班费中包括了设备使用费。

（4）分包费用 分包费用索赔指的是分包人的索赔费，一般也包括人工、材料、机械使用费的索赔。分包人的索赔应如数列入总承包人的索赔款总额以内。

（5）现场管理费 索赔款中的现场管理费是指承包人完成额外工程、索赔事项工作以及工期延长期间的现场管理费，包括管理人员工资、办公、通信、交通费等。

（6）利息 在索赔款额的计算中，经常包括利息。利息的索赔通常发生于下列情况：拖期付款的利息；错误扣款的利息。至于具体利率应是多少，在实践中可采用不同的标准，主要有以下几种规定：

1) 按当时的银行贷款利率。
2) 按当时的银行透支利率。
3) 按合同双方协议的利率。
4) 按中央银行贴现率加三个百分点。

(7) 总部（企业）管理费　索赔款中的总部管理费主要是指工程延期期间所增加的管理费，包括总部职工工资、办公大楼、办公用品、财务管理、通信设施以及总部领导人员赴工地检查指导工作等开支。这项索赔款的计算，目前没有统一的方法。在国际工程施工索赔中总部管理费的计算有以下几种：

1) 按照合同中总部管理费比率（3%~8%）计算。

总部管理费 = 合同中总部管理费比率(%) × (直接费索赔款额 + 现场管理费索赔款额等)

2) 按照公司总部统一规定的管理费比率计算。

总部管理费 = 公司管理费比率(%) × (直接费索赔款额 + 现场管理费索赔款额等)

3) 以工程延期的总天数为基础，计算总部管理费的索赔额。

(8) 利润　一般来说，由于工程范围的变更、文件有缺陷或技术性错误、发包人未能提供现场等引起的索赔，承包人可以列入利润。但对于工程暂停的索赔，由于利润通常是包括在每项实施工程内容的价格之内的，而延长工期并未影响削减某些项目的实施，也未导致利润减少。所以，一般监理工程师很难同意在工程暂停的费用索赔中加进利润损失。

索赔利润的款额计算通常与原报价单中的利润百分率保持一致。

6.2.3　索赔费用的计算方法

索赔金额是用于赔偿承包人因索赔事件而受到的实际损失（包括支出的额外成本与有可能损失的可得利润）。所以，索赔金额计算的基础是成本。用索赔事件影响所发生的成本减去事件影响时所应有的成本，其差值即为索赔金额。索赔金额的计算方法很多，各个工程项目都可能因不同的具体情况而采用不同的方法。

1. 总费用法

总费用法是在采用总索赔的情况下才采用的索赔款计算方法，即当发生多次索赔事项后，这些索赔的影响相互纠缠、无法区分、经监理工程师同意，可以采用总费用法。采用总费用法需要重新计算出该工程项目的实际总费用，再从这个实际的总费用中减去中标合同中的估算总费用，即得到了要求补偿的索赔总款额。

索赔总款额 = 实际总费用 - 合同价中的估算总费用

2. 修正总费用法

修正总费用法是对总费用法的改进，即在总费用法计算的原则上，去掉一些不合理的因素，使其更为合理。修正的内容如下：

1) 将计算索赔款的时间段局限于受到外界影响的时间段，而不是整个施工期。
2) 只计算受到影响时段内的某项或者某些工作所影响的损失，而不是计算该时段内所有施工工作所受到的损失。
3) 在受影响时段内受影响的工程项目施工中使用的人工、材料、施工机械等资源均应有可靠的记录资料，如监理工程师的施工日志、现场施工记录等。
4) 与索赔事项无关的费用不列入总费用中。

第6章 建设工程索赔管理

5）与合同价的估算费用重新进行核算，按照受影响时段内该项工作的实际单价进行计算，乘以实际完成的该项工作的工程量，得以调整以后的报价费用。

按修正以后的总费用计算索赔款的可按下式计算：

索赔款额 = 某项工作调整后的实际总费用 − 该项工作的合同报价费用

3. 实际费用法

实际费用法是计算工程索赔时最常用的一种方法。这种方法的计算原则是以承包人为某项索赔工作所支付的实际开支为根据，向发包人要求费用补偿。用实际费用法计算时，在直接费的额外费用部分的基础上，再加上应得的间接费和利润，即是承包人应得的索赔金额。由于实际费用法所依据的是实际发生的成本记录或单据。所以，在施工过程中系统而准确地积累记录资料是非常重要的。

> **应用案例 6-6**
>
> A公司与B公司签订建设工程施工合同，约定由A公司为B公司建设工程项目，在履行合同过程中，由于施工条件、气候的变化，使得A公司的施工日期延长。期间，B公司要求变更设计方案，使得工程量大量增加。工程完工后，A公司向B公司提出索赔，B公司也向A公司提出了索赔。双方对索赔事实无异议，但对如何确定索赔费用不能确定。
>
> **问题**：索赔费用怎样确定？
>
> **分析**：索赔费用的确定原则：费用索赔均以赔偿或补偿实际损失为原则，实际损失可作为索赔值。实际损失包括直接损失、间接损失两部分。
>
> 索赔费用的计算方法：通常采用总费用法、实际费用法等。
>
> 索赔费用的项目：总体上包括人工费、材料费、机械设备使用费、工地管理费、保险费和利息附加费、总部管理费等。

6.3 索赔的处理与解决

6.3.1 索赔处理的原则

在工程施工建设期间，无论是发包人还是承包人都有可能发生索赔，索赔也是合同执行中避免风险的最后手段，因此索赔在整个施工中是非常重要的。在处理索赔问题时，一般应遵循以下原则：

1. 客观性原则

合同当事人提出的任何索赔要求，首先必须是真实的。合同当事人必须认真、及时、全面地收集有关证据，实事求是地提出索赔要求。

2. 合法性原则

当事人的任何索赔要求，都应当限定在法律和合同许可的范围内。没有法律上或者合同上的依据，不要盲目索赔，当事人所提出的索赔要求，至少应不为法律所禁止。

3. 合理性原则

索赔要求应该合情合理，一方面要采取科学合理的计算方法和计算基础，真实反映索赔事件所造成的实际损失，另一方面也要结合工程的实际情况，兼顾对方的利益，不要滥用索赔，漫天要价。

6.3.2 工程索赔的程序

工程索赔有调解、仲裁程序两种，走哪一种由双方商定。一般先由监理工程师调解，若调解不成，由政府建设主管机构进行调解，若仍调解不成，由经济合同仲裁委员会进行调解或仲裁。

承包人索赔程序如图 6-2 所示。

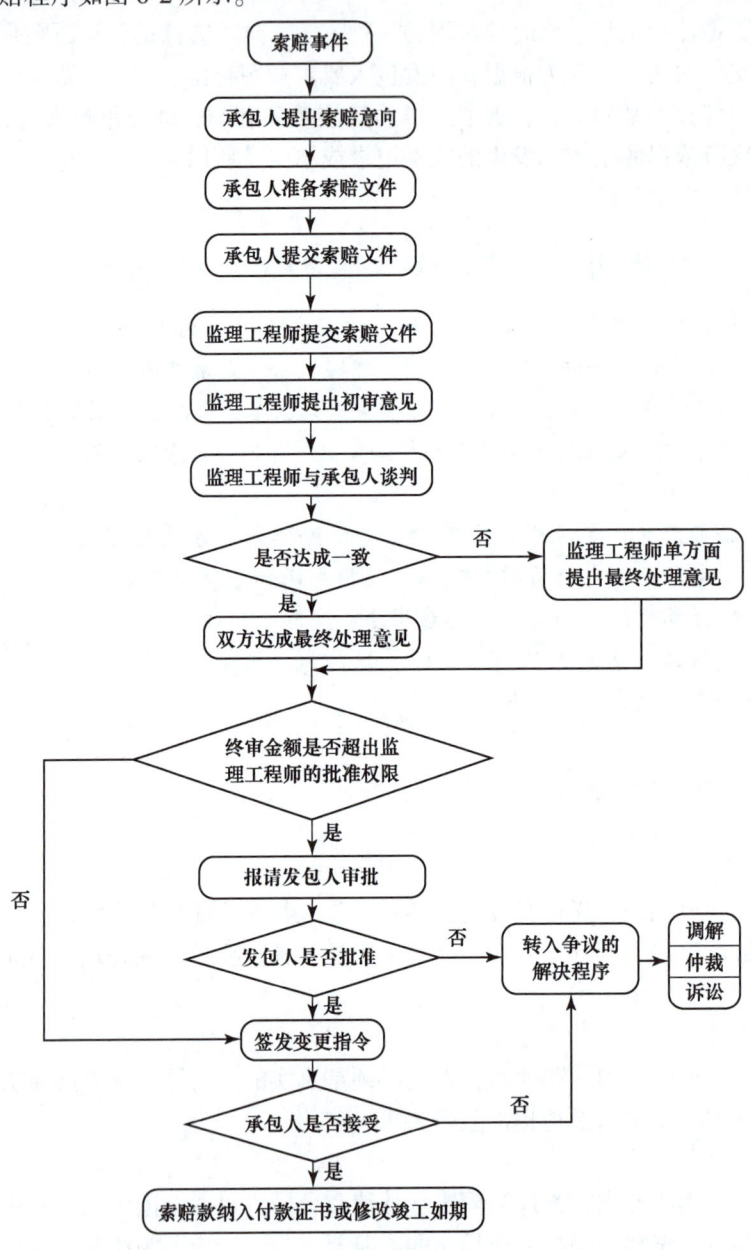

图 6-2　承包人索赔程序图

6.3.3 索赔解决方法

发生索赔事件后，发包人首先根据发生的事件的各个因素（如原因、责任范围、工程建设的目的、投资控制、竣工投产日期要求以及针对承包人在施工中的缺陷或违反合同规定等）的有关情况进行综合考虑，决定是否同意索赔。下面介绍的是当常见的索赔事件发生后应该采取的解决办法。

1. 不可预见的外部障碍或条件引起的索赔

这种索赔事件分为两种，一种是地质条件变化引起的索赔，另一种是人为障碍引起的索赔。在地质条件变化引起的索赔中通常合同条款里会规定，当施工过程中遇到现场气候条件以外的干扰事件，并且这种干扰事件是一个有经验的承包人无法预测到的，承包人可以向监理工程师提出通知，监理工程师同意承包人提出的文件并当发包人与承包人协商确定后，应给予承包人延长工期与费用补偿的权利，但不包括利润。对于人为障碍引起的索赔，在施工中往往会因为地下构筑物或文物或地下电缆、管道和各种设备导致工程费用的增加，只要发包人提供的施工合同，施工图未予标明，合同的当事人均可提出索赔。不过，地下缆线、管道和各种原安装或所有单位的设施应例外，即当这些地下情况当知且应知的例外。

2. 工程变更引起的索赔

在工程施工过程中，由于工地上不可预见的情况、环境的改变或为了节约成本等，监理工程师认为必要时可以向发包人提出建议，经过发包人同意可以对工程或其任何部分的外形或数量做出变更。任何此类变更，承包人均不应以任何方式使合同作废或无效，但如果监理工程师确定的变更单价或价格不合理或缺乏说服承包人的依据，则承包人有权就此向发包人进行索赔。

3. 工期延期的索赔

当申请工期延期是应提交充分的证据（如日进度记录、工序验收记录等），如果是因不可预见因素导致的工期延长，则发包人应给予延长，但不补偿费用，若因为发包人的原因导致工期延长，则需进行费用补偿。

4. 加速施工费用的索赔

意向工程可能遇到各种意外的情况或由于工程变更而必须延长工期。但由于发包人原因，迫使承包人采取赶工措施来完成工程，从而导致工程成本增加，即为加速施工费用的索赔。在如何确定加速施工所发生的费用，合同双方可能差距很大。这是由于影响附加费用数额的因素很多。合同双方可选择在合同中约定"奖金"措施，鼓励合同当事一方克服困难，加速施工，或者规定当某一部分工程或分部工程每提前一天，发给承包人资金若干。这种支付方式的优点是既可以促使承包人早日完工，实现工程项目早日投入运行，又有简单的计价。

应用案例 6-7

某施工单位（乙方）与某建设单位（甲方）签订了某项工业建筑的地基处理与基础工程施工合同。由于工程量无法准确确定，根据施工合同专用条款的规定，按施工图预算方式计价，乙方必须严格按照施工图及施工合同规定的内容及技术要求施工。乙方的分项工程首先向监理工程师申请质量认证，取得质量认证后，向造价工程师提出计量申请和支付工程款。工程开工前，乙方提交了施工组织设计并得到批准。

问题：

1. 在工程施工过程中，当进行到施工图所规定的处理边缘范围时，乙方在取得在场的监理工程师认可的情况下，为了使夯击质量得到保证，将夯击范围适当扩大。施工完成后，乙方将扩大范围内的施工工程量向造价工程师提出计量付款的要求，但遭到拒绝。试问造价工程师拒绝承包人的要求合理否，为什么？

2. 在工程施工过程中,乙方根据监理工程师指示就部分工程进行了变更施工。试问工程变更部分合同价款应根据什么原则确定?

3. 在开挖土方过程中,有两项重大事件使工期发生较大的拖延:一是土方开挖时遇到地质勘探没有探明的孤石,排除孤石拖延了一定的时间;二是施工过程中遇到数天季节性大雨后又转为特大暴雨引起山洪暴发,造成现场临时道路、管网和施工用房等设施以及施工的部分基础被冲坏,施工设备损害,运进现场的部分材料被冲走,乙方数名施工人员受伤,雨后乙方用了很多工时清理现场和恢复施工条件。为此乙方按照索赔程序提出了延长工期和费用补偿要求。试问造价工程师应如何审计?

【案例解析】

问题1:造价工程师的拒绝合理,其原因:该部分的工程量超出了施工图的要求,一般地讲,也就超出了工程合同约定的工程范围。对该部分的工程量监理工程师可以认为是承包人的保证施工质量的技术措施,一般在发包人没有批准追加相应费用的情况,技术措施费用应由乙方自己承担。

问题2:工程变更价款的原则:①合同中已有适用于变更工程的价格,按合同已有的价格计算、变更合同价款;②合同中只有类似于变更工程的价格,可以参照类似价格变更合同价款;③合同中没有适用于类似变更工程的价格,由承包人提出适当的变更价格,监理工程师批准执行,这一批准的变更,应与承包人达成一致否则按合同中争议的处理方法解决。

问题3:造价工程师应对两项索赔事件做出处理如下:

(1) 对处理孤石引起的索赔,这是预先无法估计的地质条件变化,属于甲方应该承担的风险,应给予乙方工期顺延和费用补偿。

(2) 对于天气调价变化引起的索赔应分两种情况处理:

① 对于前期的季节性大雨这是一个有经验的承包人预先能够合理估计的因素,应在合同工期内考虑,由此造成的时间和费用损失不负责给予补偿。

② 对于后期特大暴雨引起的山洪暴发不能视为一个有经验的承包人预先能够合理估计的因素,应按不可抗力处理由此引起的索赔问题。被冲坏的现场临时道路、管网和施工用房等设施以及已施工的部分基础,被冲走的部分材料,清理现场和恢复施工条件等经济损失应由甲方承担;损坏的施工设备,受伤的施工人员以及由此造成的人员窝工和设备闲置等经济损失应由乙方承担;工期顺延。

6.4 索赔与反索赔

索赔是双向的,无论是发包人还是承包人都可以向对方提出索赔。一方也可以针对索赔进行反驳与反击,阻止对方索赔成功或者使其部分成功,这种行为即称为反索赔。针对一方的索赔要求,反索赔的一方应以事实为依据,以合同为准绳,反驳和拒绝对方的不合理要求或索赔要求中的不合理部分。

6.4.1 反索赔的内容

反索赔可以减少或预防损失的发生,不但可以鼓舞管理人员,并且有可能发生新的索赔机会,转守为攻,有利于整个工程的施工和管理,促进和提高管理工作水平。根据索赔报告的内容缺陷，反索赔可在以下几个方面进行：

1. 索赔意向报告的时限性

审查对方在干扰事件发生后，是否在合同规定的索赔时限内提出了索赔意向或报告，如果对方未能及时提出书面的索赔意向和报告，则将失去索赔的机会和权利，对方提出的索赔则不能成立。

2. 索赔事件的真实性

索赔事件应真实可靠，符合工程的实际情况，不肯定或者仅为猜测、没有实际证据的索赔事件不能成立。

3. 干扰事件原因、责任分析

若事件内容真实，则应自己调查并分析事件发生的原因及责任人。若事件的责任人是被索赔者原因造成的，则应该承担赔偿责任并认真公平地清算赔偿金。若事件责任人是由索赔者自己的原因造成的（如管理不善、决策失误等），则应该由索赔者自己承担责任，索赔不能成立。若双方都有责任，则应计算双方对事件所造成的影响程度并按照责任的大小分担损失。

6.4.2 反索赔的步骤

在接到对方索赔报告后，就应着手进行分析、反驳。反索赔与索赔有相似的处理过程，但也有其特殊性。

1. 合同总分析

索赔是以合同为依据，同样反索赔也是以合同为依据，认真理解与分析合同，找出可以拒绝对方索赔的理由和依据。分析合同的目的是分析、评价对方索赔的理由和依据，并在合同中找到对对方不利的以及对己方有利的条款（如合同的组成及其合同变更情况；合同规定的工程范围和承包人责任等），以作为拒绝对方索赔的依据。

2. 事件调查

索赔应以事实为依据，符合实际，反索赔也需要以事实为依据，对合同实施过程进行跟踪与监督，即以各种实际资料作为证据来调查索赔报告对事件叙述的经过以及附加的证据，通过调查可以确定事件的持续时间、原因、影响范围以及责任人。

3. 三种状态分析

在事态调查和收集、整理工程资料的基础上进行三种状态（合同状态、可能状态、实际状态分析）分析。通过三种状态的分析可以达到：

① 全面地评价合同，合同实际状况，评价双方合同责任的完成情况。

② 针对对方有理由提出索赔的部分进行总概括，分析出对方有理由提出索赔的干扰事件有哪些，索赔的大约值或最高值。

③ 针对对方的失误和风险范围进行具体指认，这样在谈判中有攻击点。

④ 针对对方的失误做进一步分析，以准备向对方提出索赔。这样在反索赔中同时使用索赔手段。承包人和发包人在进行反索赔时，应特别注意寻找向对方索赔的机会。

4. 起草并向对方提交反索赔报告

将索赔报告全面分析后应起草反索赔报告，反索赔报告与索赔报告一样是正规的法律文件，对方的索赔报告和我方的反索赔报告应一起递交调解人或仲裁人。反索赔报告的基本要求与索赔报告相似。反索赔报告的主要内容有：合同总体分析简述、合同实施情况简述和评价、反驳对方索赔要求、提出索赔、对反索赔进行全面总结。

应用案例 6-8

B 公司承接 A 公司综合写字楼工程施工，该工程建筑面积 18000m²，合同价 2600 万元人民币。合同工期为 2013 年 10 月 5 日开工，2015 年 6 月 5 日竣工。工程按期开工后发生了三次停工。损失索赔如下：

1. 2014 年 4 月 8 日，因 A 公司供应的钢材经检验不合格，B 公司等待钢材更换，使部分工程停工 19 天。B 公司提出停工损失人工费、机械闲置费等 6.8 万元。

2. 2014 年 6 月 9 日，因 A 公司提出对原设计局部修改引起部分工程停工 12 天。B 公司提出停工损失 5.2 万元。

3. 2014 年 10 月 20 日，B 公司书面通知 A 公司于当月 25 日组织结构验收。因 A 公司接收通知人员外出开会，使结构验收的组织推迟到 29 日才进行，也没有事先通知 B 公司。B 公司提出装修人员停工等待 4 天的费用损失 1.8 万元。

B 公司上述索赔均被批准。

2014 年 6 月 24 日该工程竣工验收通过。工程结算时，A 公司提出应扣除 B 公司延误工期 20 天的罚金。按该合同"每提前或推后一天，按合同总价万分之二进行奖励或扣罚"的条款规定，延误工期罚金共计 10.4 万元人民币。

为此，双方代表进行了多次交涉。

B 公司代表：施工中发生多次停工工期没有延长。从时间上计算，应延长的工期完全可以补偿竣工延误的 20 天。

A 公司代表：没有提出延长工期，说明施工中的停工不会引起工期延长。既然认为需要延长工期，为什么没提出要求。

B 公司代表：我方现在可以提出延长工期的要求，请给予批准。

A 公司代表：按照合同第 32 条的规定，现在已超过办理索赔的有效时间。B 公司最后只好同意扣罚。

此例可以说明一些问题，若上述三项停工损失索赔时同时提出延长工期的要求被批准，合同竣工工期延至 2015 年 7 月 9 日，可比实际竣工日期提前 15 天。不仅避免工期罚金 10.4 万元的损失，按该合同条款的规定，还可以得到 7.8 万的提前工期奖。由于索赔人员工作疏忽，使其成为泡影。

本章小结

在目前建筑经济市场条件下，索赔时常发生。索赔的费用有工期索赔和费用索赔，计算索赔时工期和费用都要计算。索赔处理应做到：依据公平处理原则、及时做出决定和处理索赔、尽可能通过协商达成一致、诚实信用。反索赔可以减少或预防损失的发生，既鼓舞管理人员，又可能发生新的索赔机会，转守为攻，有利于整个工程的施工和管理，促进和提高管理工作水平。

习 题

1. 什么是索赔和反索赔？
2. 工程索赔的特征有哪些？
3. 索赔的起因有哪些？
4. 索赔依据有哪些？
5. 简述索赔的程序。
6. 简述索赔的处理原则。

7. 某施工单位根据领取的某 2000m² 两层厂房工程项目招标文件和全套施工图，采用低报价策略编制了投标文件，并获得中标。该施工单位（乙方）于某年某月某日与建设单位（甲方）签订了该工程项目的固定价格施工合同。合同工期为 8 个月。甲方在乙方进入施工现场后，因资金紧缺，口头要求乙方暂停施工一个月。乙方也口头答应。工程按合同规定期限验收时，甲方发现工程质量有问题，要求返工。两个月后，返工完毕。结算时甲方认为乙方迟延交付工程，应按合同约定偿付逾期违约金。乙方认为临时停工是甲方要求的。乙方为抢工期，加快施工进度才出现了质量问题，因此迟延交付的责任不在乙方。甲方则认为临时停工和不顺延工期是当时乙方答应的。乙方应履行承诺，承担违约责任。

问题：

（1）该工程采用固定价格合同是否合适？

（2）该施工合同的变更形式是否妥当？此合同争议依据合同法律规范应如何处理？

分析要点：本案例主要考核建设工程施工合同的类型及其适用性，解决合同争议的法律依据。建设工程施工合同以付款方式不同可分为：固定价格合同、可调价格合同和成本加酬金合同。根据各类合同的适用范围，分析该工程采用固定价格合同是否合适。解决合同争议的法律依据主要是《中华人民共和国合同法》与《建设工程施工合同（示范文本）》的有关规定。

8. 某建筑公司（乙方）于某年 5 月 20 日签订了建筑面积为 4600m² 工业厂房的施工合同。乙方编制的施工方案和进度计划已获监理工程师批准。该工程的基坑开挖土方量 5000m³，每天开挖土方量 500m³，假设开挖土方直接费单价为 5 元/m³，基础混凝土浇筑量为 3000m³，每天混凝土浇筑量为 200m³，假设基础混凝土浇筑直接费单价为 250 元/m³，综合费率为直接费的 20%。该基坑施工方案规定：土方工程租赁一台斗容量为 1m³ 的反铲挖掘机施工（租赁费 400 元/天（台班），土方开挖当天进场）。甲、乙双方合同约定 6 月 11 日开工，6 月 20 日完工。在实际施工中发生了以下几项事件：

（1）在施工过程中，因租赁的挖掘机出现故障，造成停工 2 天、人员窝工 10 个工日。

（2）因甲方延迟 8 天提交施工图，造成停工 8 天、人员窝工 200 个工日。

（3）在基坑土方开挖过程中，因遇软土层，接到监理工程师停工 5 天的指令，进行地质复查，配合用工 20 个工日。

（4）接到监理工程师的复工令，同时提出基坑开挖深度加深 2m 的设计变更通知单，由此增加土方开挖量 1000m³。

（5）接到监理工程师的指令，同时提出混凝土基础加深 2m 的设计变更通知单，由此增加基础混凝土浇筑量 800m³。

问题：

（1）上述哪些事件建筑公司可以向甲方要求索赔？哪些事件不可以向甲方要求索赔？并说明原因。

（2）每项事件工期索赔各是多少天？工期索赔总计多少天？

（3）假设人工费单价为 20 元/工日，窝工损失为 10 元/工日，因增加用工所需的管理费为增加人工费的 30%，则合理的费用索赔总额是多少？

第 7 章

国际工程招标投标与合同条件

本章提要

本章对国际工程招标投标与合同条件进行了详细介绍。主要介绍了国际工程招标投标的特点、程序，招标的方式、国际工程投标报价及其应注意的问题、国际工程通用条件及 FIDIC 土木工程施工合同条件。

引导案例

我国某铁路建设工程，采用国际招标选定国外某承包公司承包隧道工程施工。在招标文件中列出了应由承包人承担的赋税和税率，但在其中遗漏了承包工程总额3%的营业税，因此承包人报价时没有包括该税。工程开工后，工程所在地税务部门要求承包人缴纳已完工程的营业税90万元，承包人按时缴纳，同时向发包人提出索赔要求。索赔处理过程：索赔发生后，发包人向国家申请免除营业税，并被国家批准。但对已缴纳的 90 万元税款，经双方商定各承担50%。

【案例评析】

对这个问题的责任认定为：发包人在招标文件中仅列出几个小额税种，而忽视了大额税种，是招标文件的不完备或者是有意的误导行为，发包人应该承担责任。

7.1 国际工程招标投标简介

7.1.1 国际工程招标投标的概念

国际工程承包是一项综合性商务活动和技术经济交往，作为跨越国境的行为，即一项工程的筹资、咨询、设计、招标、投标、发包、缔约、工程实施、物资采购、工程监理及竣工后的运营、维修等全部或部分地在国际范围进行。这项活动通过国际范围的招标、投标、议标或其他协商活动，由具有法人地位的承包人与工程发包人之间，按一定的价格和其他条件签订承包合同，规定各自的权利和义务，承包人按合同规定的要求提供技术、资本、劳务、管理、设备材料等，组织项目的实施，从事其他相关的经济、技术活动。在承包人按质、按量、按期完成工程项目后，经发包人验收合格，根据合同规定的价格和支付方式收取报酬。国际工程包含国内和国外两个市场。

国际工程既包括我国公司去海外参与投资和实施的各项工程，又包括国际组织和国外的公司到我国来投资和实施的工程。

国际工程招标投标是指发包人通过国内和国际的新闻媒体发布招标信息，所有有兴趣的投标人均可参与投标竞争，通过评标比较优选确定中标人的活动。

在我国境内的工程建设项目，也有采用国际工程招标投标方式的。一种是使用我国自有资金的工程建设项目，但希望工程项目达到目前国际的先进水平，如国家大剧院的设计招标、三峡工程的施工机具招标、某些项目的永久工程设备招标等；另一种则是由于工程项目建设的资金使用国际金融组织或外国政府贷款，必须遵循贷款协议规定采用国际工程招标投标方式选择中标人的规定。

国际招标投标与国内招标投标的不同之处在于，国内招标投标要按照《招标投标法》《政府采购法》的规定实施招标投标；国际招标投标要遵循《政府采购协议》及《国际标业法则》进行招标投标。

招标投标是市场经济的产物，国际上主要依靠市场经济自由竞争、优胜劣汰的规律和手段来管理和调节。政府只进行监督和引导。政府制定官方的物价指数，供合同长期在市场物价波动时调整合同价使用。政府不审查咨询人、招标代理、监理人、承包人和供应商的资质，不发布各种资质证书。对投标人资质的审查注重其所完成的类似项目的经验，避免冒牌顶替、借资投标的情况。投标人诚信才能在市场长期立足和发展。行业协会或某些社会团体可以对投标人的投标业绩进行统计和排序，如美国工程新闻记录每年统计全球最大的承包人等，但无法律效力。

7.1.2 国际工程招标投标的特点

国际工程是在不同的法律环境、经济环境、社会环境、文化环境和技术环境下，按照国际惯例进行建设、管理和运作的，由于国内外工程管理理念的差异，对发包人和承包人都有特殊的要求。国际工程招标投标作为国际经济贸易活动，是国际经济合作的一个重要组成部分。它和普通的工程招标投标活动相比，除了共性以外，还具有其独特的特点，主要体现在以下几个方面：

1. 跨国的经济活动

国际工程招标投标活动是一项跨国性的、有不止一个国家的企业参与的经济活动。国际工程的参与者不能完全按某一国的法律法规或某一方的行政指令来管理，而应该采用国际上已形成多年的严格的合同条件和规范化的工程管理的国际惯例来进行管理。为了保证工程项目的顺利实施，参与者必须不折不扣地按合同条件履行自己的责任和义务，同时获得自己的权利。合同中的未尽事宜通常应受国际惯例的约束，使产生争端或矛盾的各方尽可能取得一致和统一。

2. 标准的规范性

国际工程招标投标合同文件中，需要详细规定材料、设备、工艺等的技术要求，通常采用国际上被广泛接受的标准、规范和规程，如 ANSI（美国国家标准协会标准）、BS（英国国家标准）等。因此，承包人如果想要进入国际工程市场，就必须熟悉国际常用的各种技术标准和规范，并使自己的施工技术和管理适应国际标准、规范和有关惯例的要求。

3. 国际政治、经济因素的风险性

国际工程项目除了一般工程中存在的自然风险以外，还可能会受到国际政治和经济形势变化的影响。承包国际工程不仅要关心工程本身的问题，而且还要关注工程所在国及其周围地区和国际大环境的变化带来的影响。在国际工程市场中，风险与利润并存，一个公司要在这个市场中竞争、生存和发展，赚取利润，就必须努力提高自身实力。

4. 参与各方关系的复杂性

国际工程招标投标活动的内容一般较为复杂，建设周期长，涉及领域广泛，实施难度大。一个工地点常常聚集了多个来自不同国家的工程公司，各自分包一项或若干项工程。总承包人往往要花很大的精力去协调彼此之间错综复杂的关系。既要同发包人、监理工程师保持融洽的工作关系，又要同各分包商妥善协调，特别是与发包人指定的分包商更要谨慎相处，否则，总承包人会在实施过程中得不到很好的合作，处处碰壁，导致项目难以开展。

5. 货币和支付方式的多样性

国际工程招标投标活动是一种综合性的商业交易行为，因为涉及多个国家的关系人，所以要使用多种货币。其中包括承包人要使用部分国内货币来支付其国内应缴纳的费用和总部开支；要使用工程所在国的货币支付当地费用；还要使用多种外汇用以支付材料、设备采购费用等。除了用现金和支票支付以外，国际工程还采用银行信用证、国际托收、银行汇付等不同的支付方式。由于发包人支付的货币和承包人实际使用的货币不同，而且是在整个漫长的工期内，按完成的工程内容分期分批逐步支付酬金的，这就使承包人时刻处于货币汇率浮动和利率变化的复杂国际金融环境之中。

6. 竞争的激烈性

国际市场对工程的需求量具有相当大的弹性，它直接受到国民经济发展趋势、固定资产投资规模和方向的影响。经济发展稳定时，需求量会大幅度增长，而当经济不景气时，需求量又可能急剧下降。而国际工程招标投标活动是一项跨国性的经济活动，发包人可以从全球的角度来挑选承包人，涉及面广，因此竞争激烈。所以对于承包人来说，只有掌握世界同类项目最先进的技术，提供物美价廉的材料设备和高素质的劳务，才能满足发包人保证项目的先进性和合理性的要求。国际工程市场是从发达国家到国外去投资、咨询、承包开始的，他们拥有雄厚的资本、先进的技术与管理水平以及多年的经验，因而发展中国家要进入这个市场就要付出加倍的努力。

7.1.3 国际工程招标投标的程序

各国和国际组织规定的招标投标程序不尽相同，但是主要步骤和环节一般都是大同小异。经过几十年的实践，国际上已基本形成了相对固定的招标投标程序。招标与投标是招标投标总活动中两个不可分开的两面如图7-1所示。从图中可以看出，国际工程招标投标程序与国内工程招标投标程序的差别不大。但由于国际工程涉及较多的主体，其工作内容会在招标投标各个阶段有所不同。

第7章 国际工程招标投标与合同条件

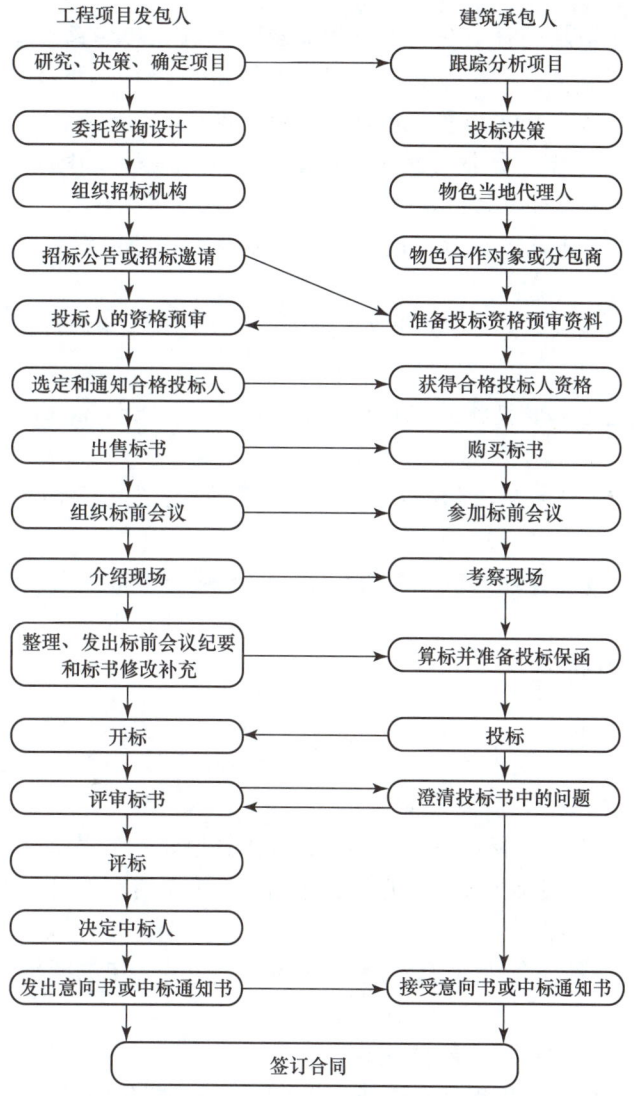

图 7-1 国际工程招标投标程序

应用案例 7-1

背景：某承包人对一大厦投标，报价为 2748000 美元，投标保函 150000 美元。开标后，发现自己报价最低，较倒数第二名承包商的报价少 632000 美元。回来后检查投标文件，发现编制标书时漏了数额很大的一笔人工费，少报了 750058 美元。正确报价应是 3498058 美元。

某承包人立即向评标委员会报告，如实承认失误，申明应将漏报的 750058 美元加入报价中；否则，难以接受中标函。评标委员会没有理睬他的报告，很快送来中标通知书，要求他签署协议书。承包人拒绝签署。雇主决定没收其投标保函 150000 美元。承包人感到冤枉，便告到地方法院。地方法官详细研究了双方申述，阅读了招标文件及中标通知书。特别注意到"投标人须知"第 13 条："……如果评标委员会在 7 天之内未收到投标人的协议书、履约保函及预付款保函时，委员会将没收投标保函，用以支付重新招标、接受别人标书、议标等费用……"由于承包人拒绝接受中标和拒签协议书，属于违约，驳回承包人收回投标保函150000美元的请求。承包人认为，他在发包人发出中标通知书之前已正式书面报告评标委员会，投标书有重大失误，如果按原报价施工，肯定亏损，所以不能接受中标通知书和签订协议书。承包人不服地方法院裁决，上告到上诉法院。

上诉法院法官详细审阅了地方法院判决书，参阅了普通法关于工程合同一些主要原则，认为：

（1）承包人投标书有明显失误（或称误解），但在发包人中标决定之前报告给了评标委员会。

（2）评标委员会在知晓投标书有明显失误的情况下，未讨论承包人投标书即行授标的做法不当。

根据普通法，有明显失误投标书无效。"接受要约者，明知要约中有失误，会影响到合同的重要条款时，不能接受这样的要约。"

上诉法院决定：要求发包人退还承包人的投标保函150000美元。

7.2 国际工程招标

7.2.1 国际工程招标概述

1. 国际工程招标的概念

国际工程招标，是指在国际工程项目中，招标人就拟建的工程项目邀请几个或几十个投标人参加投标，通过多数投标人竞争，选择其中对招标人最有利的投标人达成交易的方式。

2. 国际工程招标的特征

国际工程招标是一种综合性的、较高级的交易方式，与传统的贸易方式相比，国际工程招标有如下特征：

1）国际工程招标的交易行为具有组织性。
2）国际工程招标的竞争过程具有公开、公平、公正和择优的特征。
3）国际工程招标具有一次性报价的特征。
4）国际工程招标的目标是追求多目标条件下的系统最优化。

7.2.2 国际工程招标的方式

国际工程招标方式主要有国际竞争性招标（ICB）、国际有限招标（LIB）、议标、两阶段招标、国内竞争性招标（LCB）、国际及国内询价采购、直接采购和自营工程等方式。其中，国际竞争性招标是世界银行最为推行的招标方式，也是目前世界上普遍采用的招标方式。

1. 国际竞争性招标

国际竞争性招标是指在国际范围内，采用公平竞争方式，定标时按事先规定的原则，对所有具备要求资格的投标人一视同仁，根据其投标报价及评标的所有依据进行评标、定标。采用这种方式可以最大限度地形成竞争，形成买方市场，使招标人有最充分的挑选余地，获得最有利的成交条件。在实践中，国际竞争性招标采购的金额占贷款采购总金额的80%左右。在我国的世界银行贷款项目中,国际竞争性招标采购的金额也占贷款采购总金额的70%以上。因此,国际竞争性招标是世界银行贷款项目采购程序的主要程序。

采用国际竞争性招标方式,发包人可以在国际市场上找到最有利于自己的承包人,无论是在价格和质量方面,还是工期和施工技术方面都可以得到满足。世界银行推行的国际竞争性招标,要求发包人以技术说明的方式公正地表述拟建工程的技术要求,以保证不同国家的合格企业能够广泛参与投标。

根据工程项目的全部或部分资金来源,国际竞争性招标主要适用于以下情况:

1) 由世界银行及其附属组织国际开发协会和国际金融公司提供优惠贷款的工程项目。

2) 由联合国多边援助机构和国际开发组织地区性金融机构(如亚洲开发银行)提供援助性贷款的工程项目。

3) 由某些国家的基金会和一些政府提供资助的工程项目。

4) 由国际财团或多家金融机构投资的工程项目。

5) 两国或两国以上合资的工程项目。

6) 需要承包人提供资金即带资承包或延期付款的工程项目。

7) 以实物偿付(如石油、矿产或其他实物)的工程项目。

8) 发包国拥有足够的自有资金,而自己无力实施的工程项目。

按照工程的性质,国际竞争性招标主要适用于以下情况:

1) 大型土木工程,如水坝、电站和高速公路等。

2) 施工难度大、发包国在技术或人力方面均无实施能力的工程,如工业综合设施、海底工程等。

3) 跨越国境的国际工程,如连接欧亚两大洲的陆上贸易通道。

4) 极其巨大的现代工程,如英法海峡过海隧道。

2. 国际有限招标

(1) 国际有限招标的概念和方式　国际有限招标是一种有限竞争性招标。与国际竞争性招标相比,它有一定的局限性,即对参加投标的人选有一定的限制,不是任何对发包项目有兴趣的承包人都有机会投标。限制条件和内容各有差异,国际有限招标包括以下两种方式:

1) 一般限制性招标。这种招标虽然也是在世界范围内,但对投标人选有一定的限制,其具体做法与国际竞争性招标颇为近似,只是在招标时更强调投标人的资信。采用一般限制性招标方式也必须在国内外主要报刊上刊登广告,只是必须注明是有限招标和对投标人选的限制范围。

2) 特邀招标。特邀招标即特别邀请性招标,采用这种方式时,一般不在报刊上刊登广告,而是根据招标人自己积累的经验和资料或由咨询公司提供的承包人名单,如果是世界银行或某一外国机构资助的项目,招标人要征得资助机构的同意后对某些承包人发出邀请。经过对应邀人进行资格预审后,再行通知其提出报价,递交投标书。这种招标方式的优点是经过选择的承包人在经验、技术和信誉方面都比较可靠,基本上能保证招标的质量和进度。这种方式的缺点在于发包人所了解的承包人的数量有限,在邀请时很有可能漏掉一些在技术上和报价上有竞争能力的后起之秀。为弥补此项不足,招标人可以编辑相关专业承包人的名录,摘要其特点,并及时了解和掌握新承包人的动态和原有承包人实力发展变化的信息,不断对名录进行调整、更新和补充，以减少遗漏。

（2）国际有限招标的适用范围

1）工程量不大、投标人数量有限或有其他不宜进行国际竞争性招标的项目，如对工程有特殊要求的项目。

2）某些大而复杂且专业性很强的工程项目。例如，综合的石化项目，可能的投标者很少，准备招标的成本很高，为了节省时间、费用并取得较好的报价，招标可以限制在少数几家合格企业的范围内，以使每家企业都有争取合同的较好机会。

3）由于工程性质特殊，要求有专门经验的技术队伍和熟练的技工，以及专用的技术装备，只有少数承包人能够胜任的项目。

4）由于工期紧迫或保密要求及其他原因不宜公开招标的项目。

5）工程规模太大，中小型公司不能胜任，只好邀请若干家大公司投标的项目。

6）工程项目招标通知发出后无人投标或投标人的数量不足法定人数（至少三家），招标人可再邀请少数公司投标。

3. 议标

议标也称谈判招标（Negotiated Bidding），又称委托信任标。它属于一种非竞争性招标。严格地讲这不算一种招标方式，只是一种"谈判合同"。最初，议标的习惯做法是由发包人物色一家承包人直接进行合同谈判。一般为一些工程项目造价过低，不值得组织招标；或由于其专业为某一家或几家垄断，或工期紧迫不宜采取竞争性招标；或招标的内容是关于专业咨询、设计和指导性服务、专用设备的安装维修；或属于政府协议工程等情况下，才采用议标方式。

随着承包活动的广泛开展、议标的含义和做法也不断地发展和改变。目前，在国际承包实践中，发包人已不再仅仅是同一家承包人议标，而是同时与多家承包人进行谈判，最后无任何约束地将合同授给其中一家，无须优先授予报价最低者。

议标对承包人的好处较多：首先，承包人不用出具投标保函，无须在一定期限内对其报价负责。其次，议标毕竟竞争性小，竞争对手不多，因而缔约的可能性大。议标对发包人也有好处：发包人可以不受任何约束，可以按其要求选择合作对象，尤其是当发包人同时与多家承包人议标时，可以充分利用承包人的弱点，以此压彼，利用其担心其他竞争对手抢标、成交心切的心理迫使其降价或降低其他要求条件，从而达到理想的成交条件。

当然，议标毕竟不是招标，竞争对手少，有些工程由于专业性过强，议标的承包人常常是"只此一家，别无分号"，自然无法获得较理想的报价。

同时，应充分注意到议标常常是获取巨额合同的主要手段。综观国际承包市场的成交情况，国际上225家大承包人（1991年前为250家）中名列前十名的承包人每年的成交额约占世界总发包额的40%，而他们的合同竟有90%是通过议标取得的，可见议标在国际发包工程中所占的重要地位。

采用议标形式，发包人同样可以采取各项可能的措施、运用特殊的手段，挑起多家可能实施合同的承包人之间的竞争。当然这种竞争不像招标那样必不可少或完全依照竞争法规。参加议标而未当选的承包人任何时候都不得以任何理由要求报销其为议标项目而付出的开支，即使发包人接受了某议标承包人的报价，但如果上级主管部门拒不批准或与同另一家报价更高的承包人缔约，被拒绝的承包人也无权索取赔偿。

议标合同谈判方式和缔约方式没有什么特殊规定，发包人不受任何约束。合同形式的选择，特别是合同的计价方法，采取总价合同还是单价合同，均由项目合同负责人决定。

议标通常在以下情况下采用：

1) 以特殊名义（如执行政府间协议）缔结承包合同。

2) 按临时价缔结且在发包人监督下执行的合同。

3) 由于技术需求或重大投资原因只能委托给特定承包人或制造商实施的合同。

4) 由提供经济援助的国家资助的建设项目，大多采用议标形式，由受援国的有关部门委托给供援国的承包公司实施。在这种情况下的议标一般是单项议标，且以政府协议为基础。

5) 属于研究、试验或实验及有待完善的项目承包合同。

6) 项目已付诸招标，但无有中标者或没有理想的承包人。在这种情况下，发包人通过议标，另行委托承包人实施工程。

7) 出于紧急情况或紧迫需要的项目。

8) 秘密工程，国际工程。

9) 已为发包人实施过项目且已取得发包人满意的承包人重新承担技术相同的工程项目，或原工程项目的扩建部分。

适合按议标方式缔约的项目，也并不意味着不适合采用其他方式招标，要根据招标人的主客观需要来决定。凡议标合同都需要经过主管合同委员会批准。议标合同的签字程序、合同批准通知书规定期限及相应的手续、缔约候选人的权力放弃等与招标合同相同。

4. 两阶段招标

这种招标的实质是一种无限竞争性招标和有限竞争性招标的结合，即国际竞争性招标和国际有限招标综合起来的招标方式。第一阶段按公开招标方式进行，经过开标、评标之后，再邀请其中报价较低的或最有资格的 3~4 家进行第二次报价。

在第一阶段报价、开标、评标之后，如最后报价超过标底 20%，且经过减价之后仍然不能低于标底时，则可邀请其中数家商谈，再做第二阶段报价；如果最低标价在标底范围以内，即可进行定标。

两阶段招标往往适用于以下三种情况：

1) 招标工程的内容尚处于发展阶段，需要在第一阶段招标中博采众长，进行评价，选出最新最优方案，然后在第二阶段中邀请被选中方案的投标人进行详细的报价。

2) 在某些新兴的大型项目的承发包之前，招标人对此项目的建造方案尚未最后确定，这时可以在第一阶段招标中向投标人提出要求，就其最擅长的建造方式进行报价，或者按其建造方案报价。经过评价，选出其中最佳方式或方案的投标人再进行第二阶段的按具体方式或方案的详细报价。

3) 一次招标不成功，没有在要求极限以下的报价，只好在现有基础上邀请若干家较低报价者再次报价。

7.3 国际工程投标报价及应注意的问题

7.3.1 国际工程投标报价

国际工程投标报价与国内工程投标报价相比较，最主要的区别在于：某些间接费和利润等合用一个估算的综合管理费率，并被分摊到各分项工程单价中，从而组成各分项工程的完整单价；然后将分项工程单价乘以工程量即为该分项工程的合价；所有分项工程合价汇总后即为该工程的单项工程的估价。

国际工程投标报价是投标文件的核心部分，必须掌握国际上通用的有关规定和投标报价技巧，同时做到加强管理、降低成本，只有这样，才能获得中标机会，并获得盈利。

一般而言，国际工程报价通常遵循研究招标文件，调查研究、搜集资料，编制投标报价书，进行经济分析四个步骤。

1. 研究招标文件

招标文件内容很广泛，承包人必须全面消化标书内容，不放过任何一个细节，以下问题应特别给予重视。

（1）合同条件

1）工期。工期条件中的开工日期、动员准备期及施工期限等应十分明确，工程项目是否有分段分批交付的要求，工期对施工方案、施工机具设备的配备、高峰期劳务人员数量的影响，误期赔偿金额是否有赔偿的最高限额规定等条件对施工计划的安排和误期的风险大小都有影响。

2）缺陷责任期长短和缺陷责任期间的担保金额。何时收回工程尾款以及承包人在缺陷责任期的维护费用对承包人的资金利息和保函费用计算有影响。

3）保函的要求。保函包括投标保函、履约保函、预付款保函、施工机械临时进口再出口保函和维修期质量保证金保函等。保函值的要求、允许开保函的银行限制、保函有效期的规定、是转开保函还是转递保函等条款对承包人计算保函手续费用和用于银行开保函所需抵押资金的占用有重要关系。

4）付款条件。是否有预付款及其扣回方式，材料设备到达现场并检验合格后是否可以获得部分材料设备预付款，中期付款方法、付款币种，保留金比例、保留金最高限额、退回保留金的时间和方法，拖延付款如何支付利息，中期付款有无最小金额限制，每次付款的时间规定等条款是影响承包人计算流动资金及其利息费用的重要因素。

5）税收及关税。是否免税或部分免税，免哪种或哪几种税收，Tax 与 Duty 所表示含义不同将严重影响材料设备的价格计算。

6）保险。保险的种类（如工程一切险、第三者责任险、施工机械险、现场人员的人身事故险、设计险、海事险等）和最低保险金额，对保险公司有无限制等条款与计算保险手续费有关系。

7）货币。外汇兑换和汇款规定，是否有外汇管制等。

8）索赔。相应的索赔条款是否有明确的索赔费用计算方法。

9）分包。注意对工程分包有何具体规定，对非土建类的工程是否属于指定分包，总承包人对指定分包商应提供何种条件，承担何种责任，如何对指定分包商计价等条款。

（2）材料、设备和施工技术要求

1）采用何种施工规范。特别应注意所采用的施工规范与我国规范的差异。

2）特殊的施工要求。要列全技术规范对施工方案、机具设备和施工时间等的特殊要求，如桥梁钻孔桩钢筋笼分几节吊装、单桩钻孔时间、桩混凝土灌注时间的限制等均属于特殊的施工要求。要清楚标明特殊材料、特殊设备（Plant）的技术要求。

3）摘出每种须进行国外询价的材料设备，编出细目表，说明规格、型号、技术数据、技术标准，并估算出需要量，以便及时向外询价。

4）项目及单项工程试运行、对发包人相关人员培训的要求。

（3）工程范围和报价要求：确定报价合同

认真研究报价合同是总价合同、单价合同还是成本加补偿合同。仔细研究招标文件中工程量清单的组成内容，结合规范、图纸及其他合同文件认真考虑工程量的分类方法及每一项工程的具体含义和内容，这在单价合同中尤为重要。

永久性工程之外的项目的报价要求：工程师现场费用（住宿、办公、家具、车辆、水电、实验仪器、测量仪器、服务设施和杂务费用）、进出场费用、施工设计费用、勘察、临时工程、进场道路、水电供应是否单独列入工程量清单，若未单独列入工程量清单，则需将上述费用分摊到正式工程中。

是否还有特殊项目的报价要求，防止漏项：对于在不发达地区施工的国际工程项目，永久工程有关供水、供电部分，招标文件中往往指明产品品牌，而且一般要求承包人在施工结束时为项目提供三到五年的配件，这些要求都直接影响承包人的报价。

2. 调查研究、搜集资料

调查研究的重点应该是针对工程特点进行重点调查，抓紧解决主要问题，最好能平时积累一些资料。投标前的调查，仅仅补充已有资料的不足。如果每次都从头到尾做大量搜集资料，从时间上也不允许。最好是组成专门的或兼职的情报班子，经常搜集信息积累资料，整理分析。

一般说来，调查搜集资料可在国内和国外同时进行。

3. 编制投标报价书

编制投标报价书一般首先编制国内部分预算，进行工程量计算，人工、材料、机械分析；然后根据所掌握的国外工程设备、材料价格、各项费用计算基础及有关资料编制国际工程报价书。与国内投标相比，国际工程投标大约增加3倍的工作量。有些国际工程投标报价时，由于承包人掌握了大量可靠的国外资料，可以直接编制国外工程投标报价书。

7.3.2　国际工程投标报价应注意的问题

1. 项目投标决策

投标人在投标前首先要从中介、代理公司或联营体的合作公司获取国外工程信息，然后由公司决策层根据工程特点、项目所在国国情、近期及长远目标等关键因素迅速做出决策，必要时还要进行可行性分析。在项目投标决策时要注意对下面问题的分析：

1）投标人方面的因素，包括主观因素，即有无完成该项目的实力以及对投标人目前和今后的影响。该项主要包括投标人的施工能力和特点、投标人的设备和机械，特别是临近地区有无可供调用的设备和机械、有无从事过类似工程的经验、有无垫付资金的来源、投标项目对投标人今后业务发展的影响。

2）工程方面的因素，包括工程性质、规模、复杂程度以及自然条件（水文、气象、地质等）、工程现场工作条件，特别是道路交通、电力和水源、工程的材料供应条件、工期的要求等。

3）发包人方面的因素，包括发包人的信誉，特别是项目资金来源是否可靠；发包人的支付能力；是否要求投标人带资承包、延期支付等，工程所在国政治、经济形势；货币币值稳定性；机械、设备、人员进出国有无困难；该国法律对外商的限制程度等。

在实际投标过程中，影响因素有很多，投标人应该从战略的角度全面地权衡各种因素之后再进行决策。

2. 投标前的准备工作

投标前的准备工作是指见到招标公告或者接到招标邀请之后，针对工程要求应做的具体准备工作。大致有以下几个准备工作：

（1）收集有关信息资料　投标信息资料搜集工作对于综合经营活动的顺利进行是十分重要的。投标前收集的有关信息可能直接影响中标率的大小，应从如下几个方面入手：

1）政治、社会和法律方面。通过我国驻外使领馆了解和调查工程项目所在国的社会制度、政治制度以及法律法规范本，与投标人活动有关的经济法、工商企业法、建筑法、劳动法、税法、金融法、外汇管理法、经济合同法以及经济纠纷仲裁程序等。

2）自然条件、市场情况调查。调查工程所在国当地的地理条件、水文地质条件和气候条件，以此了解当地的自然条件。市场情况的调查需深入了解工程所在国当地建筑材料、人工、机械等供应情况以及当地的物价指数和通货膨胀情况等。

3）工程项目情况。工程项目情况包括：发包人的声誉、项目的资金来源，是自筹还是贷款；发包人在国内国际的信誉；发包人拥有的其他项目；发包人已有项目所采用的设备情况等。所有这些信息对标书内价格的定位、方案的确定及设备的选型都非常有用。

（2）选择咨询单位和代理人　投标人在投标时特别是到一个新的地区去投标，如能选择一个理想的咨询机构，为投标者提供情报，出谋划策甚至协助编制投标书等，这样将会大大提高中标率。这样的公司拥有着经济、技术、法律和管理等各方面的专家，经常搜集、积累各种资料、信息，因而能比较全面而又比较快地为投标者提供进行决策所需要的资料。这种机构不一定是招标工程所在国的公司。

代理人，是指在工程所在地区雇佣一个能代表投标人的利益开展某些工作的人。一个好的代理人应该在当地，特别是在工商界有一定的社会活动能力，有较好的声誉，并且熟悉代理业务。

承包人雇佣代理人的最终目的是拿到工程，因此双方必须签订代理合同，规定双方的权利与义务。有时还需按当地惯例去法院办理委托手续。代理人协助投标人拿到工程，并获得该项工程的承包权，经与发包人签约后，代理人才能得到较高的代理费（为合同总价的1%～3%）。

（3）掌握所在国劳务政策　许多国际工程可能需要雇佣当地工人，这就要了解项目所在国的劳务政策，合理掌握中方外方人员比例。一般情况下，英、美、日、德、法等发达国家的劳动力价格较高，而亚、非、拉美的大多数发展中国家劳动力价格偏低。因而，在了解竞争对手的情况下，报价要有所区别。国外承包工程除考虑经济因素外还要考虑政治因素，如项目所在国有无反劳务倾销政策，发包人有无鼓励承包人雇佣当地劳动力的规定或提示。有关这方面的政策和动向，必要时可向我国驻当地的使馆寻求援助。

（4）细致研究招标文件　发包人的招标文件是编制投标书的主要依据，在某些情况下甚至是唯一的依据。因此，一定要认真细致地研究发包人的招标书，弄清下列关系要素：

1）工作范围的准确界定：工作量弄不准，报价的准确性也无从谈起。

2）工期的要求：发包人标书中要求的工期，必须无条件满足，还要根据总工期编制出总体网络进度图，尽量使发包人满意。

3）项目所在国的币种、汇率及付款条件等。尤其要弄清分期付款比例和制约措施。发包人往往根据承包人完成的工程量而决定分期付款的比例并规定了延期罚款的一些具体措施。

4）项目所在国的海关、税收、劳动力许可证等各项取费标准。

5）在有争议情况下，仲裁和判决所适用法律法规。

（5）争取灵活的报价办法　标书的编制是一项系统、复杂的工作，涉及多专业，多工种，如技术、经济、外语、财务、材料、质量、安全等，各专业要统一协调，相互包容。如有条件，在编制标书前应派合适的专业人员到现场实地考察，对项目所在地的自然条件、施工环境、物价水平、竞争对手等情况有一个全面的了解，以便能够编制出科学合理的标书。在报价时可采用不平衡报价法、可选方案报价法、突然降价法、保本从长计议法等。

（6）不断提高投标人员自身的综合素质　进行境外工作投标，除了具备国内投标的一些基本素质，如技术、经济、计算机等业务外，还需在以下几个方面不断学习，提高综合业务水平，尽快使投标人员成为新型的复合型人才：

1）掌握基本的外语技能。英语是国际通用语言，也是目前大多数合同的主导语言。如果不懂英语，就无法大量全面地获取各方面的商务、技术信息，难以高质量地完成国外工程项目的标书编制工作。

2）掌握必要的外贸知识。国外工程投标中要涉及许多外贸方面的知识，如银行保函、保险、关税、远洋运输、CIF 及 FOB 等各种价格术语。掌握这些知识直接关系到商务标编制的准确性。

3）要懂得基本的外事接待及礼仪常识。在对外投标中，不可避免地要和外商打交道。除标书编制、合同谈判等专业业务必须熟练外，还要具备基本的对外接待和外事礼仪常识。针对不同民族，不同宗教信仰及不同性格特征的外商，研究不同心理，采取不同方法，促使谈判气氛融洽，增进相互了解，方能在市场经济中拥有更多的商机。

7.4　国际工程（通用）合同条件

国际工程合同是指国际工程的参与主体之间为了实现特定的目的而签订的明确彼此权利、义务关系的协议。国际工程合同条件是一种供国际工程参与者选择使用的标准格式合同文本。

中国加入世界贸易组织（WTO）后，建筑市场将会逐步向国际承建商开放，而中国的建筑企业也会越来越多地参与海外建筑市场的项目。因此，国际工程通用的合同条件将会更加广泛地被中国建筑企业采用。目前国际工程上常用的合同条件主要有：国际咨询工程师协会菲迪克（FIDIC）红皮书、黄皮书、橘皮书和银皮书；美国建筑师学会制定发布的 AIA 系列合同条件；英国土木工程师学会编制的 ICE 合同条件。这些合同条件通常用于世界各国的国际工程承包领域。

1. FIDIC 合同条件

FIDIC 合同条件（即 FIDIC《土木工程施工合同条件》）是国际上公认的标准合同范本之一。由于 FIDIC 合同条件的科学性和公正性而被许多国家的发包人和承包人接受，又被一些国家政府和国际性金融组织认可，被称作国际通用合同条件。FIDIC 合同条件是由国际工程师联合会（FIDIC）和欧洲建筑工程委员会在英国土木工程师学会编制的合同条件（即 ICE 合同条件）基础上制定的。

FIDIC 合同条件是一个系列合同条件。其中最常用的有五个合同条件，即《土木工程施工合同条件》（简称红皮书）、《业主/咨询工程师标准服务协议书》（简称白皮书）、《电气与机械工程合同条件》（简称黄皮书）、《设计—建造和交钥匙工程合同条件》（简称橘皮书）和《土木工程施工分包合同条件》。1999 年 FIDIC 在原合同条件的基础上进行修改，又出版了：《施工合同条件》（新红皮书）、《设备与设计—建造合同条件》（新黄皮书），《设计采购施工 EPC/交钥匙工程合同条件》（银皮书）及适合于小规模项目的《简明合同格式》（绿皮书）四个合同条件文本。

2. ICE 合同条件

ICE 是英国土木工程师学会的简称。它是设在英国的国际性组织，是根据英国法律具有注册资格的教育、学术研究与资质评定的团体。ICE 在土木工程建设合同方面具有高度的权威性，它编制的土木工程合同条件在土木工程领域具有广泛的应用。ICE 属于固定单价合同格式。同 FIDIC 合同条件一样，ICE 合同条件是以实际完成的工程量和投标文件中的单价来控制工程项目的总造价的。ICE 也为设计—建造模式制定了专门的合同条件。

3. AIA 系列合同条件

AIA 是美国建筑师学会的简称。AIA 出版的系列合同文件在美国建筑业界及国际工程承包界，特别在美洲地区具有较高的权威性，应用广泛。

AIA 制定和发布的合同条件主要用于私营的房屋建筑工程，共有 A、B、C、D、E 系五个列，其中 A 系列是用于发包人与承包人的标准合同文件，不仅包括合同条件，还包括承包商资格申报表、保证标准格式。B 系列主要用于业主与建筑师之间的标准合同文件，其中包括专门用于建筑设计、室内装修工程等特定情况的标准合同文件。C 系列主要用于建筑师与专业咨询机构之间的标准合同文件。D 系列是建筑师行业内部使用的文件。E 系列是建筑师企业及项目管理中使用的文件。

AIA 系列合同条件的核心是"一般条件"（A201）。采用不同的工程项目管理模式及不同的计价方式时，只需选用不同的"协议书格式"与"一般条件"即可。

7.5 FIDIC《土木工程施工合同条件》

7.5.1 FIDIC 组织简介

1. FIDIC 组织构成及意义

FIDIC 是国际咨询工程师联合会的法文缩写，它于 1913 年由欧洲 4 个国家的咨询工程师协会联合成立的一个非官方机构，旨在通过编制高水平的标准文件，召开研讨会，传播工程信息，从而推动全球范围内高质量、高水平的工程咨询服务行业的发展。中国工程咨询协会于 1996 年代表中国参加了 FIDIC，成为其正式成员。

FIDIC 专业委员会编制了一系列规范性合同条件，构成了 FIDIC 合同条件体系。它们不仅被 FIDIC 会员国在世界范围内广泛使用，也被世界银行、亚洲开发银行、非洲开发银行等世界金融组织在招标文件中使用。

每种 FIDIC 合同条件文本主要包括通用合同条件和专用合同条件两个部分，在使用中可利用专用条件对通用条件的内容进行修改和补充，从而满足各类项目的不同需要。FIDIC 合同条件的优点是：具有国际性、通用性、公正性和严密性；合同各方职责分明，各方的合法权益可以得到保障；处理与解决问题程序严谨，易于操作。FIDIC 合同条件将与工程管理相关的技术、经济、法律三者有机地结合在一起，构成了一个较为完善的合同体系。

2. FIDIC 文件构成

FIDIC 在 1999 年出版的四种新版的合同条件，是在继承了以往合同条件的优点的基础上，在内容、结构和措辞等方面作了较大修改，进行了重大调整。

FIDIC 新版的合同条件的适用条件：

(1)《施工合同条件》 《施工合同条件》简称"新红皮书"。该文件适用于各类大型或复杂工程，推荐用于有发包人或其代表——工程师设计的房屋建筑或工程（Building or Engineering Works），主要用于单价合同。在这种合同形式下，承包人一般按照发包人提供的设计施工，但工程中的某些土木、机械、电力和/或建造工程也可以由承包人设计。

(2)《生产设备和设计—施工合同条件》 《生产设备和设计—施工合同条件》简称"新黄皮书"。该文件主要用于电气和机械设备的提供以及房屋建筑或工程的设计与施工，通常采用总价合同。由承包人按照发包人的要求，设计和提供生产设备或其他工程（可能包括土木、机械、电气和建筑物的任何组合形式），进行工程总承包；工程师负责监督设备的制造、安装和施工，以及签发支付证书；在包干价格下实施里程碑支付方式，但在个别情况下，也可以采用单价支付。

(3)《设计采购施工 EPC/交钥匙工程合同条件》 《设计采购施工 EPC/交钥匙工程合同条件》简称"银皮书"，该文件适用于在交钥匙的基础上进行的工厂或其他类似设施的加工、基础设施项目或其他类型的开发项目的实施，采用总价合同。这种合同条件下，项目的最终价格和要求的工期具有更大程度的确定性；承包人承担项目实施的全部责任，雇主较少介入。由承包人进行所有的设计、采购和施工，最后提供一个设施配备完整、可以投产运行的项目。

(4)《简明合同格式》 《简明合同格式》简称"绿皮书"。该文件适用于投资金额较小、施工工期较短的建筑或工程，也可用于投资金额较大的工程，特别是较简单的，或重复性的，或工期短的工程。在这种合同形式下，一般都是由承包人按照发包人或其代表——工程师提供的设计实施的工程，但对于部分或完全由承包人设计的土木、机械、电力和/或建造工程的合同也同样适用。合同形式可以是单价合同，也可以是总价合同，一般可以在编制合同时，在协议书中给出具体规定。

3. FIDIC《施工合同条件》的文本结构

就合同条件而言，包括通用合同条件和专用合同条件，通用合同条件是一般土木工程所共同具备的共性条款，具有规范性、可靠性、完备性和适用性等特点，该部分可适用于任何工程项目，并可作为指标文件的组成部分而予以直接采用；专用合同条件与通用合同条件相对应，是合同双方根据企业实际情况和工程项目的具体特点，经过协商达成一致的内容，是对通用合同条件的确认、补充和修改，与通用合同条件一起构成了整个合同的主体内容。

构成合同的各个文件应被视作互为说明的，但在出现含糊或歧义时，则应由工程师进行解释或订正，工程师并就此向承包人发出有关指示。此情况下，构成合同的各种文件的优先次序如下：

1）合同协议书（如有时）。
2）中标函。
3）投标函。
4）专用合同条件。
5）通用合同条件。
6）规范。
7）图纸和资料以及其他构成合同一部分的文件。

4. FIDIC《施工合同条件》的特点

合同条件之所以能够得到国际广泛的认可和使用，是因为其总结了近百年来国际工程承包活动的经验，明确划分了各有关方的责任，规范了合同履行过程中的管理程序，涵盖了合同履行过程中可能发生的各类情况，兼顾到不同地区合同双方的利益。FIDIC《施工合同条件》大概有如下特点：

1）作为一套国际上通用的合同标准文本，较好地反映了当今国际工程建设中的惯例，能为大多数国家和地区的发包人及承包人所接受，充分体现了公平、经济、竞争的原则。

2）合同体系完整、严密，科学地把工程技术、管理、经济和法律有机地结合起来，并形成了相对固定的合同格式，条理清晰，便于应用。

3）对发包人、承包人、工程师各自的权利和义务规定明确，风险分担较为公平合理。承包人通过在工程造价、施工技术、质量管理等多方面的竞争，能有效地控制工程质量、工程造价和工期，兼顾发包人和承包人双方的利益。

4）适用于国际大型复杂工程的合同管理，采用单价合同的承包方式。

7.5.2 FIDIC《施工合同条件》中各方当事人的权利和义务

1. 发包人的责任和风险分担

（1）发包人的责任 发包人应按投标函附录规定的时间向承包人提供现场，发包人提供现场的时间以不影响开工或工程师批准的施工进度计划进行施工准备为原则，否则承包人有权索赔费用和利润；发包人应帮助承包人获得工程所在国（一般是建设单位国）的有关法律文本，协助承包人申请发包人国法律要求的许可证和执照；发包人有责任保证其人员配合承包人的工作，并遵守关于项目安全与环保的规定；发包人应按合同约定向承包人支付工程款，如果发包人对自己的资金安排做出大的变动，应通知承包人并详细说明情况。

（2）发包人的风险分担 FIDIC《施工合同条件》中关于发包人的风险包括以下各项：

1）战争以及敌对行为。
2）工程所在国内部起义、恐怖活动、革命等内部战争和活动。
3）非承包人（包括其分包商）人员造成的骚乱和混乱等。
4）军火和其他爆炸性材料、放射性造成的离子辐射或污染等造成的威胁，但承包人使用此类物质的除外。
5）飞机以及其他飞行器造成的压力波。
6）发包人负责的工程设计。

7）法律风险。

8）经济风险。

2. 承包人的一般义务

承包人应根据合同和工程师的指令进行施工和修复缺陷；提供实施工程期间所需的一切人员、物品、合同规定的永久设备和其他服务；对现场作业及施工方法的安全性和可靠性负责，为其文件、临时施工以及永久设备和材料的设计负责；工程师可以随时要求承包人提供施工方法和安排内容，如果承包人要修改，应事先通知工程师；如果合同要求承包人负责设计某部分永久工程，则承包人应按照合同规定的程序向工程师提交有关设计文件，文件应符合规范和图纸，并应对其设计的部分负责，在竣工验收之前按规范要求向工程师提供竣工文件操作和维修手册。

另外，承包人应按投标函规定的金额办理履约保证；按照合同规定的或工程师通知的原始数据放线；遵守一切适用的安全规章，保持现场井然有序，避免出现障碍物对人们的安全造成威胁；编制一套质量保证体系，表明其遵守合同的各项要求。

3. 工程师及工程师代表

在《施工合同条件》条件中，工程师的角色无处不在，可见其在工程实施过程中有着重要的地位。在合同条件中被称为工程师的就是国际工程界的所谓"咨询工程师"，通常情况下指的是一个咨询公司，相当于我国的监理公司。无论国际还是国内，工程师都受雇于建设单位，是发包人管理工程的具体执行者。

（1）工程师 工程师是受发包人任命，履行合同中规定的职责，行使合同中规定或合同隐含的权力。在合同实施过程中，工程师的具体职责是在发包人和承包人签订的合同中规定的职责，如果发包人要对工程师的某些职权进行限制，应在专用合同条件中做出明确规定。除非发包人另外授权，否则工程师无权改变合同，也无权解除合同规定的承包人的任何义务。

（2）工程师代表 工程师代表是由工程师任命并对工程师负责的，工程师可以随时授权工程师代表执行工程师授予的那部分职责和权利。在授权范围内，工程师代表的任何书面指示或批示应同工程师的指示和批示一样，对承包人有约束力。工程师也可随时撤销这种授权。承包人如果对工程师代表的决定有不同意见时，可书面提交工程师，工程师应对提出的问题进行确认、否定或更改。

7.5.3　FIDIC《施工合同条件》中解决合同争议的方式

在国际工程承包活动中，由于合同双方各自所处的法律背景、经济制度、文化意识形态等方面都存在着各种各样的差异，工程施工过程中产生一些争端也是难以避免的。因此任何一个合同条件都必须给出一个争议解决的机制，否则双方难以圆满履行合同。

1. 解决合同争议的程序

（1）提交工程师决定 FIDIC《施工合同条件》的基本出发点之一，是合同履行过程中建立以工程师为核心的项目管理模式，据此无论是承包人的索赔还是发包人的索赔均应首先提交给工程师。任何一方要求工程师做出决定时工程师应与双方协商尽力达成一致，如果未能达成一致，他应结合实际情况，公平处理，并将决定通知双方且说明理由。

（2）提交争端裁定委员会决定 如有一方不同意工程师的处理决定，任何一方可以将事端以书面形式提交争端裁定委员会，由争端裁定委员会根据相应条款裁定。裁定后的28天内，任何一方未提出不满裁定的通知，此裁定即为最终的决定。

（3）双方协商　任何一方对裁定委员会的裁定不满意，或裁定委员会在84天内未进行裁定，在此期限后的28天内应将争议提交仲裁，仲裁机构在收到申请后的56天才开始审理，这一期间，双方应尽力以友好的方式解决合同争议。

（4）仲裁　若争端裁定委员会的决定没有成为最终决定，而且双方也没有通过协商解决争议，则只能由合同约定的仲裁机构最终解决。

2. 争端裁决委员会的构成

发包人与承包人在签订合同时通过协商组成裁定委员会。裁定委员会可选定1名或3名成员，一般由3名成员组成，合同每一方应提名1位成员，并由对方批准。双方应与这两名成员共同商定第三位成员，且第三位成员作为主席。

本章小结

随着我国经济的不断发展，对外交流也越来越频繁，国际方面的合作范围也越来越广。我国幅员辽阔，人力资源充沛，行业的综合能力相对较强，这也就使得在对外交流的过程中，工程的招标投标已经不仅仅局限于国内的市场，国际工程的招标投标也逐渐地成熟起来。在国际工程招标投标过程中，需要熟知各个环节的内容，如国际工程招标投标的程序、国际工程招标方式、国际工程投标报价及国际工程通用合同条件等。

习　题

1. 简述国际工程招标投标的特点。
2. 简述国际工程招标投标的程序。
3. 简述国际工程招标方式有哪些？
4. 国际工程投标报价与国内工程投标报价有哪些不同？
5. 国际工程通用合同条件主要有哪些？
6. 解决FIDIC《施工合同条件》合同争议的程序是什么？

第8章 招标投标争议类型及解决方式

本章提要

本章主要介绍建设工程招标投标的常见争议的类型、解决方式，招标投标民事争议及行政争议的表达和解决，招标人及其代理机构对投标人异议的处理以及配合监督部门对投诉进行处理，介绍了我国建设工程招标投标的行政监督内容、方式以及行业自律等有关内容。

引导案例

甲房地产开发公司与乙建筑公司于2007年11月21日签订了《联合开发某一号路3号楼项目合同》。双方约定，甲公司按双方约定的时间，负责办理该项目的一切合法手续；乙公司按双方商定的投资计划，负责资金投入，资金投入总量不突破2亿元。2008年2月1日，双方签订了建设工程施工合同A，其中约定由乙公司对该项目进行施工，合同价款1.7亿元。同日，甲公司发布了招标公告，随后组织了招标，乙公司中标。2008年3月19日，双方签署了建设工程施工合同B，约定合同价款1.9亿元，并在项目所在地建设工程合同管理部门备案。合同履行过程中，双方因工程结算款产生纠纷，诉至法院。问题：

(1) 假定本次招标有效，本案中三份合同，结算应以哪份为准？为什么？

(2) 若中标被有关部门认定无效，则双方签订的施工合同是否有效？为什么？应通过何种途径解决甲乙双方对工程结算款的纠纷？

【案例评析】

(1) 假定本次招标有效，三份合同应以中标后备案的合同为准。据《最高人民法院关于审理建设工程施工合同纠纷案件适用法律问题的解释》第二十一条的规定，当事人就同一建设工程另行订立的建设工程施工合同与经过备案的中标合同实质性内容不一致的，应当以备案的中标合同作为结算工程价款的根据。

(2) 若中标被有关部门认定无效，则双方签订的施工合同无效。根据《最高人民法院关于审理建设工程施工合同纠纷案件适用法律问题的解释》第一条第（三）项的规定，建设工程必须进行招标而未招标或者中标无效的，建设工程施工合同无效。

解决甲乙双方对工程竣工结算价款的纠纷途径有三种：①双方友好协商；②按照合同约定机构进行调解；③按照合同约定进行仲裁或诉讼。

8.1 建设工程招标投标常见争议类型

8.1.1 招标投标争议的含义

招标投标争议是指招标投标当事主体在招标投标活动中因招标投标程序、人身财产权益或其他法律关系所发生的对抗冲突。

招标投标当事主体包括民事主体和行政主体。民事主体主要是指招标人和投标人（含利害关系人），如果招标人委托招标代理机构代理招标，招标投标民事主体还包括招标代理机构；行政主体是指根据国家法律法规负责对招标投标活动进行行政监督的国家机关及其授权机构。

8.1.2 招标投标争议的类型

按发生争议的当事主体性质不同，招标投标争议可分为民事争议和行政争议两种类型。

1. 民事争议

招标投标民事争议是招标投标民事主体之间的争议。招标投标活动是招标人和投标人之间进行的民事活动。根据《招标投标法》和其他相关法律法规，招标投标当事主体在招标投标活动中依法享有一定的权利和承担相应的义务。招标投标活动当事主体因没有依法行使权利、履行义务或对其他当事主体的利益造成损害而发生的争议，属于民事争议。

招标投标民事争议包括招标文件争议、招标程序争议、评标结果争议、中标结果争议和招标过程其他民事侵权争议等。

（1）招标文件争议　招标文件是招标投标活动的规则，对招标投标双方均具有法律约束力，必须坚持公平、公正的原则，否则就会引起争议。招标文件争议主要包括以下内容：

1）招标文件以不合理的资格条件限制潜在投标人投标或明显倾向个别投标人。

2）招标文件出现专有技术、专利产品、特定品牌等倾向性内容或技术规格明显有利于个别投标人产品。

3）评标办法不科学、不公平。

4）招标文件商务条款具有倾向性、歧视性或设置不合理。

5）政府采购项目没有体现对于中小企业、节能、环保产品和民族产业的优先和支持政策。

6）招标文件有其他违法违规情形。

（2）招标程序争议　招标程序争议包括从招标公告发出到中标结果公布之前的所有招标实施环节和实施步骤。招标程序争议主要包括以下内容：

1）公开披露信息内容及其方式的争议，具体包括对资格预审公告、招标公告、更正通知、中标结果等必须公开披露信息的发布媒体、公告（示）期、公告（示）内容等的争议。

2）资格预审和招标文件发售的争议，包括发售时间、售价、购买的条件等。

3）投标文件递交和开标过程的争议，包括投标文件递交时间和递交过程、投标截止时间、投标文件的密封情况、投标文件的开封过程、唱标内容和开标结果的确认等。

4）评标过程的争议，包括评标委员会的组建方式、专家数量、专家回避情况、评标中的澄清和评审过程等。

5）具体操作的争议，包括招标过程中工作人员的工作方式、服务态度等。

6）招标程序其他环节的争议。

（3）评标结果争议　评标结果争议一般包括以下内容：

1）没有按照招标文件规定的评标办法和评标标准评标。

2）对投标人实行区别对待。

3）对评标中的事实认定错误。

4）评标中的具体判定、评标价格和评标分数的计算错误等。

5）招标人、招标代理机构、评标委员会成员及其他投标人在投标中有违法行为影响中标结果。

（4）中标结果争议　中标结果争议一般包括以下内容：

1）中标候选人未经公示或公示时间、方式不符合法律规定。

2）未在法律规定的期限内确定中标人。

3）在评标委员会推荐的中标候选人之外确定中标人。

4）国有资金占控股或者主导地位的依法必须进行招标的项目，未按照中标人候选人排序确定中标人。

（5）招标过程其他民事侵权争议　招标过程其他民事侵权争议是指除招标文件、招标过程、评标结果和中标结果争议以外的，与招标投标活动有关的其他各种民事侵权争议，包括以下内容：

1）投标人财产权受到招标人侵害：如无故延迟或拒绝退还投标人递交的投标保证金及利息，无故拒绝兑现应支付给投标人的补偿金，招标人终止招标不及时退还所收取的资格预审文件、招标文件的费用等。

2）投标人知识产权受到招标人或其他投标人侵害：如招标人以某投标人的专利技术作为招标文件技术要求、其他投标人以某投标人专利技术投标、招标人未经许可擅自采用未中标投标人的技术成果。

3）投标人合同权受到侵害：如投标人中标后，招标人拒签合同或要求对投标内容做出实质性修改的。

4）投标人或其他利害关系人在投标活动中损害其他投标人或其他利害关系人利益。

5）其他民事侵权行为。

2. 行政争议

招标投标行政争议是招标投标民事主体与行政主体之间的争议。各级行政监督部门依照国家相关法律法规的规定，负责监督招标投标活动。行政监督部门履行监督职责的形式有招标程序的备案、审批，对参与招标投标活动的主体和个人行为进行监督和管理，对招标投标活动中的违法行为及其违法主体进行行政处罚等。行政监督部门在履行行政监督职能时，其行政行为与招标投标当事主体发生矛盾、冲突而引起的争议，属于招标投标行政争议。

容易引发行政争议的具体行政行为主要有行政许可、行政处罚、行政奖励和行政裁决等。在招标投标活动中，行政许可争议常表现为对招标方式的认定、招标组织形式的核准、招标文件的备案等方面争议。行政处罚导致的行政争议，通常表现为行政机关做出警告、罚款、没收违法所得、取消投标资格等行政处罚时出现超越职权、滥用职权、违法法定程序、事实认定错误、适用法律错误等情形时而引发的争议；行政裁决常见的争议，表现为对招标文件争议、中标结果争议等的裁决违反法定程序、事实认定错误、适用法律错误和行政不作为等情形而引发的争议。

招标投标民事争议和招标投标行政争议具有各自不同的表达方式和解决途径。

8.2 招标投标民事争议的表达和解决

8.2.1 招标投标民事争议的表达方式

招标投标民事争议的主要表达方式有异议（质疑）、投诉、提起仲裁、举报（检举、控告）、提起民事诉讼以及其他方式。

1. 异议（质疑）

异议是指投标人（含利害关系人）认为招标文件（包括资格预审文件）、开标过程和评标结果违反法律法规的规定或自己的权益受到损害，向招标人或招标代理机构提出疑问和主张权利的行为。异议是招标投标实践中投标人常用的一种主张权利、表达争议的重要方式。

《招标投标法实施条例》规定投标人向招标人和招标代理机构表达争议的方式是异议，《政府采购法》规定投标人向招标人和招标代理机构表达争议的方式是质疑。《招标投标法实施条例》体系中的"异议"和《政府采购法》体系中"质疑"在本质意义上没有区别。

招标人和招标代理机构是处理异议和质疑的主体。投标人提出异议（质疑）应注意以下事项：

1）投标人的异议（质疑）要在法定时间内提出。《招标投标实施条例》规定：对资格预审文件有异议的，应当在提交资格预审申请文件截止时间2日前提出；对招标文件有异议的，应当在投标截止时间10日前提出；对开标有异议的，应当在开标现场提出；对评标结果有异议的，应当在中标候选人公示期间提出。《政府采购法》规定：投标人认为招标文件、招标过程和中标结果使其权益受到损害的，应当在知道或者应当知道其权益受到损害之日起7个工作日内提出质疑。

2）异议（质疑）应由投标人或其他利害关系人提出。

3）异议（质疑）应该向招标人或招标代理机构提出。

4）异议（质疑）的相对人可以是招标人、招标代理机构，或是其他投标人和利害关系人。

5）异议（质疑）一般采用书面形式，由投标人法定代表人或其授权代表签字或加盖投标人单位公章。

6）投标人应该在异议（质疑）书中明确表明提出异议（质疑）的事项、理由及对招标人和招标代理机构的要求。

7）投标人应该对异议（质疑）中举证内容的真实性负责，其提出的要求应当符合相关法律法规的规定。

8）投标人不能滥用提出异议（质疑）的权利，否则其行为可能构成干扰招标投标活动正常秩序而受到行政监督部门的处罚。

2. 投诉

投诉是指投标人（包括其他利害关系人）认为招标投标活动不符合法律、法规和规章规定，依法向有关招标投标行政监督部门提出意见并要求相关主体改正的行为。投诉是

《招标投标法实施条例》和《政府采购法》赋予投标人的行政救济手段，各行政监督部门是处理投诉的主体。

招标投标过程中，投标人对招标文件（含资格预审文件）、开标活动和评标结果向行政监督部门进行投诉，应当先向招标人提出异议。同样，政府采购项目招标，质疑是投诉的前置条件，投标人如果要向行政监督部门投诉，必须先向招标人和招标代理机构提出质疑。

3. 提起仲裁

在招标投标活动中，当事主体根据在争议发生前或发生后达成的仲裁协议，自愿将纠纷提交第三方（仲裁机构）裁决的一种权利主张方式。

4. 举报（检举、控告）

这是指公民、法人或者其他组织发现招标投标活动存在违法违规现象时，向司法机关或者其他有关国家机关和组织检举、控告的行为。在招标投标活动中，任何单位和个人对招标投标过程中发生的违法行为，都有权向有关行政监督部门或项目审批部门举报，以维护国家或集体利益、社会公共利益、他人或自己的合法权益。

5. 提起民事诉讼

招标投标活动中，当事主体就民事争议向人民法院提起诉讼，请求人民法院依照法定程序进行审判，使被告人承担某种法律上的责任和义务，以维护自己合法权益的行为。《民事诉讼法》是调整和规范法院和诉讼参与人的各种民事诉讼活动的基本法律，当事人提起诉讼须在诉讼时效内提出，须有明确的被告人、具体的诉讼请求和事实根据，还须属于受诉法院管辖范围。

6. 民事争议的其他表达方式

随着我国法治建设的不断深入，投标人在权益受到侵害时拥有越来越多的救济途径。除了以上几种表达争议的方式以外，投标人还有以下一些方式可以选择：

（1）借助于招标人（或招标代理机构）上级单位的监督和招标人内部的自我监督 目前很多招标人、招标代理机构都建立了内部监督机制，其上级单位也对其招标活动设有监督机制。投标人可以借助于这种监督机制表达争议、寻求帮助，解决招标投标争议。

（2）借助于其他部门的监督职能 除了招标投标行政监督部门外，具有招标投标活动相关监督职能的部门还有监察机关、纪律检查部门以及审计机关。投标人在参加招标投标活动中，如果发现招标人和招标代理机构及其工作人员有违法违纪行为的，可以选择向上述部门反映情况。

（3）借助于行业协会的自律监督 我国招标投标行业已经建立了行业性组织——中国招标投标协会。协会通过建立招标投标行业自律机制、建立职业道德准则和行为规范，维护招标投标主体合法权益。投标人可以借助于行业协会的自律作用，解决招标投标争议。

（4）借助于社会舆论监督 招标投标活动是一项阳光工程，《招标投标法》和《政府采购法》均规定招标投标活动应该公开进行，并接受社会监督。新闻媒体是公众对招标人和招标代理机构实施社会舆论监督的有力武器，投标人可以充分利用各种新闻媒体，依靠公众的力量监督招标投标活动，同时维护自己的合法权益。

8.2.2 招标投标民事争议的解决

招标投标民事争议因其争议内容不同，表达和解决的程序也有所不同。针对招标文件、招标程序、评标结果和中标结果的民事争议，相关法律对争议表达和解决程序都有相应规定，当事主体应当遵循这些规定；招标投标其他民事侵权争议，当事主体可以选择方便解决争议、适合项目特点或者双方都愿意的途径表达和解决争议，也可以直接提起诉讼。

1. 招标文件、招标程序、评标结果和中标结果争议

对于以上这几种民事争议，《招标投标法实施条例》和《政府采购法》对投标人表达和解决争议的程序规定有所不同。

《招标投标法实施条例》规定，发生招标文件（资格预审文件）、开标活动、评标结果争议时，投标人应当先通过提出异议解决争议；如果提出异议后争议不能得到解决，再采取投诉的方式。对于其他争议，由于提出异议不是投诉的前置条件，投标人可以不经异议而直接采取投诉的方式表达争议。

《政府采购法》规定质疑是投标人投诉的前置条件。当发生招标投标争议时，投标人必须首先向招标人和招标代理机构提出质疑。如果对招标人和招标代理机构的答复不满意或招标人和招标代理机构逾期未做出答复的，投标人才可以向行政监督部门投诉。

2. 招标投标其他民事侵权争议

争议双方原则上应当优先选择协商方式达成和解，或者选择调解方式解决争议，因为和解和调解是效率最高、成本最低的解决争议的方法。当协商不成、调解不能解决争议时，争议双方可以选择仲裁机构仲裁解决争议，也可以由一方当事人向人民法院提起民事诉讼。相对于诉讼来说，仲裁的时间短、效率高，争议双方愿意选择仲裁。招标投标民事争议的表达和解决的程序如图 8-1 所示。

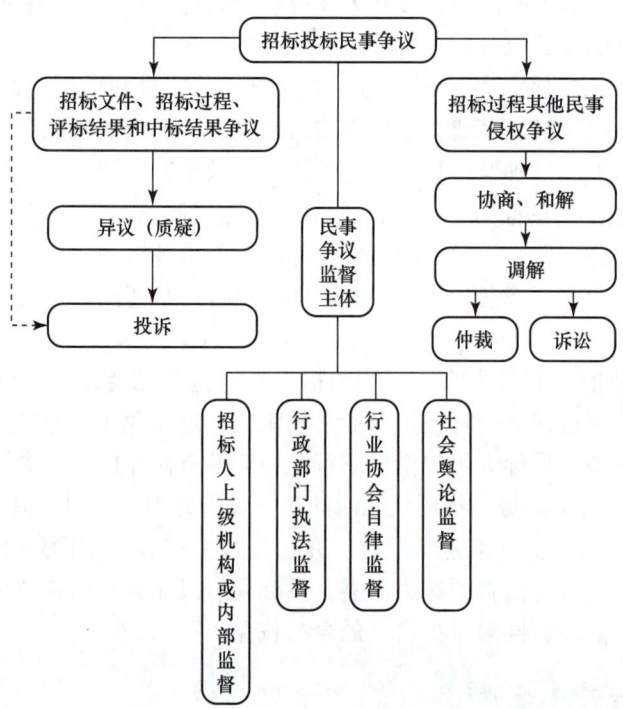

图 8-1 招标投标民事争议的表达和解决的程序

8.3 招标投标行政争议的表达和解决

招标投标行政争议的表达方式主要有提出行政复议和提请行政诉讼两种方式,与其相对应的争议解决方式有行政复议和行政诉讼两种。行政复议和行政诉讼制度是国家为了保护民事主体的权益而设置的行政和司法救济手段。招标投标民事主体可以充分利用行政复议和行政诉讼,保护自身合法权益。

1. 行政复议

招标投标争议的行政复议,是指招标投标的民事主体认为招标投标行政监督部门的行政行为违法,而向行政复议机关(行政监督部门的本级人民政府或上一级主管部门)提出要求对行政监督部门的行政行为(包括行政不作为)做出行政处理的一种制度。行政复议机关受理行政复议后做出的行政复议决定包括:

1) 维持原行政决定。
2) 责成行政监督部门限期履行职责。
3) 撤销、变更或确认原行政行为违法;责成行政监督部门重新做出具体行政行为。

发生招标投标争议的行政监督部门的本级人民政府或上一级主管部门是处理行政复议的主体。

2. 行政诉讼

招标投标争议的行政诉讼,是指招标投标的民事主体认为招标投标行政监督部门的行政行为违法,向有管辖权的人民法院请求通过审判方式审查行政行为合法性以解决行政争议的一种制度。有管辖权的人民法院是处理行政诉讼的主体。

发生招标投标行政争议,除法律法规规定必须先申请行政复议的以外,民事主体可以自主选择申请行政复议还是提请行政诉讼。但是,如果民事主体已经向行政复议机关提出行政复议申请,并且行政复议机关已经依法受理的,在法定行政复议期限内不得向人民法院提起行政诉讼。民事主体对行政复议机关的决定不服的,除法律规定行政复议决定为最终裁决的以外,可以依照《行政诉讼法》的规定向人民法院提起行政诉讼。

民事主体向人民法院提起行政诉讼,人民法院已经依法受理的,不得申请行政复议。招标投标行政争议的表达和解决程序如图8-2所示。

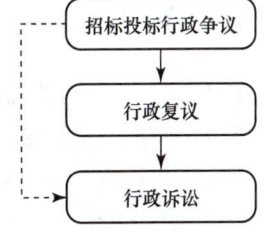

图8-2 招标投标行政争议的表达和解决程序

8.4 招标人及其代理机构对招标投标民事争议的处理

招标投标争议大多民事争议发生在先,然后发展成为行政争议。在招标投标过程中,招标人和招标代理机构应当熟悉招标投标常见民事争议的内容,掌握处理各种民事争议的流程和技巧,预防和避免招标投标行政争议的发生。

8.4.1 对投标人异议（或质疑）的处理

招标人在招标活动中经常可能接到投标人提出的异议（或质疑）。招标过程中出现异议（或质疑）并不一定代表招标活动出现了问题，招标人应该正确对待。

1）招标人接到投标人异议（或质疑）后，应该首先履行接收手续，向投标人出具书面接收证明，或在投标人提供的回执上签字确认。

2）实践中发生的很多异议（或质疑）大多是投标人不了解全面情况或对一些问题发生误解而造成的，招标人应主动、耐心地向投标人澄清、说明，消除投标人的误解。

3）如果投标人对招标文件和招标过程提出异议（或质疑）的问题确实存在，招标人应当及时采取措施予以纠正；如果经核实上述问题损害了投标人的利益，并且违反了相关法律法规或招标文件的规定，但招标人已经无法纠正的，招标人应主动向行政监督部门报告情况。行政监督部门将视情况做出重新招标或其他处理决定。

4）投标人对评标结果提出的异议（或质疑），招标人可以请评标委员会提出答复意见，然后根据评标委员会提出的答复意见答复投标人。如果投标人提出的问题属实，属于评标委员会评标中的错误，评标委员会应纠正错误，并出具评标委员会意见；如果纠正错误导致改变中标结果的，招标人应公示改变后的中标结果。如果行政监督部门对招标项目的中标结果实行备案或审批管理的，招标人还应将评标委员会意见报行政监督部门备案或审批，然后再答复投标人，并公示纠正后的中标结果。

5）给投标人的答复一般使用书面形式。投标人对招标文件（资格预审文件）、评标结果提出异议的，招标人应当自收到异议之日起 3 日内给予答复；答复前，应当暂停招标投标活动。投标人在开标现场对开标活动提出异议的，招标人应当当场给予答复，并制作记录。政府采购项目的质疑答复应在收到质疑之日起 7 个工作日内做出。

8.4.2 配合监督部门对投诉进行处理

招标人应当积极配合行政监督部门处理投诉：

1）应该以理解的态度正确对待投标人的投诉。

2）招标人应当认真研究投标人的投诉事项，配合调查。原评标委员会成员应根据行政监督部门的要求配合调查。

3）如果行政监督部门要求招标人在处理投诉期间暂停招标投标活动，招标人应当暂停。如果合同已经签订的，应暂停合同的执行，等待投诉处理结果。

4）招标人应当向行政监督部门如实提交处理投诉所需的所有的相关资料，并如实报告有关情况。

5）行政监督部门处理投诉过程中，招标人及其招标代理机构可以主动与投诉人联系，澄清、说明事实，沟通认识，消除误解。

6）招标人及其招标代理机构对行政监督部门做出的投诉处理决定无异议的，应当执行处理决定；招标人及其招标代理机构对行政监督部门做出的投诉处理决定不服的，有权提出行政复议或行政诉讼。

8.5 招标投标的行政监督和行业自律

8.5.1 招标投标的行政监督

《招标投标法》第七条、第六十五条分别规定:"招标投标活动及其当事人应当接受依法实施的监督。有关行政监督部门依法对招标投标活动实施监督,依法查处招标投标活动中的违法行为""投标人和其他利害关系人认为招标投标活动不符合本法有关规定的,有权向招标人提出异议或者依法向有关行政监督部门投诉"。据此,国务院有关部门和各地方人民政府按照职责分工,依据《招标投标法》及相关法律法规对招标投标活动实施监督管理,以维护和规范招标投标市场秩序,保护招标投标当事人的合法权益。

1. 行政监督的职责分工

《招标投标法》第七条规定:"对招标投标活动的行政监督及有关部门的具体职权划分,由国务院规定。"《招标投标法实施条例》进行了补充和细化,第四条规定,国务院发展改革部门指导和协调全国招标投标工作,对国家重大建设项目的工程招标投标活动实施监督检查。国务院工业和信息化、住房城乡建设、交通运输、铁道、水利、商务等部门,按照规定的职责分工对有关招标投标活动实施监督。县级以上地方人民政府发展改革部门指导和协调本行政区域的招标投标工作。县级以上地方人民政府有关部门按照规定的职责分工,对招标投标活动实施监督,依法查处招标投标活动中的违法行为。县级以上地方人民政府对其所属部门有关招标投标活动的监督职责分工另有规定的,从其规定。财政部门依法对实行招标投标的政府采购工程建设项目的预算执行情况和政府采购政策执行情况实施监督。监察机关依法对与招标投标活动有关的监察对象实施监察。

(1) 指导协调部门 国务院指定国家发展改革委负责指导和协调全国招投标工作,具体职责包括:会同有关行政主管部门拟定《招标投标法》配套法规、综合性政策和必须进行招标的项目的具体范围、规模标准以及不适宜进行招标的项目,报国务院批准;指定发布招标公告的报刊、信息网络或其他媒介等。同时,国家发展改革委也是重要的招标投标行政监督部门。国家发展改革委作为项目审批部门,负责依法核准应报国家发展改革委审批和由其核报国务院审批项目的招标方案(包括招标范围、招标组织形式、招标方式);组织国家重大建设项目稽察特派员,对国家重大建设项目建设过程中的工程招标投标进行监督检查。

(2) 行政主管部门 按照国务院确定的职责分工,招标投标过程中泄露保密资料、泄露标底、串通招标、串通投标、歧视排斥投标等违法活动的监督执法,分别由有关行业行政主管部门负责并受理投标人和其他利害关系人的投诉。按照这一原则,工业和信息、水利、交通、铁道、民航等行业和产业项目的招标投标活动的监督执法,分别由有关行业行政主管部门负责。各类房屋建筑及其附属设施的建造和与其配套的线路、管道、设备的安装项目和市政工程项目的招标投标活动的监督执法,由建设行政主管部门负责。进口机电设备采购项目的招标投标活动的监督执法,由商务行政主管部门负责。

此外,《政府采购法》规定,各级人民政府财政部门是负责政府采购监督管理的部门,依法履行对政府采购活动的监督管理职责。《中华人民共和国审计法》规定,审计部门可以对政府投资和以政府投资为主的建设项目、国际组织和外国政府援助、贷款项目进行审计监督。《中华人民共和国行政监察法》规定，监察部门对有关行政监督部门及其工作人员实施招标投标行政监督进行行政监察。

2. 行政监督的内容

从监督内容看，政府针对招标投标活动实施行政监督主要分为程序监督和实体监督两方面。程序监督，是指政府针对招标投标活动是否严格执行法定程序实施的监督。实体监督，是指政府针对招标投标活动是否符合《招标投标法》及有关配套规定的实体性要求实施的监督。行政监督的具体内容主要包括：

1）依法必须招标项目的招标方案（含招标范围、招标组织形式和招标方式）是否经过项目审批部门核准。

2）依法必须招标项目是否存在以化整为零或其他任何方式规避招标等违法行为。

3）公开招标项目的招标公告是否在国家指定媒体上发布。

4）招标人是否存在以不合理的条件限制或者排斥潜在投标人，或者对潜在投标人实行歧视待遇，强制要求投标人组成联合体共同投标等违法行为。

5）招标代理机构是否存在泄露应当保密的与招标投标活动有关情况和资料。或者与招标人、投标人串通损害国家利益、社会公共利益或者他人合法权益等违法行为。

6）招标人是否存在向他人透露已获取招标文件的潜在投标人的名称、数量或可能影响公平竞争的有关招标投标的其他情况的，或泄露标底，或违法与投标人就投标价格、投标方案等实质性内容进行谈判等违法行为。

7）投标人是否存在相互串通投标或与招标人串通投标，或以向招标人或评标委员会成员行贿的手段谋取中标，或者以他人名义投标或以其他方式弄虚作假骗取中标等违法行为。

8）评标委员会的组成、产生程序是否符合法律规定。

9）评标活动是否按照招标文件预先确定的评标方法和标准在保密的条件下进行的。

10）招标人是否在评标委员会依法推荐的中标候选人以外确定中标人的违法行为。

11）招标投标的程序、时限是否符合法律规定。

12）中标合同签订是否及时、规范，合同内容是否与招标文件和投标文件相符，是否存在违法分包、违法转让。

3. 行政监督方式

（1）招标方案的审批与核准 《招标投标法实施条例》第七条规定，按照国家有关规定需要履行项目审批、核准手续的依法必须进行招标的项目，其招标范围、招标方式、招标组织形式应当报项目审批、核准部门审批、核准。项目审批、核准部门应当及时将审批、核准确定的招标范围、招标方式、招标组织形式通报有关行政监督部门。

《国务院关于投资体制改革的决定》规定，我国对建设项目的审批实行分级分类管理。国家发展改革委和各省级发展改革部门都对其审批权限内的项目招标方案核准工作做出了规定。目前，国家发展改革委审批权限内的招标方案核准项目有三类：一是国家发展改革委审批或者初审后报国务院审批的中央政府投资项目；二是向国家发展改革委申请500万元以上中央政府投资补助、转贷或者贷款贴息的地方政府投资项目或者企业投资项目；三是国家发展改革委核准或者初核后报国务院核准的国家重点项目。各省发展改革部门审批权限内的项目实行招标方案核准的范围都是结合本地实际确定的。具体项目范围不完全一致。因此，招标人应当根据具体招标项目审批部门的规定，向有关部门申报招标方案核准。

（2）自行招标备案　按照《招标投标法》规定，依法必须招标的项目，具有编制招标文件和组织评标能力的，可以自行办理招标事宜，但是应当向有关行政监督部门备案。行政监督部门要对招标人是否具有自行招标的条件进行监督，一是防止不具备招标能力的项目单位自行组织招标，影响招标质量和项目的顺利实施；二是防止个别项目单位借自行招标之名，进行虚假招标甚至规避招标。

（3）现场监督　按照《招标投标法》及有关配套规定，对招标投标过程的监督主要由县级以上人民政府有关行政主管部门负责。现场监督，是指政府有关部门工作人员在开标、评标的现场行使监督权，及时发现并制止有关违法行为。现场监督也可以通过网上监督来实现，即政府有关部门利用网络技术对招标投标活动实施监督管理。

（4）招标投标情况书面报告　《招标投标法》第四十七条规定："依法必须进行招标的项目，招标人应当自确定中标人之日起15日内，向有关行政监督部门提交招标投标情况的书面报告。"国家发展改革、财政、商务、建设等部门都对招标投标情况书面报告的内容及形式做出具体规定，各部门的规定虽然因项目类型不同而有所差异，但报告的主要内容基本都包括招标范围，招标方式和发布招标公告的媒介，招标文件中投标人须知、技术条款、评标标准和方法、合同主要条款，评标委员会的组成和评标报告，中标结果等。行政监督部门要通过这些内容对招标投标活动的合法性进行监督。

（5）受理投诉举报　《招标投标法》第六十五条规定："投标人和其他利害关系人认为招标投标活动不符合本法有关规定的，有权向招标人提出异议或者向有关行政监督部门投诉。"《招标投标法实施条例》第六十条规定："投标人或者其他利害关系人认为招标投标活动不符合法律、行政法规规定的，可以自知道或者应当知道之日起10日内向有关行政监督部门投诉。"另外，其他任何单位和个人认为招标投标活动违反有关法律规定的，也可以向有关行政监督部门举报。有关行政监督部门应当依法受理和调查处理。

（6）违法行为记录公告　根据国家发展改革委、国务院法制办等十部门联合制定的《招标投标违法行为记录公告暂行办法》规定，国务院有关行政主管部门和省级人民政府有关行政主管部门对招标投标市场出现的虚假招标、串通投标、非法转包和违法分包等失信违法行为，应自招标投标违法行为处理决定做出之日起20个工作日内对外进行记录公告，违法行为记录公告期限为6个月。行政处理决定内容包括警告、罚款、没收违法所得、暂停或者取消招标代理资格、取消在一定时期内参加依法必须进行招标的项目的投标资格、取消担任评标委员会成员的资格、暂停项目执行或追回已拨付资金、暂停安排国家建设资金、暂停建设项目的审查批准、行政主管部门依法做出的其他行政处理决定。

（7）招标代理机构资格管理　按照《招标投标法》及有关配套规定，从事各类招标投标活动招标代理业务的中介机构都应当取得相应的招标代理资格，国家发展改革委、住房城乡建设部、财政部、商务部、工信部等有关部门分别负责各行业招标代理机构的资格认定，并对其招标代理行为进行监督管理。

（8）监督检查　监督检查是行政机关行使行政监督权最常见的方式。按照《招标投标法》及有关配套规定，各级政府行政机关对招标投标活动实施行政监督时，可以采用专项检查、重点抽查、调查等方式，有权调取和查阅有关文件、调查和核实招标投标活动是否存在违法行为。

（9）项目稽察　在我国的建设项目管理中，对于规模较大、关系国计民生或对经济和社会发展有重要影响的建设项目,作为重大建设项目进行重点管理和监督,国家专门建立了重大建设项目稽察特派员制度。按照《国家重大建设项目稽察办法》规定,发展改革部门可以组织国家重大建设项目稽察特派员,采取经常性稽察和专项性稽察方式对重大建设项目建设过程中的招标投标活动进行监督检查。

(10) 实施行政处罚 《招标投标法》及有关法律法规规章对招标投标活动中违法行为及行政处罚做出了具体规定,有关行政监督部门通过各种监督方式发现并经调查核实有关招标投标违法行为后,应当依法对违法行为人实施行政处罚。

应用案例 8-1

背景:某 H 招标代理机构受某招标人委托,对某城市供热工程施工项目进行公开招标。按照有关程序,在当地建设工程发承包交易中心发布招标公告,并按照招标文件中规定的开标时间在当地建设工程发承包交易中心举行开标会议。评标专家从政府有关部门组建的专家库中抽取,评标专家根据招标文件载明的评标办法对各投标人进行评审。评标过程中,招标人将各投标人在过去三年内受到的违法违规处罚情况提供给了评标委员会作为评标材料。投标人 1 得 94.64 分,排名第一;投标人 2 得 93.5 分,排名第二;投标人 3 得 92.07,排名第三。评标委员会依次推荐了投标人 1、2 和 3 为中标候选人。评标结果当场由当地公证处出具公证书证明。

评标工作结束后,有投标人向招标人反映投标人 1 有不良记录,按照评标办法的规定应扣分。招标人经复核,确认投标人 1 年初被住房和城乡建设部通报批评过,其处罚通报曾提供给了评标委员会,在评标结束的第 5 日向当地建设局招标投标管理办公室递交了投诉书及相应的证明材料,要求按照评标办法中的规定扣减投标人 1 的得分。

一周后,当地建设局招标投标管理办公室召开此项目二次定标会,参加会议的有当地建设局、招标办、交易中心、招标人和 H 招标代理机构,会议由建设局某副局长主持,会议最后决定依据评标办法中"投标人每有一项工程项目因违法违规被省级以上建设行政主管部门查处的,自查处之日起,在 12 个月招投标活动中,每次对投标人扣 1.5 分"的规定,对被住房和城乡建设部通报批评过的投标人 1 的得分扣 1.5 分。这样,投标人 1 的得分变为 93.14 分,根据最终各投标人的得分,确定投标人 2 为中标人。问题:

(1) 当地建设局是否有权利通过召开会议的形式确定投标人 2 为中标人?
(2) 经过公证的中标结果能否更改?为什么?
(3) 招标人投诉是否有效?投诉对象为谁?为什么?

【案例评析】

(1) 地方建设局仅有权对招标投标活动进行监督,其职责是查处招标投标活动当事人的违法违规行为,而无权替代招标人确定中标人。本案地方建设局的行为,属于典型的地方行政部门干预、插手中标结果的行为。

(2) 本案中标结果需要发生变更,招标人需向公证部门发出书面申请,撤销原先的公证书并附上相关证明材料,必要时,可要求其对变更后的中标结果重新公证,但这并不影响招标人依法确定中标人。

(3) 招标人在招标投标活动中属于法律规定中的"其他利害关系人",所以招标人在评标结束后的第 5 日向当地建设局招标投标管理办公室递交投诉书并提供了相应的证明材料，属于依法保护其自身权益，且在投诉有效期内提出，其投诉有效。

招标人的投诉对象应是评标委员会，即评标委员会没有依据招标文件中的评标标准和方法，对投标文件进行评审和比较，其行为违反了法律赋予其的义务，属于《工程建设项目施工招标投标办法》（2013年第23号令修订版）第七十八条中所指的不能客观公正地履行职责行为之一。

8.5.2 招标投标的行业自律

随着政府职能的不断转变，市场经济和招标投标运用的深入发展，招标投标主体形式复杂多样，其自我约束机制各不相同，招标项目种类繁多。单一的行政监督管理体制已难以满足有效维护复杂多变的招标投标市场秩序的需要，招标投标行业自律机制在维护和规范招标投标市场秩序中的作用就显得日益重要。

招标投标行业自律组织应结合行业实际情况贯彻国家法律政策，制定和实施行业自律规则、行为规范；组织开展企业和个人从业资格管理及素质培训教育；建立行业信用评价体系和信息系统，指导、评选和监督检查企业和个人的市场自律行为，激励诚信守法，惩处违规失信，从而倡导、培育全行业诚信守法、公正科学的职业文化；增强企业、个人主动、积极维护社会公共利益和行业全局、长远发展利益的自觉意识及凝聚力，构建形成全行业遵守招标投标市场秩序的内部有效制衡机制及其企业、个人的自我约束力。

行业自律是建立健全现代市场机制不可缺少的主要组成部分，具有行政监督不可替代的重要作用。行业自律与行政监督对于维护和规范招标投标秩序的不同作用主要体现在以下四个方面：

（1）作用的机理不同　行政监督是指政府以法律政策为依据，采用行政规则、指令、检查、处罚等对招标投标主体行为实施的外部强制性约束。行业自律是指招标投标主体及其从业人员在自律组织构建的内部制衡机制中产生的自我行为约束。

（2）作用的层面不同　随着政府职能的转变，行政监督着重宏观、整体层面，主要对市场主体共性和突出的行为实施约束。而行业自律则是将政府宏观监督层面落实到企业、个人微观监督层面，针对所有企业及其从业人员的具体职业行为产生监督约束。同时，行业自律组织可以为政府决策提供咨询服务，并协助政府加强行业统筹协调，依法维护行业整体和长远利益。

（3）作用的形式不同　行政监督主要采用立法、执法、违法惩戒的方式制约招标投标主体行为。而行业自律主要采用制度引导、培训教育、告诫预防、沟通协调、监督检查、纠正控制、违规惩戒等手段实施全过程、多环节、多方式地约束招标投标主体行为。

（4）作用的效果不同　行政监督行为具有强制性、权威性、威慑性，但面对宽泛、复杂、动态的市场主体及其市场行为往往针对性不强、操作性不强、时效性不够，行政监督执法的成本高、效率低。而行业自律可以充分借助社会的监督作用，尽早发现市场秩序存在的问题，同时针对市场和企业主体不同的实际情况以及违规违法行为产生的原因，依据法律政策及时采取指导、协调、检查、纠正并制定相应行业规则等自律措施，帮助企业、个人及时反映和有效解决有关诉求及诱发违规违法行为的相关问题。但是，行业自律又必须以行政和司法监督为支撑。行业自律与行政监督必须相互结合，互为补充，才能使宏观管理和微观管理相得益彰，有效维护和规范招标投标市场的秩序。

本章小结

在目前建筑经济市场条件下，招标投标争议时常发生。招标投标争议可分为民事争议和行政争议两种类型。解决好招标投标过程中的各种争议，使招标投标工作真正能本着公平、公开、公正的原则，对做好招标投标工作意义重大。

习　题

1. 招标投标争议类型有哪些？民事争议的内容有哪些？
2. 招标投标民事争议的表达方式有哪些？如何解决？
3. 招标投标行政争议的表达方式有哪些？如何解决？
4. 行政监督的职责如何进行分工？行政监督的内容有哪些？

参 考 文 献

[1] 招标采购专业技术人员职业水平评价专家委员会．招标采购法律法规与政策［M］．北京：中国计划出版社，2014．
[2] 全国招标师职业资格考试辅导教材指导委员会．招标采购专业实务［M］．北京：中国计划出版社，2014．
[3] 全国招标师职业资格考试辅导教材指导委员会．招标采购案例分析［M］．北京：中国计划出版社，2012．
[4] 本书编委会．建设工程施工合同（示范文本）（GF—2013—0201）使用指南［M］．北京：中国建筑工业出版社，2013．
[5] 杨庆丰．工程项目招投标与合同管理［M］．北京：北京大学出版社，2010．
[6] 王秀燕，李艳．工程招投标与合同管理［M］．2版．北京：机械工业出版社，2014．
[7] 刘黎虹，等．工程招投标与合同管理［M］．3版．北京：机械工业出版社，2015．
[8] 冯宁．工程招投标与合同管理［M］．北京：机械工业出版社，2014．
[9] 董巍，柯燕燕．建设工程合同管理［M］．北京：中国电力出版社，2014．
[10] 张加瑄，李艳红．工程招投标与合同管理［M］．北京：中国电力出版社，2011．
[11] 《房屋建筑和市政工程标准施工招标文件》编制组．中华人民共和国房屋建筑和市政工程标准施工招标文件［M］．北京：中国建筑工业出版社，2010．
[12] 规范编制组．2013建设工程计价计量规范辅导［M］．北京：中国计划出版社，2013．
[13] 刘晓勤，董平，张俊强，等．建设工程招投标与合同管理［M］．杭州：浙江大学出版社，2010．
[14] 李洪军，源军．工程项目招投标与合同管理［M］．北京：北京大学出版社，2009．
[15] 李媛，毕建军，李井永．工程招投标与合同管理［M］．北京：清华大学出版社，北京交通大学出版社，2010．
[16] 李思齐．建设工程招投标与合同管理实务［M］．北京：航空工业出版社，2012．
[17] 卢谦．建设工程招标投标与合同管理［M］．2版．北京：中国水利水电出版社，2005．
[18] 卢谦．建设工程项目投资控制与合同管理［M］．北京：中国水利水电出版社，2013．
[19] 甘长高．浅谈国际工程投标报价［J］．安徽建筑，2010（2）：199-201．
[20] 高光斗．浅谈国际工程投标报价应重视的几个问题［J］．山西建筑，2010，36（6）：246-247．
[21] 叶长青，张星．电子评标在建设工程招标中的应用研究［J］．建设监理，2010（8）：24-25．
[22] 李娟．浅谈推行电子评标和远程评标在建设工程招投标中应用的意义和作用［J］．福建建筑，2010（4）：141-143．
[23] 林伟．N建设工程项目电子招投标风险管理研究［D］．南京：南京理工大学，2013．